Cicatrices de guerra, heridas de paz

SHLOMO BEN-AMI

EDICIONES **B**
GRUPO ZETA

Barcelona • Bogotá • Buenos Aires • Caracas • Madrid • México D.F. • Montevideo • Quito • Santiago de Chile

Título original: *Scars of War, Wounds of Peace*

Traducción: Gabriel Dols

1.ª edición: enero 2006

© Shlomo Ben-Ami, 2005
© Ediciones B, S.A., 2006
    Bailén, 84 - 08009 Barcelona (España)
    www.edicionesb.com

Printed in Spain
ISBN: 84-666-2048-6
Depósito legal: B. 48.450-2005

Impreso por DOMINGRAF, S.L.
            IMPRESSORS

Cicatrices de guerra, heridas de paz

SHLOMO BEN-AMI

Para Ruth

Que las armas cedan a la paz, los laureles a los himnos.
(*Cedant arma togae, concedant laurea laudi*)

CICERÓN, *De Officiis*, Libro 1, cap. 77

Quede claro que esto no es el fin. No es ni siquiera el principio del fin. Podría ser, tal vez, el fin del principio.

SIR WINSTON CHURCHILL, discurso
en la Mansion House,
Londres, 10 de noviembre de 1942

PREFACIO

«¿Cree que todavía podemos conseguirlo?», me preguntó el presidente Clinton cuando el sábado 20 de diciembre de 2000 salía de la Sala del Gabinete contigua al Despacho Oval de la Casa Blanca, donde el presidente acababa de comunicar a las delegaciones israelí y palestina en las conversaciones de paz sus parámetros finales para un acuerdo. «No sé, Sr. Presidente —respondí—, si nos queda suficiente tiempo político para cerrar un acuerdo, pero de lo que estoy seguro es de que, si fallamos, tendremos tiempo de sobra para escribir libros al respecto.»

Al hablar de «escribir libros» me refería, por supuesto, al triste capítulo de nuestro propio fracaso, israelíes y palestinos, a la hora de alcanzar un acuerdo de paz definitivo durante el último año del presidente Clinton en la Casa Blanca. Es lo que hice en un libro publicado en Francia (*Quel avenir pour Israel?*, Presses Universitaires de France, 2002) y en una obra más completa escrita en hebreo (*Un frente sin retaguardia: viaje a los límites del proceso de paz*, Edanim, Yedioth Aharonoth, Tel Aviv, 2004), en el que ofrecía mi relato y perspectiva personales sobre la evolución del proceso de paz en sus últimas fases.

Al plantearme la preparación de una versión inglesa de esos libros decidí que, por importante que sea sin duda un análisis separado tanto del proceso de Oslo como del último capítulo de las conversaciones de paz, si se pretende extraer las lecciones necesarias para cualquier intento futuro de resolver la tragedia israelí-palestina, ese estudio no debería verse aislado de la historia más amplia del conflicto árabe-israelí y de las etapas previas en la búsqueda de la paz en Oriente Próximo. Nuestra capacidad para entender mejor el presente y contemplar con sobriedad el futuro necesita basarse e inspirarse en una perspectiva histórica más amplia. Cuando fuimos a Camp David, el primer ministro Ehud Barak se llevó el libro de Alistair Horne sobre la guerra de Argelia y la subsiguiente paz con Francia (*A Savage War of Peace*, Macmillan, Londres, 1977), mientras que yo buscaba inspiración en el estudio de Henry Kissinger sobre el Congreso de Viena y las secuelas de las guerras napoleónicas (*A World Restored: the Politics of Conservatism in a Revolutionary Age*, Nueva York, 1964). Ninguno de los dos libros es, por supuesto, mal consejero para cualquiera dispuesto a sacar lecciones sobre la transición de la guerra a la paz. Sin embargo, más tarde pensé que una revisión perspicaz de la historia del conflicto árabe-israelí y sobre todo del dilema palestino, nos habría resultado cuando menos igual de útil.

Más adelante se me ocurrió que algún día bien podría aventurarme a escribir un libro así yo mismo. Al fin y al cabo, seguía fielmente la literatura, antigua y nueva, sobre el tema. Además, el conflicto árabe-israelí y los intentos frustrados de solucionarlo llevan años siendo para mí una profunda preocupación personal e intelectual. A lo largo de mi vida pública, tanto en la política como fuera de ella, he participado en los debates, siempre acalorados, sobre la guerra y la paz, he escrito mucho sobre las maneras de solventar el conflicto y he tenido el privilegio de que se me permitiera en un momento dado aportar mi propio esfuerzo pacificador a esta tortuosa ruta de ensayo y error que ha sido el proceso de paz árabe-israelí.

La guerra de 1967 marcó un hito en la vida de los israelíes de mi generación. El sionismo se estaba redefiniendo peligrosamente, pensábamos, por el encuentro de los israelíes con las tierras bíblicas de Judea y Samaria y por el corruptor encaprichamiento con los nuevos territorios. La ocupación también convirtió el sionismo en un término muy connotado, que fuera de Israel se vilipendiaba con demasiada frecuencia como ideología reprochable. Yo soy sionista, y ferviente, pero he luchado por acotar los límites de la idea dentro del respeto al derecho a una vida de soberanía y dignidad que tienen los vecinos palestinos de Israel. Lo que me llevó a remontarme a la fuente y la historia del conflicto, y a los posteriores intentos de solucionarlo, puede resumirse en lo que dije a un periódico israelí, *Yedioth Aharonoth*, antes de partir rumbo a Taba para encabezar el equipo de mi país en un intento desesperado por salvar el proceso de paz de la ruina:

Un Estado normal no debería extenderse más allá de sus fronteras legítimas. Nosotros hemos creado un Estado, hemos sido admitidos en la ONU, nos afanamos por mantener unas relaciones normalizadas con la comunidad internacional, pero aun así nos seguimos comportando como si fuéramos un *yishuv*. El entero empeño por la paz de este Gobierno tiene como fin conducir a la nación a optar, de una vez por todas, entre ser un Estado o un *yishuv*.

Es a la configuración de la mentalidad israelí por el legado del *yishuv*, donde tanto costó que se extinguiera el absoluto rechazo de los árabes a la creación de una entidad judía entre ellos, a lo que hay que remontarse para encontrar los orígenes y la evolución de la querencia israelí por formular políticas en base exclusiva a supuestos tremendistas. El sionismo fue la respuesta territorial al miedo judío, y ese miedo no ha remitido desde entonces.

En una ocasión le preguntaron a Raymon Aron por qué él, que tanto interés sentía por la política, nunca había tenido la tentación de meterse en ese mundo. «El motivo de que no sea político —respondió él—, es que quiero entender.» Este libro supone mi propio intento de «entender». La necesidad de contemplar una perspectiva más amplia y situar en su adecuado contexto el breve, por bien que sin duda significativo, capítulo en el que nosotros desempeñamos un papel, me acompañaba cuando llegué a Inglaterra para un periodo sabático de dos años. Eso me dio la oportunidad de volcar mi preocupación intelectual en un esfuerzo sistemático del que este libro es el resultado.

Pese a estar escrito por un historiador consciente y respetuoso de las exigencias de la disciplina, este libro no debería leerse como una investigación académica exhaustiva o una meticulosa historia narrada, porque no es ninguna de las dos cosas. Se trata más bien de una perspectiva general e interpretativa donde mi comprensión y mis ideas sobre la historia del movimiento pendular de judíos y árabes entre la guerra y la paz se entrelazan con las líneas, muy amplias, de la crónica que va avanzando. Es posible, por tanto, que al lector general del libro le resulte un alivio el que no esté cargado de un denso aparato de fuentes primarias y material de archivo. Me considero afortunado, sin embargo, de que se me haya concedido el tiempo y la oportunidad de consultar una vasta literatura sobre el tema, cuyos componentes esenciales constan en la bibliografía añadida al final del libro.

Las obras capitales de los estudiosos más destacados de este ámbito, como Avi Shlaim y Benny Morris, autores ambos de unas historias generales excelentes además de varias esclarecedoras monografías, han sido una referencia valiosísima. También me han supuesto un enorme beneficio mis charlas con Avi Shlaim y los espléndidos consejos que me ofreció. También estoy en deuda con él por su generosa disposición a leer mi manuscrito y realizar provechosas sugerencias. Es necesario hacer una mención especial a Avi Raz, un estudiante de doctorado del profesor Shlaim en el St. Antony's College, Oxford, que en la actualidad está completando su tesis sobre el problema árabe-israelí en la posguerra inmediata de la guerra de los Seis Días. Fue muy generoso al permitirme leer el segundo capítulo de su tesis todavía inacabada, en el que analiza la llamada «iniciativa de paz» israelí del 19 de junio de 1967, así como la confusión y desorientación de los dirigentes israelíes en lo relativo al futuro de Cisjordania. Sus hallazgos suponen una contribución de primer orden a nuestro conocimiento de ese periodo. Las obras de otros estudiosos no definidos como «nuevos historiadores», como Yoram Porath, Anita Shapira, Itamar Rabinovitch o Yoav Gelber, siempre serán una referencia importante para la comprensión de los capítulos clave y los temas centrales de la historia de los árabes y los judíos en Oriente Próximo. Los capítulos del libro que cubren las fases del proceso de paz en las que me vi personalmente envuelto, así como los años de Sharón que vinieron después, se basan de manera inevitable ante todo en mis recuerdos personales. Sin embargo, el encendido debate político y la guerra de versiones contradictorias sobre los motivos por los que se malogró el proceso de paz han producido ya una literatura que, obviamente, ha sido consultada.

También le estoy agradecido al Oxford Centre for Hebrew and Jewish Studies de Yarnton y en particular a su presidente, Peter Openheimer, por concederme la oportunidad de dar una serie de conferencias en las Examination Schools sobre «La búsqueda de la paz en el conflicto árabe-israelí». El trabajo realizado para esas conferencias resultó ser una parte esencial de la preparación de este manuscrito. El compromiso de lord George Weidenfeld para la publicación de este libro a la par que su amistad personal han sido una fuente crucial de ánimo e inspiración en todo momento. Gracias también a Ben Bucham de Weidenfeld y Nicolson y Peter Ginna de Oxford University Press (Nueva York). Dena Matmon se demostró no sólo excepcionalmente habilidosa en la corrección de mi manuscrito, sino también generosa y reflexiva en sus comentarios. También estoy en deuda con Claudia Medina, Paula Navarro y Olga Hornero del Centro Internacional de Toledo para la Paz por su inteligente asistencia en las correcciones finales del texto. Ni que decir tiene, cualquier carencia que pueda padecer este libro es responsabilidad mía por completo y en exclusiva.

SHLOMO BEN-AMI,
Madrid, enero de 2005

1

PRELUDIO:

El nacimiento de un conflicto intratable

[...] [debéis] combatir a los enemigos de la religión, que quieren destruir vuestras mezquitas y expulsaros de vuestra tierra.

Un líder local palestino dirigiéndose
a los lugareños, 1 de enero de 1936

El judaísmo, al ser una religión, no es una nacionalidad independiente [...] es [...] expansionista y colonial en sus objetivos.

Carta Nacional Palestina, julio de 1968

Por un lado, las fuerzas de la destrucción, las fuerzas del desierto, se han alzado, y por el otro, permanecen firmes las fuerzas de la civilización, pero no nos detendrán.

Respuesta de HAIM WEIZMANN
a los «disturbios» árabes

[...] quiero que veáis las cosas [...] con ojos árabes [...] ellos ven la inmigración a una escala agigantada [...] ven que las tierras van pasando a nuestras manos. Ven que Inglaterra se identifica con el sionismo.

BEN GURIÓN dirigiéndose a la Agencia
Judía en mayo de 1936

Ha surgido un conflicto incontenible entre dos comunidades nacionales dentro de los estrechos límites de un pequeño país [...] no hay puntos en común entre ellos [...]

Informe de la Comisión Peel, julio de 1937

El encuentro entre el sionismo y los árabes palestinos empezó como un experimento de mutuo y ciego desdén, una obsesión de los dos por no hacer caso de los poderosos y genuinos sentimientos nacionales y el espíritu de identidad comunitaria que motivaba al otro. No era que se negara la existencia del otro o la amenaza que suponía; lo que se negaba era su autenticidad. Los judíos, sin embargo, cobraron ventaja en la lucha por Palestina al ser los primeros en superar la cómoda inercia del autoengaño y cobrar conciencia de la naturaleza del conflicto como enconada lucha nacional.

El sionismo era un movimiento de conquista, colonización y asentamiento al servicio de una causa nacional justa, pero autoindulgente y con complejo de superioridad. Empresa de liberación nacional y emancipación humana que se vio obligada a emplear las herramientas de la penetración colonial, el sionismo era un movimiento esquizofrénico. Lo aquejaba una incongruencia irreconciliable entre su mensaje liberador y las prácticas ofensivas que utilizaba para ponerlo en práctica. El cultivo de una imagen intachable de sí mismo y la épica de los pocos contra los muchos, del heroico David enfrentado al brutal, el bestial Goliat árabe, fue uno de los modos en que el sionismo trató de reconciliar sus contradicciones.

No puede verse el sionismo, sin embargo, como un típico movimiento colonialista, una extensión de la rapiña de colonias y materias primas de la Europa del XIX a lo largo y ancho de Asia y África. Es cierto que se comportó como tal sobre todo después de la guerra de los Seis Días, cuando ya no podía sostener con ninguna credibilidad que su impulso para ocupar y colonizar Cisjordania, explotar sus recursos humanos y naturales y convertir a la población palestina en los leñadores y aguateros de la economía israelí, era la afirmación de su derecho natural como movimiento de liberación nacional. Sin embargo, en los años que condujeron a la creación del Estado judío, las condiciones eran radicalmente distintas.

No hace falta suscribir la incondicional negación de las acusaciones árabes de desposeimiento de Arieh Avneri para advertir que, aunque se tratase a todas luces de una vanguardia llegada para colonizar y tomar posesión de una tierra nueva, el sionismo era un movimiento de liberación nacional. Diezmados por los pogromos y las persecuciones, en breve, por la catástrofe judía en la Europa del Este, los judíos que acudieron a construir un hogar nacional en pleno centro del inmenso Oriente Próximo árabe no eran los emisarios de ninguna potencia extranjera; se trataba de pioneros idealistas. Los sionistas eran sinceros en su aspiración de no explotar a la población local. Tenían como ideal la creación de una nueva sociedad judía basada en la autosuficiencia y el trabajo manual. Y antes de que el choque con los árabes derivara en una guerra declarada, no desalojaban a los campesinos palestinos, sino que compraban tierras pobres para sus asentamientos a los propietarios legales y las mejoraban. A diferencia de los colonos europeos de la expansión imperialista de finales del XIX, a los sionistas los motivaba una ideología de renacimiento nacional basado en la mejora humana y la utopía social, y más que pensar en cómo desposeer por la fuerza a la población local y explotar las nuevas tierras, llevaron consigo su propio capital para comprar la tierra y asentarse en ella.

La mayoría de las revueltas son sublevaciones contra un sistema; el sionismo era una revuelta contra el destino judío. A diferencia de los colonialistas europeos, que se comportaban como la cabeza de playa y los promotores de los intereses estratégicos de la madre patria, los sionistas cortaron sus vínculos con sus países de origen e inauguraron para sí mismos un nuevo comienzo como comunidad que suponía una ruptura radical con la historia judía. Una nueva cultura y una nueva-vieja lengua debían ser los dos pilares fundamentales de este nuevo principio. El sionismo era una revolución social y cultural, un movimiento que, en sus inicios, creía con inocencia que para afirmarse no precisaría siquiera el uso de la fuerza. Cuando los primeros sionistas hablaban de «conquista», se referían a «conquistar» la naturaleza y el desierto. Querían redimir al pueblo judío no explotando la mano de obra árabe, sino «conquistando» trabajo y, como escribió Martin Buber a Mahatma Gandhi, arrimando «sus hombros al arado» y empeñando «su fuerza y su sangre para fertilizar la tierra».

Sin embargo, también es cierto que en los primeros años, los padres fundadores del movimiento sionista tendieron a estar ciegos a la población autóctona árabe y a desdeñar su entorno físico, la tierra a la que los judíos habían llegado para poseer. Para Israel Zangwill, Palestina era «una tierra sin gente para una gente sin tierra», un «país virgen», en palabras de Moshé Smilansky. David Ben Gurión describió Palestina en vísperas de la colonización sionista como «primitiva, dejada y abandonada». Un miembro de una generación posterior, Abba Eban, se hizo eco de las descripciones de los padres fundadores cuando escribió, con términos que recuerdan las despectivas impresiones de Mark Twain sobre Tierra Santa en 1867 (*Inocentes en el extranjero*), acerca de una «tierra miserable y nada prometedora, casi repelente».

Como grupo con una personalidad colectiva o nacional, los árabes apenas existían a ojos de los primeros sionistas, y eran retratados, por ejemplo por Yitsjak Ben-Zvi, que después sería presidente del Estado de Israel, en su *The Jews in their Land*, como «saqueadores», «ladrones», «estafadores» y «rapiñadores». Este estereotipo de los árabes como primitivos y tribales no era, desde luego, del todo original. Los libros escritos por viajeros europeos del XIX rebosan de descripciones de ese estilo. Otros, como Ber Borochov, que defendían la asimilación de los árabes dentro de la sociedad judía, más fuerte, lo hacían por su convicción de que no existía nada semejante a una entidad árabe comunitaria, y mucho menos nacional, en Palestina. Además, la empresa pionera sionista en un principio presentaba ciertas afinidades claras con la Carga del Hombre Blanco, una convicción condescendiente de que los árabes palestinos, como individuos atrasados, no necesariamente como comunidad nacional, se beneficiarían de la mejora en las condiciones económicas que crearían los industriosos y hábiles sionistas. Esta actitud condescendiente coincidía de manera llamativa con la visión predominante entre algunos de los partidarios del sionismo en los círculos políticos británicos. Para Winston Churchill, por ejemplo, el sionismo era «bueno también para los árabes que habitan en Palestina [...] Compartirán los beneficios y el progreso del sionismo».

No cabe duda de que en los círculos políticos e intelectuales judíos no era en absoluto infrecuente una conciencia de la difícil situación de los árabes, que se expresaba en acalorados debates intelectuales y agudas reflexiones sobre la «cuestión árabe», la «cuestión oculta», como la definió Yitsjak Epstein durante la Segunda *Aliyá*. Algunos colectivos, como el marxista Hashomer Hatzair, predicaban una integración entre judíos y árabes basada en la clase social; otros, como los intelectuales de Brit Shalom, fueron incluso más allá. Defendían los derechos de los árabes sobre la tierra y llegaban a plantearse incluso la necesidad de un Estado judío. Rechazaban el sionismo como una aberración moral. En ocasiones existía también entre los sionistas una actitud ambivalente, dual, hacia los árabes de Palestina, una mezcla de desprecio y admiración, e incluso envidia. No escasean en la literatura hebrea referencias al árabe como verdadero nativo, sal de la tierra. La imagen del judío como extranjero ajeno y lejano en comparación con el árabe como auténtico hijo de la tierra no era una percepción exclusiva de los detractores árabes del sionismo: puede encontrarse también en los escritos de los judíos desde Yosef Haim Brener a Yitsjak Smilansky.

Desde luego, como explicó Neville Mandel, los árabes no estaban ciegos a la amenaza sionista, sobre todo cuando la conciencia nacional palestina empezó a evolucionar en fecha tan temprana como la primera década del siglo XX. Sin embargo, poseían cierta tendencia a pasar por alto el auténtico poder del impulso sionista. Dominaba un rechazo inflexible a cualquier reclamación sobre un vínculo judío con Palestina, aunque se definiera en términos estrictamente religiosos, y no ya como una cuestión de derechos nacionales. Como demostró Yehoshafat Harkabi en sus estudios sobre la percepción árabe de los judíos y el sionismo, los escritores árabes dedicaron una especial atención a rebatir con muy alambicada retórica la afirmación de los judíos de que poseían un derecho divino sobre la tierra. El lugar común por excelencia era que los judíos constituían un grupo religioso, no una entidad nacional, y que como tal no tenían derecho a la autodeterminación. Se los veía como intrusos extranjeros llegados para subvertir y corromper la cultura indígena. Su presencia artificial en tierras judías suponía una agresión contra la pureza árabe. Claro está que con frecuencia también se retrataba la amenaza supuesta por los judíos por medio de estigmas antisemitas sobre su avaricia e inmoralidad. La presencia judía en Palestina, se sostenía, sólo podía conducir a la subversión de los valores de la vida familiar y comunitaria tradicional del lugar, y a la destrucción de su carácter árabe. El choque entre el genuino sentido de pertenencia de los árabes y el nacionalismo artificial de los judíos en Palestina se representaba como algo que en realidad era un choque entre el noble universalismo islámico y la cultura provinciana, tribal y egoísta de los judíos.

La presencia sionista y europea en Oriente Próximo era percibida en círculos árabes ni más ni menos que como la reencarnación del Estado cruzado medieval. La conquista de Palestina por parte del general Allenby y la Declaración Balfour se consideraban inherentemente complementarias. Venían a suponer una siniestra conspiración conjunta judeooccidental contra el mundo musulmán. El general Allenby que, tras conquistar Jerusalén, se apresuró con toda la intención del mundo a reforzar su papel de cruzado anunciando frente a la Puerta de Jaffa de la Ciudad Antigua que había acudido para redimir el legado de Ricardo Corazón de León (su homólogo francés en Damasco, el general Gourand, fue incluso más allá: anunció con aire desafiante ante la tumba de Saladino que «hemos regresado a Oriente, *monsieur le Sultan*»), y el subsiguiente apoyo británico al proyecto sionista en Palestina, confirmaron, por si hacía falta, los peores temores de los árabes. Estaban a punto de implantar artificialmente en su seno una nueva entidad cruzada como cabeza de puente del imperialismo occidental.

El que la revuelta árabe de 1936-1939 fuera dirigida ante todo contra los británicos tal vez sea el mejor reflejo de la actitud de los árabes respecto de la presencia sionista en Palestina como extensión artificial del poder colonial. Creían sinceramente que el *yishuv* se vendría abajo en cuanto se le negara el apoyo político de la potencia mandataria. Lo falaz de la percepción árabe no se demostró cuando los británicos al final sometieron la revuelta, pues en última instancia accedieron a las exigencias árabes e impusieron restricciones draconianas a las perspectivas de desarrollo y expansión del *yishuv*. Sin embargo, deberían haber reparado en lo erróneo de su punto de vista cuando, pese a la cuña que lograron encajar entre británicos y sionistas, el *yishuv* siguió tan fuerte y sólido como antes. Desde luego no se trataba de un trasplante artificial.

Sin embargo, la revuelta árabe, que los sionistas, fieles a un familiar patrón de autoengaño, empezaron desdeñando como «incidentes» o «disturbios», supuso de todas formas un importante hito en la historia del conflicto entre judíos y árabes en Palestina. Fue durante la revuelta cuando quedó de manifiesto, hasta para los moderados y los soñadores idealistas de entre los cabecillas sionistas, la naturaleza intratable del conflicto como enfrentamiento profundo entre dos movimientos nacionales impulsados por objetivos diametralmente opuestos y valores colectivos irreconciliables. La revuelta fue el preludio de lo que iría derivando en una guerra declarada entre judíos y árabes por el certificado de propiedad exclusiva de Palestina.

La brutal represión de los británicos condujo a la comunidad árabe de Palestina al borde del colapso y la disolución, de un modo que anticipó y creó las condiciones para la Naqba palestina de 1948. Al mismo tiempo, los sionistas, siempre mejor organizados y mucho más preparados para la organización estatal que los árabes palestinos, faltos de líderes, y también más conscientes que nunca del carácter nacional de la revuelta, dieron por sentada la inminencia de una guerra abierta por Palestina, se aprestaron para afrontar el desafío y a la larga vencieron. La revuelta y el consiguiente desmembramiento de la comunidad árabe sentaron las bases para la victoria sionista de 1948.

La revuelta también supuso un antes y un después para las relaciones entre el sionismo y la potencia mandataria británica, puesto que acarreó un cambio fundamental en la política de Gran Bretaña hacia el *yishuv*. La premisa de un hogar nacional judío que se establecía en la Declaración Balfour se redefinía ahora con limitaciones draconianas en cuanto a inmigración y adquisición de tierras, los dos pilares más vitales del sionismo. A todos los efectos prácticos, el Libro Blanco de 1939 acababa con las pretensiones de los judíos de alcanzar en algún momento la supremacía demográfica en Palestina, y los condenaba, como cuestión de política, a una condición de minoría permanente. La guerra en Europa convertía el apoyo del mundo árabe en un imperativo estratégico que Gran Bretaña prefirió no rechazar; decidió distanciarse de las doctrinas filosionistas que habían inspirado la Declaración Balfour y redefinió la política británica en cuanto potencia mandataria supeditándola a las consideraciones frías y sobrias de la *Realpolitik*.

El que los británicos que habían derrotado la revuelta por medios militares la compensaran a fin de cuentas con actos políticos no se debió tan sólo, sin embargo, a la *Realpolitik*. Asumieron por fin que la insurgencia no era una mera erupción ciega e irracional de rabia, sino un intento decidido y no del todo irrazonable de obligarlos a invertir sus políticas sobre inmigración y adquisición de tierras. La revuelta árabe hizo llegar de un modo especialmente dramático al Gobierno británico el mensaje de que no se permitiría prevalecer el acusado desdén por los intereses nacionales de la comunidad árabe que había caracterizado el Mandato. Una crucial concesión a los rebeldes árabes palestinos fue que el Gobierno británico archivara las recomendaciones de la Comisión Peel de 1937, que justificaban la práctica sionista de los «hechos consumados» al partir el país en un Estado judío y otro árabe siguiendo la división existente en cuanto a propiedad de tierra y distribución de la población.

La potencia colonial británica quizá poseyera sus parcialidades y preferencias culturales, de las que los judíos eran los principales beneficiarios, pero aun así carecía de un curso claro de acción y de políticas inamovibles; tendía a variar su estrategia, en ocasiones de manera abrupta, cuando se hallaba bajo presión. No era la primera vez que una protesta árabe violenta obligaba a los británicos a aplacarlos matizando sus promesas a los judíos. Es exactamente lo que hizo el alto comisionado Herbert Samuel tras los disturbios de 1921. Impuso limitaciones a la inmigración judía, propuso cierto grado de autogobierno a los árabes, fundó el cargo de muftí para el que nombró al mismo joven nacionalista, Hach Amín el-Husseini, que había instigado los disturbios de Nebi Mussa en 1920, y permitió la creación del Consejo Musulmán Supremo, que el muftí pronto convertiría en la principal plataforma política de la lucha nacional árabe por Palestina. El Libro Blanco de 1922 dio un paso más en la concesión de las exigencias árabes al vincular la inmigración judía con la «capacidad económica del país» para absorber a recién llegados. El mismo patrón se repitió a resultas de los disturbios de 1929. Los largos meses de instigación y disturbios que alcanzaron su punto crítico con la masacre de familias judías en Safed y Hebrón dieron como resultado el Libro Blanco de lord Passfield, que imponía severas limitaciones a la adquisición de tierras y la inmigración judía.

Sin embargo, los vaivenes de la política británica no deberían ocultar el legado esencial del Mandato hasta 1939 como garante vital del proyecto sionista en Palestina. Motivados a menudo por sentimientos prosionistas, y a pesar de la aprensión que inspiraba a muchos miembros de la administración mandataria el empuje implacable de los sionistas, aprensión alimentada en algunos casos por un fuerte condicionamiento antisemita en la misma medida en que la impulsaba una genuina simpatía por los desheredados *fellahin* o una variedad romántica de admiración a lo Lawrence de Arabia por los «indomables» árabes, los dirigentes políticos de Londres y los altos comisionados en el terreno palestino fueron en esencia los protectores de la empresa sionista. Por erráticas que fueran las políticas británicas, el Estado judío fue el fruto de las condiciones favorables creadas por el Mandato.

Por supuesto que a los sionistas los encolerizaban las frecuentes restricciones de inmigración y adquisición de tierras, pero no es menos cierto que nunca se trataba de obstáculos insuperables. Para empezar, en la mayor parte de casos eran los líderes sionistas quienes se demostraban incapaces de cumplir las generosas cuotas de inmigración permitidas por los británicos. No fue hasta la oleada de inmigración desencadenada por el ascenso de Hitler al poder cuando los sionistas consiguieron movilizar los recursos necesarios para la absorción de los recién llegados. Por otro lado, cuando las leyes sobre inmigración suponían un obstáculo, se recurría a métodos ilegales. Los dirigentes sionistas demostraron ser además unos diplomáticos capaces, que sabían moverse por los pasillos del poder de Whitehall y desbaratar las medidas antisionistas cuando era necesario. Fue el caso, por ejemplo, del Libro Blanco de Passfield, que antes de llegar a entrar siquiera en vigor fue derogado a todos los efectos prácticos por la Carta de MacDonald, gracias a la habilidosa labor de presión de Haim Weizmann. La realidad fue que la población judía en Palestina aumentó de manera constante durante los años del Mandato —creció de un 12% del total de habitantes de Palestina en 1914 a un 33% en 1947— y que con ello se fueron asentando y mejorando cada vez más los cimientos del Estado judío.

La eventualidad de que los judíos alcanzaran en algún momento la supremacía demográfica en Palestina no era, por supuesto, más que una alucinación del todo irrealista, aunque fuera sólo porque los árabes de Palestina disfrutaban de una de las tasas de natalidad más altas del mundo. El futuro del Hogar Nacional tendría que construirse basándose en la capacidad del *yishuv* para la organización y el desarrollo humano. Y fue precisamente en ese sentido en el que altos comisionados filosionistas como sir Herbert Samuel y sir Arthur Wauchope resultaron especialmente decisivos a la hora de mejorar las potencialidades del *yishuv*. Herbert Samuel sentó en la década de 1920 los cimientos de una política británica sistemática de concesiones a los sionistas para proyectos de infraestructuras. El periodo de Arthur Wauchope como alto comisionado en la década de 1930 fue una época dorada de inmigración —200.000 judíos, o lo que es lo mismo, el doble de los que habían llegado desde el principio del Mandato, arribaron a las costas de Palestina con su apoyo activo—, obras públicas, prosperidad económica y un flujo extraordinario de capital judío.

Tampoco las restricciones a la adquisición de tierras supusieron un obstáculo que los sionistas no pudieran superar. La incompetencia de los dirigentes árabes, su falta de propósito y cohesión nacional, se demostraron en todo momento un aliado crucial de la empresa sionista. Pese a los Libros Blancos, nunca escaseaban los terratenientes árabes prestos a vender tierra a los judíos y traicionar su propia causa nacional. Como observó ni más ni menos que el rey Abdulá de Transjordania en sus memorias, «Los árabes son tan pródigos para vender sus tierras como para [...] llorar [por ellas]». Los sionistas pretendían poseer la tierra como parte de un impulso irresistible para la construcción de una nación y un Estado, y los propietarios árabes, entre ellos figuras nacionalistas clave, algunos incluso miembros del Consejo Musulmán Supremo, ayudaron a facilitar su proyecto. Vendieron tierras a los judíos las más nobles familias de entre los palestinos: los el-Husseini, los Nashashibi, la familia de Abdel Hadi, los el-Alami, los al-Shawa y los Shukeiri, entre muchos otros.

La cuestión de la colaboración con el sionismo y después con el Estado de Israel no es algo anecdótico en la historia del conflicto por Palestina. Puede sostenerse que sin la ayuda prestada por colaboradores palestinos al movimiento sionista, el mapa entero de los asentamientos judíos y en consecuencia el del Estado de Israel habría sido sustancialmente distinto. Hubo árabes palestinos que ayudaron a la causa sionista no sólo vendiendo tierra a los judíos, sino también cooperando de manera activa con los británicos y los sionistas en la represión de la revuelta árabe, y más tarde colaborando con el *yishuv* en la guerra de 1948. Secciones enteras del frente palestino durante esa contienda se vinieron abajo y capitularon, en muchos casos gracias al trabajo de colaboracionistas. Llama la atención, sin embargo, que muchos de ellos no actuaran motivados por la avaricia y el lucro, sino por la convicción política de que era imposible derrotar al sionismo y por lo tanto se imponía un intento serio de llegar a un arreglo con él. Importantes familias palestinas como los Nashashisbi, los Sliman y los Tukan creían en una opción transjordana, y en verdad llegarían a ocupar altos cargos de la administración jordana después de la guerra. El fenómeno fue tan frecuente y masivo que se impone la conclusión de que el nacionalismo palestino o bien no era todavía una definición incuestionable para todos los árabes residentes en Palestina o bien significaba algo diferente para aquellos que no seguían las directrices de la militante familia el-Husseini. En muchos casos, las relaciones de parentesco, las lealtades tribales y el vínculo con la aldea más que con un «territorio nacional» indefinido se impusieron a la fidelidad a una amorfa comunidad territorial palestina. Muchos de entre los colaboradores creían, sin más, que negarse a secundar la suicida estrategia de todo o nada del muftí era defender los intereses nacionales palestinos.

Sin duda, el camino hacia el Estado judío se vio allanado no sólo por las ventajas conseguidas por el *yishuv* durante los años del Mandato, sino también por el despedazamiento y la disolución de la comunidad árabe en Palestina. Los árabes pagaron caro su desafío al dominio británico. Se vieron prácticamente despojados de líderes e instituciones representativas. El Alto Comité Árabe fue disuelto y se mandó a todos sus dirigentes al exilio. El muftí, principal instigador de la insurgencia y encarnación del nacionalismo palestino, huyó del país y dejó el Consejo Musulmán Supremo, punto focal del nacionalismo palestino, sin dirección ni relevancia. A duras penas existe un método de represión de los que utilizarían los israelíes para aplastar la Intifada de Al-Aqsa en 2001-2004 que no fuera anticipado o incluso superado por los británicos en su implacable y brutal represión de la revuelta árabe. Se formó consejo de guerra contra los terroristas y guerrilleros y se los ejecutó; se voló sus casas, se aplicó castigos colectivos a lo largo y ancho de las comunidades árabes y la RAF redujo poblaciones enteras a cenizas.

La dureza indiscriminada de la represión puso punto final a la revuelta, pero no antes de que la mitología y el espíritu del heroísmo y la resistencia palestinos quedaran grabados con firmeza en la mente colectiva de la nación derrotada. Las clases superiores y los líderes institucionales traicionaron a su causa huyendo por su cuenta, o bien fueron exiliados por los británicos. Sin embargo, la imaginación de las masas se vio enardecida e inspirada por los héroes de la resistencia. Tales fueron el jeque Izzedin al-Qassam, carismático combatiente islámico cuya muerte en un tiroteo lo convirtió en icono nacionalista para las generaciones futuras, el jeque Farhan, que hizo frente a las fuerzas británicas en las cercanías de Nablús hasta que fue arrestado y ejecutado, Abú Jildeh, que se las ingenió para aterrorizar los confines septentrionales del país y, en último lugar pero no desde luego por importancia, Abd el-Jader el-Husseini, que estaba destinado a convertirse en uno de los líderes militares más carismáticos de la guerra por Palestina en 1948. De modo parecido a lo que sucedió en la primera Intifada contra la ocupación israelí (1987-1991), los rebeldes también consiguieron por un momento establecer parcelas de autogobierno palestino y así ofrecer a sus seguidores la sensación de orgullo que acompañaba a la destrucción, por parcial y simbólica que fuera, de los rastros del poder colonial.

Los británicos no fueron los únicos en extraer conclusiones de la revuelta árabe. Para el *yishuv* y sus dirigentes se inauguraba en ese momento una etapa nueva por completo dentro de la lucha por un hogar judío en Palestina. El mensaje de que el conflicto con los árabes palestinos era un choque entre nacionalismos enfrentados y exclusivistas y no una mera disputa banal con *fellahin* indígenas fáciles de comprar y desahuciar, que había empezado a penetrar en el discurso sionista a resultas de los disturbios de 1929, pasó a convertirse en una realidad inequívoca para la mayoría, si no la totalidad, de los líderes del *yishuv*.

Visto que el *yishuv* cobraba terreno por medio de la inmigración y el asentamiento y los desposeídos árabes de Palestina se veían abocados a la desesperación y la rebelión por el irrefrenable ímpetu sionista, gran parte del debate intelectual e ideológico sobre la «cuestión árabe» no era sino un ejercicio de supuesto escrúpulo moral y autoengaño.

Empezaba a ser una evidencia manifiesta para todos que el choque entre el sionismo y el movimiento nacional palestino estaba condenado a decidirse por la fuerza. Haim Weizmann, personificación de la tendencia diplomática y moderada del movimiento sionista, diría al presidente Roosevelt en 1944 que «no podíamos cifrar el éxito de nuestra causa en el consentimiento de los árabes». Mucho antes y con menos sutileza, Berl Katznelson, principal ideólogo de la corriente dominante del movimiento laborista, reconoció ya tras los disturbios árabes de 1929 que «la empresa sionista es una empresa de conquista». Precisamente por no estar ciegos al dilema árabe, los dirigentes sionistas más sobrios se alejaron de la inercia del autoengaño y la corrección política. Comprendieron, al igual que sus homólogos árabes, la naturaleza irreconciliable de la oposición entre los objetivos de los dos movimientos nacionales que competían por el control de Palestina.

De hecho, fue ya a raíz de los «disturbios» de 1929 cuando los líderes del *yishuv* empezaron a calibrar el significado real del estallido de furia árabe. Ben Gurión y Yosef Sprinzak se contaron entre los primeros en cobrar conciencia de lo que el último definió como «el renacimiento de los árabes». Estaba tomando forma un movimiento nacional con sus héroes y mártires, y los sionistas se dieron cuenta. Poco preocupado por las sutilezas de las definiciones teóricas, Ben Gurión no perdió de vista el desafío político que suponían los disturbios de 1929. «En términos políticos —dijo—, se trata de un movimiento nacional.» En 1933, durante las manifestaciones árabes masivas que se organizaron en todo el territorio palestino en señal de protesta contra la inmigración judía, Ben Gurión dio un paso más para identificar lo que denominó un «movimiento político que debe suscitar respeto». Fue entonces cuando la aciaga certidumbre de una confrontación militar entre los dos movimientos nacionales quedó de manifiesto a sus ojos, pues ambos bandos anhelaban lo mismo: la tierra y una mayoría demográfica. «Los dos queremos Palestina, y éste es el conflicto fundamental», explicaría al ejecutivo de la Agencia Judía en mayo de 1936. En 1938, Ben Gurión llegó a reconocer, para sorpresa de propios y extraños, que la presencia entera de los sionistas en Palestina era «políticamente» una agresión. «El combate —dijo—, es sólo un aspecto del conflicto, que en su esencia es político. Y políticamente nosotros somos los agresores y ellos quienes se defienden.»

Ben Gurión se daba cuenta de que la guerra era inevitable, pero como cauto realista sabía también que una confrontación inmediata socavaría la hasta el momento exitosa política de crecimiento y expansión graduales del *yishuv*. De hecho, durante años prefirió negar la naturaleza profunda e intratable del conflicto, ante todo por motivos tácticos. Entablaba contactos diplomáticos y contemplaba soluciones de compromiso en las que nunca creyó de verdad, con el único fin de consolidar el apoyo británico al sionismo y posponer la inevitable guerra con los árabes hasta que el *yishuv* fuera lo bastante fuerte. Reconocer públicamente la naturaleza nacional e insoluble del conflicto habría supuesto una guerra inevitable y una confrontación prematura tanto con los árabes como con la potencia mandataria.

Ben Gurión no llegó a desarrollar nunca estrategias de paz realmente viables. Sólo intentó ganar tiempo. Cuesta aceptar que creyera sinceramente que los árabes refrendarían su plan de una comunidad palestina judeoárabe que establecía el principio de que «Palestina pertenece al pueblo judío y a los árabes que allí residen» y que hacía hincapié en «el valor moral de la empresa sionista» y en la «justificada» exigencia de autodeterminación del pueblo judío. El coqueteo de Ben Gurión con una solución diplomática a lo que, como él sabía perfectamente, era un conflicto nacional intratable, en cualquier caso, duró poco. Como le dejaron claro los disturbios de 1929 y de forma más fehaciente la revuelta árabe de 1936-1939, la guerra era inevitable. Fue por entonces cuando se desdibujaron las diferencias entre Ben Gurión, eterno gradualista y pragmático, y el maximalista Vladímir Jabotinski, pues el primero adoptó, a todos los efectos prácticos, la doctrina del «muro de hierro» del segundo. La desesperación árabe frente al empuje pionero y militar judío acabaría por reconciliarlos con el sionismo: tal era en ese momento la convicción convencional de los dos partidos. Dentro del movimiento sionista, el patriotismo y el apoyo a una respuesta militar no eran monopolio de la derecha. La revuelta árabe contribuyó sin duda a convertirlos en una filosofía compartida.

Tanto para los sionistas de derechas como para la corriente dominante, una paz inmediata con los árabes palestinos resultaba inaceptable antes de que su voluntad de resistirse al sionismo estuviera quebrantada por completo. Sin embargo, la paz tampoco era necesariamente deseable, y desde luego no era una prioridad en la estrategia de los líderes del *yishuv*. La paz no era el objetivo, explicó Ben Gurión en una carta al ejecutivo de la Agencia Judía en los primeros días de la revuelta árabe. Reconocía, por supuesto, que «la paz es ciertamente una cuestión vital para nosotros», pero se trataba sólo, insistía, de «un medio», y se volvía irrelevante si no iba acompañada de la realización plena y completa del sionismo. Con todo, Ben Gurión sabía de sobra que «la plena realización del sionismo» en términos de territorio e inmigración significaba que no podría haber paz, pues los árabes jamás aceptarían semejantes objetivos. Su conclusión era sobria y directa. «Ahora mismo un acuerdo completo es sin duda inconcebible», escribió tras sus infructuosas conversaciones con dirigentes palestinos en la década de 1920. Su conclusión no difería de la que desarrolló Jabotinski al escribir en su artículo «El muro de hierro» que sólo la fuerza judía podía obligar a los árabes a «consentir un Eretz Israel judío».

«Un Eretz Israel judío» era algo que «los árabes», por supuesto, no pensaban consentir bajo ningún concepto. Sin embargo, lo que dejó patente la revuelta árabe fue que se trataba ya de un encuentro a muerte, una guerra por la supervivencia individual y nacional entre dos comunidades antagónicas en competencia por el mismo espacio de tierra. Parecía que las ideas bienintencionadas o pragmáticas del pasado sobre la coexistencia o la formación de un Estado federal o binacional se dejaban de lado. Ahora era cuestión de «ellos o nosotros». La revuelta árabe fue un auténtico estallido de furia y frustración ante el solapado ascendiente del *yishuv*, que acababa de recibir un refuerzo masivo de inmigrantes impulsados por la tormenta en ciernes del fascismo y el antisemitismo en Europa. Fue la amenaza de un sionismo en expansión lo que alimentó el surgimiento del nacionalismo palestino y aceleró la deriva hacia una dramática confrontación militar entre los dos movimientos nacionales.

Los judíos estarían para entonces mucho más preparados y dispuestos para la guerra que sus enemigos, aunque fuera tan sólo porque, impulsados por la sobria convicción de que el conflicto era sencillamente inasequible a una solución política, no tardaron en asumir lo inevitable de la guerra y dar preponderancia a la perspectiva de quienes deseaban ver una militarización del *yishuv*.

Los sionistas acudieron a Palestina con intenciones idealistas, pero el Estado judío iba a afirmar su derecho inalienable por la lógica de la fuerza. Empezaba a cobrar forma una variedad israelí de militarismo en virtud de la cual las milicias de la Haganá y sus jóvenes comandantes prácticamente imponían a los líderes la respuesta a los nuevos desafíos. El periodo de 1936-1939 vio el surgimiento del espíritu ofensivo israelí como nación en armas, y el principio de lo que pronto se convertiría en la total integración de la mentalidad militar dentro del proceso político de toma de decisiones, primero en el *yishuv* y después en el Estado de Israel hasta el día de hoy. En todo Oriente Próximo y el Tercer Mundo, para imponer sus prioridades los militares tendrían que ejecutar un pronunciamiento militar que acabara por completo con el Gobierno civil. En el caso de Israel, nunca iba a existir la necesidad de que los hombres a caballo tomaran el poder, porque o bien el sistema político integraba sus soluciones a los principales retos en juego mientras llevaban todavía el uniforme, o bien ellos en persona disfrutaban de una transición pacífica y perfectamente natural a los más altos cargos políticos en cuanto dejaban el Ejército. Los comandantes de la milicia de finales de la década de 1930 y los altos mandos de la guerra de 1948 se convertirían en los futuros ministros y primeros ministros del Estado de Israel.

Se estaba desarrollando una evidente sincronización entre el impulso militar y «activista» de los comandantes de la milicia del *yishuv* por un lado, y los dirigentes políticos por el otro. Tal era la dimensión del cambio que Haim Weizmann, de quien Lloyd George escribió en sus *Memorias de guerra* que «su nombre figurará con el de Nehemías en la fascinante e inspiradora historia de los hijos de Israel», manifestó su alejamiento de la patria que tanto había hecho por asegurar a los judíos. Lo consternaba ver que, como escribió en su autobiografía: «Los rasgos negativos sobre los que advertí están ahora apareciendo: la vieja moralidad tradicional del sionismo está siendo erosionada; una tendencia al militarismo y la admiración por lo castrense, un flirteo trágico, inútil y de ningún modo judío con el terror, la distorsión del papel puro y defensivo de la Haganá.»

Cierto que la primera reacción de los líderes judíos ante la agresión árabe fue una política de «contención» (*havlaga*). La *havlaga*, sin embargo, no podía durar. El primero en cuestionar la confianza del *yishuv* en la buena voluntad de los británicos y las soluciones diplomáticas «galúticas» de Weizmann fue el Irgun de Menájem Beguin, pero la Haganá no perdió mucho tiempo en seguir su ejemplo. Un oficial británico excéntrico y fanático de la Biblia, Ord Wingate, creó los «Escuadrones Nocturnos», donde se enseñó a la joven generación de combatientes judíos a trocar sus tradicionales tácticas defensivas por atrevidas represalias ofensivas contra poblaciones árabes. A través de sus «Batallones de Campaña» (*Plugot Sadet*), creados en 1937, un carismático alto oficial, Yitsjak Sadeh, inculcó en la siguiente generación unos valores de guerra, lucha e iniciativa militar. Fue en unidades como ésas y bajo la inspiración de comandantes legendarios del estilo de Wingate y Sadeh donde los dos comandantes más emblemáticos de la guerra de 1948, Moshé Dayan y Yigal Allon, absorbieron su visión de la guerra y el sionismo militar.

La vía militar propugnada por la nueva generación no era una mera cuestión de tácticas operacionales. Se trataba de todo un nuevo y estimulante concepto político, según el cual las aspiraciones nacionales no podían realizarse a través de los medios diplomáticos sionistas tradicionales ni por obra de un acuerdo político, sino tan sólo mediante el recurso a la fuerza militar. Convencidos de que era inevitable una guerra sin cuartel entre judíos y árabes por la posesión de Palestina, los impacientes jóvenes líderes militares querían desprender al movimiento por la liberación nacional judía de los antiguos métodos evolutivos de los padres fundadores.

Sin embargo, los comandantes militares fueron incluso más allá. En su aspiración de ser quienes definieran los objetivos políticos del movimiento, establecieron el patrón del futuro papel predominante del Ejército en el proceso de toma de decisiones del Estado de Israel. El Plan Avner, preparado por los «Batallones de Campaña» y no por políticos en 1937, era por supuesto del todo irrealista para la época, puro voluntarismo, pero de todos modos anticipó y sentó las bases de lo que en 1948 sería el célebre Plan D, es decir, una estrategia consistente en ir mucho más allá de los modestos límites de los distintos planes de partición y absorber en el Estado judío zonas tradicionalmente árabes. El Plan Avner era, de hecho, mucho más ambicioso que el Plan D, pues preveía también la conquista de Galilea, Cisjordania y Jerusalén. Lo que esta frenética actividad militar representaba en realidad, sin embargo, era que el espíritu de la juventud combatiente se situaba desde ese momento en el corazón mismo del nuevo proyecto sionista.

El que la fuerza militar no se viera ya como un mero mal necesario sino como un instrumento para la formación de una nueva conciencia nacional estaba desde luego en las antípodas de la supuesta herencia de la Diáspora, donde los judíos acudían, cual se ha dicho, «como ovejas al matadero». Los jóvenes líderes de la milicia representaban al «hombre nuevo» de la revolución sionista y, a diferencia de los padres fundadores, que habían llevado consigo del *Galuth* los miedos milenarios a la aniquilación de una nación perseguida y en ocasiones parecían cargar con el peso entero de la historia judía, el camino del joven *sabra* era el de la confianza y la certeza. Imbuidos de una sensación de propiedad nativa de la tierra en la que habían nacido, no albergaban dudas sobre su victoria en la inminente guerra contra los árabes.

La *havlaga* tenía pues sus límites, y fuera en cooperación con los británicos o a través de las operaciones independientes de los «Escuadrones Nocturnos Especiales» de Wingate y los «Batallones de Campaña» de Sadeh, por no hablar de las actividades del Irgun, los judíos empezaron a responder. Además, después de que se sofocara la revuelta árabe, gracias principalmente a la brutal represión de los británicos, claro, fue un nuevo vástago militar de la Haganá, el Poum, el que desencadenó lo que se convirtieron en represalias y castigos colectivos casi rutinarios contra las aldeas árabes. Más adelante, con la creación en 1941 del Palmaj, una unidad de elite especial formada por la flor y nata de la juventud de la nueva sociedad judía de Palestina, el espíritu de la defensa ofensiva recibió un ímpetu crucial. Adoptado por el partido «activista» Hakibbutz Hameuhad, que glorificaba la vía militar y mantuvo en todo momento su compromiso con un Estado judío «indiviso» en la totalidad de Palestina, el Palmaj, cuyos miembros combinaban los deberes del guerrero con los del granjero, estaba pensado para servir de modelo a un ejército popular que realizara por medio de la conquista y el asentamiento la visión del Hakibbutz Hameuhad de un Gran Eretz Israel.

Estaba claro que los sionistas disfrutaban de cruciales ventajas en el conflicto por venir. El suyo era un movimiento esencialmente democrático, rico y variado en expresiones sociales, culturales y políticas, y formidable en su organización como estructura moderna con vocación de Estado. Por vital que sea, la opción militar debe ir siempre acompañada por un empeño diplomático. El modo sionista de alcanzar el sueño del Estado judío era una estrategia de doble filo: una poderosa respuesta militar y un sutil despliegue de habilidades diplomáticas.

Raro es en la historia el movimiento nacional que ha marchado a la Tierra Prometida, como hicieron los sionistas, con tan brillante alarde de *savoir-faire* diplomático y habilidades militares. Piedra angular de la diplomacia sionista, Gran Bretaña siguió siendo en todo momento de vital importancia para la consolidación del Hogar Nacional. La conexión británica, así como la persistente campaña del futuro Estado de Israel por una alianza estratégica con una potencia del bloque Oeste, reflejaban la inherente inclinación occidentalista del sionismo. El punto de partida implícito era que Israel no podía, y según algunos tampoco debía, integrarse de modo pacífico en el Oriente Próximo árabe. Los sionistas tuvieron la prudencia de rehuir la confrontación abierta con la potencia mandataria, a pesar de las frecuentes y desconcertantes retractaciones de los británicos respecto de su compromiso con el Hogar Nacional contenido en la Declaración Balfour. No sólo figuras moderadas como Weizmann y Ben Gurión, sino también el dirigente más radical de los revisionistas, Zeev (Vladímir) Jabotinski, valoraban la alianza con Gran Bretaña como una garantía vital para el Hogar Nacional. La pragmática alianza con Albión, por pérfida que les pareciera, tenía que mantenerse mientras fuera posible. Se anteponían los hechos sobre el terreno y la constante acumulación de poder judío a las grandilocuentes proclamas relativas a los objetivos a largo plazo del sionismo y a posibles encontronazos innecesarios y precipitados con la potencia mandataria. Así, cuando se presentó una idea británica poco deseable, como fue la iniciativa en pro de un Consejo Legislativo árabe-judío en Palestina, el ejecutivo sionista prefirió hacer de tripas corazón y negociar una estructura paritaria para el nuevo organismo en vez de rechazar de plano su creación. Siempre podían confiar en que el rechazo obsesivo de los árabes les sacara las castañas del fuego. Lo que se convertiría en un pilar del pensamiento estratégico de Ben Gurión como primer ministro del futuro Estado de Israel —nunca operar sin el apoyo de una superpotencia occidental—, resultaba ya discernible en la histórica encrucijada en la que comprendió lo inevitable de una guerra total por Palestina. Nada pesaba más en su ánimo que la idea de un *yishuv* o incluso un Estado independiente judío aislado, en guerra con el mundo árabe y sin el apoyo de una superpotencia.

La estrategia sionista orientada hacia Occidente respondía también a la alienación cultural que sentían respecto del Oriente asiático. Tenía tanto de elección cultural como de imperativo estratégico. Ben Gurión nunca fingió que el sionismo tuviera que ver con la integración con el Este. Fue lo bastante franco para escribir al nacionalista árabe George Antonius, autor de *The Arab Awakening* («El despertar árabe», 1938): «Queremos volver a Oriente sólo en el sentido geográfico, pues nuestro objetivo es crear aquí una cultura europea [...] al menos mientras los cimientos culturales de esta esquina del mundo permanezcan inalterados.» Ben Gurión expresaba la esencia central del sionismo y no sólo un punto de vista personal. No había diferencias entre su carta a George Antonius y la filosofía política de Max Nordau, el sucesor de Herzl a la cabeza del movimiento sionista, que había afirmado que «pretendemos acudir a Palestina como emisarios de la cultura y ampliar las fronteras morales de Europa hasta el Éufrates [...]». La mayoría de los líderes del *yishuv* sabía muy poco de la civilización árabe y ese poco lo despreciaba. En este sentido —la actitud condescendiente hacia los árabes— apenas existían diferencias entre Jabotinski y Ben Gurión. El Oriente árabe representaba para ellos la pasividad fatalista, el estancamiento social y cultural y la tiranía política.

El avance cauto y gradualista del *yishuv* hacia la condición de Estado, en el transcurso del cual se dejó de lado a los radicales e irrealistas revisionistas, presentaba un marcado contraste con los acontecimientos del bando árabe. Ofuscados por una comprensible sensación de pérdida y desposeimiento a manos de una comunidad sionista bien organizada y sus protectores británicos, los árabes se entregaron a las tendencias y líderes más radicales de su movimiento. Condenaron su causa al fracaso al enfocar la lucha hacia sus dos poderosos enemigos, los sionistas y los británicos, a la vez. El ascenso del muftí al liderazgo indiscutido en la década de 1930, a costa de opciones más moderadas —la del clan Nashashibi, por ejemplo—, allanó el camino a la revuelta y la guerra total. Los árabes optaron por una apuesta muy alta —deshacerse por completo del proyecto sionista y enfrentarse militarmente al Mandato británico— con recursos inadecuados. Para el final de la revuelta árabe, la sociedad palestina estaba sumida en la más completa desorganización, sus comunidades en estado de desintegración y su cohesión interna dramáticamente socavada por la derrota militar y la colaboración de muchos, entre ellos las elites locales, con el enemigo sionista. Los palestinos iban a afrontar la terrible experiencia de 1948 fragmentados y sin ninguna capacidad real de absorción.

La comunidad árabe perdió la guerra por Palestina de 1948 diez años antes de que empezara siquiera. La revuelta árabe tenía, por supuesto, una base comprensible, a saber, obligar a los británicos a invertir sus políticas favorables al Hogar Nacional para los judíos, detener la inmigración y restringir la adquisición de tierra por parte de los sionistas. Sin embargo, el método y la evolución de la revuelta fueron más fruto de la rabia y la desesperación ciega que de la organización o la estrategia meticulosa. El resultado sería una clamorosa derrota para los árabes palestinos que los conduciría a la debacle final de 1948 en un estado de confusión fatalista. Los años que van de la revuelta árabe a la Naqba de 1948 presenciaron el desmembramiento de la comunidad palestina y la pérdida de su autonomía política hasta el punto de que, cuando tuvieron que afrontar el desafío de la partición y la guerra en 1947-1948, ya no eran dueños de su propio destino. Para entonces los estados árabes vecinos habrían usurpado su causa. No fue hasta el surgimiento del movimiento Fatá y la OLP de Yasser Arafat a mediados de la década de 1960 cuando los palestinos recobraron el control de su propia causa.

Sin embargo, fue sin duda durante la revuelta árabe cuando el problema palestino se convirtió en una cuestión panárabe y cristalizó la premisa de que la nación árabe en su conjunto estaba ahora amenazada por el imperialismo occidental, del que el sionismo actuaba de cabeza de puente. De la revuelta en adelante, Palestina se convertiría en el conveniente grito de guerra del mundo árabe al completo, el pegamento cohesivo del nacionalismo panárabe, la plataforma para la histeria de masas en El Cairo y Bagdad, Túnez y Casablanca, Damasco y Ammán. Tanto es así que en 1948 los estados árabes se vieron prácticamente obligados, contra su voluntad, a invadir el recién nacido Estado judío «por el bien de Palestina...».

2

¿BISECAR LA TIERRA O LA ESTRATEGIA POR FASES DEL SIONISMO?

El sionismo es un movimiento político que tiene por objetivo la dominación de al menos la totalidad de Palestina; concederle un asidero en parte de Palestina sería animarlo a buscar más [...]

Oficina Árabe: Pruebas presentadas
al Comité Angloamericano, marzo de 1946

El reino de David era más pequeño, pero con Salomón se convirtió en un Imperio. *C'est le premier pas qui compte.*

Comentario de HAIM WEIZMANN
al minúsculo Estado judío propuesto
por la Comisión Peel

Si contrapongo la catástrofe de cinco millones de judíos al traslado de un millón de árabes, entonces puedo afirmar con la conciencia tranquila que son permisibles acciones incluso más drásticas.

WERNER SENATOR, miembro no sionista
de la Agencia Judía

Erigid un Estado judío de inmediato, aunque no abarque el territorio entero. El resto llegará con el tiempo. Debe llegar.

BEN GURIÓN, octubre de 1937

Las fronteras de nuestro Estado las definirán los límites de nuestra fuerza [...] Las fronteras serán el fruto de nuestras conquistas.

ISRAEL GALILI, jefe del Estado Mayor
de la Haganá, 8 de abril de 1948

El sionismo es tanto una lucha por la tierra como una carrera demográfica; en pocas palabras, la aspiración a un territorio con una mayoría judía. Cómo reconciliar el empeño por un Estado judío en el Eretz Israel histórico con la realidad de que Palestina no era, como algunos creían, «una tierra sin gente», sino una de irresistible mayoría árabe, era la esencia de la lucha entre los dos movimientos nacionales que competían por la supremacía, e incluso la exclusividad, dentro del mismo espacio de tierra. Bisecar la tierra o poseerla toda era el dilema. Al final, como deja patente en estos mismos días la política de retirada unilateral de las áreas palestinas densamente pobladas formulada por Ariel Sharón, sería el criterio demográfico el que se impondría. Ningún argumento fue más convincente para que el sionismo recortara sus ambiciones territoriales que el de los imperativos demográficos.

Sin embargo, la «separación» y la «desconexión», poderoso ideario político en Israel durante la Intifada palestina de Al-Aqsa, no son una panacea nueva. Nacieron con los ecos de la revuelta árabe aún presentes, cuando la revelación de la naturaleza irreconciliable de la brecha entre dos movimientos nacionales en conflicto, perseguidores ambos de los mismos objetivos —tierra y superioridad demográfica—, barrió los altruistas sueños de coexistencia y resquebrajó la fe en una solución uniestatal y binacional o en tentativas federales de cualquier tipo. En el programa político pasó a figurar un punto primordial: cómo dividir la tierra y separar las dos comunidades.

A decir verdad, la separación era una condición natural dado el desarrollo de los dos movimientos nacionales. Las sociedades árabe y judía evolucionaron por derroteros separados ya desde los primeros días del sionismo. Ése fue desde luego el caso durante los vitales años del Mandato, cuando las dos sociedades se segregaron según criterios físicos, institucionales y de desarrollo. Los servicios sociales, la infraestructura económica, el sistema educativo y los límites geográficos de las comunidades árabe y judía estaban claramente definidos. Nunca se dio, sin embargo, una segregación impuesta al estilo sudafricano por parte de ningún bando. Ni los judíos ni los árabes sentían especiales deseos de tener una sociedad mestiza en Palestina. Un valor central de la empresa sionista, el principio del «trabajo judío», también fue decisivo a la hora de limitar la interacción entre las dos sociedades. Pese a los sueños y programas idealistas sobre una coexistencia judeoárabe, y a pesar del desarrollo de algunos espacios binacionales de cooperación y vida comunitaria, como el profesor Ilan Pappe ha indicado, la condición esencial de la vida en Palestina era la mutua exclusión. Como en el caso del muro de Sharón y el abrumador apoyo de los israelíes a la «desconexión» tras la Intifada de Al-Aqsa, la reacción violenta de los árabes a los avances conseguidos por el *yishuv* agudizaba, cuando menos, la tendencia al desentendimiento. Los disturbios de 1929 y la revuelta de 1936-1939 sellaron de manera definitiva el destino de las dos comunidades de segregarse la una de la otra. La guerra civil fue la causa, y no el resultado, de esa segregación.

Los partidarios de la división abandonaron las esperanzas sobre el supuesto papel civilizador del sionismo y la premisa paternalista de que la prosperidad económica a la larga reconciliaría a los árabes con la empresa sionista. La revuelta árabe fue un momento definitorio, un choque de espíritus nacionales que ningún subsidio económico o alucinación poética podía reconciliar. Los dirigentes de la comunidad árabe ni siquiera estaban dispuestos a debatir la idea de Weizmann de restringir la inmigración judía como medio para aplacar la furia árabe y desarmar la revuelta. El rechazo de este ofrecimiento reforzó la convicción de Weizmann de que la división era la única solución viable. No fue el primero ni el último de los líderes sionistas en desesperar de un acuerdo negociado. El nacionalismo árabe, explicó en aquel momento, era incapaz por naturaleza de plantearse un compromiso razonable con el sionismo.

La panacea de la división de las décadas de 1930 y 1940, al igual que la de la «separación» y la «desconexión» durante la Intifada de Al-Aqsa, fue el resultado del miedo, el fruto de la desesperación, la consecuencia de una nueva convicción sobre la naturaleza insoluble del conflicto. También suponía la victoria del muro de hierro de Jabotinski, pues tanto la derecha contraria a la división como el centro-izquierda partidario de ella compartían ahora una filosofía común, la de la disuasión del poder judío como única herramienta disponible para forzar a los árabes a asumir el proyecto sionista. La división y la separación también se vieron alimentadas y fomentadas por el cultivo de la imagen de un enemigo árabe brutal inasequible al diálogo y el compromiso. La demonización del movimiento nacional palestino combinada con una profunda sensación de desesperanza acerca de las posibilidades de una solución política a lo que parecía un conflicto tribal, casi mitológico, era ahora la actitud dominante entre los líderes del *yishuv*. Yitsjak Tabenkin, mentor del «activista» Hakibbutz Hameuhad, habló de la brutalidad nazistoide de los disturbios árabes. Berl Katznelson describió un movimiento nacional árabe primitivo cuyos planes genocidas contra el *yishuv* estaban empapados en una tradición de fanatismo religioso y xenofobia y en una cultura impregnada de sed de sangre.

A partir de finales de la década de 1970, Israel siempre rechazaría las tentativas de paz, hay que reconocer que ambiguas, de la OLP con el pretexto de que formaban parte de una «estrategia por fases» cuyo objetivo final era apoderarse de toda Palestina y a la larga eliminar por completo el Estado de Israel. Sin embargo, es posible que el *copyright* de la «estrategia por fases» haya que buscarlo en otra parte: fue concebido por los dirigentes del *yishuv* a mediados de la década de 1930; era intrínseco a la noción que tenían del significado de la división como primera etapa de unos logros territoriales más amplios. Al aceptar la partición, tal y como la propuso la Comisión Peel en 1937, Ben Gurión no pretendía necesariamente renunciar a la reclamación sionista del Eretz Israel completo. El minúsculo Estado judío propuesto por la Comisión no podía de ninguna manera resolver la cuestión judía o satisfacer los anhelos mínimos del sionismo pero, en palabras de Ben Gurión, «puede servir de etapa decisiva en el camino hacia una mayor implantación sionista». Al entender de Jabotinski, había que aplicar soluciones territoriales maximalistas de buen principio; Ben Gurión era un prudente gradualista que confiaba en el «curso de los acontecimientos». La tarea inmediata, como expuso en una carta a su esposa del verano de 1937, era la de establecer un Estado judío, por modesto que fuera en su tamaño, como garantía para la inmigración y posible trampolín para una futura expansión. A su hijo Amos le escribió en octubre de ese mismo año: «Erigir un Estado judío de inmediato, aunque no abarque el territorio entero. El resto llegará con el tiempo. Debe llegar.»

Llegaría aunque fuera sólo porque, como él escribió, el Estado judío tendría «un Ejército extraordinario» que garantizaría que «no se nos impedirá asentarnos en el resto del país, sea de acuerdo y por mutua comprensión con los vecinos árabes o de otro modo». Si refrendar la partición hubiese significado «renunciar a nuestros derechos históricos sobre el territorio entero de Israel —dijo en un discurso de agosto de 1937 en el 20.° Congreso Sionista—, entonces rechazaría el Estado». La actitud del «moderado» Haim Weizmann, siempre más ponderado en sus palabras que Ben Gurión, no era diferente en esencia. Él también creía que el «Estado Peel» era sólo el principio. «El reino de David era más pequeño —dijo—, pero con Salomón se convirtió en un Imperio. *C'est le premier pas qui compte*», dijo para consolar a los escépticos.

En otras palabras, la derrota del empuje territorial por parte de los imperativos demográficos, que sería el motivo central del coqueteo de la derecha israelí con la idea de la «desconexión unilateral» a resultas de la Intifada de Al-Aqsa, todavía no estaba clara para los líderes sionistas de la década de 1930, sobre todo cuando la propia Comisión Peel ofreció una panacea que se apresuraron a aceptar. Probablemente, el artículo más atractivo de las recomendaciones de la Comisión era el que hablaba del «traslado forzoso» de los árabes del futuro Estado judío. Para Ben Gurión se trataba de un «logro sin parangón». Era «la mejor de las soluciones», según Berl Katznelson. «Un vecino lejano —dijo—, es mejor que un enemigo cercano.» El traslado era una solución tan ideal que «debe producirse algún día», concluía. Una estrategia por fases, cierto que siempre vaga y con un plan de acción cuando menos inarticulado, sólo podía imponerse si se encontraba una solución al problema demográfico. El «traslado» era la fórmula mágica.

La idea del traslado de los árabes tenía un largo pedigrí en el pensamiento sionista. Los escrúpulos morales apenas se hicieron oír en lo que por lo general se veía como una solución lógica y realista, un asunto de conveniencia. Israel Zangvill, padre fundador del concepto, propugnó el traslado a fecha tan temprana como 1916. Porque, como dijo: «Si deseamos dar un país a un pueblo sin país, es una absoluta insensatez permitir que sea un país de dos pueblos [...] Uno de los dos: hay que encontrar un lugar distinto para los judíos o para sus vecinos.»

La idea del traslado no era sólo el sueño íntimo de los «activistas» y los «militantes» del movimiento sionista. Un éxodo en masa de los árabes de Palestina no suponía una gran tragedia, según Menájem Ussishkin, un dirigente de los Sionistas Generales. Para él, el mensaje de la revuelta árabe era que la coexistencia estaba fuera de lugar y que ahora se trataba de árabes o de judíos, de ningún modo los dos. Ni siquiera Aharon Zisling, miembro de la extrema izquierda del movimiento sionista laborista, que durante la guerra de 1948 dejaría constancia de estar escandalizado por las atrocidades cometidas contra la población árabe, veía «defectos morales» en el traslado de los árabes, aunque evitó el término en favor del eufemismo de «concentrar el desarrollo de la vida nacional». «En un nuevo orden mundial —dijo— puede y debe ser una noble visión humana.» Sin embargo, una vez más, la voz de Ben Gurión poseía siempre un significado y una relevancia especiales. En un encuentro sionista de junio de 1938 se mostró todo lo explícito que se puede ser. «Apoyo el traslado obligatorio. No veo nada inmoral en él», dijo. No obstante, también sabía que el traslado sólo sería posible en plena guerra, no en «tiempos normales». Lo que en tales tiempos puede ser imposible, afirmó, «se hace posible en tiempos revolucionarios». El problema, pues, no era moral, quizá ni siquiera político; se trataba de una función del tiempo, y eso significaba la guerra.

Por bien que tuvieran sueños compartidos sobre grandes logros territoriales, los sionistas llegarían a la confrontación vital con los árabes en 1947-1948 como un movimiento profundamente dividido acerca de sus objetivos inmediatos. No todos estaban dispuestos a conformarse, aunque fuera con fines tácticos y como primera etapa, con el minúsculo Estado judío propuesto por la Comisión Peel. Todas las alas radicales del bando sionista se opusieron a la partición. El Hashomer Hatzair la rechazaba porque chocaba con su sueño socialista de un Estado binacional árabe-judío; el Hakibbutz Hamehaud de Tabenkin no veía motivos para sucumbir a la presión de la violencia árabe y renunciar al espíritu de colonizar y conquistar Eretz Israel. Para los sionistas religiosos del Mizrahi, la eternidad de Israel y el vínculo exclusivo y milenario de los judíos con Eretz Israel significaban que la partición estaba fuera de lugar. La división resultaba, ni que decir tiene, absolutamente inconcebible para los revisionistas de Jabotinski. Sólo después de alcanzar una mayoría judía en ambas orillas del Jordán, lograr una posesión sionista plena e incondicional de la tierra y erigir un muro de hierro de poder y disuasión, los árabes se reconciliarían con la existencia de un Estado judío en su seno. Jabotinski, con todo, era un estadista educado en la tradición europea liberal y romántica. Su filosofía militar estaba concebida como introducción a una especie de solución política y a lo que él tenía por un trato justo para los árabes palestinos, tanto como individuos como en cuanto comunidad nacional. Sin embargo, vástagos más radicales de su movimiento como Brit Ha-Biryonim (Liga de Forajidos), dirigido e inspirado por Abba Ahimeir y el poeta Uri Zvi Greenberg, pasaron tras los disturbios de 1929 a una glorificación fascista de la violencia que excluía cualquier posibilidad de entendimiento entre judíos y árabes, por no hablar ya de la partición de la tierra entre ellos.

La diversidad democrática del *yishuv* era en verdad impresionante. El idealismo socialista y la solidaridad de clase con los árabes que llevó al Hashomer Hatzair a rechazar la idea de la partición entroncaba con el enfoque moralista de los intelectuales de izquierdas no sionistas que cuestionaban la legitimidad misma de la aspiración a un Estado judío. Ni que decir tiene que en términos políticos Brit Shalom y su derivado en la década de 1940, Ihud, no representaban un desafío para el sionismo dominante. Sin embargo, sí que encarnaban una tendencia persistente a lo largo de la historia del sionismo y el Estado de Israel: la de una respuesta intelectual radical de izquierda al poderoso, y para ellos inmoral, empeño por un Estado judío basado en la fuerza y el desposeimiento de los árabes. Dirigidos por luminarias como Ernest Simon, Gershom Sholem y Yehudá Magnes, se opusieron a la partición de la tierra y a la creación de un Estado judío separado. Defendían en cambio el derecho de la mayoría árabe a gobernar el país en un Estado árabe-judío binacional. De manera similar a la ortodoxia religiosa antisionista que rebatía la noción de que el judaísmo como religión necesitara un Estado judío material para perpetuarse, existía en las doctrinas de Brit Shalom un rechazo filosófico a la idea misma de que el judaísmo como civilización necesitara una potencia política para su supervivencia. Para Gershom Sholem, estudioso del misticismo judío, los sionistas no representaban nada salvo una «secta», un episodio en los anales de la historia judía.

La partición no iba a serle concedida a los sionistas en bandeja de plata; habría que arrancársela a los británicos por la fuerza. La colaboración con el Mandato británico era justificable en tanto que éste fuera decisivo para acercar el sionismo a sus objetivos; después de la guerra, ése había dejado de ser a todas luces el caso. Sin embargo, el manejo de los tiempos era fundamental, y los líderes sionistas demostraron una cautela admirable en la elección del momento adecuado para su divorcio total e irreversible con Gran Bretaña. En un principio, y mientras duraba la guerra contra Hitler, el Libro Blanco como tal no alteró de inmediato la política del *yishuv*, que seguía viendo en Gran Bretaña un aliado estratégico crucial de la causa sionista. Por muy frustrados y traicionados que se sintieran por la potencia mandataria y por muy dispuestos que estuvieran a abrazar la opción militar, los dirigentes mayoritarios del *yishuv* sabían que el apoyo británico era vital para el surgimiento del Estado judío. El famoso eslogan de Ben Gurión de que «combatiremos con los británicos contra Hitler como si no hubiera Libro Blanco; combatiremos el Libro Blanco como si no hubiera guerra» representaba el prudente y sutil equilibrio de un movimiento volcado en el impulso hacia un Estado judío sin alienarse de las preocupaciones del mundo civilizado en su lucha por la supervivencia contra la Alemania nazi. Además, mientras el muftí andaba ocupado poniendo en entredicho la imagen internacional y el destino de la causa palestina por su cierre de siniestros acuerdos con Hitler y su apoyo a la «solución final», los sionistas tuvieron el buen criterio de encajar el duro golpe que había supuesto para ellos el Libro Blanco y resistirse a la tentación de adoptar un irrealista curso de acción antibritánico. En cambio, presionaron a los ingleses para que permitieran que el *yishuv* se sumase al esfuerzo bélico de los aliados. Es más, tanto la Haganá como el Palmaj persistieron a lo largo de toda la guerra en su colaboración militar con los británicos, con los que llevaron a cabo operaciones militares conjuntas contra objetivos de Vichy en Siria y Líbano. Por si fuera poco, más de 27.000 voluntarios judíos del *yishuv* se alistaron en el ejército inglés entre 1942 y 1944.

La insistencia de los sionistas en una alianza con Gran Bretaña no significaba que estuvieran ciegos a los cambios radicales acaecidos en el equilibro global de poder, que vieron el surgimiento de Estados Unidos como principal agente del sistema internacional. El desplazamiento de foco de la diplomacia sionista de Gran Bretaña a Estados Unidos a principios de la década de 1940 fue un ejercicio de maestría en intuición estratégica y habilidad diplomática. La Conferencia Biltmore de 1942 en Nueva York fue en la práctica el núcleo de una campaña política y de relaciones públicas sionista para ganarse a Estados Unidos. Es interesante que fuera Ben Gurión, el hombre de acción, y no Weizmann, el brillante diplomático, quien primero comprendiera el significado del cambio en la balanza mundial de poder. Weizmann siguió creyendo en la tradicional diplomacia individual judía y en su uso ante todo en Gran Bretaña, mientras que Ben Gurión pronto se dio cuenta de las oportunidades que ofrecía a la causa sionista la cultura política estadounidense, donde la opinión pública, el Congreso y, por supuesto, la comunidad judía podían explotarse para contribuir a la formulación de una política propicia al sionismo.

El objetivo de la diplomacia sionista ya no era Gran Bretaña sino Estados Unidos y la opinión internacional. Había pocas esperanzas de evitar un choque abierto con la potencia mandataria, enmarañada a la sazón en los compromisos y promesas contradictorios que había ofrecido a árabes y judíos. Además, como ha sucedido con frecuencia en la historia del sionismo, la catástrofe judía vino a favorecer a la causa. Fue la plena verdad y el sobrecogedor impacto del Holocausto de los judíos europeos, cuando salió a la luz mundial tras la guerra, lo que en ese momento sirvió de plataforma sobre la que la diplomacia sionista pudo movilizar a los gobiernos y a la opinión internacional para conseguir su principal objetivo político, un Estado judío en Palestina. Una vez más, la catástrofe judía fue la impulsora de la idea sionista y un acicate para sus perspectivas. Gran Bretaña no podía resistir la presión moral generada por la lucha por alcanzar las costas de Palestina de millares de supervivientes al Holocausto. La dura e incluso brutal política de los británicos contra la inmigración a Palestina de los supervivientes a la barbarie nazi fue el trampolín sobre el que los sionistas consiguieron movilizar a la opinión internacional, ante todo en Estados Unidos, y unir al *yishuv* en la confrontación final contra los ingleses. Los organizadores de la Haganá utilizaron como instrumento político y táctico el sufrimiento de los inmigrantes ilegales hacinados en viejos barcos averiados para impulsar un claro fin político. Cuarenta mil inmigrantes ilegales desembarcaron en las orillas palestinas entre los años 1945 y 1948. Sin embargo, un número aún mayor, 51.000, fue abordado en alta mar por los británicos y confinado en campos chipriotas.

No fue sólo gracias a la explotación de la catástrofe judía que los sionistas derrotaron a los británicos en Estados Unidos. También jugaron con sabiduría sus cartas diplomáticas. La decisión del ejecutivo sionista en agosto de 1946 de apartarse del Plan Biltmore y propugnar la idea de la partición fue una maniobra brillante que a los pocos meses recibió el apoyo de Estados Unidos. El refrendo de la potencia americana a la partición sería uno de los principales motivos que obligaría a los británicos a remitir la cuestión de Palestina a las Naciones Unidas.

Era una guerra que Gran Bretaña no podía ganar, pues su resultado estaba en manos de la opinión pública. La imagen británica se resentía en todo el mundo, sobre todo en Estados Unidos. No fue una sorpresa que el comité angloamericano que investigaba las condiciones de los Campos de Personas Desplazadas en toda Europa recomendara la inmediata absorción en Palestina de 100.000 judíos, una recomendación que los británicos no podían digerir de ninguna manera, puesto que se contradecía con su intento de aplacar a los árabes. El Partido Laborista británico, que en su programa de 1944 había llegado al extremo de refrendar el principio de la mayoría judía en Palestina incluso al precio de un «traslado de población» («que se anime a los árabes a salir a medida que entran los judíos [...]»), ahora como Gobierno estaba preocupado en primer lugar por reconstruir sus puentes con el mundo árabe y proteger la posición estratégica de Gran Bretaña en el conjunto de Oriente Próximo.

Ningún otro Estado de los tiempos modernos nació con tal grado de simpatía y remordimientos internacionales como el judío. Sin embargo, el sionismo no sólo tenía como aliada principal la catástrofe judía, sino que también poseía una formidable infraestructura institucional y una fuerza militar fiable. A todos los efectos prácticos, llevaba ya tiempo existiendo un Estado judío en todo salvo en el nombre. Acabada la guerra, los británicos no estaban en condiciones de imponer un arreglo propio. Ahora que el futuro de Palestina era un asunto internacional, el Gobierno del Mandato se veía reducido a la impotencia. El choque entre británicos y sionistas fue una experiencia que rompió todos los patrones conocidos de dominio colonial. Había sido bajo protección británica como los sionistas construyeron su poder y sus infraestructuras seudoestatales. En ese momento, en desafío al Gobierno británico el *yishuv* presentaba una extraordinaria y bien equipada fuerza militar de unos 100.000 hombres. Agotado por una guerra impopular en Palestina, una tierra que la opinión pública británica veía más como una carga que como un activo estratégico, y hostigado por el terrorismo judío por un lado y las expectativas absolutamente irrealistas de los árabes por el otro, el Gobierno británico decidió remitir la cuestión de Palestina de vuelta a la ONU.

La Resolución 181 de la ONU del 29 de noviembre de 1947 que dividía la Palestina occidental en un Estado árabe y otro judío fue una clamorosa victoria para la empresa sionista y para el milenario anhelo judío de poseer un Estado. Fue el logro culminante de uno de los empeños nacionales más brillantemente exitosos del siglo XX. Los sionistas por fin conseguían los estatutos de legitimidad internacional que Herzl había establecido como objetivo central del movimiento desde el momento en que lo concibió como empresa política. Los árabes habían sido derrotados por la sorprendente persistencia de los sionistas y su extraordinaria capacidad para combinar medios militares y *savoir-faire* diplomático. El atrevido impulso de los sionistas para crear hechos desde cero y construir las instituciones del futuro Estado se veía ahora complementado por una habilidosa manipulación de la catástrofe judía, el Holocausto, que le ganó apoyo internacional a su causa. Las expectativas del sionismo siempre se vieron alimentadas y mejoradas por encuentros únicos entre acontecimientos globales y locales. El ascenso de Hitler al poder, el consiguiente redoblamiento de la inmigración judía en la década de 1930, el sobrecogedor impacto del Holocausto y el cambio en el equilibrio global de poderes con el ascenso de Estados Unidos al liderazgo mundial fueron todas oportunidades históricas ante las que los dirigentes sionistas respondieron con maestría. Fueron el sentido del realismo y la capacidad única de la dirección mayoritaria del sionismo para responder a las cambiantes condiciones históricas los que hicieron posible el Estado judío.

El impacto del Holocausto sobre el *yishuv* y sus líderes fue el de aumentar la sensación de cohesión nacional, además de la convicción de que la guerra por Palestina era más inevitable que nunca. Había pasado el momento de los debates ilusorios o escrupulosos sobre la «cuestión árabe» o los planes rocambolescos para un Estado binacional. La «cuestión judía» excluía ahora cualquier otra consideración. Además, puesto que el empecinamiento de los árabes en rechazar cualquier compromiso y todos y cada uno de los planes de arreglo político había quedado patente para todos, había llegado el momento del sagrado egoísmo nacional y étnico. Desde el Brit Shalom Ihud al Poalei Sion de Izquierda y el Hashomer Hatzair, pasando por algunos, si bien no la totalidad, de los sectores religiosos que en el pasado se habían opuesto a la idea de la partición, se desató el clamor a favor de una inmigración judía sin restricciones y un Estado judío homogéneo y «separado», por «partido» y pequeño que fuera. El del Brit Shalom Ihud fue un ejemplo interesante.

Éste ha sido siempre el problema de la República de los Filósofos: respondía a inquietudes y reflexiones morales genuinas, pero con frecuencia se olvidaba de tener en cuenta el irresistible poder del proceso histórico y del atavismo humano y la voluntad nacional. Las elevadas ideas de Brit Shalom sobre la coexistencia judeoárabe en un Estado binacional con los judíos como minoría no sólo no hallaron un eco significativo entre los nacionalistas árabes, sino que además el auge del nazismo y la dramática situación de los judíos europeos pronto las harían irrelevantes. Frente a las apocalípticas dimensiones de la catástrofe judía, el Holocausto, incluso el Brit Shalom Ihud pasó a propugnar en primer lugar la necesidad de una paridad demográfica entre judíos y árabes en Palestina, y más tarde, como «mal necesario», la idea de un Estado judío independiente, es decir, la partición de Palestina. Había pasado el momento de los escrúpulos morales o el sentimiento de culpa hacia la población árabe desposeída. Así es como lo expresó un miembro no sionista de Brit Shalom y de la Agencia Judía, Werner Senator: «Si contrapongo la catástrofe de cinco millones de judíos al traslado de un millón de árabes, entonces puedo afirmar con la consciencia tranquila que son permisibles acciones incluso más drásticas.»

En cuanto al Hashomer Hatzair, paladines marxistas de la fraternidad judeoárabe y el Estado binacional que en el pasado habían atribuido a los árabes el derecho de fijar el alcance de la inmigración judía, el significado del Holocausto era que los derechos del pueblo judío debían tener desde entonces «prioridad moral sobre los de los árabes». El principio de la partición y la separación que en el pasado había sido anatema moral y político fue adoptado por el Hashomer Hatzair en 1947, es probable que también por inspiración de los soviéticos, sus patrones, quienes, ansiosos por expulsar a los británicos de Oriente Próximo, apoyaban ahora la idea. La Unión Soviética facilitó que el Hashomer Hatzair reconciliara su cambio de actitud con la causa del «progreso internacional», sus escrúpulos humanitarios con su nacionalismo judío.

Sin embargo, partidarios y detractores de la partición por igual —el Ahdut Haavoda y los revisionistas persistirían en todo momento en su rechazo—, pronto descubrirían que las fronteras del futuro Estado judío no estarían definidas por prioridades ideológicas, sino por medio de la lógica de la guerra que todos sabían inevitable. En realidad, y a todos los efectos prácticos, no era el principio de la partición lo que estaba en liza, sino más bien el alcance y las dimensiones físicas del Estado judío «separado». A medida que el proyecto sionista cobraba fuerzas y la guerra se volvía inevitable, un Estado judío sólo podía significar, como había predicho Tabenkin, la imposición de la voluntad de los judíos a los árabes, aunque ello supusiera el traslado en masa de su población. Los árabes contribuyeron a la derrota de su causa con su obstinado rechazo a las exigencias siquiera más minimalistas del sionismo, y rehusaron todas las iniciativas propuestas por los británicos para un arreglo político. El sionismo era a sus ojos un movimiento colonialista con el que había que acabar, no entenderse.

Las dos comunidades, árabe y judía, se acercaban a su momento de la verdad porque la coexistencia estaba simplemente más allá de su voluntad o capacidad. En el bando judío, una mezcla de desconfianza fatalista y condescendencia hacia los árabes acompañó la deriva hacia la guerra. Para Haim Weizmann, el nacionalismo árabe demostraba no ser más que un vestigio feudal, un vástago decadente del nacionalismo europeo. «Como pueblo, como raza», reflexionaba Moshé Shertok, los árabes jamás podrían reconciliarse con el empeño sionista de poseer Palestina. En cuanto a Ben Gurión, a esas alturas veía el encuentro entre sionismo y mundo árabe casi en los términos fatalistas de un choque insoluble de civilizaciones. «Nosotros vivimos en el siglo XX; ellos, en el XV —decía—. Hemos creado una sociedad ejemplar en el corazón de la Edad Media.» Incluso entre algunas de las mentes progresistas del Brit Shalom Ihud surgió la estipulación de que en caso de que se creara un Estado binacional, las potencias occidentales tendrían que extender su protección sobre él para que «las tendencias fascistas» del nacionalismo árabe y su cultura levantina no prevalecieran.

Por satisfechos que pudieran estar con la vital legitimidad internacional concedida al principio de un Estado judío en Palestina, resulta a duras penas concebible que los líderes del *yishuv* pensaran en el minúsculo Estado que se estaba creando como en la etapa territorial final de la empresa sionista. Cierto que, a diferencia de los revisionistas, que no se anduvieron con rodeos al rechazar de plano la partición de Palestina como «ilegal» y proclamar su lealtad a «toda ella», la Agencia Judía refrendó la Resolución 181. Es imposible, por supuesto, predecir lo que habría sucedido si los árabes no hubieran persistido en su contraproducente patrón de rechazo. Es probable que el curso de la historia hubiese sido sustancialmente diferente. Porque, al refrendar la Resolución 181, el *yishuv* vino a consentir la creación de un Estado binacional en Palestina. El Estado judío «partido» contenido en la Resolución consistía en una «minoría» árabe del 49% de la población total. En un memorándum que dirigió a la ONU, la Agencia Judía realizó incluso una promesa explícita al efecto de que el nuevo Estado «no será judío en el sentido [...] de que la comunidad judía tenga un estatus superior al resto de las comunidades».

Sin embargo, no puede negarse que la aceptación fue algo desganada. Los líderes del *yishuv* no estaban satisfechos ni con la provisión que estipulaba la creación de un Estado palestino ni con las fronteras claramente inviables del Estado judío, por no hablar de la exclusión de Jerusalén de su territorio. Las fronteras entre el Estado árabe y el ju-

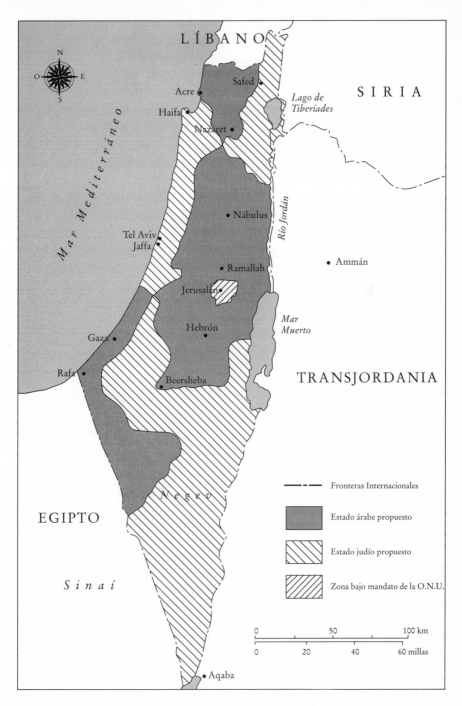

Plan de partición de las Naciones Unidas, 1947

dío eran una pesadilla de puntos y líneas de fricción, de áreas aisladas carentes de contigüidad viable; por último, aunque no menos importante, el Estado judío propuesto se caracterizaba por un absurdo demográfico en el que 500.000 judíos debían coexistir con una «minoría» árabe cercana al mismo tamaño.

El apoyo a la partición de acuerdo con los criterios de la Resolución 181 por parte de Ben Gurión fue en esencia una maniobra táctica. «¿Alguien cree de verdad que el sentido original de la Declaración Balfour y el Mandato, y en verdad el del anhelo milenario del pueblo judío, no era el de fundar un Estado judío en la totalidad de Eretz Israel?», fue su pregunta retórica en un discurso al Consejo Popular el 22 de mayo de 1947. Su aceptación del principio de la partición, explicaría una semana más tarde, era un intento de ganar tiempo hasta que los judíos fueran lo bastante fuertes para combatir a la mayoría árabe. Y a principios de diciembre de 1947, es decir, pocos días antes de la Resolución de la ONU, prefirió ocultar su punto de vista tras reflexiones historiosóficas. «No existen acuerdos finales en la historia, no hay fronteras eternas, y ninguna exigencia política es definitiva. El mundo aún nos deparará grandes oportunidades.» Una semana después, prometió ante el Comité Central del Mapai que las fronteras de la independencia judía definidas en la Resolución 181 no eran de ningún modo definitivas. Fue por entonces cuando Yigal Allon, que estaba destinado a ser en la guerra de 1948 uno de los generales más influyentes, con un impacto en la definición de los objetivos del conflicto especialmente crucial, dijo que «las fronteras de la partición no pueden ser para nosotros las definitivas [...] el plan de partición es un plan de compromiso que es injusto con los judíos [...] Tenemos derecho a decidir nuestras fronteras de acuerdo con nuestras necesidades defensivas».

La paradoja del invierno de 1947 fue que los judíos, que habían aceptado la Resolución 181 —la opinión pública del *yishuv* aclamó su aprobación por parte de la ONU con estallidos genuinos de júbilo—, estaban listos y bien desplegados para afrontar una guerra si ése era el resultado, mientras que los árabes, que habían rechazado de plano la resolución y no disimulaban su intención de subvertirla, no estaban preparados en absoluto para el enfrentamiento. Ben Gurión, que al ser nombrado «ministro de Defensa» de la Agencia Judía en 1946 dejó claro que había llegado el momento de «una demostración de fuerza, una demostración militar judía», llevaba ya un tiempo preparando meticulosamente una guerra que estaba convencido, al menos desde la revuelta árabe, que era inevitable. Los palestinos, que el 1 de diciembre de 1947 expresaron a las claras su opinión cuando el Alto Comité Árabe declaró una huelga general, estaban totalmente desprevenidos y mal equipados para un conflicto armado. La sociedad árabe llevaba hundiéndose por dentro desde la brutal represión de la revuelta de 1936-1939. Decapitados de líderes y de sus elites tradicionales, profundamente fragmentados, respetuosos y temerosos del poderío militar del *yishuv* y desorientados respecto de sus objetivos reales o factibles, los palestinos se aproximaron al inminente conflicto y a lo que se demostró su segunda catástrofe en una década, en un estado de desorganización y desesperación fatalista.

El desastre árabe de 1948 fue el de un bando que optó por unos objetivos ambiciosos —acabar con la agresiva presencia sionista en Palestina y la Resolución 181 que la legitimaba— con unos recursos ínfimos. En un debate en las Naciones Unidas del 16 de abril de 1948, el representante palestino reconoció de manera explícita las alegaciones de Moshé Shertok en el sentido de que los árabes palestinos habían iniciado los combates y no tenían intención de aceptar un alto el fuego. «No negamos el hecho», admitió. Sin embargo, ni los árabes de Palestina con el apoyo de unidades de voluntarios de los países vecinos en la primera fase de la guerra, ni los ejércitos árabes que invadieron Palestina después de la partida de los británicos el 14 de mayo de 1949, y la declaración oficial del Estado de Israel un día después, se demostraron unos rivales que el asediado pero bien organizado *yishuv*, que exprimió sus energías y recursos hasta los límites últimos de su capacidad, no estuviera preparado para afrontar.

La inicial estrategia defensiva de contención de Ben Gurión ante la arremetida de las milicias árabes locales contra los asentamientos y las carreteras de acceso judíos no podía sostenerse mucho tiempo. El Plan D, lanzado en marzo de 1948, no suponía la primera vez que las fuerzas del *yishuv* pasaban a la ofensiva. La defensa agresiva ordenada en diciembre de 1947 a resultas del éxito inicial, casi espectacular, de las fuerzas de Abd el-Qader al-Husseini al derrotar a las unidades de la Haganá y rodear Jerusalén, significaban que ahora la Haganá respondería a los ataques árabes con golpes decisivos contra poblaciones árabes y con la expulsión de sus habitantes. El alto comisionado Cunningham creía que fue esa reacción excesiva por parte del *yishuv* la que marcó una escalada en el conflicto.

Está claro, sin embargo, que el Plan D representaba un cambio de primer orden en la estrategia de guerra del *yishuv*. En lo que iba a convertirse en doctrina bélica israelí por excelencia, las formaciones militares del *yishuv* «explotaron el éxito» de la «defensa agresiva» del invierno y su evidente superioridad sobre las irregulares fuerzas árabes y pasaron a emprender una campaña con miras a una nueva definición de las fronteras de su Estado. Porque el Plan D iba más allá del mero afianzamiento de los límites del Estado judío que se definía en la Resolución 181. Se tomó la iniciativa de seleccionar como blancos aldeas y ciudades árabes y unir con el Estado judío todos los asentamientos que se encontraban más allá de las líneas de partición.

La nueva doctrina bélica no era tan nueva; tenía sus orígenes en la mentalidad y las prácticas ofensivas que se desarrollaron en las milicias judías durante la revuelta árabe de mediados de la década de 1930. La novedad radicaba no sólo en las dimensiones del conflicto sino en la política que acompañaba a los logros militares. Se estableció en ese momento un patrón que se repetiría a lo largo de todas las fases de la guerra de 1948 y se convertiría en casi una norma de conducta en las futuras guerras del Estado de Israel: rechazar las iniciativas diplomáticas para un arreglo que no respetara el statu quo generado por las victorias militares. El paso de la estrategia de contención de la Haganá a la defensa agresiva y después a una ofensiva implacable y exitosa desencadenó un impulso de expansión territorial que los dirigentes del *yishuv* no permitirían interrumpir a prematuras tentativas diplomáticas. Así, rechazaron una propuesta estadounidense de alto el fuego incondicional a principios de mayo de 1948 y una iniciativa británica para declarar una tregua en Jerusalén más o menos por las mismas fechas.

La guerra de 1948 no fue sólo una confrontación militar inevitable entre judíos y árabes. También sirvió para definir los patrones de conducta del nuevo Estado judío y el equilibrio interno entre consideraciones militares y políticas en el proceso de toma de decisiones, tanto en tiempos de guerra como de paz. Con todo, en 1948 existió un alto grado de sincronización entre el empuje conquistador y expansionista del Ejército y el del propio Ben Gurión. Ni él ni los militares tenían por sacrosantas las fronteras de la partición, y los dos querían un Estado judío con la menor población árabe posible. Ben Gurión no difería de Israel Galili, jefe del Estado Mayor de la Haganá, que el 8 de abril de 1948, es decir, durante la Operación Nahshon para romper el cerco de Jerusalén, dijo que: «Combatimos y combatiremos por todas las tierras de las que ha tomado posesión el asentamiento judío hasta la fecha [...] Las fronteras de nuestro Estado las definirán los límites de nuestra fuerza [...]

Las fronteras políticas serán las de los territorios que seamos capaces de liberar del enemigo; las fronteras serán el fruto de nuestras conquistas.»

Sin embargo, Ben Gurión y Galili eran esencialmente «activistas». Moshé Shertok, en principio un estadista más moderado, no se distanció en la práctica de esta actitud. Cuando, en un Consejo de Ministros de junio de 1948, Ben Gurión extendió el certificado oficial de defunción de la Resolución 181, la respuesta de Shertok fue de pleno apoyo. «No deberíamos renunciar a ninguno de los territorios tomados más allá de las fronteras de la partición», dijo. Se trataba de «una amarga necesidad», explicó.

Todos los planes militares preparados desde finales de la década de 1930 —el Plan Avner, el Plan B de septiembre de 1945 y una estrategia similar de mayo de 1946, y el Plan Yehoshua que precedió al Plan D— se basaban en la premisa de que la totalidad de Palestina formaba una sola unidad territorial y como tal había que considerarla en una futura guerra. Las fronteras del Estado judío las definían la lógica y la dinámica de las operaciones militares. Ninguna decisión ministerial determinó los límites del nuevo Estado, sino las operaciones militares que eran propuestas o iniciadas de manera casi invariable por los propios comandantes, como la «Harel», que consolidó el control judío sobre Jerusalén, la «Hamets», para la conquista de Jaffa, la «Hiram» y la «Yiftá», para el control de Galilea, la «Dany», por la que se tomaron Ramle y Lydda, y la «Yoav», para la inclusión del Néguev en el Estado judío.

«¿Cuáles son las fronteras del nuevo Estado?», se preguntaba uno de los ministros, Pinhas Rosen, en una asamblea del Directorio Popular del 21 de mayo de 1948, es decir, una semana después de la Declaración de Independencia. La respuesta de Ben Gurión fue que «todo es posible [...] no hay nada decidido a priori». A decir verdad, cuando se declaró la independencia el 15 de mayo, las fronteras del nuevo Estado ya se encontraban bastante más allá de las de la partición. Cuatro de las cinco ciudades de población judeoárabe mixta (Tiberíades, Haifa, Safed y Jaffa) ya habían sido vaciadas de pobladores árabes, y se habían tomado más de cien aldeas no judías.

Eso no significa en absoluto, sin embargo, que la guerra fuera un apacible paseo militar hasta la victoria de los judíos, ni que éstos se ahorraran por completo algunos dilemas verdaderamente existenciales. La decisión misma de Ben Gurión de seguir adelante el 14 de mayo con la Declaración de Independencia, contra los consejos de varios mandos militares, que temían no ser capaces de contener una invasión concertada de los ejércitos árabes, a la vez que pasaba por alto la presión de Estados Unidos, deseoso de evitar una guerra árabe-judía declarada, fue la maniobra de un líder que contra viento y marea decidió no dejar pasar su encuentro y el de su pueblo con la historia. Por bien organizado que estuviera el *yishuv*, una invasión árabe concertada y la deriva hacia una guerra total no eran exactamente lo que sus líderes se esperaban. Pensaban más bien en términos de una segunda versión de la revuelta árabe de 1936-1939, una nueva guerra civil entre judíos y árabes en Palestina. Eso debería ayudar a explicar no sólo los temores populares sino también la inquietud entre los dirigentes. El general Yigal Yadin advirtió explícitamente al Gobierno Provisional tres días antes de que éste tomara la histórica decisión de declarar la independencia que «la ventaja (de los estados árabes) es considerable» en términos de armamento y equipo. Sin embargo, «un hombre con coraje hace una mayoría», como dijo Andrew Jackson. Ben Gurión fue ese hombre cuando, con una muy ajustada mayoría de 6 a 4 en el Consejo Provisional del Estado, siguió adelante con lo que muchos consideraban una temeridad.

De temeridad no tenía nada; un riesgo calculado, en todo caso. Pues apenas habían salido los firmantes de la Carta de Independencia del Museo de Arte de Tel Aviv cuando llegó la noticia de que el presidente Truman, en contra del consejo del Departamento de Estado y en gran parte como respuesta a sus necesidades políticas nacionales, declaró que Estados Unidos reconocía al nuevo Estado. Esto —la tensión entre un Departamento de Estado presumiblemente profesional y una Casa Blanca siempre más movida por criterios políticos que acudía en ese momento a rescatar de un parto prematuro al recién nacido Estado de Israel— iba a convertirse en una marcada característica de la política americana al respecto de Israel. «Hay gente [en] el Departamento de Estado que siempre ha querido degollarme.» Ésa fue la reacción del presidente Truman, como confió a su diario, ante una iniciativa del secretario de Estado George Marshall en marzo de 1949 para invertir el reconocimiento estadounidense de la partición de Palestina en dos Estados independientes. La Unión Soviética, que siguió los pasos de Truman y reconoció el Estado judío, ayudó a sellar el hecho de que Oriente Próximo entraba desde ese momento en una nueva fase de su historia, que ya no estaría dominada por la supremacía británica sino por la competencia entre Estados Unidos y los soviéticos.

Pero el apoyo político externo, por importante que sea, no basta para ganar una guerra. Las posibilidades de que la atrevida jugada de

Ben Gurión llegara a buen término pasaban ante todo por las extraordinarias ventajas de las que disfrutaba el *yishuv* sobre el terreno. Los últimos oficiales británicos en Palestina fueron testigos a lo largo de la primavera de 1948 del surgimiento de un Estado judío en todo salvo el nombre, frente a la completa desorganización que caracterizaba al bando árabe. «La maquinaria del Estado judío parece estar ya completa», escribió sir Henry Gurney, último primer secretario de Palestina, el 22 de abril de 1948. Una semana después observó que no había «responsables árabes a la vista», y que todos los árabes ricos estaban abandonando el país. Era «irresponsabilidad árabe en su peor vertiente, con explotación del mercado negro y descargo de las culpas en cualquiera que no sea ellos». Diez días antes de la solemne declaración del Estado de Israel en el museo de Tel Aviv, Gurney reaccionó ante el éxodo masivo de los habitantes árabes de Jaffa con el comentario de que los árabes se portaban «como conejos».

La invasión por parte de los ejércitos árabes no significó necesariamente que los judíos se las vieran desde entonces con fuerzas superiores. Los contingentes invasores estaban mal preparados para la batalla y pobremente equipados; padecían una falta total de coordinación y una motivación muy baja. Además, retórica rimbombante aparte, los dirigentes árabes no enviaron fuerzas suficientes a Palestina, ya que necesitaban el grueso de sus ejércitos en casa para proteger sus regímenes de las revoluciones populares o los golpes militares. En la práctica totalidad de las fases de la guerra, con la excepción de las primeras semanas de la invasión árabe hasta la primera tregua, Israel pudo reunir fuerzas muy superiores a las de sus enemigos. No fue otro que el propio Ben Gurión quien reconoció en una reunión del Consejo de Ministros israelí en las postrimerías de la guerra (19 de diciembre de 1948) que «no es cierto» que se tratara de una guerra de los pocos contra los muchos. «Aunque suene algo extraño, entonces teníamos un ejército mayor que el suyo», reconoció en otra ocasión (Yoav Gelber, *Independencia contra Naqba*, hebreo, Zmora-Bitan, 2004, pp. 12, 476). Hacia finales de la guerra, la formidable capacidad organizativa del *yishuv*, sostenida por un unificador espíritu israelí de sacrificio y «Ein Brerá», es decir, la noción de que la derrota no era una opción, fue la responsable de una extraordinaria movilización militar cercana al 17% de la población judía, casi 100.000 hombres y mujeres en armas de entre una población de 650.000.

Sin embargo, por mucho que estén en lo cierto los «nuevos historiadores» de la guerra de 1948 al cuestionar el mito israelí de la victoria de «los pocos contra los muchos» —y como hemos visto, la «vieja historiografía» tampoco era del todo ciega a esa realidad—, a fin de cuentas los sionistas ganaron la guerra porque tenían una motivación infinitamente superior a la de sus enemigos. Los jóvenes reclutas del incipiente Estado judío sabían que ellos y sus familias se exponían a la aniquilación en caso de que los derrotaran. Ésa no era de ninguna manera la motivación de los ejércitos invasores. El rechazo árabe a la Resolución 181, la guerra civil iniciada por la comunidad árabe de Palestina y la posterior invasión múltiple proporcionaron a los judíos el motivo más noble para una guerra, el de la supervivencia.

La psicología colectiva, los mitos nacionales y la percepción que un grupo dado pueda tener de su enemigo siempre han sido un factor primordial para la decisión de ir a la guerra y para la capacidad de los líderes para motivar a sus ejércitos. El conflicto árabe-israelí no es ninguna excepción. Defender los derechos de una comunidad árabe asediada en Palestina tal vez fuera una empresa noble, pero desde luego no era el motivo impulsor de la invasión. Los estados árabes se vieron arrastrados a la guerra en gran medida por la percepción dominante en sus sociedades acerca del Estado judío y la amenaza que suponía para ellas. La invasión de Palestina en el verano de 1948 tal vez estuviera mal concebida y pobremente ejecutada, pero respondió en parte a lo que se estaba convirtiendo ya en un poderoso espíritu movilizador, el de la lucha musulmana contra aquella última reencarnación judía de los cruzados. Como explicó un autor sirio, Vadi'a Talhuq, en su libro *Una nueva cruzada en Palestina*, publicado en la primavera de 1948, es decir, unas semanas antes de la invasión árabe, los voluntarios del «Ejército Árabe de Salvación» en Palestina eran sucesores de los heroicos jóvenes combatientes árabes que acudieron en bandada al ejército de Saladino en 1187 para rechazar a las fuerzas infieles de Ricardo Corazón de León.

Otro mito que se estaba manipulando en Egipto a la sazón para justificar la entrada en guerra era que el nuevo Estado judío con sus kibbutzim y su espíritu colectivista era en realidad, como dijo el primer ministro egipcio Nukrashi Basha cuando solicitó al Parlamento que declarara la guerra a Israel, un agente del «comunismo ateo y nihilista» en la región, que amenazaba con subvertir los regímenes y las sociedades árabes. El apoyo declarado de la Unión Soviética al Estado judío confirió si acaso una credibilidad adicional al argumento. Es paradójico que el Estado judío fuera entonces una cabeza de puente del capitalismo occidental en la región y a la vez un peligroso agente del comunismo internacional, exactamente los dos pecados por los que Hitler pensaba que había que aniquilar a los judíos.

Los árabes no podían aceptar un Estado judío extraño en el por lo demás homogéneo Oriente Próximo árabe y musulmán. Los representantes árabes en el debate de las Naciones Unidas sobre la partición hicieron mención explícita del riesgo de que el nuevo Estado rompiera la continuidad física y cultural de la región, de tal modo que frustrara para siempre el gran proyecto de la unidad árabe, como motivo para su rechazo de la Resolución 181. «Israel es ajeno para los árabes y diferente de ellos en todo. Aquí, en pleno centro del océano árabe, Israel está condenado a suscitar disputas, inestabilidad y complicaciones.» Así es como el delegado egipcio en la Conferencia de Paz de Lausana de 1949, Abd el-Munim Mustafá, enunciaba los motivos para que su país «hiciera todo lo que pudiese por evitar [la] creación» del Estado de Israel. Los judíos eran «una obstrucción racial y geográfica entre los países árabes», y por tanto era necesario que fueran «destruidos». Así es como lo expresó un escritor árabe, Mahmud Azar Darzawa, en un libro publicado en Beirut en 1943 (*El crecimiento del arabismo moderno*). Tal era el grado de oposición a la idea de un Estado judío que el portavoz árabe llegó a amenazar abiertamente con utilizar de rehenes del conflicto árabe-israelí a sus poblaciones judías. Heikal Pasha, representante de Egipto en el debate de la ONU, advirtió a la comunidad internacional de una violenta reacción antisemita a lo largo y ancho del mundo árabe que podía conducir incluso, en sus palabras, «a la masacre de un gran número de judíos» en los países árabes.

No se salía de lo común que los estados árabes estuvieran unidos en la retórica pero se separaran a la hora de la acción. Con un Ejército mejor adiestrado que el de sus enemigos, poseedor de un solo sistema de mandos unificado y un claro sentido de la misión y el objetivo entre las tropas que hacían frente a los fragmentados ejércitos invasores árabes, Ben Gurión pudo conducir a su nación a la victoria, establecer nuevas fronteras para el Estado judío y sentar las bases de la doctrina militar israelí para los años venideros. Él siempre optaría por una estrategia ofensiva, por tomar siempre la iniciativa —en las batallas de los Diez Días (8-18 de julio de 1948) Israel asumió la iniciativa de tal modo que no renunció a ella hasta el final de la guerra— y por tomar como objetivo los ejércitos árabes por separado con el fin de disfrutar en todo momento de la superioridad en términos de hombres y equipo.

Un importante debate estratégico de finales de septiembre de 1948 entre Ben Gurión y sus generales, y en el seno del propio Gobierno, iba a ejercer un impacto crucial en la futura configuración del Estado de Israel y sus relaciones con el reino hachemita. El debate fue también importante en el sentido de que se refería a un tema —el de Cisjordania— que durante años, hasta 1967, permanecería en la mentalidad de generales y políticos como un «asunto pendiente». Ben Gurión nunca estuvo demasiado satisfecho con los entendimientos alcanzados con el rey Abdulá antes de la guerra, y presionó a favor de la ocupación de Cisjordania, el Eretz Israel bíblico. Sin embargo, el Ejército parecía preferir en ese momento la extensión de las fronteras del nuevo Estado hacia el sur, en el frente egipcio, y en cualquier caso el Gobierno rechazó la iniciativa de Ben Gurión. Su opinión era que aquello sería, en sus palabras, «motivo de lamento para generaciones aún por venir». Sin embargo, es posible que él mismo no las tuviera todas consigo acerca de la prudencia de la idea. Invadir Cisjordania no sólo podría haber provocado que Gran Bretaña activara su tratado de defensa con Transjordania e interviniera en el conflicto; también habría chocado con la siempre presente amenaza demográfica, al envolver con las fronteras del Estado de Israel una enorme población árabe que no podía de ninguna manera digerir. El desierto del Néguev era un espacio vacío para la expansión, y fue hacia el Néguev adonde se desplazó el principal esfuerzo bélico, desde los primeros días de octubre de 1948 hasta enero de 1949. Cuando entró en vigor el alto el fuego del 7 de enero, la totalidad del Néguev estaba en manos israelíes.

En 1948 los palestinos se convirtieron en un pueblo desheredado. Perdieron su tierra y vieron la promesa de un Estado propio frustrada por un liderazgo incapaz, por la incompetencia de los ejércitos árabes y el egoísmo y falta de propósito de sus comandantes y por el ímpetu militar abrumador e implacable de un *yishuv* judío que llevaba décadas preparándose con esmero para aquella prueba decisiva.

Sin embargo, la tierra, la propiedad y la independencia política fueron sólo una parte del legado de la guerra de 1948; la otra fue el capítulo del sufrimiento humano, el calvario de una nación. La guerra de 1948 fue el Naqba palestino, el Desastre, del que el desmembramiento de la comunidad palestina y el éxodo masivo de sus miembros —unos 700.000 de ellos— fue la principal tragedia.

Los israelíes prefirieron ver el nacimiento del problema de los refugiados palestinos, en palabras de Ben Gurión, como algo que demostraba «con abrumadora claridad qué pueblo está unido con vínculos fuertes a esta tierra». El éxodo palestino era, pues, el de una comunidad sin raíces, y por tanto la confirmación definitiva de la reclamación sionista de propiedad en exclusiva sobre Eretz Israel, del monopolio judío sobre la historia de esta tierra.

Sin embargo, la de Ben Gurión era la reflexión del constructor de una nación, siempre concentrado en la necesidad de cultivar un espíritu israelí de pertenencia, de asentamiento y posesión de la tierra. Los palestinos no eran una comunidad sin raíces. Lo cierto era que aferrarse al suelo palestino y resistirse a la expulsión de sus comunidades había sido en todo momento la política de los líderes árabes palestinos, desde que el conflicto alcanzara su dimensión nacional entre las dos guerras mundiales.

La realidad sobre el terreno era a veces mucho más cruel y sencilla de lo que Ben Gurión estaba dispuesto a reconocer. Era la de una comunidad árabe en estado de pánico que afrontaba a un ejército israelí implacable cuyo camino hacia la victoria se vio allanado no sólo por sus gestas contra los ejércitos árabes regulares sino también por la intimidación, y en ocasiones las atrocidades y las masacres, perpetradas contra la comunidad árabe civil. Una comunidad árabe presa del pánico fue erradicada por el impacto de masacres que quedarían grabadas en el monumento de dolor y odio de los árabes, como las de Dir Yassin, Ein Zeitun, Ilabun y Lydda; de órdenes operativas como las de Moshé Camel, el comandante de la Brigada Carmeli en las operaciones Yiftá y Ben-Ami, «de atacar para conquistar, de matar a los hombres, destruir y quemar las poblaciones de Al-Kabri, Umm al Faraj y An Nahar» y por las expulsiones en masa durante la Operación Yoav. En aquella operación, en palabras de uno de los soldados israelíes citado por Benny Morris, cuya tesis de que el nacimiento del problema de los refugiados no se debió a una estrategia sino a la lógica y la evolución natural de la guerra no siempre se ve refrendada por las pruebas que él mismo aporta, «oficiales cultos [...] se habían convertido en viles asesinos y eso no en el fragor de la batalla [...] sino en virtud de un sistema de expulsión y destrucción; cuantos menos árabes quedaran, mejor; este principio es el motor político de las expulsiones y las atrocidades».

La autocrítica en tiempos de guerra no iba a ser un rasgo infrecuente en la historia de Israel. Tampoco es cierto que la historiografía israelí «oficial» esperara a que fueran los «nuevos historiadores» quienes reconocieran parte, si bien no la totalidad, de los aspectos más desagradables de la conducción de la guerra por parte de Israel. Nada menos que Yigal Allon e Israel Galili fueron quienes expusieron y analizaron abiertamente en el *Libro del Palmaj* de principios de la década de 1950 la historia del Plan D. Además, en 1973, Shaul Avigur, personaje clave en las altas esferas de seguridad, publicó el plan completo en *El libro de la Haganá*. A decir verdad, *mutatis mutandis*, como en el caso de la llamada «leyenda negra» sobre las atrocidades cometidas por los conquistadores españoles en Sudamérica que fueron reveladas y criticadas en primer lugar por un español, Bartolomé de las Casas, antes de que se convirtieran en el disparador de una condena mundial contra España, fueron los dirigentes de la izquierda sionista los primeros en dar la alarma. Aharon Cohen, director del Departamento Árabe del Mapam, se confesó «avergonzado y asustado» por el «desalojo deliberado» de los árabes. En julio de 1948, su líder Yaacov Hazan, advirtió de que «el robo, asesinato, expulsión y violación de los árabes podría alcanzar tales proporciones que ya no seríamos capaces de soportarlo». Y otro miembro del partido, Aharon Zisling, llegó al extremo de exclamar en noviembre de 1948 que «los judíos también han cometido actos nazis».

No está para nada claro, como sostiene el mito israelí convencional, que el éxodo palestino fuera fomentado por los estados árabes y los cabecillas locales. Benny Morris no encontró pruebas que demostraran «que los líderes de los estados árabes o el muftí ordenaran o instaran directamente al éxodo en masa». En verdad, Morris halló evidencias en el sentido de que los dirigentes árabes locales y los comandantes milicianos desaconsejaron la huida, y de que emisoras de radio árabes llegaron a emitir llamamientos a los palestinos para que se quedaran en su sitio e incluso regresaran a sus casas si ya habían partido. Cierto, hubo no pocos casos en los que los comandantes árabes locales ordenaron la evacuación de un pueblo, pero parece haberse tratado de decisiones tácticas tomadas en condiciones militares muy específicas; no respondían a una estrategia general de los líderes palestinos locales o los estados árabes. A decir verdad, los dirigentes de los países árabes circundantes, que eran reacios a dejarse arrastrar a la guerra, no podían tener ningún interés particular en el éxodo palestino, pues fue precisamente ese éxodo el que los sometió a una irresistible presión popular en pro de una guerra a la que no estaban lo que se dice ansiosos por sumarse. El éxodo masivo fue sin embargo fomentado inadvertidamente por los líderes de la comunidad palestina cuando, en su ansiedad por provocar la invasión de Palestina por parte de los ejércitos árabes, exageraron hasta la desmesura las atrocidades cometidas contra civiles. Los ejércitos árabes al final llegaron, pero al hinchar las barbaridades los cabecillas locales, como por ejemplo el

Dr. Hussein Fajri al-Jalidi, presidente del Comité Nacional Árabe en Jerusalén, que dio instrucciones específicas a los medios palestinos de que exageraran los partes, contribuyeron a aumentar la magnitud de un éxodo impulsado por el miedo y la histeria.

La primera gran oleada del éxodo árabe en abril y mayo de 1948, provocada en esencia por la masacre de Dir Yassin, perpetrada por Lehi e Irgun con la connivencia de la Haganá, y por la puesta en práctica del Plan D, quizá pillara a los líderes del *yishuv* por sorpresa, pero lo indudable es que vieron en ella una oportunidad por explotar, un fenómeno del que congratularse —Menájem Beguin escribió en sus memorias *La revuelta* que «del mal, sin embargo, surgió el bien»— y que fomentar. «¿No tiene nada mejor que hacer?»; ésa fue la reacción de Ben Gurión cuando le explicaron, durante su visita a Haifa el 1 de mayo de 1948, que un dirigente judío local estaba intentando convencer a los árabes de que no se fueran. «¡Echadlos!», fueron sus instrucciones a Yigal Allon, recogidas por Yitsjak Rabin en un pasaje censurado de sus memorias publicadas en 1979, en referencia a los árabes de Lydda tras la toma de la ciudad el 11 de julio de 1948. A esas alturas, fue probablemente la indiscutible superioridad militar del *yishuv* y el consiguiente hundimiento de la moral árabe lo que debe explicar la psicosis de huida de una comunidad árabe presa del pánico. El Plan D, sin embargo, fue una causa fundamental del éxodo, puesto que su motor estratégico era la noción de crear contigüidad judía más allá incluso de las líneas de partición y, por ende, el impulso de poseer un Estado judío con el menor número posible de árabes.

El debate sobre si el éxodo masivo de palestinos fue resultado de una estrategia sionista o un fenómeno concomitante a la guerra no debería pasar por alto los constructos ideológicos que motivaban la empresa sionista. La filosofía del traslado no era un artículo marginal y esotérico en la mentalidad y el pensamiento de los principales dirigentes del *yishuv*. Esos constructos ideológicos proporcionaron un entorno de legitimidad para los comandantes que sobre el terreno fomentaron de manera activa el desalojo de la población local aun en los casos en que los líderes políticos no habían dictado órdenes precisas a tal efecto. En fecha tan temprana como febrero de 1948, o sea antes de que comenzara el auténtico éxodo masivo pero después de haber presenciado cómo huían los árabes de Jerusalén oeste, Ben Gurión era incapaz de disimular su regocijo. Nunca, «desde los tiempos de la destrucción romana», dijo a una convención de su partido, el Mapai, había sido Jerusalén «tan completamente judía como hoy. No hay extranjeros; cien por cien judíos». A Ben Gurión no le hacía falta dictar órdenes concretas de expulsión. Él más bien estableció el marco estratégico-ideológico del empeño bélico. «Desde luego se producirán grandes cambios en la composición de la población del país», dijo tras el éxodo árabe de Jerusalén oeste y más tarde de Haifa.

Para Ben Gurión la guerra no consistía tan sólo en la supervivencia física de un pequeño Estado judío, sino en la conquista, posesión y colonización de la tierra. El Plan D estaba enfocado a ampliar las fronteras de la partición y crear contigüidad judía. Y las operaciones Yoav e Hiram se llevaron a cabo en invierno de 1948, cuando a todos los efectos prácticos Israel ya había ganado su guerra por la supervivencia y lo que necesitaba eran nuevas tierras y mayor profundidad estratégica. Los judíos ya no tenían que comprar tierra, sino «conquistarla», como dijo Ben Gurión a un funcionario del Fondo Nacional Judío en febrero de 1948. También dio instrucciones de que había que crear asentamientos judíos en las aldeas árabes abandonadas antes incluso del fin de las hostilidades. Colonizar la tierra de un modo que generara contigüidad judía y superioridad demográfica no era una empresa que ejecutar tras la victoria, sino que más bien formaba parte de la guerra en sí. Se destruyeron aldeas, sus poblaciones fueron desalojadas o huyeron y sus tierras fueron colonizadas por inmigrantes o cultivadas por kibbutzim durante el transcurso de la propia guerra. Así es cómo lo expresó Ben Gurión en abril de 1948:

> No seremos capaces de ganar la guerra si no poblamos, durante la guerra, la Galilea superior e inferior, este y oeste, el Néguev y la zona de Jerusalén.

Y eso, a su entender, se vería facilitado por el «gran cambio en la distribución de la población árabe», un eufemismo que con frecuencia prefería a expresiones más francas.

No sólo las fronteras físicas del nuevo Estado quedaron al arbitrio de la lógica de las operaciones militares sin que los dirigentes políticos estuvieran siempre informados de las decisiones tomadas por Ben Gurión y sus generales; también fue ése el caso del desalojo de la población árabe de las zonas ocupadas por el Ejército. «He hablado con Shkolnik sobre el tema de la expulsión de los árabes de algunas de nuestras zonas. No sabe nada al respecto. Entonces, ¿aquí quién toma las decisiones?», se preguntaba un alto oficial. En el transcurso de una sesión del Comité Ejecutivo del Histadrut el 14 de julio de 1948, todos los participantes, entre ellos un personaje importante del Mapai, Yosef Sprinzak, y el líder del Mapam Yaacov Hazan, se quejaron de que no se les informara de quién tomaba exactamente las decisiones relativas al desalojo de los árabes. Al parecer no hubo instrucciones políticas ni decisiones ministeriales precisas. Existía tan sólo una predisposición ideológica, una actitud mental, un entorno cultural de apoyo dentro del cual los comandantes militares iniciaron o fomentaron la expulsión de la población árabe.

El desalojo de los árabes palestinos de las zonas ocupadas por los israelíes era para los comandantes militares un resultado natural, quizás incluso imperioso, del impulso por conquistar y tomar posesión de la tierra por la fuerza militar. Yigal Allon, en ocasiones con la connivencia de Ben Gurión, fue un importante impulsor de la expulsión de los árabes de las zonas conquistadas. Fue el caso, por ejemplo, de la Operación Yiftá en la Galilea oriental, que propició un grave éxodo palestino, y la Operación Danny en Ramle y Lydda —las dos bajo el mando de Allon— en la que fueron desalojados unos 60.000 árabes. En una conferencia que dio en junio de 1950, Yigal Allon no tuvo escrúpulos en admitir que «la huida de los árabes fue un proceso positivo. Es más, nuestros esfuerzos por lograr la evacuación de la población árabe hostil de las zonas de importancia militar resultaban no sólo inevitables sino también justificados». No cabe duda de que Allon veía la guerra de 1948 como una oportunidad histórica de cambiar el equilibrio demográfico en Palestina, y se quejó de que esa oportunidad no hubiera sido explotada al máximo. Había abogado por la ocupación de Cisjordania, una maniobra que él sabía que habría acarreado un traslado masivo de palestinos a la orilla oriental del Jordán. Sin embargo, su propuesta fue rechazada por Ben Gurión, ante todo por criterios demográficos. El primer ministro prefería en ese momento desviar el impulso de la ofensiva israelí hacia el estratégicamente vital pero apenas poblado desierto del Néguev.

El Ejército, sin embargo, desempeñó un papel crucial no sólo en la definición de las fronteras del Estado judío y en la expulsión de los refugiados, sino también a la hora de evitar su regreso. Los militares se adelantaron al tomar la iniciativa de impedir el retorno de los refugiados tras el fin de las hostilidades. Fue sólo después de que el Ejército hubiera establecido la práctica que, el 21 de julio de 1948, una resolución especial del Consejo de Ministros lo convirtió en una política oficial retroactiva. Un mes después, otra decisión ministerial institucionalizó la política de heredar las poblaciones y tierras árabes abandonadas y colonizarlas con judíos. En el Gobierno apenas hubo oposición. El éxodo árabe era, como lo expresó nada menos que Moshé Sharett, «un acontecimiento trascendental en el mundo y la historia judía», y los árabes, dijo en un debate del 16 de junio, «deben acostumbrarse al hecho de que [su deseo de regresar] es una causa perdida».

Y en verdad, el rechazo formal de Israel a las reclamaciones de regreso de los refugiados, una posición que permanece intacta a día de hoy, es, más que la expulsión y el desposeimiento, el auténtico momento definitorio del conflicto. Pues la huida de los refugiados, e incluso su desposeimiento, ha sido siempre concomitante a la guerra a lo largo de la historia, y en muchos casos se les ha permitido regresar tras el cese de las hostilidades. La novedad en esta ocasión residía en el rechazo a plantearse siquiera su retorno. El nuevo Estado no podía bajo ningún concepto reconciliar su existencia y su desarrollo nacional con el regreso de los refugiados desposeídos. Y ésa sigue siendo en la actualidad la principal manzana de la discordia del conflicto. Para los palestinos se trata de un valor esencial, un principio definitorio de su identidad nacional, su sueño colectivo unificador. Para los israelíes, era y sigue siendo un anatema, del todo irreconciliable con la supervivencia del Estado judío.

No puede decirse que la victoria de Israel en la guerra abriera paso en ningún momento al inicio de una iniciativa de paz atrevida o imaginativa. Como dijo Nahum Goldmann, diplomático sionista durante toda su vida, la victoria en la guerra de 1948 pareció confirmar las ventajas de la acción militar directa sobre la tradición sionista de la negociación y la diplomacia. Para una nación cuya historia milenaria estaba preñada de persecuciones y humillaciones, de adaptación y compromiso, se abría un nuevo camino de acción a través del poderío militar y la victoria. En palabras de Nahum Goldmann, el nuevo camino era una invitación a «cortar nudos gordianos y dar forma a la historia creando hechos».

El Estado de Israel nació en una tormenta de superioridad militar y fue el producto de una victoria del poder y la voluntad nacionales que no tenía precedentes en la historia de la lucha de otras naciones por la independencia. La independencia judía nació de la derrota de una superpotencia occidental, la capitulación aplastante de la población árabe indígena y la derrota casi incondicional de los ejércitos árabes invasores. Como en las futuras guerras israelíes, nada podía detener las hazañas bélicas del Estado judío y su expansión territorial salvo la presión externa de las superpotencias. Fue a causa de la presión británica y estadounidense que Ben Gurión ordenó al general Allon que se refrenara de tomar la península del Sinaí, y fue el miedo de Ben Gurión a la intervención británica lo que le impidió seguir adelante con su plan de conquistar Cisjordania. La guerra de 1948 no sólo trajo el nacimiento del Estado; también ocasionó el surgimiento de una superpotencia regional. Mal podía ser, pues, el preludio para una pacificación tras la guerra.

Sin embargo, el orgullo desmedido por la victoria no era exactamente el sentimiento predominante cuando terminó la guerra. Eso iba a convertirse en la paradoja de la existencia de Israel a lo largo de los años: una sensación de poder combinada con un no menos genuino, omnipresente y casi apocalíptico miedo a la aniquilación. Existía una auténtica sensación de fatalismo en cuanto a las perspectivas de alcanzar alguna vez un arreglo con los árabes. El que Israel se convirtiera en Estado en la tormenta de la guerra y entre su rechazo total e incondicional por parte del mundo árabe entero señalaba para sus líderes el camino para la supervivencia nacional en el futuro: vivir con la espada en la mano. Ni siquiera su victoria militar aumentó la fe de Israel en la disposición de los árabes a reconciliarse algún día con una sólida presencia sionista en su seno. «Incluso si conquistamos la totalidad de la tierra hasta el río Jordán —escribió Ben Gurión en su diario durante los últimos días de la guerra—, los árabes no nos aceptarán, porque su miedo no hará más que aumentar y la guerra continuará.»

Para muchos, la guerra terminó prematuramente. Haim Guri, poeta de la generación de 1948 y magnífico exponente del espíritu de la opinión laborista mayoritaria de su época, escribió en 1950 sobre la sensación de frustración de su generación por no haber conquistado Cisjordania, «los espacios encarcelados de nuestra patria». «La frontera —escribió— ha bisecado nuestras almas.» El sueño incompleto del Gran Eretz Israel significaba que «todavía no ha llegado el momento de descansar [...]» El que Cisjordania fuera en ese momento el hogar de centenares de miles de refugiados palestinos desalojados de sus aldeas al otro lado de la recién fijada Línea Verde no parecía inquietarle. Sin embargo, eso era coherente con la tendencia a hacer caso omiso de la existencia de los palestinos como comunidad, heredada de los años del *yishuv*, que ahora llevaba a reprimir el recuerdo de su trágica situación.

La mejor ejemplificación de esa mentalidad colectiva tal vez sea la percepción israelí convencional de la guerra de 1948. La primera fase de las hostilidades previa a la invasión árabe, la guerra civil entre el *yi-*

shuv y la comunidad árabe local, fue probablemente la más encarnizada y la que supuso el desafío más dramático a la supervivencia de ambas comunidades. Sin embargo, el espíritu popular de la guerra de la Independencia de Israel que se ha cultivado con los años prefirió pasar por alto esa parte concreta de la lucha, la de los palestinos que combatían por sus tierras y sus derechos. Se centró en cambio en la heroica resistencia del minúsculo *yishuv* frente a los ejércitos árabes invasores. Los israelíes optaron por reprimir el recuerdo de su guerra contra una comunidad palestina desposeída y autóctona que reclamaba derechos nacionales, y prefirieron el espíritu de la lucha contra unos ejércitos árabes invasores extranjeros y supuestamente superiores. Israel como sociedad también reprimió el recuerdo de su guerra contra los palestinos locales porque no era realmente capaz de reconciliarse con el hecho de que sus mejores *sabras*, los héroes de su guerra por la independencia y modelos de conducta para la nueva nación, expulsaron árabes, cometieron atrocidades contra ellos y los desposeyeron. Eso equivalía a admitir que el noble sueño judío de un Estado estaba emborronado para siempre por una grave injusticia cometida contra los palestinos, y que el Estado judío nació en el pecado. Cuando terminó la guerra, el problema palestino desapareció prácticamente del discurso público israelí; fue convenientemente definido como uno de «refugiados» o «infiltrados». No existía un conflicto israelí-palestino, y apenas una tragedia palestina. Eso quedaba incorporado a un único tema: el conflicto árabe-israelí.

3

LOS PRIMEROS AÑOS

¿Una oportunidad de paz perdida?

A menos que se logre hacer entender a Israel que no puede quedarse todo el pastel [...] y además las velas, es posible que se encuentre con que ha ganado la guerra de Palestina pero ha perdido la paz. Debería ser evidente que la continuada insistencia de Israel en quedarse su libra de carne y más está conduciendo a los estados árabes [...] a afilar sus armas para una lucha a largo plazo.

Embajador de Estados Unidos en Damasco,
19 de mayo de 1949

¿Para qué queremos la paz ahora? La paz sólo les proporcionará a ustedes ventajas económicas y la oportunidad de consolidar y reforzar [su Estado]. Egipto no necesita la paz ahora. Al contrario, nos interesa que no haya paz para negarles la consolidación y el poder [que necesitan].

ABD EL-MUNIM MUSTAFÁ, delegado
de Egipto en la Conferencia de Paz de Lausana

No se permite a ningún Estado miembro negociar con Israel, firmar con él una paz separada o cualquier otro acuerdo político o económico [...].

Resolución de la Liga Árabe,
25 de marzo de 1950

Los nuevos historiadores del conflicto árabe-israelí, y algunos de los antiguos también, han sostenido, si bien con grados diversos de convicción, que tras la guerra de 1948 existió una oportunidad para la paz entre el flamante Estado de Israel y sus vecinos árabes. Esa oportunidad, añaden, la echó a perder la intransigencia de Israel y su incapacidad para aprovechar la ocasión histórica y cortar de raíz una disputa soluble antes de que degenerara en un conflicto enmarañado y eternizado.

Para ser justos con esos historiadores, sin embargo, ellos nunca pensaron que la tarea pacificadora fuese coser y cantar. Una profunda sensación de humillación recorría el mundo árabe a resultas de la clamorosa derrota a manos de una entidad que todos veían como una imposición colonial. Tampoco las rivalidades internas entre unos líderes enfrascados en una egoísta competición de rapiña de tierras contribuyeron exactamente a la formulación de una estrategia árabe de paz coherente. Eso, sumado a la abrumadora victoria militar de Israel que, como sucedería más tarde tras la guerra de 1967, creó en sus líderes la creencia de que podían imponer un arreglo conforme a sus propios términos y desde luego no aceptar ninguno que no legitimara el statu quo creado por la guerra, un statu quo que los árabes rechazaban categóricamente, se demostraron obstáculos insuperables.

En la práctica, la brecha de legitimidad ya infranqueable que provenía de la distancia entre los líderes árabes más pragmáticos y una opinión pública que bullía de odio y rechazo hacia la «entidad sionista» también hacía que la paz fuese poco menos que imposible. Los dirigentes árabes estaban dispuestos a aceptar una solución de compromiso en lo relativo a las fronteras, pero no en lo tocante al problema de los refugiados palestinos, que desde entonces se convertiría en el factor cohesivo de la política panárabe. En torno a la situación de los refugiados palestinos se estaba articulando con rapidez un consenso árabe, en gran parte retórico pero con todo paralizador.

La tesis de la posibilidad teórica de una paz después de 1948 se desentiende por completo de la esencia misma de las condiciones históricas que existían en el momento. Una repatriación masiva de refugiados palestinos hubiese chocado de manera irreconciliable con el valor más vital y fundamental del nuevo Estado de Israel, en verdad la razón de ser misma de su existencia, es decir, la consolidación de un Estado judío por medio de la inmigración en masa de supervivientes del Holocausto nazi en Europa y judíos desarraigados y desposeídos del Norte de África y el Oriente Próximo árabe. Decir, como hacen algunos, por ejemplo Malcolm Kerr y Rony Gabbay, que podría haberse logrado la paz si Israel hubiese accedido a acoger grandes cantidades de refugiados palestinos, es pasar por alto la esencia misma del espíritu de Israel. Ningún estadista israelí, ni entonces en 1948 ni ahora en 2005, concebiría una paz basada en la repatriación masiva de refugiados palestinos como una oferta que el Estado judío pudiera aceptar y a la vez sobrevivir como tal. El espíritu del sionismo era doble; se basaba en la demografía —congregar a los exiliados en un Estado judío viable con una minoría árabe lo más reducida posible— y en la tierra. Para el victorioso e incipiente Estado judío de la posguerra de 1948, la paz era desde luego deseable, pero no a costa de sacrificar esos dos valores fundamentales de la idea sionista.

Por supuesto que basándose en argumentos morales uno podría abogar de manera convincente por la repatriación de refugiados. Sin embargo, eso estaba fuera de lugar en un contexto histórico y político caracterizado por el choque entre un Estado judío emergente y sus enemigos derrotados, para los que la repatriación de refugiados era un modo de entorpecer el crecimiento y desarrollo del Estado recién nacido pero intimidador contra el que albergaban unas comprensibles intenciones de revancha. En la Conferencia de Paz de Lausana, Israel al final accedió a la repatriación de 100.000 refugiados palestinos, pero los árabes la rechazaron casi en el acto por considerarla demasiado escasa. Es posible que fuera demasiado poco, pero Israel realizó la oferta con la única esperanza de quitarse de encima la presión estadounidense. Está claro que allí los árabes perdieron una oportunidad de destapar el farol israelí. Sin embargo, eso iba a ser una característica distintiva de la tragedia árabe-israelí: los requisitos mínimos de una parte para el acuerdo siempre quedaban a una distancia enorme de satisfacer las condiciones vitales de la otra.

Cuando se analizan las presunciones puramente teóricas a la luz de las auténticas condiciones históricas no parece haber existido apenas una oportunidad perdida, como en verdad reconoció el propio Avi Shlaim, un exponente declarado de la tesis de la oportunidad perdida, en un artículo temprano en *The Internacional Journal of Middle East Studies* (núm. 27, 1995). Israel, escribía, no tenía en el periodo de 1947 a 1949 una opción palestina o cualquier otra opción árabe, y circunscribió con realismo la noción de una oportunidad perdida a la vía jordano-israelí. El rey Abdulá, explicaba, «era el único jefe de Estado árabe dispuesto a aceptar el principio de la partición y coexistir en paz con un Estado judío cuando se hubieran calmado las aguas».

Algunos «viejos historiadores», el biógrafo de Ben Gurión Shabtau Tevet por ejemplo, decididos a defender las tesis de Israel a toda costa, yerran al sostener que fue el Estado judío quien se dejó la piel por alcanzar un acuerdo, sólo para ser rechazado por la intransigencia árabe. Ése no fue a todas luces el caso. La paz no era una prioridad para los dirigentes israelíes; colonizar la tierra y absorber inmigrantes, sí. Desear la paz y hacerla en ocasiones pueden ser dos cosas distintas por completo; la cuestión es siempre el precio que uno está dispuesto a pagar, e Israel se demostró claramente categórico en su oposición a cualquier menoscabo del statu quo territorial que había surgido de su victoria. Una mentalidad israelí dicotómica que combinaba el orgullo por las hazañas bélicas con el sempiterno miedo a una catástrofe inminente o incluso la aniquilación, además del espíritu sionista de congregar a los exiliados y asentarse en la tierra, eran fuerzas poderosas de resistencia contra cualquier compromiso territorial. Sin embargo, la paz se convirtió en una imposibilidad histórica también a causa de las exigencias ilegítimas de los dirigentes árabes que, en vez de permanecer fieles a los principios de la partición estipulados en la Resolución de las Naciones Unidas de 1947, se lanzaron por su parte a una rapiña egoísta de los territorios asignados en la Resolución al Estado palestino.

Los grandes avances de la historia —la paz en el conflicto árabe-israelí es un claro ejemplo— en general sólo han sido posibles cuando unos líderes valientes y visionarios en su búsqueda de un adelanto han contado con el apoyo, y en ocasiones incluso la presión, de una sociedad mayoritariamente dispuesta, madura podría decirse, para un cambio dramático. Semejante coincidencia entre liderazgo y madurez sociopolítica no existía entre árabes e israelíes en el periodo que aquí analizamos.

Ninguna guerra perdida por un bando árabe humillado se ha convertido nunca en la antesala de una paz que Israel pudiera considerar razonable, del mismo modo en que una guerra ganada de manera abrumadora por Israel difícilmente ha llevado alguna vez a sus líderes a mostrarse magnánimos en la victoria. La iniciativa de paz de Israel al final de la guerra de los Seis Días —la propuesta de retirarse del Sinaí y los Altos del Golán a cambio de la paz completa con Egipto y Siria— es un caso interesante y difícil que habrá que estudiar más adelante en el contexto correspondiente. Lo que es indiscutible, sin embargo, es que hizo falta la recuperación del orgullo árabe y el desplome del mito de la imbatibilidad israelí en la guerra del Yom Kippur para posibilitar de manera eficaz una marcha, toda vez difícil e incierta, hacia la paz entre Israel y Egipto; y que hizo falta el revés a Israel de la primera Intifada y los efectos psicológicos de la guerra del Golfo en el frente nacional israelí para obligar a Yitsjak Rabin a darse cuenta por fin de que el problema palestino es susceptible tan sólo a una solución política, y no militar. Ésos fueron los hechos objetivos de la vida que allanaron el camino a la Conferencia de Paz de Madrid y a la larga a los Acuerdos de Oslo.

En la posguerra de 1948, muchas de las condiciones predominantes en el mundo árabe eran cualquier cosa menos propicias para una paz que fuera legítima y duradera: un caótico sistema interárabe plagado de intereses contrapuestos, rivalidades y celos, y unos regímenes en apuros porque su legitimidad estaba siendo cuestionada por el surgimiento de nuevas clases sociales y políticas decididas a reformar el orden decrépito, corrupto e inoperante. En el caso de Transjordania, que ya padecía la necesidad imperiosa de buscar un consenso con el resto de la familia árabe a causa del aislamiento de esa rama en particular de la dinastía hachemita respecto del resto de los países, la palestinización del reino que iba a ser el resultado inevitable de la integración de lo que después se conocería como Cisjordania a los dominios de Abdulá estrechó de manera desesperada el espacio de maniobra del rey para obtener una paz por separado con Israel.

Elias Sasson, un funcionario que estuvo implicado en todas y cada una de las negociaciones de paz públicas y encubiertas con una parte árabe, no era desde luego un belicista. Sasson era un pacifista *avant la lettre*, alguien que siempre buscaba una solución de compromiso y cuestionaba con valor la peligrosa inercia de sus superiores. Como hombre criado en la cultura del Oriente árabe, capaz de apreciar las sensibilidades de esas naciones y penetrar en su mentalidad sin mostrarse nunca condescendiente o paternalista, también era perfectamente consciente de que no existía un futuro real para el nuevo Estado de Israel a menos que encontrara un camino hacia la paz y la reconciliación con sus vecinos. Sin embargo, no era un inocente y no estaba ciego a los poderosos instintos de rechazo hacia el Estado judío que predominaban en el mundo árabe ni a las intenciones ocultas, y en ocasiones también manifiestas, de sus líderes cuando pedían la paz.

En un sobrio y lúcido memorándum que remitió a Moshé Sharett en septiembre de 1949, Sasson explicaba que sería una insensatez negar que el sueño anhelado de los árabes era eliminar por completo el Estado de Israel. A falta de eso, y al ser incapaz de borrarlo del mapa de inmediato o en un futuro más lejano, el mundo árabe había optado por una estrategia realista, explicaba. Ésta consistía, según Sasson, en reducir el tamaño y las potencialidades estratégicas de Israel a la vez que se evitaba que alcanzara algo parecido a una hegemonía económica regional. Sus vecinos árabes debían negarle el reconocimiento y la cooperación. Había que mantenerlo en un estado constante de tensión y alerta militar, siempre dependiente de la buena voluntad de sus vecinos. Los árabes, explicaba, no descartaban un acuerdo con Israel, pero éste sería posible sólo tras un largo periodo de prueba. Israel era un Estado en libertad condicional; sería aceptado como parte de la región en función de su buen comportamiento.

A la larga, tanto Sasson como los árabes a los que creía interpretar se demostraron equivocados. Lo que a la larga llevaría a los árabes a cambiar su estrategia de la confrontación por un arreglo con Israel no fue el buen comportamiento del Estado judío, sino más bien su «mala conducta», por llamarla así, en cuanto invencible superpotencia regional, la guerra contra la cual agotaba las riquezas y recursos de los árabes y entorpecía su desarrollo a la vez que los convertía en herramienta de la cínica política de las superpotencias.

Se ha hablado y escrito mucho sobre la supuesta existencia de dos escuelas de política opuestas en Israel, la diplomática y orientada a la paz encabezada por el ministro de Asuntos Exteriores Moshé Sharett, y la llamada escuela «activista», militante e incluso militarista acaudillada por David Ben Gurión. Es posible que una división así existiera en la década de 1950, e incluso entonces más plasmada en las reflexiones íntimas de Sharett dentro de su diario personal que en la vida real y la política. Lo que está claro, sin embargo, es que la teoría de las dos escuelas resulta apenas detectable en el desarrollo de la historia de los intentos de paz abortados tras la guerra de 1948. Los líderes israelíes eran todos en esencia de la misma escuela. Bernard Henry Levy escribió sobre lo que llamaba *l'ideologie française*, la visión del mundo única y común que compartían todos los políticos franceses de izquierda y derecha. Del mismo modo, podría hablarse de una *ideologie israelienne* que tanto Ben Gurión como Sharett suscribían. La diferencia de su enfoque era, por decirlo con las acertadas palabras de Abba Eban, «trivial hasta extremos microscópicos».

Ben Gurión era sin duda el líder todopoderoso, el *pater patriae* que formulaba las grandes estrategias del *yishuv* y después del Estado de Israel. La suya era una *Weltanschaung* pesimista. Fue durante la revuelta árabe de 1936-1939, como quizá recordaremos, cuando se dio cuenta por primera vez de la profundidad y magnitud del choque entre los movimientos nacionales judío y árabe, y a renglón seguido perdió toda esperanza realista de un arreglo pacífico. Sin embargo, a pesar de la convincente victoria de 1948, Israel era para Ben Gurión una entidad intrínsecamente frágil rodeada de enemigos mortales jurados que jamás perdonarían u olvidarían su humillante derrota. De ahí su obsesión por la idea de tener una potencia occidental como aliado estratégico o unirse a la OTAN, y su búsqueda en los años 50 de una opción nuclear israelí independiente.

La paz era para Ben Gurión un objetivo encomiable pero nunca la mayor prioridad; en el mejor de los casos se trataba de un instrumento para el desarrollo y la consolidación del sueño sionista. Sin embargo, por lo que a él respectaba, la meta de consolidar el sionismo también la respaldaban razonablemente bien los armisticios que se firmaron con los estados árabes a lo largo de la primavera y el verano de 1949. Un acuerdo de paz con todas las de la ley, por lo tanto, no sólo no era vitalmente necesario, sino que además podía acarrear riesgos, pues exigiría de manera inevitable un precio territorial que Ben Gurión no estaba dispuesto a desembolsar. Entre el statu quo sin paz y la paz sin statu quo, él se inclinó por lo primero. Además, en cualquier caso, como le dijo a Yehudá Magnes, rector de la Universidad Hebrea en Jerusalén y miembro de Brit Shalom, ya en 1935, «la diferencia entre vosotros y yo es que vosotros estáis dispuestos a sacrificar la inmigración en aras de la paz, mientras que yo no». Esta inequívoca escala de prioridades la repetiría de diversas maneras a lo largo de sus años como primer ministro del Estado de Israel. Es más, él nunca ocultó que no sólo no estaba satisfecho con las fronteras de la partición, sino que tampoco le complacían en especial las de 1949 y siempre albergaría esperanzas de conseguir unas más cómodas.

Del mismo modo, no veía con especial ilusión las iniciativas apuntadas a la consecución de un acuerdo de paz con Jordania o Siria, pues desdeñaba su capacidad para dirigir al mundo árabe entero a una reconciliación general con Israel. El auténtico avance estratégico que buscaba era la paz con Egipto, pues sólo Egipto, a diferencia del resto de los estados árabes, era a sus ojos una nación «no artificial», la única que podía encabezar un cambio en la tendencia fatalista hacia la guerra y la confrontación con Israel que predominaba en el mundo árabe.

La orientación egipcia de Ben Gurión tuvo continuidad con la mayoría de los primeros ministros que lo sucedieron, y a la larga dio sus frutos en los Acuerdos de Camp David entre Anwar Sadat y Menájem Beguin. El punto débil de la argumentación de Ben Gurión, sin embargo, era que pese a todo se negaba también a pagar un precio especial por la paz con Egipto. Las fronteras de Israel debían permanecer prácticamente intocables. El arreglo que se planteaba era en esencia uno de paz por paz, no de tierra, y mucho menos refugiados, por paz.

Moshé Sharett era más comunicativo y flexible que Ben Gurión en las formas, pero a duras penas en el fondo. Años más tarde, al contemplar en retrospectiva los intentos de paz posteriores a la guerra de 1948, Sharett desdeñó las «esperanzas ilusas» de quienes hablaban de un «malentendido mutuo» entre judíos y árabes, de «intereses comunes» y de «la posibilidad de unidad y paz fraternales entre los dos pueblos». Sharett no sólo era, como Ben Gurión y la mayoría de los líderes del Mapai, un defensor entusiasta de la idea del traslado de palestinos a Transjordania como «el logro culminante, la etapa final del desarrollo de nuestra política», tal y como dijo durante un debate en el Comité Central del Mapai en 1944, sino que además, de nuevo como Ben Gurión, no pensaba aceptar cualquier acuerdo de paz con una parte árabe que no respetara el statu quo creado por la guerra. Cuando en 1948 el hombre fuerte de Siria, Husni Zaim, presentó lo que a todas luces parecía la iniciativa de paz más dramática y ambiciosa, Sharett sugirió responder con algo de diplomacia creativa, cierto, pero sin ninguna concesión sobre el terreno. Además, aun en el caso de Transjordania, donde no se exigían concesiones territoriales de consideración, Sharett advirtió a los entusiastas del bando israelí de que la paz con el rey Abdulá significaría «enterrar para siempre nuestros sueños sobre la Palestina occidental».

Ni los «halcones» ni las «palomas», dentro de lo que pudiera haber significado eso en los años que siguieron a la guerra de la Independencia, podían concebir como una oportunidad perdida el rechazo a una propuesta de paz que exigía que Israel renunciara al Néguev, tal y como egipcios y jordanos querían, pues semejante arreglo no habría permitido que el país cumpliera los objetivos centrales que motivaron su creación; y el *ethos* sionista de absorber inmigrantes y colonizar el desierto se habría visto subvertido.

Es cierto sin duda que, en contra de lo que nos querían hacer creer los sionistas al propagar el mito del David israelí vencedor sobre el Goliat árabe poseedor de siete ejércitos invasores poderosos y decididos a lanzar a los judíos al mar, Israel ganó la guerra de 1948 de manera tan contundente precisamente porque sus fuerzas eran mayores y mejor adiestradas que los ejércitos mal equipados y comandados de sus enemigos. Aun así, lo que sí era plenamente genuino eran el pesimismo y la sensación de fragilidad inmanente que dominaba la mentalidad israelí y determinaba la actitud de recelo hacia las tentativas árabes de paz, y en especial hacia lo que veían como condiciones draconianas apuntadas a reducir el tamaño y las potencialidades de Israel con vistas a un segundo asalto. Un acercamiento mecánico y aritmético al equilibrio de fuerzas de la guerra de 1948 sólo nos cuenta una parte de la historia. El campo de batalla como tal nunca fue el único problema de Israel; era el contexto estratégico más amplio de una nación rodeada por un inmenso territorio árabe capaz de permitirse, como en verdad sucedió, una derrota tras otra y aun así recobrarse siempre y estar listo para el siguiente asalto. Eso era un lujo —perder una guerra— que los israelíes siempre estuvieron genuinamente convencidos de no poder permitirse, y habría que decir también que con motivo.

El enfoque mecánico del equilibrio de fuerzas omite también el papel del estado de ánimo, el de la crisis de la conciencia judía-israelí en la traumática transición del Holocausto a la formación de un Estado. También omite el impacto que pudieron tener algunas batallas clave y ciertas derrotas israelíes emblemáticas en 1948 sobre la psique del país, es decir, sobre la sensación de que aquélla era una nación que vivía al filo del abismo. Es el caso de las batallas de Yad Mordejai, Nirim y Degania, la derrota de la Brigada Carmeli en Jenin, la capitulación y evacuación del viejo barrio judío de Jerusalén, la derrota de las fuerzas israelíes en la batalla de Latrun en el invierno de 1947-1948, el asesinato de cincuenta trabajadores judíos en las refinerías de Haifa en diciembre de 1947 y el de los médicos, enfermeras y profesores de la Universidad Hebrea cuando iban de camino al monte Scopus en abril de 1948, la masacre perpetrada por la Legión Árabe en el bloque de Etsion y su subsiguiente evacuación, el desalojo de todos los niños de los *kibbutzim* del valle del Jordán, la conquista de Mishmar Hayarden y considerables porciones al este de la frontera internacional por parte del ejército sirio, el bombardeo de Tel Aviv por la aviación egipcia y la pérdida en batalla de un 10% de la población del país en una guerra en la que hubo que movilizar a un 17% de los recursos humanos de Israel para rechazar la invasión árabe. De hecho, la mitad «civil» de la guerra, es decir, la anterior a la invasión de los ejércitos árabes, se demostró en muchos sentidos más traumática para el *yishuv*. Fue entonces cuando los judíos notaron de verdad que se exponían al exterminio en caso de derrota, y que la supervivencia del incipiente Estado judío pendía de un hilo.

Está claro que, a diferencia de la situación posterior a la guerra de 1967 que permitía a Israel mostrarse magnánimo en la victoria y plantear propuestas de paz ambiciosas gracias a la espectacular mejora de sus condiciones estratégicas, en 1949 la victoria no lo desembarazó de su sensación de vulnerabilidad estratégica. Con una anchura de 15 km. en su cinturón más estrecho pero a la vez más densamente poblado, las principales ciudades de Israel estaban todas al alcance de la artillería árabe. Una población de 700.000 judíos, que veía a los 150.000 árabes residentes entre ellos como una quinta columna que había que gobernar con una administración militar, fue sometida en ese momento a un férreo boicot económico, una virulenta guerra de propaganda y un bloqueo al tráfico marítimo del canal de Suez y los estrechos de Áqaba. Por tomar prestada una expresión de Abba Eban, podría decirse que el asedio y el boicot árabes sólo permitían a Israel respirar con un pulmón.

Así las cosas, y con esa mentalidad nacional dominante entre la población del incipiente Estado, la auténtica cuestión no era si Israel accedería a un cambio significativo del statu quo territorial alcanzado tras una guerra que, por mucha torpeza que demostraran los ejércitos árabes al librarla, era percibida por los judíos como una guerra de autodefensa, a cambio de la paz. La posibilidad de la paz, por lo menos a ojos de los dirigentes políticos israelíes, se volvió en cualquier caso superflua una vez que los armisticios confirieron una suerte de legitimidad a las nuevas fronteras. Para los israelíes, la auténtica cuestión no era paz por tierra y refugiados, sino si debían refrenarse de «rematar la faena», por así decirlo, y tomar la totalidad de Cisjordania hasta el río mismo, una idea que tentó con frecuencia tanto a Ben Gurión como a Moshé Dayan después de 1948 y por la que abogaban partidos políticos como Ahdut Haavoda y Herut como punto clave de su programa. Era evidente que no se daban en absoluto las condiciones políticas para una retirada del statu quo posbélico.

Las iniciativas por la paz y los contactos con vistas a alcanzar algún tipo de arreglo entre las partes habían acompañado las relaciones del *yishuv* con los árabes desde los primeros tiempos de la empresa sionista. En la encrucijada entre la guerra y la tregua de los años 1946-1951, el aluvión de iniciativas fue especialmente impresionante. Todas esas iniciativas, con la notable excepción de los armisticios, a causa precisamente de su naturaleza de acuerdos provisionales, fracasaron a la hora de materializarse en arreglos viables debido a las razones fundamentales expuestas con anterioridad o por motivos específicos a cada caso en particular.

Ya durante la propia guerra, o durante una tregua en las hostilidades, las partes unas veces y funcionarios de Naciones Unidas o las potencias occidentales en otras habían iniciado planes para un acuerdo. Sin embargo, en fecha tan temprana como el verano de 1948, Israel respondió con una negativa inequívoca a una iniciativa británico-americana que pedía el retorno a las líneas de la partición y que Israel intercambiara el Néguev por la Galilea occidental. Según el criterio de Israel, las condiciones para la paz no podrían ser nunca las mismas tras sus logros militares y cuando la fuente del conflicto, es decir, los planes para un Estado palestino independiente, era ignorada incluso por los propios ejércitos árabes invasores. Este hecho recibiría su ratificación oficial en los armisticios de 1949, cuando todos y cada uno de los Estados árabes velarían con egoísmo por sus propias ambiciones territoriales y se conjurarían, como sucedió, para dejar de lado los intereses de los palestinos. La traición a los palestinos de los países árabes se vio secundada por la comunidad internacional. Ni las Naciones Unidas ni las superpotencias se mostraron especialmente activas en su defensa de la causa de un Estado palestino o siquiera de los derechos políticos de ese pueblo. Lo abordaron como un problema ante todo humanitario de refugiados. La Comisión de Conciliación Palestina de la ONU que formó la Conferencia de Paz de Lausana en primavera de 1949 se negó incluso a reconocer como interlocutor válido al Alto Comité Árabe Palestino.

No era de extrañar que los líderes del *yishuv*, siempre temerosos y recelosos del Oriente Próximo árabe musulmán, vieran en los cristianos maronitas libaneses un aliado natural, como piedra angular de un concepto más amplio que disfrutaría de una larga vida en el pensamiento estratégico israelí: la alianza de minorías, o sea, de judíos, cristianos, drusos, kurdos, persas y turcos. Aquellos que dentro del sistema israelí creían que la nación sólo estaría a salvo tras llegar a un acuerdo con las mayorías árabe-musulmanas de Oriente Próximo carecían a la sazón de poder político para cambiar las prioridades del país. Tampoco los apoyaban las condiciones predominantes entre las mayorías musulmanas de la región. Su momento llegaría sólo tras la guerra de 1973, en la paz con Egipto y tras la primera Intifada palestina y los Acuerdos de Oslo.

En 1946, los maronitas se decidieron por fin entre lo que Eisenberg definió como tabú y tentación, y firmaron un acuerdo secreto con la Agencia Judía que tal vez explique por qué la participación libanesa en la invasión panárabe de Palestina de 1948 no fue más que un gesto simbólico de solidaridad. Sin embargo, el pacto no se convirtió en un acuerdo de paz completo tras la guerra porque el Líbano cristiano no quería o estaba demasiado débil y frágil para arriesgarse a disociarse de la familia y el consenso árabes. El acuerdo de 1946 contravenía el Pacto Nacional sobre el que se fundó el Líbano moderno, un pacto que afirmaba el carácter «árabe» de Líbano y su lealtad a la Liga Árabe. Esta tensión inherente entre el anhelo de los maronitas de una relación especial con Israel y la identidad árabe de Líbano que impidió un acuerdo de paz tras la guerra de 1948 fue la misma que a la larga convertiría en papel mojado el tratado de paz que la Administración Reagan y los israelíes impusieron prácticamente al presidente Amin Gumeil en 1983.

Sin embargo, la verdad es que ni de resultas de 1948 ni de 1983 Israel tenía en mente una paz entre iguales con Líbano. A principios de la década de 1950, tanto Ben Gurión como Dayan discurrieron métodos para subvertir el Gobierno libanés, anexionarse el área al sur del río Litani y firmar la paz con un Líbano cristiano monolítico. Ben Gurión llegaría a compartir sus planes para Líbano junto con otros puntos de su gran estrategia para la reestructuración de Oriente Próximo con sus aliados franceses, con los que se encontró en Sévres en 1956 para preparar la campaña del Sinaí. La invasión israelí de Líbano en 1982 quizá pareciera el capricho repentino de un ministro de Defensa belicista, Ariel Sharón, pero fue en realidad una operación empapada en un concepto con un largo pedigrí y recogida en el pensamiento estratégico israelí dominante desde los primerísimos días del Estado.

Es posible que hoy en día, después de que hayan fracasado tantos intentos bilaterales de pacificación, la tragedia israelí-palestina sólo sea susceptible de una solución internacional, pero el muestrario de iniciativas de paz internacionales hasta la fecha es cualquier cosa menos edificante. Fue el caso también de la Conferencia de Paz de Lausana convocada por la Comisión Palestina de Conciliación a finales de abril de 1949. La Conferencia no hizo sino justificar las sospechas israelíes de que siempre que las delegaciones árabes se encontraran en una conferencia internacional su tendencia invariable sería la de asumir posturas radicales que Israel no podría aceptar bajo ningún concepto.

En la paz como en la guerra, a Israel le convenía un bando árabe dividido. Separar a la familia árabe y tratar con cada uno de sus miembros por separado iba a ser siempre el patrón negociador preferido por Israel. Incluso en el caso de Líbano y Siria durante las charlas del armisticio, cuando era de suponer que Israel tenía un marcado interés en condicionar su retirada a la frontera internacional de Líbano a que Siria hiciera lo propio en las zonas que había ocupado al este de ella, Ben Gurión rehusó esa vinculación. En la década de 1970, Siria conseguiría restaurar y consolidar la vinculación en un modo que supondría un importante desafío estratégico para Israel e impediría una negociación de paz por separado con Líbano. Hay que entender la retirada unilateral de Israel del sur de ese país como un intento de cercenar la vinculación, desembarazarse del chantaje estratégico sirio y negociar por separado con los dos países a la vez.

Los árabes con frecuencia tiraron piedras contra su propio tejado por lo absurdo de sus exigencias. La propuesta de la Liga Árabe en Lausana, consistente en una repatriación sustancial de refugiados y la retirada de Israel a fronteras más modestas incluso que las propuestas para el Estado judío en el plan de partición, era tan absurda que ni siquiera se mostró dispuesto a sostenerla Estados Unidos, que había presionado a Israel hasta el punto de amenazar con retirar su reconocimiento del Estado judío si éste no firmaba el Protocolo de Lausana (12-5-49) que confirmaba las fronteras de la partición.

De hecho, las posiciones absurdas presentadas por los árabes en Lausana permitieron que Israel maniobrara hasta conseguir un alivio de la presión americana y diera una impresión de moderación y progreso sin a la larga tener que pagar ningún precio tangible. Su oferta de admitir a 100.000 refugiados, que los árabes rechazaron a las primeras de cambio por insuficiente, su disposición a firmar el Protocolo de Lausana que confirmaba las fronteras de la partición, que ni la ONU ni las superpotencias estaban en cualquier caso en condiciones de imponer, la propuesta de convocar un referéndum en Cisjordania donde los árabes palestinos podrían optar por la autodeterminación y la idea de Ben Gurión de anexionarse la franja de Gaza con sus refugiados como contribución israelí a la mejora de sus condiciones de vida, idea que a larga no llegó a nada, fueron todas maniobras inteligentes de diplomacia creativa que permitieron que Israel saliera indemne de la trampa de Lausana.

Ninguna otra parte árabe ha igualado nunca el largo historial de diálogo político y el grado de intimidad estratégica que Jordania ha tenido con Israel. Los dos países eran, en verdad, como dice un historiador, «los mejores de los enemigos».

En la década de 1940, el motor de la asociación estratégica entre el *yishuv* y el rey Abdulá era su enemigo común, los palestinos, cuya encarnación era el muftí (en el caso del rey Hussein, el enemigo común sería Arafat). Tanto los sionistas como los jordanos tenían un interés compartido por evitar el surgimiento de un Estado árabe independiente en la Palestina occidental. Ya en 1946 las dos partes alcanzaron un entendimiento a tal efecto, que después confirmaron en noviembre de 1947. Los propios palestinos, en lo que llegó a ser un patrón triste y contraproducente de comportamiento político, actuaron como los peores enemigos de su causa y lo hicieron todo por evitar la creación de su Estado. Sin embargo, no deja de ser intrigante que, en vísperas mismas de la histórica decisión de la ONU de partir Palestina en un Estado judío y otro árabe, Israel y Jordania conspiraran para subvertir el inminente plan y permitir que el rey tomara la Palestina occidental árabe.

A lo largo de 1948, sin embargo, el rey Abdulá ofreció una palpable manifestación del que sería en los años venideros el quebradero de cabeza estratégico de Jordania. El país se debatía en una difícil búsqueda de equilibrio entre su tentación de llegar a un arreglo con Israel a costa de los palestinos y conseguir garantías de seguridad contra sus enemigos en el mundo árabe, por un lado, y la necesidad de no perder su legitimidad entre los árabes disociándose de manera demasiado flagrante de su consenso. Se trataba sin duda de un ejercicio sumamente complejo y peligroso de malabarismo diplomático y estratégico. Es paradójico que, para proteger su acuerdo con los sionistas, el rey Abdulá tuviera que convertirse, como sucedió, en el cabecilla de la invasión múltiple de Palestina. Sabía, como le dijo al comandante de su Ejército, Glubb Pasha, que «los judíos son demasiado fuertes; es un error ir a la guerra». Si era un error, él estaba condenado a cometerlo por la situación única de Jordania, aunque eso supusiera padecer lo que un general español llamó, en la guerra de Cuba de 1989 contra el poder abrumador de Estados Unidos, una «espléndida derrota».

Israel quería un acuerdo de paz con Abdulá después de la guerra aunque fuera sólo porque respondía a lo que se convertiría en el impulso persistente de la estrategia israelí, es decir, «exportar», por así decirlo, el problema palestino al reino hachemita. Sin embargo, ni Ben Gurión ni Sharett estaban dispuestos a pagar un precio territorial por esa paz.

La principal preocupación de Ben Gurión, no obstante, era que Jordania constituía un vínculo demasiado débil con el mundo árabe, una entidad demasiado artificial para contar con la legitimidad necesaria para dirigir al mundo árabe entero a una reconciliación general con el Estado judío. ¿Por qué iba a pagar Israel un alto precio por la paz con un Estado que bajo ningún concepto podía convertirse en la vanguardia de un acuerdo global con el mundo árabe? Ben Gurión llegaría a confiarle a su diario que Jordania era una creación tan artificial que habría que desmantelarla entera y dividir su territorio entre Israel y los estados árabes. En cierto sentido, Ben Gurión nunca asumió del todo la pérdida de Cisjordania a favor de Jordania, y no paró de protestar por lo que veía como las «ridículas fronteras» establecidas por el armisticio con la monarquía hachemita.

De hecho, como tanto Ben Gurión como Sharett se preguntaron a lo largo de la segunda mitad de 1948, un Estado palestino independiente en Cisjordania quizás hubiera supuesto para Israel una amenaza menor que la anexión de ese territorio a un Estado jordano que algún día podría fusionarse con Irak en un reino hachemita aumentado. Si pese a ello los dos se reconciliaron con la opción de la anexión de Cisjordania a Transjordania fue ante todo por su miedo a que un Estado palestino independiente actuara de trampolín para un movimiento irredentista encabezado por Hach Amín el-Husseini. Lo irónico fue que, de entre todas las personas, fuera Ralph Bunche, el vicesecretario general de la ONU, que en principio debería haber defendido la puesta en práctica de la Resolución 181, quien contribuyera a convencer a los dirigentes sionistas de olvidar la idea de un Estado palestino independiente. Sería un Estado encabezado e inspirado por el muftí, les advirtió, y una fuente continua de fricción e inestabilidad. La opción jordana de Israel se vio reforzada sin duda por el radicalismo palestino y por la oposición de israelíes y jordanos al liderazgo fanático de Hach Amín el-Husseini. Es difícil encontrar en la historia una brecha parecida entre la justicia de una causa y el mérito de quien la dirigió. Esto, el fracaso de sus líderes, ha sido en todo momento un motivo crucial de la calamidad que ha padecido el pueblo palestino.

No firmar una paz con Jordania no era para Ben Gurión una oportunidad perdida, sino un sobrio cálculo estratégico que a la larga sería justificado por la historia. Un Israel fuerte e invencible obligaría a Egipto a firmar la paz con él a finales de la década de 1970 de un modo que, a todos los efectos prácticos, neutralizaba la opción militar de los árabes y forzaba una transformación radical de su estrategia, de la guerra a los acuerdos negociados.

No hubo grandes amantes de la paz, ni judíos ni árabes, en la historia de la búsqueda de un acuerdo tras la guerra de 1948. Lo que había eran pequeños Bismarcks o Maquiavelos, cada uno pendiente de su conquista territorial particular, de un modo de burlar a su homólogo o de un equilibrio regional de poder y disuasión. En opinión de Abdulá, un acuerdo con Israel le permitiría proteger su flanco mientras se anexionaba y digería Cisjordania y trataba de ejecutar su ambicioso plan de una Gran Siria unida bajo su liderazgo. El rey veía el acceso a un puerto mediterráneo y las ventajas económicas como un plus añadido para ese arreglo. Sadat no sería el primero en darse cuenta. Abdulá lo precedió en su comprensión de que la paz con Israel suponía también un reacercamiento a Estados Unidos.

Sin embargo, no se llegó a ningún acuerdo. Se debió en primer lugar a las condiciones absurdas, megalómanas incluso, de los jordanos. Querían la parte sur del Néguev, la franja de Gaza, Lydda y Ramala y los barrios árabes de Jerusalén. Después, cuando rebajaron sus pretensiones y se mostraron dispuestos a conformarse con un corredor seguro y soberano de apenas 150 metros desde Hebrón al Mediterráneo, condición a la que los israelíes accedieron en un encuentro en presencia del propio rey, y *Los principios de un Acuerdo Territorial* estaban listos para firmarse, fueron los jordanos, no los israelíes, quienes dieron marcha atrás y se demostraron incapaces de ceder. El rey fue sencillamente incapaz de superar la oposición de su propio Gobierno a un arreglo como aquél.

Es posible que los israelíes fueran duros negociadores, pero la disfunción del sistema político jordano era en ese momento el mayor obstáculo para un acuerdo. Estaba surgiendo en Jordania una situación en la que un Gobierno supuestamente patriótico, panárabe, filopalestino y panislámico minaba la legitimidad del rey para cerrar un acuerdo con Israel. Al final, la anexión de Cisjordania amplió las fronteras del reino hachemita pero, al palestinizar el país y desplazar el énfasis de la política jordana a una sensibilidad panárabe con la tragedia de los palestinos, disminuyó la capacidad y el poder del monarca para seguir siendo el dirigente autocrático e indiscutido que había sido hasta el momento.

El 17 de febrero de 1950, el rey Abdulá efectuó un último intento desesperado por rescatar algo de las ruinas de su estrategia de paz con Israel al proponer un pacto de no agresión. Se trataba de una maniobra brillante porque podía desencadenar una dinámica susceptible de conducir a un acuerdo de paz en el futuro. También significaba de manera implícita que Israel reconocía la anexión de Cisjordania por parte jordana. Del mismo modo, el arreglo podía permitir que Israel proclamara su primer avance político con un estado árabe y la existencia de una grieta en el boicot económico. La propuesta de Abdulá contenía incluso algunas provisiones que podían satisfacer a los palestinos, al abrir canales judiciales para que los refugiados reclamaran sus propiedades abandonadas en Israel. El Consejo de Ministros israelí ratificó el acuerdo en una sesión del 22 de febrero, en la que el ministro de Asuntos Exteriores Sharett alabó la importancia «psicológica» del documento.

Sin embargo, fueron una vez más los jordanos, y no los israelíes, quienes no cedieron. El Gobierno de Abú al-Huda se echó atrás y cambió de manera unilateral tanto el título como el contenido de la propuesta.

Estaba quedando de manifiesto que la palestinización del reino y la brecha entre el rey y una clase política que ya no era dócil se habían convertido en un obstáculo insuperable en la senda hacia un acuerdo israelí-jordano, por modestas que fueran sus provisiones. Abdulá no podía permitirse el lujo político de quedar como un rey blando en conflicto con un Gobierno patriótico y panárabe. Además, los cambios estructurales que estaban produciéndose en ese momento en el reino ampliado cambiaban las prioridades del monarca. Estaba en juego la estabilidad de su trono, quizás incluso la supervivencia misma de su reino y las posibilidades de terminar su aislamiento en el mundo árabe, donde se lo presentaba como la marioneta del imperialismo británico y el aliado de los sionistas en un momento en que las semillas de una variedad nueva y más radical de nacionalismo árabe se propagaban por toda la región. Eran desde luego preocupaciones mucho más vitales para Jordania que un arreglo con los sionistas, que en cualquier caso quedaba muy lejos de un acuerdo de paz a carta cabal.

La anexión de Cisjordania se demostró un preludio de la perpetuación del conflicto. La oportunidad de una operación de «paz relámpago», si alguna vez la hubo, se había desvanecido por completo. La derrota del rey en el pulso con su Gobierno era más que una simple disputa local. Señalaba a la totalidad del mundo árabe que había llegado el punto final para los intentos, por débiles que fueran, de alcanzar la paz con Israel. Los rasgos de la disputa árabe-israelí tal y como los conoceríamos en los años siguientes, o sea, un conflicto eternizado e intratable, estaban ya en avanzada fase de cristalización.

Jordania regresaba sana y salva al redil y asumía la disciplina impuesta a sus miembros por la Liga Árabe, que en su reunión del 25 de marzo de 1950 decidió que «no se permite a ningún Estado miembro negociar con Israel, firmar con él una paz separada o cualquier otro acuerdo político o económico [...] Cualquier estado que no respete estas condiciones será expulsado automáticamente de la Liga». El consuelo de Abdulá era que a cambio de darle la espalda a Israel había conseguido la aprobación tácita del mundo árabe a su anexión de Cisjordania. Eso, y el armisticio con Israel, equivalían a todos los efectos prácticos a una sentencia de muerte para la idea de un Estado palestino independiente.

La historia siria fue en verdad extraordinaria. Husni Zaim, un hombre de armas, protagonizó un golpe de Estado el 30 de marzo de 1949 y presentó de inmediato una pasmosa iniciativa de paz. Sus propuestas incluían una paz por separado con Israel, plena cooperación económica e incluso un Ejército israelí-sirio común que permitiera a los nuevos aliados convertirse en los amos de Oriente Próximo. Además, como si eso fuera poco, el hombre fuerte de Damasco más adelante propondría absorber en Siria a 300.000 refugiados palestinos siempre que la ONU financiara su reasentamiento y destinara ayuda económica adicional a su país.

La respuesta de Israel fue en un principio formalista —las instrucciones de Ben Gurión eran no dar paso a ningunas negociaciones de paz hasta que Siria hubiese accedido a los términos israelíes para un armisticio, es decir, su retirada a la frontera internacional— y después prácticamente desdeñosa. Ben Gurión pensó incluso en retomar la ofensiva militar para expulsar a los sirios al este de la frontera. Era exactamente el patrón de diplomacia coercitiva de cañón que había empleado con los jordanos a lo largo de la Operación Uvdá («operación hecho consumado») que los expulsó del Néguev meridional, mientras todavía se celebraban las conversaciones de paz, y obligó a Abdulá a renunciar a la zona de Wadi Ara bajo la amenaza de un ultimátum.

Con todo, una vez que Ben Gurión se hubo salido con la suya y se hubo firmado el armisticio con Siria el 20 de julio de 1949, Israel estaba preparado para retomar los contactos para un acuerdo de paz con el régimen de Damasco. Sin embargo, la estrategia de paz israelí siguió siendo la misma. Las instrucciones que dio a los negociadores israelíes no el «halcón» Ben Gurión sino su ministro de Asuntos Exteriores y supuesta «paloma» Moshé Sharett eran tan estrictas como siempre. «No habría que dar a los sirios ni un atisbo de la posibilidad de modificaciones fronterizas a lo largo del río Jordán o en los Lagos. Al contrario, hace falta aclararles que no puede contemplarse ninguna modificación en ese sentido.» Era inconcebible que Zaim consintiera un acuerdo sobre esas bases; no le ofrecía ninguna legitimidad en absoluto para sellar un trato separado con el enemigo sionista.

Sin embargo, el empeño entero carecía ya de toda relevancia en cualquier caso. En cuanto se hubo firmado el armisticio, encontrado una fórmula para las zonas desmilitarizadas y eliminado la amenaza de un rebrote de la guerra, tanto Israel como Estados Unidos perdieron interés en la vía siria. Hacia mediados de agosto, Zaim y su primer ministro fueron despojados del cargo y después ejecutados.

Sin duda, Husni Zaim fue el único líder árabe dispuesto en aquel momento a cruzar la barrera de hostilidad con Israel de un modo tan extraordinariamente imaginativo y osado. Israel no respondió. Abundaban los motivos, algunos de ellos válidos y de peso. Por supuesto, siempre estaba la santificación israelí del statu quo posbélico, y en este caso también la importancia crucial de preservar los recursos hídricos del país, o lo que es lo mismo, el *ethos* sionista central de la tierra y el agua. Sin embargo, existía también una profunda desconfianza hacia la naturaleza de un régimen nacido de un golpe de Estado del que poco

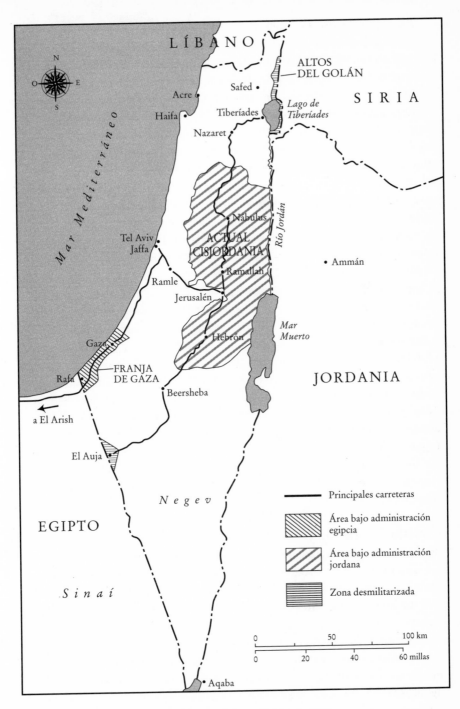

Israel después del armisticio de 1949

podía esperarse que legitimara en Siria, por no hablar ya de en todo el mundo árabe, un acuerdo de paz tan ambicioso con Israel.

El pacto propuesto por los sirios era mucho más ambicioso en sus estipulaciones que las ofertas jordanas, pero la laguna de legitimidad que echó a perder las posibilidades de un arreglo en el segundo caso era incluso más profunda en el primero. «Faruk probablemente sea el hombre que representa a Egipto, pero ¿quién demonios es Zaim?», exclamó Ben Gurión delante del cónsul general estadounidense en Jerusalén. Tampoco existía mucha confianza en las ideas alucinatorias y rocambolescas de un oficial corrupto, megalómano y poco de fiar que, por si fuera poco, era un kurdo en apariencia incompatible con las corrientes nacionalistas predominantes en Siria y todo el mundo árabe. De hecho, fue precisamente la discrepancia de Zaim con el nacionalismo y las sensibilidades panárabes lo que al final provocó su caída. Como en el caso de las relaciones dicotómicas entre el pacifista rey Abdulá y sus ministros nacionalistas Rifai y el-Huda, el ministro de Asuntos Exteriores de Zaim, Adel Arselan, era un representante mucho más genuino de las corrientes más profundas del nacionalismo árabe, que se opuso a las tentativas de paz de su líder y les negó una vital «hoja de parra» de legitimidad.

Hace falta resistirse también a la tentación de ver en Zaim un Ataturk sirio o un estadista visionario como pudo serlo Anwar Sadat, pues no era ninguna de las dos cosas. En su corto gobierno de apenas cuatro meses no hizo gala de un gran espíritu reformista y, a diferencia del caso de la paz de Israel con Egipto en la década de 1980, resulta del todo inconcebible que un arreglo con Zaim hubiera sobrevivido al dictador asesinado.

Ben Gurión expresó lo que se convertiría en una piedra angular del pensamiento estratégico israelí cuando en diciembre de 1949 dijo al embajador estadounidense en Tel Aviv que «Egipto es la clave de la paz en Oriente Próximo» y la puerta al mundo árabe. Era ciertamente así, pero en ningún punto de los contactos que empezaron durante la guerra pudieron reconciliarse las ambiciones territoriales egipcias con la insistencia de Israel en mantener sus conquistas bélicas.

El nacionalismo árabe todavía estaba lejos de ser una fuerza dominante en Egipto. Que el compromiso de El Cairo con la causa palestina aún no era ni mucho menos irreversible quedó de manifiesto en el debate mismo que se celebró en la Cámara Alta egipcia en vísperas de la invasión árabe de Palestina. «Un desierto entero nos separa de Palestina», explicó Ismail Sadqui, veterano estadista que había sido dos veces primer ministro, al abogar por la no participación en la guerra. «La paz y las reformas internas deben ser nuestras prioridades», dijo en el debate parlamentario donde se debatía el conflicto. Sumarse a una guerra panárabe por Palestina no era algo que el Parlamento egipcio estuviese ansioso en absoluto por aprobar. En última instancia, la guerra fue decisión de un solo hombre, el rey Faruk, que por su parte estaba más preocupado por poner freno a las aspiraciones de la monarquía hachemita en Palestina que por la situación del pueblo palestino. «No pensábamos en el problema de Palestina», recordaría Zakaria Mohiedin, un joven oficial a punto de ir a la guerra (más tarde llegaría a vicepresidente de Egipto). Lo que más presente tenían los egipcios, dijo, «era cómo librarse del colonialismo británico en Egipto».

Si hubo entonces una oportunidad perdida fue la que tuvieron israelíes y palestinos de atajar su conflicto antes de que la guerra de 1948 sumiera a Egipto de manera irreversible en la maraña palestina y lo convirtiera en el líder de lo que pronto se convertiría en una cruzada panárabe contra Israel. No fue el problema palestino lo que arrastró a Egipto a la guerra, sino la guerra la que arrastró a Egipto al problema palestino. De hecho, cuando el que era primer ministro de Egipto a la sazón, Mahmud Fahmi el-Nukrashi Basha, pidió a su Parlamento que declarara la guerra a Israel, no hizo un excesivo hincapié en el tema palestino como razón principal. Era el espíritu socialista de Israel, dijo, lo que hacía del Estado judío una amenaza para Egipto y el resto de regímenes árabes. El hombre que tomó la decisión de ir a la guerra, el rey Faruk, fue el mismo que encabezó la resistencia a la reconciliación tras ella. Es cierto que con los primeros reveses en el campo de batalla el monarca realizó algunos intentos vacilantes de llegar a un acuerdo por separado con Israel, pero eso fue más que nada un recurso táctico para conjurar la derrota inminente, derrota que pronto sellarían las operaciones Yoav y Horev en el sur, y no para buscar una paz real. Kamal Riad, emisario de Faruk, demostró una considerable y sorprendente franqueza al explicar a sus homólogos israelíes en otoño de 1948 que el objetivo de su misión era un intento de refrenar los planes expansionistas de Israel.

Sin embargo, en cuanto finalizaron las preocupaciones bélicas inminentes de Egipto y se firmó el armisticio, el país perdió el interés en un acuerdo urgente con Israel. Siguieron los contactos en Lausana y más allá, pero los egipcios buscaban ahora tan sólo una tregua que les permitiera prepararse para un segundo asalto. Tales eran las directrices que Abd el-Munim Mustafá, delegado egipcio en Lausana, recibió de sus superiores en El Cairo (el profesor Itamar Rabinowitz cita este extraordinario documento y otras reflexiones reveladoras de Mustafá en *La ruta que no se tomó: primeras negociaciones árabe-israelíes*, hebreo, Jerusalén, 1991, pp. 156-162):

Hay que dar la impresión de que Egipto sopesa seriamente todas las propuestas de paz, porque la opinión internacional todavía no está preparada para aceptar un recrudecimiento de las hostilidades. El tiempo está del lado de Egipto, y debemos persistir en nuestros preparativos militares; el momento, sin embargo, no está maduro aún para la decisión de ir a la guerra.

El propio Mustafá se demostró un ilustrativo exponente de los dilemas culturales y estratégicos clave del conflicto árabe-israelí, y del choque de civilizaciones entre el sionismo y el nacionalismo árabe. «¿Para qué queremos la paz ahora?», le preguntó a su homólogo israelí en Lausana, Elias Sasson. «La paz —añadió— sólo les proporcionará a ustedes ventajas económicas y consolidarán y reforzarán [su Estado]. Egipto no necesita la paz ahora. Al contrario, nos interesa que no haya paz para negarles la consolidación y el poder [que necesitan].» El mundo árabe, y Egipto en particular, cobraron conciencia entonces de que Israel se estaba convirtiendo en una realidad de la vida, por poco deseable que les pareciera. En consecuencia, como constató Mustafá, la estrategia egipcia y árabe en adelante debería consistir en que «Israel no llegue a ser demasiado grande o demasiado fuerte, ni demasiado poblado». «Egipto —dijo— no se sentirá seguro cuando cuatro millones de judíos, todos educados, todos con iniciativa y todos empapados de sentido del sacrificio vivan al otro lado de sus fronteras.»

Es posible que Mustafá no fuera la personificación de Egipto en ese momento, pero desde luego no estaba muy lejos de expresar la actitud esencial de los políticos de El Cairo de entonces y de los años por venir. «La paz es inconcebible», fue como Muhammed Hassanin Heikal expresó el sentimiento árabe tras la guerra de 1948. La no beligerancia era lo máximo que la mayoría del mundo árabe estaba dispuesta a plantearse, e incluso eso, como señalaba él, era extremadamente controvertido. Tanto Abba Eban como Guideon Rafael, que no eran exactamente los más militantes de los altos cargos israelíes, concluyeron en febrero de 1950 que, en lo tocante a Egipto, no se había perdido gran cosa en cuanto a oportunidades de paz. «En estas condiciones —informaron a sus superiores—, no existe ninguna posibilidad en absoluto de un acuerdo con Egipto.»

El capítulo relativo a los primeros años de los Oficiales Libres egipcios en el poder no fue esencialmente distinto. La iniciativa partió en esa ocasión de Israel y fue bastante atrevida. Sin embargo, el canal secreto entre Ziamá Divon y Abdel Rahman Sadeq, el enviado personal de Nasser, que debía permanecer activo en París durante casi dos años, no condujo a ninguna parte. Ben Gurión no tardó en perder la paciencia con lo que veía, justificadamente, como una pérdida de tiempo egipcia y una táctica orientada a ganarse el apoyo estadounidense a través de los buenos oficios de Israel sin pagar un precio irreversible en términos de un acuerdo vinculante.

En verdad, la paz con Israel no era exactamente lo que Nasser buscaba, aunque tampoco estaba interesado en la guerra. Los Oficiales Libres querían tiempo y estabilidad para impulsar sus reformas y adelantar en objetivos nacionales clave como expulsar a los británicos de Egipto y conseguir ayuda económica de Estados Unidos. Unos contactos latentes y de bajo nivel con Israel servían a la perfección a esos fines. Los contactos prosiguieron hasta bien entrado el periodo de Moshé Sharett como primer ministro (1952-1955), pero la crisis del «Affaire» les puso punto final de una vez por todas. «No negociaremos a la sombra de la horca», explicó el primer ministro Sharett cuando un tribunal egipcio decidió ejecutar a dos de los agentes israelíes en aquel infame incidente.

La avalancha de infiltraciones procedentes de la franja de Gaza, las incursiones punitivas israelíes, el retorno de Ben Gurión al Ministerio de Defensa y la espectacular Operación Gaza de la Fuerza de Defensa Israelí (FDI) el 28 de febrero de 1956 marcaron la cuenta atrás hacia la guerra del Sinaí. En 1955, las potencias occidentales realizaron un último intento de evitar la deriva hacia la guerra mediante su Proyecto Alfa, una iniciativa de paz conjunta británico-americana que exigía que Israel renunciara a la totalidad del Néguev o parte de él y aceptara la repatriación de un número sustancial de refugiados. Al final, Egipto, que no estaba dispuesto a conformarse con nada que no fuera el Néguev entero, e Israel, que se negaba a plantearse ni la más mínima concesión territorial, compartieron la responsabilidad de dar al traste al alimón con esa iniciativa.

Sin embargo, lo realmente llamativo del Alfa es cómo, siete años después de la guerra de Independencia de Israel, las potencias occidentales seguían sin apreciar del todo la profundidad de la negativa israelí a plantearse siquiera concesiones territoriales, y lo absurdo de las exigencias árabes.

Existía, por supuesto, una contradicción inherente a la actitud de Ben Gurión hacia las negociaciones de paz con los dirigentes árabes. Desdeñaba como corruptos y poco fiables a líderes como Zaim, Faruk y Abdulá pero, como se demostró, tampoco se revelaría especialmente comunicativo con líderes fuertes que tuvieran visión de reformistas y modernizadores como Nasser. Eso era debido a que entonces temía que pudieran mejorar las potencialidades de sus países y suponer una amenaza para Israel. Con esos dirigentes preferiría prepararse para la guerra, como en verdad hizo desde el momento en que regresó al Ministerio de Defensa en febrero de 1955.

Israel, y eso era verdad en todos los frentes, estaba preparado para una paz basada en el statu quo, tanto territorial como demográfico, en la disuasión y en la superioridad militar israelí. «Paz por paz», era la fórmula. Los árabes, y en especial Egipto, querían la paz con un Israel reducido a su tamaño natural que hubiese dejado de ser una amenaza para sus vecinos. Se trataba de estipulaciones absolutamente irreconciliables en las condiciones que imperaban en ese momento.

Al final, las guerras en Oriente Próximo han servido con frecuencia de preludios para la paz, o al menos han provocado intentos de alcanzar un acuerdo. Fue sin duda el caso de la guerra del Yom Kippur, que llevó a Israel a la paz con Egipto, y el de la primera Intifada, que propició los Acuerdos de Oslo. Fue también el caso de la guerra de 1948. Sin embargo, aunque de ese conflicto salieron sólo las fronteras de los armisticios, éstas acabarían por ser pese a todo las fronteras aceptadas e internacionalmente legítimas entre Israel y sus vecinos árabes. Es más, son esas mismas fronteras que a la sazón rechazaba el mundo árabe entero las que ahora se han convertido en condición árabe sine qua non para la paz con Israel.

Eran pues los árabes los que no estaban maduros en los primeros años para aceptar el hecho de la existencia de Israel dentro de las fronteras de 1948. Hicieron falta treinta años de conflicto, guerras, destrucción y desolación, pero sobre todo la conquista por parte de Israel de territorios adicionales en la guerra de 1967, para que el primer líder árabe planteara una oferta inequívoca de paz basada en las fronteras decididas por la guerra de 1948 y, lo que no es menos importante, que en esa ocasión Israel respondiera.

4

AUGE Y CAÍDA DEL TERCER REINO DE ISRAEL

Somos una generación de asentamiento, y sin el casco de acero y la boca del arma no seremos capaces de plantar un árbol o construir una casa [...] Tal es el destino de nuestra generación [...] Estar preparados y armados, ser fuertes y resueltos, o la espada se nos caerá de las manos y los hilos de nuestras vidas serán cortados.

Panegírico de MOSHÉ DAYAN
a Ro'i Rutenberg, abril de 1956

Esto nos dará la posibilidad de vivir aquí.

BEN GURIÓN al comandante Ariel Sharón,
jefe de la Operación Kybieh

Hablamos del segundo asalto que llegará. Sin embargo, ya estamos en el segundo asalto [...] y, en esta batalla, no quiera Dios que luchemos dentro de nuestras fronteras [...] Debemos estar preparados para llevar la lucha más allá de nuestras fronteras.

General (Res) YIGAL YADIN en alocución
al Comité Ejecutivo del Histadrut,
10 de enero de 1955

Yotvata, o Tiran, que hasta hace mil cuatrocientos años formaba parte de un Estado judío independiente, volverá a incorporarse al Tercer Reino de Israel.

Cable de BEN GURIÓN a la Séptima Brigada
en el último día de la campaña del Sinaí

El camino a la campaña del Sinaí de 1956 se vio allanado por el descubrimiento, tanto por parte de los árabes como de los israelíes, de que la paz y las necesarias concesiones que ésta exigía no era una opción realista en absoluto. La paranoica sensación de asedio de Israel y su arraigada tendencia a afirmar su superioridad militar por un lado, y el irresistible abandono de los árabes a la inercia del boicot y la comodidad de la retórica incendiaria por el otro, acarrearon la ruptura de la precaria tregua que siguió a la guerra de 1948 y el arranque de un «segundo asalto».

Los dirigentes del nuevo Estado no previeron ni por un momento que la guerra de Independencia de Israel fuera el preludio de una era de paz. El que un «segundo asalto» resultaba inevitable era casi del dominio público, por no hablar de que constituía la premisa de trabajo de la mayoría de los líderes, por encima de todos Ben Gurión. Para él, como dijo al presentar ante la Knésset una nueva «Ley de Seguridad» el 19 de agosto de 1952, Israel vivía en un estado de «paz armada», y advirtió de lo ilusorio y peligroso de una «falsa paz» con el mundo árabe. Había que formar y cristalizar la nueva nación compuesta de inmigrantes de todos los confines del mundo en una nación en armas, un pueblo uniformado, una sociedad plenamente movilizada. El Ejército, predicaba Ben Gurión, debería ser el agente vital de la construcción nacional. Cuando emprendiera represalias militares contra los estados árabes vecinos, a menudo tendría en cuenta no sólo la necesidad de inspirar y motivar al Ejército, sino también la de subir la moral de los nuevos inmigrantes a través de las hazañas de sus fuerzas armadas. La idea de una nación que vivía en el filo de la navaja entre la guerra y una tregua precaria se convirtió en un estado de ánimo colectivo, una filosofía de vida. Se elevó la «seguridad» a la indiscutible condición de vaca sagrada del joven Estado judío.

Sin embargo, la psicosis de un «segundo asalto» no era desde luego una obsesión exclusivamente israelí, sino que se veía alimentada por la hostilidad sin cuartel de los árabes. La noción de un «segundo asalto» gozaba también de una amplia difusión en todo el mundo árabe. Sus vecinos no permitían al incipiente Estado judío un solo respiro del boicot económico, la propaganda incendiaria, las amenazas militares, el bloqueo de sus raíces marítimas y una campaña mundial apuntada a aislarlo y condenarlo al ostracismo.

Las represalias militares conducidas por la FDI a lo largo de los años 50 solían venir provocadas por infiltraciones de civiles palestinos que cruzaban las fronteras, impulsados ante todo por motivos económicos y sociales, y en ocasiones por actos de terrorismo perpetrados contra asentamientos judíos fronterizos. El ciclo de infiltraciones y represalias contra los países árabes colindantes a los que Israel acusaba de estar detrás de las incursiones se convirtió casi en una rutina. Sin duda permitió que la FDI hiciera gala de su superioridad militar, algo que Israel esperaba que actuara de factor disuasorio ante sus enemigos. En muchos casos, sin embargo, el alcance de la respuesta de Israel a las infiltraciones tendía a ser desproporcionado. Tal era sin duda el punto de vista de Moshé Sharett, quien tras la Operación Kinnereth contra los sirios el 1 de diciembre de 1955 confió a su diario que «una vez más vemos un afán sanguinario y una provocación a la guerra. Esta operación no ha venido precedida por el asesinato de ningún judío».

Como se demostraría, las represalias no actuaron de elemento disuasorio ni de freno contra la deriva hacia una guerra abierta, sino más bien como preludio a ella, como catalizador de una confrontación declarada. Es notorio que tal era la intención tanto del general Dayan, en cuanto jefe del Estado Mayor de la FDI, como de Ben Gurión, por bien que éste siempre matizara y atemperara su afán por una guerra preventiva con la cautela del estadista. Los dos veían que Egipto se precipitaba hacia la guerra merced a su carismático dirigente, Gamal Abd el-Nasser, cuyas aspiraciones eran unificar y liderar el mundo árabe entero bajo la bandera de su versión particular de nacionalismo panárabe, en la que Israel desempeñaba el papel de implantación occidental y extranjera que había que erradicar si los árabes pretendían recobrar su orgullo y sus derechos. Tanto Dayan como Ben Gurión creían que asestar un golpe preventivo antes de que Egipto se hiciera demasiado fuerte era una necesidad existencial para Israel.

La verdad del asunto, sin embargo, es que a principios de la década de 1950 ni Egipto ni Jordania poseían una política de fomentar las infiltraciones desde su territorio. Desde luego, no sentían ningún amor especial por el Estado judío, pero preferían no instigar una respuesta militar israelí, y mucho menos una guerra total, en tanto no estuvieran preparados para el inevitable «segundo asalto». De hecho, el rey Hussein, que ascendió al trono en mayo de 1953, dio señales de querer seguir los pasos de su abuelo y llevar a cabo una política de coexistencia pacífica con Israel.

Sin embargo, la de Ben Gurión era en esencia una estrategia de guerra preventiva. Tomó al pie de la letra la retórica belicosa de los líderes árabes y no sólo se preparó para el conflicto inevitable sino que no descartó precipitarlo, para así poder conducirlo en términos israelíes. Encabezó una línea «activista», que daba por sentado que tarde o temprano los estados árabes se unirían en una guerra pensada para borrar del mapa el Estado de Israel. Para sobrevivir en un entorno tan inmisericorde, el país tendría que ser capaz de disuadir e intimidar a sus vecinos en todo momento. Debía hacérseles asimilar la noción de que no tenían ni una oportunidad en el campo de batalla y de que un Estado judío fuerte estaba ahí para quedarse.

Existía, presumiblemente, una línea diferente, más diplomática y conciliadora que la de Ben Gurión y sus discípulos. La representaba Moshé Sharett, ministro de Asuntos Exteriores y primer ministro de 1953 a 1955 en sustitución de Ben Gurión cuando éste anunció un retiro temporal.

Sin embargo, como se desprende de la historia de la guerra de 1948 y su posguerra, algunos historiadores han concedido demasiada importancia a esta teoría de las dos escuelas. Sharett no tenía ni el aguante ni el sentido de liderazgo necesarios para enfrentarse a la escuela «activista» del Ejército y el Ministerio de Defensa, ni tampoco se mantuvo fiel a sus principios en los momentos difíciles. No consiguió, por ejemplo, impedir las ilícitas obras para el desvío del río Jordán, que enfrentaron a Israel con la comunidad internacional. El general Moshé Dayan, jefe del Estado Mayor, inspirado y respaldado políticamente por Ben Gurión desde su retiro en el kibbutz Sdeh Boker, fue el motor impulsor de aquella afrenta de Israel a sus vecinos septentrionales y a la legalidad internacional. Al final, no fue el liderazgo de Sharett sino la presión abrumadora de las dos superpotencias, Estados Unidos y la Unión Soviética, así como la del Consejo de Seguridad, lo que obligó a Israel a interrumpir el proyecto. No hacía falta pertenecer a la «escuela moderada» para ceder ante una presión internacional tan poderosa. El «activista» Ben Gurión haría lo mismo cuando, tras la campaña del Sinaí, afrontara una brutal campaña soviético-americana para que retirase a Israel de la península.

El liderazgo deficiente de Moshé Sharett no podía inspirar confianza entre sus potenciales interlocutores árabes. La debilidad del primer ministro era tal que los años de retiro temporal de Ben Gurión en el kibbutz Sdeh Boker no supusieron que sus políticas se tomaran un periodo de permiso con él. Ben Gurión era, a todos los efectos prácticos, el primer ministro de Israel *in absentia*, uno que gobernaba por persona interpuesta a través de sus discípulos allá en el Gobierno. Sharett no sólo fue incapaz de controlar a su jefe de Estado Mayor Dayan, sino que también se vio ninguneado por el ministro de Defensa Pinhas Lavon, cuando la más notoria de las operaciones de represalia —el ataque a la aldea jordana de Kybieh el 14 de octubre de 1953 de resultas del asesinato de una mujer israelí y sus dos hijos, en el que la FDI dejó a su paso 65 civiles muertos, en su mayor parte mujeres y niños— fue decidida sin tan siquiera notificárselo al primer ministro. También se le dejó a oscuras —«soy el primer ministro, y no sé nada al respecto»— cuando la cúpula de Defensa activó una célula espía judía en Egipto para sabotear el reacercamiento a Occidente de ese país. Conocido como «el *Affaire*», se convirtió en un escándalo internacional que se cebaría en el sistema político israelí durante años. El mensaje a Nasser era inequívoco: Sharett era demasiado débil para imponer su voluntad a los militares y no tenía sentido mantener negociaciones secretas de paz con él. No era un líder que pudiera ofrecer nada.

Los activistas condujeron a Israel a un curso de acción más propio de un *yishuv*, es decir, una entidad nacional revolucionaria centrada en establecer hechos sobre el terreno burlando al poder mandatario colonial, que de un Estado del que se esperaba que acatara las normas internacionales de conducta. Moshé Dayan nunca negó que su genuina voluntad era que el ciclo de violencia detonara una guerra a escala total. Y si la guerra pese a todo se evitaba, la demostración de la superioridad militar de Israel, según él, sin duda desanimaría a los árabes y cortaría de raíz cualquier esperanza de destruir el país que pudieran albergar. Israel necesitaba en verdad vivir con la espada en la mano, tal era la filosofía existencial de éste, el más político de los soldados israelíes. Así es como lo expresaría Dayan con su típica elocuencia en el panegírico que leyó en el funeral de Ro'i Rutenberg, un miembro del kibbutz de Nahal-Oz asesinado por infiltrados árabes en abril de 1956:

No temamos ver el odio que acompaña y consume las vidas de los centenares de miles de árabes que nos rodean y esperan el momento en que su mano pueda llegar a nuestra sangre. No apartemos la mirada, pues debilitará nuestra mano. Tal es el destino de nuestra generación. La única opción que tenemos es estar preparados y armados, ser fuertes y resueltos, o la espada se nos caerá de las manos y los hilos de nuestras vidas serán cortados.

Esto estaba en perfecta sintonía con la filosofía «existencial» de Ben Gurión de que la comunidad internacional importaba hasta cierto grado muy limitado. Lo que de verdad importaba era la lección que operaciones como la de Kybieh enseñarían a los árabes de la región. Ahora respetarían la implacabilidad de Israel en la batalla y con suerte quedarían intimidados. Mucho menos elocuente y poético que su discípulo Dayan, Ben Gurión quería decir lo mismo cuando comunicó al oficial al mando de la Operación Kybieh, Ariel Sharón, que «esto nos dará la posibilidad de vivir aquí». La autodefensa y la confianza en nosotros mismos antes que «la ilusión ridícula, totalmente infundada y sin base» de que una fuerza exterior protegería a Israel, era la filosofía de Ben Gurión en los términos en los que ahora la expresaba.

No hay muchos políticos en la historia de Israel que hayan conseguido trabajar en estrecho contacto con los militares y aun así no sucumbir a sus prioridades. Pinhas Lavon es un buen ejemplo. Se trataba de un político reflexivo y moderado que, como ministro de Defensa, se transformó en halcón indomable. Sucumbió con rapidez al *ethos* militar del poder y desarrolló incluso una estrategia de confrontación de su propia cosecha. Su análisis era que, dadas la ventaja estratégica que el factor petróleo concedía al mundo árabe y la consiguiente política de aplacamiento de Occidente hacia los estados petrolíferos, la paz sólo podía ofrecerse a Israel en las condiciones más adversas y desfavorables. Israel, como explicó en un congreso de su partido, el Mapai, el 15 de abril de 1954 y luego dejó claro de sobra en su autobiografía, en consecuencia necesitaba evitar un arreglo y mantener el rumbo de la confrontación y posiblemente la guerra para mejorar el entorno estratégico en su favor antes de acceder a firmar la paz con el mundo árabe.

Debe reconocerse que los halcones israelíes actuaban sobre el telón de fondo de un entorno estratégico inestable y un Oriente Próximo peligroso en el que se acumulaban amenazas muy tangibles en torno al Estado judío. Sin embargo, también es cierto que la poco convincente lucha del primer ministro Sharett contra los discípulos de Ben Gurión no tenía posibilidad alguna de éxito, no sólo porque él mismo, al igual en verdad que Ben Gurión y los «activistas», no estuviera dispuesto a aceptar un acuerdo de paz que no respetara el statu quo territorial creado por la guerra de 1948, sino también porque no existía una auténtica parte árabe dispuesta a apartarse de la línea de rechazo total establecida por la Liga Árabe. Por mucho que los discípulos de Ben Gurión se antojaran belicistas, las amenazas a las que respondían no eran meros frutos de su imaginación desbordante. Eran tiempos marcados para Israel por una verdadera sensación de aislamiento y vulnerabilidad estratégica. En 1954, Estados Unidos empezó a proveer de armas a los Estados árabes de la región como parte de una estrategia apuntada a crear un eje antisoviético en torno a países como Egipto e Irak. Israel también interpretó que la decisión británica de retirar sus fuerzas del canal de Suez probablemente reforzaría los vínculos estratégicos entre el mundo árabe y Occidente, pues se creía que ahora los ingleses proporcionarían armas a Egipto con el fin de mantener su influencia en ese país. Convencidos de las intenciones egipcias de ir a la guerra tarde o temprano, los israelíes interpretaron la salida británica como la retirada de un vital colchón entre Egipto y ellos, y por tanto como un cauce potencial para la guerra.

Al igual que en la posguerra inmediata de 1948, la paz sencillamente no fue una opción durante la deriva hacia la campaña del Sinaí. Si alguien albergaba alguna duda acerca de la viabilidad de un acuerdo egipcio-israelí, ésta quedó disipada cuando la Operación Gamma, una mediación estadounidense entre las partes que duró de diciembre de 1955 a marzo de 1956, se estrelló contra el inmovilismo y el rechazo a ultranza de cualquier idea de compromiso por parte tanto de Nasser como de Ben Gurión. Nasser sólo estaba dispuesto a negociar sobre la base de las líneas de partición de 1947, mientras que Israel no pensaba ni siquiera plantearse nada que fuera más allá de unas modificaciones fronterizas muy insignificantes. Fue todo como un viaje en la máquina del tiempo a las posiciones ya de sobra conocidas en la posguerra inmediata de 1948. Nada había cambiado salvo el hecho trágico de que se acercaba el momento del tan cacareado «segundo asalto».

Cierto es que, como observó Anita Shapira (*Land and Power. The Zionist Resort to Force 1881-1948*; Oxford University Press, 1992, pp. VII), el discurso de Menájem Beguin en el Colegio de Seguridad Nacional en verano de 1982 en el que defendió la invasión israelí de Líbano amparándose en una filosofía de «guerra de elección», fue la primera ocasión en la que un líder sionista predicaba abiertamente la guerra como instrumento de hacer política. Sin embargo, la de Líbano no fue claramente la primera «guerra de elección» de Israel. Tres décadas antes, cierto que en un entorno diferente, Israel había propiciado sin lugar a dudas una guerra de elección contra Egipto, aunque sin exponer en público a las claras sus intenciones o motivos. Ben Gurión y Dayan emprendieron su propia guerra «de elección», pero eran mucho menos dados a las declaraciones ceremoniosas que Beguin. Carecieron desde luego de su sentido del dramatismo al presentar sus justificaciones para la guerra. De hecho, en un intento de vender su aventura libanesa como eslabón de una larga cadena de pensamiento estratégico, el propio Beguin reconoció en su discurso de la «guerra de elección» que ni la campaña de 1956 ni la ofensiva preventiva de 1967 fueron guerras «sin elección». «En noviembre de 1956 teníamos una alternativa [...] En junio de 1967 volvimos a tener una alternativa», dijo a su público de oficiales de alta graduación. En 1967, explicó, Nasser desplegó su ejército en el Sinaí de una manera que «no demostraba» que de verdad estuviera a punto de atacar Israel. «Debemos ser sinceros con nosotros mismos. Decidimos atacarlo.» Y también fue ése el caso en 1956, cuando Ben Gurión convocó al jefe de la oposición para explicarle que «vamos a enfrentarnos al enemigo antes de que absorba las armas soviéticas».

El camino a la guerra de 1956 se vio allanado por el afán israelí de disuadir a sus enemigos y prevenir amenazas reales, en ocasiones exageradas, por medio de una política persistente de fuerza y confrontación encabezada por su cúpula militar. No todo fueron operaciones estrictamente militares, como demostró por ejemplo el célebre «*Affaire*». Operaciones como aquel fiasco o el secuestro de un avión comercial sirio ordenado por Lavon para obligar a Damasco a liberar a cinco comandos israelíes arrestados el 8 de diciembre de 1954 mientras llevaban a cabo una operación de inteligencia en pleno territorio sirio, pusieron seriamente en entredicho la ya precaria posición internacional del Estado judío. Según Sharett, en un franco discurso ante la Knésset del 17 de enero de 1955, el dilema era ser «un Estado de ley» o «un estado de piratería».

Sharett estaba «criando una generación de cobardes», fue el modo en que Ben Gurión anunció el 21 de febrero de 1955 su retorno oficial al timón del sistema militar israelí como nuevo ministro de Defensa. No perdió tiempo en convertir su regreso en un drama que reafirmara su liderazgo. Una semana después de su vuelta, ordenó la Operación Flecha Negra contra posiciones del Ejército egipcio en Gaza, en represalia por el asesinato de un ciclista israelí a manos de infiltrados, y dejó un balance de 37 soldados egipcios muertos. Si los egipcios estaban o no oficialmente detrás de la oleada de infiltraciones desde Gaza tal vez sea algo debatible. Para Ben Gurión se trataba de una consideración secundaria. La escalada de Nasser hacia el liderazgo panárabe estaba condenada a suponer tarde o temprano una amenaza existencial para Israel, y había que castigar al *rais* egipcio y bajarle los humos antes de que fuera demasiado tarde.

Sin embargo, la operación de Gaza tuvo el efecto contrario. Más que atajar el compromiso de Egipto con una estrategia de guerra, lo reforzó. Una humillación bélica es un lujo que mal puede permitirse un régimen militar sin poner en peligro su estabilidad y tal vez incluso su propia supervivencia. No resulta inverosímil el argumento de que la operación de Gaza cambió la práctica egipcia de indiferencia ante las infiltraciones o intentos bastante desganados de limitarlas por una de apoyo y fomento activo. Se desencadenó en ese momento una nueva fase de ataques terroristas de escuadrones de fedayin desde la franja de Gaza. Al asestar un golpe al prestigio de Nasser en el preciso momento en que el líder egipcio andaba enfrascado en un difícil intento de afrontar el desafío que suponía para su liderazgo regional la orientación occidental del Tratado de Bagdad, y al evidenciar de manera tan humillante la incompetencia de su Ejército, la operación de Gaza actuó de catalizador para el paso de su régimen del posible énfasis que tuviera en las reformas internas y el desarrollo económico a un apresurado fomento de la opción militar con la ayuda del bloque del Este.

Oriente Próximo estaba a punto de convertirse en el patio de juegos de las dos grandes superpotencias, y la humillación a Nasser fue un motivo, entre otros, que aceleró el salto de Egipto a los brazos de la Unión Soviética. Empezaba a introducirse y asentarse en Oriente Próximo un patrón en virtud del cual la Unión Soviética y sus aliados se convertirían en los proveedores exclusivos de una opción de guerra para cualquier parte árabe en conflicto con Israel y en un estado de distanciamiento y enajenación respecto de Occidente. El tratado armamentístico de Nasser con Checoslovaquia en septiembre de 1955 significaba que el conflicto árabe-israelí había caído en la única lógica capaz de perpetuarlo de manera indefinida, la de convertirse en instrumento de la competencia bipolar en Oriente Próximo.

Sin embargo, Ben Gurión no se iba a arredrar por los preparativos bélicos de Egipto. Al contrario, el sostén a un golpe preventivo se estaba haciendo, si acaso, más fuerte tras la operación de Gaza. A finales de marzo de 1955, Ben Gurión había propuesto prácticamente conquistar la franja de Gaza y anexionarla a Israel en respuesta al ataque egipcio contra un asentamiento de inmigrantes en el Néguev. Y cuando el Consejo de Ministros rechazó su propuesta, sugirió cancelar de manera oficial el acuerdo de armisticio con Egipto. Las infiltraciones y el bloqueo del Canal al tráfico marítimo israelí lo habían convertido en una farsa, arguyó, e Israel debería recuperar su libertad de acción. Sin embargo, un firme partidario del statu quo territorial producido por la guerra de 1948, el primer ministro Sharett, todavía fue capaz de rechazar por los pelos lo que con justicia veía como una maniobra imprudente para abrogar de manera oficial y unilateral el único acuerdo que daba legitimidad internacional a las fronteras de Israel.

En lo relativo, sin embargo, a la vital cuestión de salvaguardar la libertad de Israel para la acción militar independiente, no existían grandes divergencias entre Sharett y Ben Gurión. Tanto es así que por mucho que anhelaran los dos un tratado de defensa con Estados Unidos que garantizase las fronteras de Israel, disuadiera a los árabes y tal vez incluso los forzara a aceptar un acuerdo de paz con el Estado judío, tanto Ben Gurión como Sharett, si bien es cierto que éste con más rodeos, se negaron a aceptar las condiciones de John Foster Dulles para un tratado de ese tipo, a saber, que Israel contuviera su política de defensa independiente, en cuyo núcleo estaba el patrón de las represalias. La autodefensa y la autosuficiencia debían seguir siendo componentes clave de la doctrina estratégica israelí de la defensa ofensiva. Fue plenamente coherente con esa doctrina, tal y como la desarrolló Ben Gurión en los años 50, el que a principios de los 80 Ariel Sharón no lamentara la decisión del presidente Reagan de cancelar el Entendimiento Estratégico de Estados Unidos con Israel como represalia por su anexión de los Altos del Golán: temía que un Entendimiento como ése obstaculizara sus planes de invadir Líbano.

La doctrina de la defensa ofensiva de Israel no exigía necesariamente la expansión territorial; se trataba en esencia de un concepto preventivo. Sin embargo, aunque cambiar y ampliar las fronteras del Estado no fuera una prioridad, pese a todo siguió siendo un sueño, una aspiración a la espera de las condiciones adecuadas para hacerse realidad. Tanto el general Dayan como Ben Gurión hablaron más de una vez a lo largo de 1955 de la necesidad de anexionarse el sur de Líbano hasta el río Litani y convertir el resto en un Estado cristiano amigo. En términos que casi anticipaban punto por punto la aventurera empresa libanesa de Menájem Beguin y Ariel Sharón de principios de los 80, Moshé Dayan llegó a proponer comprar, con dinero, a un oficial maronita y conspirar con él por la división de Líbano entre Israel y un Estado de su credo.

Pero el objetivo principal era, pese a todo, el Egipto de Nasser. Allí era donde residía la mayor amenaza existencial para Israel, según Ben Gurión. Destruir su régimen y derrocar a Nasser era para él una meta estratégica crucial. Y desde noviembre de 1955, de nuevo primer ministro tras la dimisión de Moshé Sharett, concentraría sus energías en ese vital objetivo. Estaba despejado ya el camino a una guerra preventiva contra Egipto, y la inercia prebélica era tanta que, con su líder desaparecido, incluso miembros clave de la escuela «diplomática» como Abba Edan y Guideon Rafael se subieron al carro «activista» y abandonaron sus esfuerzos por atajar la deriva hacia la guerra. Derrocar el régimen revolucionario de Nasser era el objetivo, la guerra era el medio. Tal era el nuevo punto de vista común en todo el panorama político israelí.

Aunque suscribiera con todas las letras la concepción preventiva y se mostrara indiscutiblemente belicoso en su actitud hacia Egipto —en su primera noche como primer ministro, el 2 de noviembre de 1955, aprobó una de las mayores y más audaces incursiones contra posiciones egipcias en al-Shabha, que dejó a su paso cincuenta soldados egipcios muertos— Ben Gurión era con todo más receptivo que su jefe de Estado Mayor a consideraciones estratégicas y políticas más amplias. Su esperanza de adquirir armas de Estados Unidos, por ejemplo, lo llevó a vacilar sobre si aprobar o no la iniciativa de Dayan de tomar los estrechos de Tiran, una idea que el Gobierno al final rechazó. Lo inquietaba asimismo el espectro de un Israel aislado y obligado a luchar por su supervivencia sin el apoyo de un aliado occidental. Quería una guerra preventiva, pero aun así titubeaba en busca del momento adecuado y las condiciones propicias.

Las «condiciones propicias» eran para Ben Gurión antes que nada la disponibilidad de un importante aliado occidental. No es posible que lo planeara así, pero el escándalo internacional desencadenado por la Operación Kinnereth en diciembre de 1955 y la condena unánime a Israel del Consejo de Seguridad contribuyeron a propiciar la opción de una alianza con Francia. Al atajar un posible cambio en la posición estadounidense respecto del suministro de armas a Israel, un suministro que en cualquier caso habría llevado adjuntas condiciones que Israel no podría haber aceptado, la Operación Kinnereth señaló el paso de Israel a una orientación francesa. Ben Gurión nunca abandonó la esperanza de garantizar un suministro de armas estadounidenses a Israel, pero también buscó sin duda la amistad de una potencia occidental que no pusiera condiciones inaceptables a la provisión de armamento.

Un segundo asalto exigía un aliado occidental, y la elección casi inevitable en ese momento era Francia. Una alianza con París en aquellas condiciones era, por definición, una alianza para la guerra. También significó una clara victoria para el *establishment* de Defensa sobre las concepciones de Moshé Sharett y sus intentos de acomodar a Israel a las condiciones y los requisitos de una orientación estadounidense. La dimisión de Sharett en junio de 1956 y su sustitución como ministro de Asuntos Exteriores por Golda Meir retiraron un importante obstáculo en el camino a una conexión francesa orientada hacia la guerra y concedieron a Ben Gurión mucha más libertad de maniobra para imponer sus puntos de vista y sus políticas, tanto dentro del partido como en el Gobierno.

La alianza con Francia no fue el resultado de una amistad romántica e idealista que en ocasiones se ha querido presentar. Fue una cuestión de *Realpolitik* nacida en un momento afortunado en el que los intereses descarnados de ambas partes, Francia e Israel, parecían coincidir. La revuelta argelina era una preocupación vital para Francia a mediados de la década de 1950, cargada además de profundas consecuencias internacionales. No se trataba tan sólo del extendido punto de vista de que la variedad nasseriana de nacionalismo árabe popular había sido una crucial inspiración para el movimiento argelino, sino también de que los rebeldes estaban recibiendo asistencia material de Egipto. Un golpe israelí a Egipto, o cualquier éxito israelí a la hora de impedir que Nasser desviase sus energías al Norte de África, según los franceses, debilitaría la revuelta de su colonia. El interés de Israel era tan simple como obvio. Al perseguir su objetivo de derrocar a Nasser y su régimen, ganaría por fin el activo estratégico —una alianza con una potencia occidental y un suministro generoso de armas— que primero el sionismo como movimiento y luego el Estado de Israel siempre habían anhelado.

En esencia, la alianza era entre las cúpulas militares y de Defensa de los dos países. Ya desde el verano de 1956 se llegó a un entendimiento en virtud del cual a cambio del suministro francés de armas a Israel los dos países trabajarían para refrenar las actividades panárabes de Nasser y socavar su régimen. En la práctica eso venía a ser una garantía francesa que aseguraba la superioridad militar israelí en Oriente

Próximo; al final, la generosidad francesa fue tan amplia que incluyó también ofrecer a Israel las instalaciones para desarrollar una opción nuclear.

El de Nasser era el caso de un carismático nacionalista árabe cuyo celoso afán panárabe y su decidido intento de liberar a su país de la dominación del imperialismo occidental y despojarlo de los últimos vestigios de la presencia militar británica lo condujo hacia una colisión fatal con Occidente y a la larga a los brazos de la Unión Soviética, de la que como polo opuesto podía confiar que propiciara su revolución. El error garrafal de los estadounidenses al rechazar la petición de Nasser de que financiaran su proyecto de infraestructuras más ambicioso —la presa de Asuán— fue un golpe adicional que lo alejó más todavía de Occidente. El 26 de julio de 1956, Nasser nacionalizó el canal de Suez, con lo que asestó un duro golpe a los intereses económicos y estratégicos británicos y franceses. Eso, a su vez, provocó lo que a la larga se convertiría en una conspiración británico-franco-israelí con el fin de derrocarlo.

El cierre del complot en la Conferencia de Sèvres fue para Ben Gurión como un sueño hecho realidad, una alianza operacional con dos potencias occidentales para derrocar a un líder acerca de cuyas intenciones no tenía la menor duda: dominar el mundo árabe entero y unirlo en una guerra de extinción contra un Estado de Israel aislado.

Realista y pragmático en las encrucijadas vitales, Ben Gurión era en realidad un líder que albergaba en su corazón poderosas semillas de sueños mesiánicos y ambiciosos planes territoriales. Sus sueños íntimos no eran sólo de naturaleza defensiva. Ben Gurión era un hombre de grandes designios estratégicos. Una aspiración que siempre tuvo fue reconfigurar el mapa de Oriente Próximo de tal modo que quedara garantizada la existencia de Israel como potencia regional hegemónica y cambiar todo el entorno político que lo rodeaba. A sus nuevos aliados en Sèvres, en un acto extraño y algo embarazoso, les confió su ambiciosa gran estrategia regional: consistía en la partición de Jordania entre Irak e Israel, la anexión por parte del Estado judío del sur de Líbano y la creación de un Estado maronita en el norte, y la garantía para Israel de la libertad de navegación gracias al control de los estrechos de Tiran. El plan de Ben Gurión pasaba por sustituir a Nasser por un dirigente prooccidental que firmara la paz con Israel. Pese a que sus aliados acogieron sus grandes proyectos con escepticismo y restándoles importancia, Ben Gurión estaba convencido de que una guerra exitosa contra Egipto desencadenaría una dinámica que tarde o temprano cambiaría Oriente Próximo de acuerdo con su plan.

El pecado de la soberbia suele ser concomitante a la victoria. Fue lo que sucedió sin duda con los aplastantes triunfos militares de Israel. La victoria de 1956 desencadenó en el país una sensación de euforia nacionalista, incluso mesiánica, que en cierto sentido recordaba a la que más tarde produciría la victoria relámpago de la guerra de los Seis Días. «Los historiadores militares tendrán que estudiar todavía las maravillas del secreto de las hazañas de la FDI en una guerra tan corta», declaró en ese momento Ben Gurión. Tampoco tardó en recordar, en un discurso en la Knésset, que 1.400 años atrás existía un reino hebreo que llegaba hasta la isla de Tiran. Y el órgano oficial del Mapai, *Davar*, prefirió referirse a las nuevas tierras conquistadas del desierto del Sinaí como «territorios liberados». «Gaza —escribió—, ha vuelto a nuestras fronteras y pasará a ser una ciudad de Israel.» En verdad, en un mensaje que envió a la 9.ª Brigada de Sharm el-Sheij en el último día de la guerra, Ben Gurión hablaba con entusiasmo del renacimiento del «Tercer Reino de Israel», y pedía a los soldados que «extendieran las manos hacia el rey Salomón». El apetito territorial de Ben Gurión empezaba a todas luces a despertar. La guerra, cuya justificación proclamada era destruir las bases de los fedayin, se convirtió de improviso en un viaje a la historia judía y una campaña para reclamar certificados milenarios de propiedad.

Sin embargo, la euforia no podía durar mucho, y las alucinaciones irrealistas y mesiánicas de una cúpula israelí que había perdido todo sentido de la proporción y cualquier contacto con la realidad se vieron atajadas por una presión internacional abrumadora. Una combinación de brutales advertencias militares soviéticas y presión política y económica estadounidense, hasta el punto de amenazar con permitir la expulsión de Israel de la ONU, devolvió la cordura a Ben Gurión. Se dio cuenta de que, arrastrado por la euforia y el vértigo del momento, había malinterpretado la situación internacional y calculado exageradamente a la alta las posibilidades de que Israel impusiera su voluntad. Para él fue un regreso repentino al peor de los casos, su pesadilla por excelencia, la de un Israel solo, aislado y amenazado militar y económicamente por la comunidad mundial al completo, en una ofensiva capitaneada por las dos superpotencias contra su asediada nación. Entonces accedió a ceder, prácticamente sin condiciones, y a dar por terminado sin más ceremonia el fugaz «Tercer Reino» de Israel.

Las victorias militares no siempre se traducen en ganancias políticas, y la lección de cara al futuro para Israel era que si no quería perder sus éxitos militares no podía permitirse que Estados Unidos le negara su apoyo. Ese apoyo también sería necesario para disuadir la intervención soviética a favor de sus humillados clientes árabes. Ésa fue exactamente la diferencia entre la campaña de 1956 y la guerra de 1967, en la que Estados Unidos permitió que Israel conservara sus ganancias territoriales como carta de cambio en futuras negociaciones de paz. En 1956, en cambio, la gran estrategia de Ben Gurión sufrió una completa derrota porque sólo contaba con el apoyo de dos potencias coloniales en decadencia.

En el mundo árabe, un líder derrotado, e incluso humillado, por lo que podía describirse como una siniestra conspiración de sionistas e imperialistas occidentales siempre sería más popular que el pacificador, inevitablemente obligado a hacer concesiones y a que lo tachasen de claudicante. La historia de Nasser, comparada con la de Sadat, es el mejor ejemplo. Nasser no sólo no fue derrocado, sino que vio dispararse su prestigio como campeón del mundo árabe y las naciones del Tercer Mundo en su lucha contra el colonialismo occidental. La imagen de Israel como cabeza de puente del Occidente imperialista en el Oriente Próximo árabe recibió su constatación y demostración definitiva. Si alguna vez existió una posibilidad de que Israel fuera admitida en la familia de naciones de la región, su alianza con dos potencias coloniales decadentes en una guerra contra uno de los regímenes árabes más populares, que había despertado la imaginación e inspirado los sueños de liberación y emancipación de las masas de todo el Oriente Próximo árabe y más allá, le asestó un golpe mortal.

Francia y Gran Bretaña también extrajeron una lección. Las analogías son en ocasiones odiosas e invariablemente imperfectas, pero tal vez resulte ilustrativo realizar una comparación entre la guerra de Suez y la invasión estadounidense-británica de Irak en 2003. En ambos casos, dos potencias occidentales exageraron con desmesura la amenaza supuesta por un dirigente árabe, hasta el extremo de definirlo como un nuevo Hitler, y lanzaron una guerra preventiva para apartarlo del poder. Lo hicieron en contra del consejo del resto de sus aliados occidentales y sin la aprobación de la ONU, de un modo que creaba una brecha muy seria dentro del propio Occidente. En ambos casos la guerra terminó en un fiasco para los actores occidentales y en un grave menoscabo de su prestigio internacional. En los dos casos la posición en el Oriente Próximo árabe de los miembros de la alianza bélica recibió un duro golpe. Para Francia y Gran Bretaña, 1956 marcó el fin de sus presunciones estratégicas en la región. Es posible que el poder abrumador de Estados Unidos todavía rescate su posición regional del naufragio de la guerra de Irak, aunque eso requerirá sin duda un cambio de política y, lo que no es menos importante, de estilo y de discurso. Sin embargo, la amargura y el alto grado de ira popular que ha dejado a su paso es un legado que no se olvidará con facilidad. Seguirá alimentando e inspirando el terrorismo islámico en la región y más allá. Además, igual que en el caso de Francia y Gran Bretaña con Egipto, Irak ha visto el nacimiento de la estrategia preventiva de Estados Unidos, pero también su defunción. Tras el fiasco que acompañó a la guerra se hace extremadamente difícil ver cómo podría encontrarse legitimidad nacional e internacional en el futuro para repetir una ofensiva preventiva de ese tipo.

Para Israel, sin embargo, no todo fueron malas noticias. Del mismo modo en que Nasser fue capaz de convertir su clamorosa debacle militar en una gran victoria política, Israel extrajo de su aventura en el Sinaí unos activos que no cabe desdeñar. Por aislado que pareciera a sus vecinos, el extraordinario rendimiento militar de la FDI convertiría desde ese momento a Israel en la indiscutible potencia militar hegemónica de la región y actuaría de elemento disuasorio definitivo contra cualquier ilusión que tuviera una parte árabe de cuestionar la existencia del Estado judío. Es más: como precio de una retirada que no tenía más remedio que emprender, Israel obtuvo la desmilitarización de la península del Sinaí, que pasaría a actuar de colchón contra sus enemigos jurados al sur. Las condiciones para la salida israelí del Sinaí significaban que los egipcios estaban obligados a cesar por completo las infiltraciones desde Gaza, despedirse de las bases de fedayin en la Franja y por último, aunque desde luego no menos importante, a abrir los estrechos de Tiran a la navegación israelí, de tal modo que Israel podría considerar *casus belli* cualquier bloqueo de los estrechos en el futuro.

No podría afirmarse con exactitud de la campaña de Israel en el Sinaí que, en palabras del poeta inglés del siglo XVII George Herbert, «quien hace una buena guerra hace una buena paz». Ni la guerra fue tan «buena», ni acarreó una «buena paz». Aun así, la guerra, que en un principio parecía para Israel una proeza táctica pero una calamidad estratégica, trajo consigo una década de tregua en la frontera egipcia y un alivio muy necesario de las tensiones bélicas, que permitió la absorción continua de inmigrantes y desencadenó las energías económicas de la sociedad israelí en unos años de espectacular crecimiento y confianza nacional.

BORDERS

BORDERS
BOOKS MUSIC AND CAFE
9301 TAMPA AVENUE
NORTHRIDGE CA 91324
(818) 886-5443

STORE: 0294   REG: 08/48 TRAN# 8322
SALE   05/09/2007 EMP: 00332

GREATEST HITS-MOZART
       1556034   CD T   9.99
GREATEST HITS-GEORGE GERSHWIN
       4899138   CD T   9.99
GREATEST HITS-BEETHOVEN
       1556033   CD T   9.99
GREATEST HITS
       8896277   CD T   9.99
GREATEST HITS-RAVEL
       5859742   CD T   9.99
GREATEST HITS
       8896279   CD T   9.99
CICATRICES DE GUERRA HERIDAS D
       8497279   QP T   17.95

              Subtotal   77.89
BR: 8345626777   S

              Subtotal   77.89
              CALIFORNIA 8.25%   6.43
  7 Items   Total   84.32
              CASH   100.00
              Cash Change Due   15.68

           05/09/2007 09:07PM

return beyond 30 days from date of purchase, must be carried by Borders at the time of the return. The lowest price offered for the item during the 6 month period prior to the return will be refunded via a gift card.

Opened videos, music discs, cassettes, electronics, and audio books may only be exchanged for a replacement of the original item.

Periodicals, newspapers, out-of-print, collectible, pre-owned items, and gift cards may not be returned.

Returned merchandise must be in saleable condition.

BORDERS.

Returns to Borders Stores

Merchandise presented for return, including sale or marked-down items, must be accompanied by the original Borders store receipt or a Borders Gift Receipt. Returns must be completed within 30 days of purchase. For returns accompanied by a Borders Store Receipt, the purchase price will be refunded in the medium of purchase (cash, credit card or gift card). Items purchased by check may be returned for cash after 10 business days. For returns within 30 days of purchase accompanied by a Borders Gift Receipt, the purchase price (after applicable discounts) will be refunded via a gift card.

Merchandise unaccompanied by the original Borders store receipt, Borders Gift Receipt, or presented for return beyond 30 days from date of purchase, must be carried by Borders at the time of the return. The lowest price offered for the item during the 6 month period prior to the return will be refunded via a gift card.

Opened videos, music discs, cassettes, electronics, and audio books may only be exchanged for a replacement of the original item.

Periodicals, newspapers, out-of-print, collectible, pre-owned items, and gift cards may not be returned.

Returned merchandise must be in saleable condition.

BORDERS.

Returns to Borders Stores

Merchandise presented for return, including sale or marked-down items, must be accompanied by the original Borders store receipt or a Borders Gift Receipt. Returns must be completed within 30 days of purchase. For returns accompanied by a Borders Store Receipt, the purchase price will be refunded in the medium of purchase (cash, credit card or gift card). Items

5

EL MIEDO JUDÍO Y LA MADRE DE TODAS LAS VICTORIAS DE ISRAEL

Israel es el cáncer, la herida maligna en el cuerpo del arabismo, para la que no hay más cura que la erradicación.

Radio Cairo, 1963

El peligro que afrontamos es el de la destrucción completa.

LEVI ESHKOL al asumir el cargo en 1963

Si Israel se embarca en una agresión [...] la batalla será general y nuestro objetivo básico consistirá en destruir Israel.

Discurso del presidente NASSER
a sindicalistas árabes,
26 de mayo de 1967

Nadie dijo nunca que seamos un Ejército para guerras preventivas [...] No acepto que el mero hecho de que el Ejército egipcio se haya desplegado en el Sinaí haga la guerra inevitable [...] No estamos solos en el mundo [...] ¿Debemos vivir toda la vida con la espada en la mano?

LEVI ESHKOL dirigiéndose
al Estado Mayor del Ejército,
27 de mayo de 1967

Hemos restaurado el honor y renovado las esperanzas árabes [...] ahora estamos preparados para enfrentarnos a Israel [...] Ahora estamos preparados para resolver la cuestión palestina en su totalidad.

Discurso del presidente NASSER
a la Asamblea Nacional,
29 de mayo de 1967

El choque entre los miedos judíos y la retórica bélica árabe siempre es una receta infalible para conseguir el efecto de una reacción química fatal. A lo largo de la década de 1960, tanto árabes como israelíes dejaron que sus complejos nacionales y las contradicciones integrales entre sus respectivas culturas políticas los condujeran, en contra casi de su propia voluntad, a un punto muerto mental y estratégico del que sólo una guerra podía salvarlos. En juego estaban no sólo, por supuesto, los errores de medida sobre la distancia real entre retórica e intenciones, sino también una lucha por el control de las normas de conducta en la región. Había que preservar a toda costa los principios que definían la precaria tregua establecida después de 1956. La contravención árabe de esos principios era una amenaza a la vital filosofía de la disuasión que Israel no podía pasar por alto.

El choque árabe-israelí de percepciones e intereses tuvo lugar sobre el telón de fondo de una realidad estratégica en el Oriente Próximo que había cambiado de manera radical a resultas de la campaña del Sinaí. Aquella guerra marcó un antes y un después en la estructura del conflicto árabe-israelí. El dominio de las potencias coloniales occidentales en la zona se vio gravemente socavado, y su capacidad para articular una política común en Oriente Próximo con Estados Unidos salió malparada. El escenario estaba a punto para una firme penetración de la Unión Soviética en la política de la región, mientras que Estados Unidos se vio irremisiblemente arrastrado hacia el vacío dejado por Francia y Gran Bretaña. El conflicto ya era lo bastante enmarañado sin la dimensión global que adquiría en ese momento; con ella, Oriente Próximo se convirtió en el patio de las dos principales potencias, y el conflicto árabe-israelí en un instrumento de la competencia bipolar, donde la Unión Soviética ofrecía a los árabes una opción bélica para contrarrestar la hegemonía militar israelí y Estados Unidos apoyaba cada vez más al Estado judío.

Derrotado y humillado, Nasser no estaba de humor para compromisos con Israel después de la guerra. Sin embargo, era lo bastante sensato para darse cuenta de que un «tercer asalto» no era una opción inmediata o realista. Su nueva estrategia, respaldada por su disparada popularidad como campeón del nacionalismo árabe contra la conspiración sionista e imperialista, fue la de convertir el problema israelí en una empresa panárabe y mejorar la unidad de los árabes de la región con el tema palestino como pegamento de cohesión. «Palestina se impone a todas las diferencias de opinión», diría durante la Cumbre de la Liga Árabe de 1964 en El Cairo, cuya resolución central sería la de crear la Organización para la Liberación de Palestina. Ya no debía tratarse de una disputa israelí-egipcia, sino de una lucha de todos los árabes, con Palestina como grito de guerra y banderín de enganche contra el Estado sionista. En verdad, el que un Estado árabe estuviera o no dispuesto a ceder su territorio como trampolín para las incursiones de Fatá en Israel, incursiones que, como se demostraría, actuaron de importante catalizador para la guerra de los Seis Días, se convertiría en una crucial prueba de lealtad a la causa del panarabismo.

Al situar a Palestina en el primer plano de la lucha contra el Estado judío, Nasser cambió de manera radical los parámetros del conflicto. Ya no se trataba de una mera disputa fronteriza entre Estados soberanos, susceptible de una solución racional, sino de un conflicto de naturaleza casi mitológica sobre la tragedia de los palestinos y sus derechos «inalienables», en la que a duras penas podía tener cabida algún compromiso. Es desde esta perspectiva que hay que entender la iniciativa de paz de Sadat tras la guerra del Yom Kippur. Para hacer la paz necesitaba desenredar el conflicto de Egipto con Israel del paralizador embrollo del dilema palestino al que lo había anudado Nasser, y devolverlo al reino de la racionalidad como disputa fronteriza resoluble entre dos Estados soberanos.

La lección para Israel fue que habría que archivar por el momento los sueños de expansión territorial, lo que muchos integrantes del sistema israelí veían como las tareas inconclusas de la guerra de 1948. Las superpotencias no permitirían que Israel construyera su seguridad sobre la modificación por la fuerza del statu quo territorial. En consecuencia, la perspectiva de que las líneas de los armisticios de 1949 eran un statu quo que se debía consolidar se convirtió entonces en una necesidad impuesta por las nuevas condiciones internacionales. Israel empezaba a asumir y digerir la noción de que la fase territorial del sionismo había terminado, y desarrolló como estrategia mejor adaptada a los nuevos desafíos una doctrina de disuasión, no de guerra y conquista, a ser posible con el respaldo de una alianza con las potencias occidentales.

A pesar de la alianza francesa y sus extraordinarios beneficios para Israel, Ben Gurión seguía obsesionado por la necesidad de una asociación estratégica con Estados Unidos. Porque sólo ellos podían reducir lo que veía como nueva mayor amenaza estratégica para Israel, o sea, la contundente penetración de la Unión Soviética en el Oriente Próximo árabe. Tal y como a principios de los años 40 calibró con rapidez el cambio en el equilibrio global de poder y por tanto optó por desplazar el foco de la diplomacia sionista de Gran Bretaña a Estados Unidos, en ese momento se dio cuenta de que la campaña del Sinaí había no sólo evidenciado sino intensificado la bancarrota de las viejas potencias coloniales, Inglaterra y Francia. A principios de los 40 necesitaba que Estados Unidos facilitara la creación del Estado judío. Ahora era necesario para garantizar su supervivencia y prosperidad.

Hombre con la pasión y la apariencia de un profeta bíblico, Ben Gurión era a la vez un político de mentalidad sumamente práctica. Nunca dejó que su tendencia a entregarse a visiones proféticas y grandes designios lo distrajese de la obligación de un líder de dar ejemplo y proponer una solución factible a los dilemas de la nación. Fue el arquitecto de la transición israelí del *yishuv* al Estado y el padre de su doctrina bélica. Su teatral retiro a una vida de simplicidad y dedicación pionera en el desierto del Néguev fue su manera de predicar con el ejemplo el *ethos* sionista de hacer florecer el desierto.

Ben Gurión actuaba impulsado por una convicción inamovible en la singularidad del pueblo judío y su capacidad para crear un Estado que fuera único en sus cualidades. Sin embargo, eso exigía apartarse de los viejos usos de la vida en la Diáspora. El sionismo era a sus ojos una rebelión contra el curso trágico de la historia de los judíos, que los había alienado tanto de su tierra como de sus hábitos de existencia soberana. La Diáspora suponía para él tanto la cronología como la geografía de la perdición nacional. En consecuencia, aspiraba a configurar la nueva nación sobre el legado, y como continuidad, de la vida soberana de los hebreos en los tiempos bíblicos. Los reyes y profetas de Israel eran sus héroes y modelos de conducta.

Como Lenin, para el que todos los valores eran secundarios y supeditados a la revolución, Ben Gurión era un revolucionario obsesionado con una sola idea: la creación y consolidación del Estado judío. De ahí su decisión, adoptada ya en la década de 1920, de desplazar su visión nacional de una confianza de impulso marxista en la clase obrera a un énfasis en «el pueblo», «la nación». «De la clase al pueblo», tal fue desde ese momento su programa. Para garantizar la cohesión de la vieja-nueva nación y cimentar los vínculos que mantenían unidos a los diversos grupos étnicos que formaban el Estado que había creado en 1948, Ben Gurión necesitaba hacer las paces con la historia judía.

Llama la atención que, en su primera fase socialista orientada hacia las clases sociales, Ben Gurión se concentrara ante todo en cultivar los valores pioneros en aquellas zonas de Palestina que mejor representaban la cultura de la nueva sociedad laica de clase obrera. El valle del Jordán y el valle de Izrael, la Galilea y el lago de Galilea, y kibbutzim como Degania y Kinnereth eran mucho más importantes para su visión sionista que enclaves «judíos» como Jerusalén, Safed y Hebrón, o santuarios como el Monte del Templo y la Tumba de Raquel. Sin embargo, su paso trascendental «de la clase al pueblo», es decir, su adopción de una idea casi jacobina del Estado, reformó su actitud hacia los símbolos nacionales de significado judío. Su lucha en 1948 por Jerusalén, una ciudad a la que no había prestado casi atención en fases anteriores, y su decisión de declararla (en diciembre de 1949) capital de Israel en contra del consejo de aquellos que temían la reacción de la comunidad internacional, fueron audaces reflejos de la transformación de su visión de Israel como un Estado inspirado y unido en adelante por la memoria judía.

La evolución de su actitud hacia el Holocausto, desde una pasmosa indiferencia a una pedagógica apropiación, fue un reflejo adicional de su adscripción a una nueva variedad de nacionalismo israelí, no basado en exclusiva en el espíritu pionero laico sino entroncado también con la larga y tortuosa cadena de la historia judía. A lo largo de los años 50, época de tribunales militares e inmigración en masa de los supervivientes del Holocausto y los judíos desposeídos y desarraigados del mundo árabe, Ben Gurión se dio cuenta de lo difícil que era forjar una nueva nación a través tan sólo del *ethos* del crisol y de valores centrados en lo «israelí» (por contraste con «judío») como el Ejército, los encantos del *sabra* y el asentamiento en el desierto. Se vio obligado a recurrir a la tragedia más atroz de la historia judía para encontrar un factor unificador que forjara en una sola nación a las jóvenes generaciones «israelíes» y a sus hermanos «judíos», ese mosaico de grupos étnicos diversos que acudían en bandadas masivas al joven Estado.

El secuestro de Adolf Eichmann y su posterior procesamiento público en 1961 fue su intento de establecer un vínculo entre el nuevo Estado y el capítulo más triste de la historia judía en la Diáspora. Las víctimas del Holocausto ya no eran «polvo humano» y «ganado sacrificado», como se las representara en el pasado, y el Holocausto no era un mero símbolo de cómo los judíos acudieron «como corderos al matadero», sino también el escenario de actos anónimos de heroísmo. Por medio del juicio de Eichmann, Ben Gurión «nacionalizó» la Shoá y a sus víctimas y las absorbió en un nuevo *ethos* unificador nacional «judeo-israelí».

Se trató sin duda de una instrumentalización de la Shoá, pero Ben Gurión, el constructor de la nación, tenía una única idea primordial en la cabeza, la de garantizar la supervivencia del Estado judío, ante la que el resto de las consideraciones eran secundarias y supeditadas. Fue exactamente la misma idea que a principios de los años 50 lo llevó a una de las decisiones más polémicas y divisivas que nunca tomó: lo que muchos vieron como un reconocimiento prematuro de la «nueva Alemania» a cambio de reparaciones. Rehabilitar Alemania, aunque fuera de manera prematura, y provocar una enconada división en la nación fue el precio que Ben Gurión estuvo dispuesto a pagar a cambio de unas reparaciones que se le antojaban vitales para el desarrollo del país y la absorción de la masa de inmigrantes judíos desplazados.

Al cultivar la percepción de Israel como un gueto judío en armas y asediado en lugar de como la potencia regional que era, Ben Gurión contribuyó a generar las condiciones psicológicas para la guerra de los Seis Días. La creación en febrero de 1958 de la República Árabe Unida —una fusión entre Egipto y Siria— aumentó, si cabe, sus miedos existenciales. La capacidad militar de Israel nunca fue suficiente para calmar las inquietudes catastrofistas de «el Viejo». Cuando en 1967 Nasser desplegó su ejército en la península del Sinaí, ni él ni Ben Gurión, por aquel entonces retirado, querían una guerra. Pero la psique nacional israelí, tal y como la habían ido formando a lo largo de los años el discurso y las políticas del Gobierno de Jerusalén, no tenía más remedio que interpretar las maniobras de Nasser como parte de una estrategia de extinción contra el Estado judío. El sucesor de Ben Gurión y primer ministro de Israel durante la guerra de 1967, Levi Eshkol, heredó y divulgó los mismos sentimientos de holocausto. «El peligro que afrontamos es el de la destrucción completa», dijo al jurar el cargo en 1963.

Fuera en tiempos de guerra o durante los intervalos de tregua, Israel fue incapaz de desembarazarse de su gueto mental o, lo que es peor, de su complejo del Holocausto. Las frenéticas maniobras políticas de Ben Gurión eran el fruto de una mente agobiada por el lastre de la historia judía y una lectura fatalista del dilema regional de Israel. Sus miedos a un Estado judío debilitado y aislado en medio de un océano árabe hostil lo hicieron inquieto y obsesivamente propenso a las reflexiones apocalípticas. Su intento de lograr que Estados Unidos compartiera su apuro y confiarle la misión de ser el garante último de la existencia de Israel terminó, sin embargo, en frustración. Se le negó el salto cualitativo en las relaciones de Israel con Estados Unidos que lograría su sucesor, Levi Eshkol. El país de Eisenhower prefería confiar en el mundo árabe, no sólo por lo vital del factor petróleo sino también por su concepción de que los árabes eran cruciales para cualquier estrategia fiable destinada a mitigar la amenaza soviética.

El que a Ben Gurión se le negara el gran salto a una alianza completa con Occidente se convirtió en el contexto que produjo la nueva doctrina de los 60, la «Alianza de la Periferia». El pesimismo fatalista de Ben Gurión respecto de la posibilidad de llegar alguna vez a un arreglo con los países árabes que bordeaban Israel fue una justificación adicional de la nueva doctrina. La idea era romper el cerco de hostilidad de los países contiguos mediante una alianza con aquellos que ocupaban el círculo externo de Oriente Próximo, es decir, países no árabes como Persia, Etiopía y Turquía, naciones que no tenían ninguna disputa en particular con el Estado judío y a su vez se encontraban en diversos grados de tensión con sus vecinos árabes. El mito del poderío militar israelí, su habilidad en asuntos económicos y agrícolas y una percepción exagerada de su capacidad única para ejercer presión en Estados Unidos e influir en su política se combinaron en la percepción de estos países para hacer la conexión israelí especialmente atractiva.

La Alianza de la Periferia tuvo su impacto, en cuanto que aumentó la moral de la nación asediada y produjo beneficios tangibles para el Estado judío, pero se quedó corta a la hora de justificar los grandes planes de sus fundadores, que querían ver a Israel convertido en el eje de una alianza regional respaldada por Estados Unidos contra las aspiraciones de Nasser de forjar un alineamiento estratégico de estados árabes, islámicos y africanos. El objetivo de convencer a Occidente para que viera en Israel el líder de un alineamiento regional alternativo, y por tanto un activo estratégico, no llegó a alcanzarse del todo.

Los logros de Israel, sin embargo, no fueron insignificantes. Se establecieron relaciones diplomáticas con Turquía e Irán tras la guerra de 1948, se forjó una asociación estratégica con esos dos países y a lo largo de la década de 1950 el triángulo Israel-Irán-Turquía compartió un activo programa antinasseriano y antisoviético, mientras que las estrechas relaciones de Israel con la Etiopía de Heili Selassi tenían que ayudar a desbaratar las ambiciones africanas del *rais* egipcio. Los años 50 y los primeros 60 vieron también la luna de miel de las relaciones especiales de Israel con el África negra. El espíritu pionero de Israel y sus cualidades tecnológicas cautivaron a las naciones africanas y ayudaron a limar la imagen del país como cabeza de puente del Occidente colonialista en pleno Tercer Mundo emergente. Los recursos estratégicos y tecnológicos del Estado judío en su intento de romper el asedio impuesto por un mundo árabe hostil eran el reflejo de una admirable determinación de adquirir espacio de maniobra para la afirmación de las cualidades de Israel en su lucha por la supervivencia.

Debía convertirse en uno de los principales sueños estratégicos de Israel el ser capaz de desarrollar el espacio de maniobra para una política exterior independiente e imaginativa que no estuviera necesariamente vinculada a, o condicionada por, las paralizadoras limitaciones del eternizado conflicto árabe-israelí. Sin embargo, eso no llegaría a conseguirse nunca del todo. La centralidad del conflicto árabe-israelí en las relaciones internacionales del Estado judío nunca podría diluirse. La capacidad de los árabes para conservar su presión sobre Israel y mantener vivo el interés de la opinión mundial y los gobiernos extranjeros en el drama de los palestinos convirtió la búsqueda israelí de esquivar las consecuencias del conflicto, fuera a través de guerras periódicas o mediante la forja de alineamientos regionales alternativos como la Alianza de la Periferia, en un ejercicio prácticamente fútil. Ni sumándose a la alianza regional anticomunista de Eisenhower, ni a través de una asociación estratégica con los Estados Unidos de Reagan en su lucha contra el «imperio del mal» soviético ni durante la guerra global contra el terror del presidente Bush, Israel ha sido capaz de diluir la centralidad de su conflicto con los árabes en cuestiones regionales o globales más amplias. La Alianza de la Periferia fue un intento extremadamente creativo de sortear las constricciones y consecuencias del conflicto árabe-israelí. Desde luego concedió espacio para un respiro a la nación asediada y abrió nuevos horizontes estratégicos para su política exterior, pero nunca podía llegar al extremo de hacer innecesaria o superflua la necesidad de centrar las energías nacionales en el conflicto árabe-israelí, como tampoco salvó al Estado judío de verse condenado a extralimitar sus recursos para afrontar los desafíos planteados por sus vecinos inmediatos.

La intervención militar británica y estadounidense en Líbano y Jordania con miras a limitar cualquier repercusión adversa para los intereses estratégicos de Occidente de la revolución de 1958 de Abdul Karim Kasim, que hizo tambalearse el prooccidental Tratado de Bagdad, ofreció a Israel una oportunidad adicional de buscar una alianza más sólida con Inglaterra y Estados Unidos. Sin embargo, la esperanza de Ben Gurión de explotar las nuevas condiciones regionales y el papel de Israel como garante de los intereses de Occidente para propiciar su sueño de una alianza estratégica regional antinasseriana y prooccidental con el Estado judío en el centro se vio de nuevo frustrada. Estados Unidos no pensaba refrendar la Alianza de la Periferia de Israel, e Inglaterra rechazó el acercamiento de Ben Gurión en busca de una alianza más formalizada. Un proveimiento selectivo de armas de Gran Bretaña y un compromiso verbal estadounidense con la «integridad y la independencia» de Israel fue lo mejor que pudo arrancar de las potencias occidentales por su contribución al rescate del trono prooccidental de Hussein.

Los temores existenciales de Ben Gurión eran de una magnitud y una intensidad en verdad extraordinarias. Concedió dimensiones casi mitológicas a la amenaza supuesta por Nasser, y le asustaba una confrontación con la Unión Soviética mientras Israel carecía de garantías sólidas de una superpotencia occidental o una alianza orgánica con la OTAN. Eso explica su capitulación incondicional ante una brutal amenaza soviética en agosto de 1958. Ordenó la suspensión inmediata de los vuelos militares británicos a Jordania sobre espacio aéreo israelí. No pensaba exponer a Israel bajo ningún concepto a las posibles represalias de la Unión Soviética mientras Occidente le negara unas garantías formales de seguridad.

La ausencia de garantías de una superpotencia, un miedo casi apocalíptico a la aniquilación física, la amenaza de un Oriente Próximo nasseriano volcado en la destrucción de Israel, un pesimismo fatalista en cuanto a las posibilidades de que el mundo árabe llegara a reconciliarse algún día con la existencia de un Estado judío en su seno y el omnipresente complejo del Holocausto se combinaron para producir el contexto de la búsqueda de una opción nuclear creíble por parte de Ben Gurión. Esa opción nuclear podía verse también como una protesta contra, o una alternativa a, la negativa estadounidense a conceder garantías convencionales sólidas e inequívocas sobre la existencia de Israel e incorporarlo a una alianza regional orgánica. En verdad, no faltaban dentro del sistema político israelí quienes querían utilizar el reactor nuclear de Dimona como manera de presionar a Estados Unidos para que asegurara las capacidades convencionales del país.

Disuasión estratégica definitiva de Israel, su ambigüedad nuclear se demostró una maniobra brillante. No sólo actuó de importante factor disuasorio, sino que tampoco debería descartarse como una de las consideraciones que a la larga tuvo en cuenta el presidente Sadat cuando decidió firmar la paz. Sin duda sirvió también como un factor entre otros de los que llevaron al presidente John Kennedy a empezar a preparar el terreno para lo que más tarde se convertiría en una alianza tácita entre Estados Unidos e Israel. Kennedy fue el primer presidente americano en comprometerse a no permitir que el equilibrio de poder convencional en Oriente Próximo se decantara en contra de Israel. En el verano de 1962 se produjo un salto cualitativo en las relaciones de Estados Unidos con el Estado judío, con la decisión de Kennedy de proveer a Israel de misiles tierra-aire Hawk. Ese mismo año, el presidente definió las relaciones estadounidenses con Israel como algo parecido a la «relación especial» que tenía con Gran Bretaña, y dejó claro que un ataque árabe no provocado detonaría la intervención militar americana.

Sin embargo, el miedo de Ben Gurión a una estrategia árabe para la destrucción de Israel inspirada por Nasser era imposible de mitigar. Las buenas intenciones de Kennedy y su evidente sensibilidad a las necesidades israelíes no bastaron para hacer superflua la estrategia nuclear del país. La negativa del *rais* egipcio a encontrarse con Ben Gurión a principios de 1963 para intentar encontrar un posible terreno común para el acuerdo, y por otro lado la confederación árabe trilateral (Egipto, Siria e Irak) establecida unos meses más tarde (el 17 de abril de 1963) con el compromiso de la liberación de Palestina como punto clave de su Constitución, no hicieron sino confirmar las peores pesadillas del primer ministro. Escribió a Kennedy que ya no estaba seguro de que el Estado de Israel «seguirá existiendo cuando mi vida haya tocado a su fin».

Ben Gurión oscilaba frenéticamente entre una estrategia de disuasión y una política de histeria. Bombardeó a los líderes mundiales con dramáticos llamamientos a un compromiso internacional con la independencia y la integridad territorial de todos los estados de Oriente Próximo. Olvidados los sueños territoriales que hubiera podido albergar en el pasado, Ben Gurión era ahora un paladín a ultranza del statu quo. Para él, la fase territorial del sionismo había finalizado, y la seguridad de Israel dentro de las fronteras de 1949 había pasado a ser su preocupación vital exclusiva. Sólo la plena desmilitarización de Cisjordania y un tratado formal de defensa con Estados Unidos podrían tranquilizarlo. Sin embargo, semejante cambio de prioridades hubiese supuesto un alejamiento demasiado radical de la política estadounidense establecida de velar también con atención por sus intereses estratégicos en el mundo árabe.

Ben Gurión se retiró de manera permanente a Sdeh Boker, un kibbutz del desierto del Néguev, el verano de 1963, como un hombre cansado y exhausto por las luchas y complejidades de la política interna israelí, pero también como un profeta de la furia que siguió convencido hasta su último aliento de que la existencia física de Israel no podía darse por sentada. Para él, el Estado judío, pese a su ventaja militar cualitativa, permanecía bajo amenaza permanente e inminente de extinción.

Fue una paradoja o una ironía de la historia que el cambio a la cabeza del Gobierno israelí, del estilo y las políticas apocalípticas y fatalistas del profeta de la furia que fue Ben Gurión al enfoque más conciliador del afable y simpático Levi Eshkol, a la larga señalara el principio de la cuenta atrás hacia la guerra de 1967.

Desde luego, ni Levi Eshkol ni su jefe de Estado Mayor, el general Yitsjak Rabin, eran belicistas. Los dos compartían el punto de vista de que Israel no necesitaba territorios adicionales, y de que podía cumplir todos los objetivos del sionismo dentro de las fronteras de 1949. Es más, aunque no congelara por completo el reactor de Dimona, Eshkol se apartó a todas luces, para consternación de Ben Gurión, de la política nuclear hiperactiva de «el Viejo», a favor de un énfasis más convencional. Y fue precisamente esa transición calculada la que le permitió conseguir una mejora cualitativa en las relaciones con Estados Unidos. Primer jefe de Gobierno israelí en ser invitado oficialmente a la Casa Blanca, Eshkol recibió un compromiso histórico del presidente Johnson con la integridad territorial de Israel y garantizó un suministro adicional de armas convencionales de la potencia americana. El nuevo primer ministro también fue capaz de establecer, por un tiempo, unas relaciones vecinales pacíficas con el rey Hussein, hasta el punto de que este último accedió incluso a desmarcarse de la posición árabe y acceder al plan de Israel de desviar agua del lago de Galilea al desierto del Néguev a través de un Acueducto Nacional, cuya construcción había empezado ya en 1959.

Aun así, Israel contribuyó a la lógica de la guerra y precipitó la escalada que condujo hasta ella. La deriva hacia el conflicto armado se vio impulsada por la incapacidad casi congénita de Israel para resistirse a la tentación de utilizar la fuerza, y la de su inteligencia militar para apreciar los matices de la postura de Nasser, es decir, su difícil estrategia de alcanzar un equilibrio entre retórica e intenciones. La guerra del Agua en el norte dejó a la cúpula militar israelí con la impresión de que una guerra general era sólo cuestión de «cuándo», y no de «si». El credo del Alto Mando israelí era que sólo reafirmando su disuasión militar Israel estaba a tiempo de impedir una guerra general.

Sin embargo, en un fenómeno que no difería mucho de la escalada que condujo a la guerra de 1956, la llegada de la guerra de los Seis Días fue, en todo caso, precipitada por la reafirmación israelí de su disuasión militar y por su política de represalias frecuentemente desproporcionadas. En una entrevista que concedió Moshé Dayan a Rami Tal del *Yedioth Aharonoth* en 1976, el general realizó la pasmosa confesión de que al menos un 80% de los choques con los sirios en los años que precedieron a la guerra de 1967 fue iniciado por Israel. La FDI provocaba descaradamente a los sirios para iniciar confrontaciones y así cambiar de manera unilateral el estatus de las zonas desmilitarizadas, darles una lección a los rivales y humillar a su régimen. Una humillación de este tipo fue sin duda el combate aéreo sobre Damasco de abril de 1967, que terminó con la pérdida de seis aviones MiG sirios. Dayan fue lo bastante franco para admitir en aquella entrevista que «las operaciones y las acciones de Israel incrementaban el miedo entre los árabes» y aumentaban las probabilidades de una guerra. La humillación que Israel infligió al régimen sirio al sobrevolar Damasco de manera frecuente con sus aviones aceleró aún más la escalada.

Tampoco Jordania se libró de la política israelí de represalias rápidas y desproporcionadas. Tal fue el caso de la Operación Samu de noviembre de 1966. Después de señalar con insistencia hacia Damasco como fuente de todos los males, Israel emprendió represalias repentinas y masivas contra Jordania en respuesta a un incidente local de relativa poca importancia. Ejemplo típico de la debilidad de los políticos al topar con la tendencia del Ejército a dictar el alcance y la naturaleza de las operaciones militares de un modo que en ocasiones creaba realidades políticas nuevas e imprevistas, Samu fue una operación desproporcionada que contradijo de manera flagrante el compromiso oficial israelí con la estabilidad del régimen de Hussein. Israel humilló y traicionó públicamente a un dirigente árabe que hasta la fecha había procurado distanciarse de la retórica y las prácticas belicistas de sus vecinos sirios del norte, y lo reenvió al redil del campamento de guerra árabe. El rey no podía por menos de interpretar la Operación Samu como un genuino reflejo del persistente sueño israelí de completar la tarea iniciada en 1948 y ocupar la totalidad de Cisjordania hasta el río.

La tregua árabe-israelí era demasiado precaria para resistir una deriva hacia la guerra que se veía precipitada por errores mutuos de apreciación, miedos exagerados, reacciones desmesuradas a amenazas reales o presuntas y una retórica belicista, aunque no pasara de eso, retórica. El resurgir de la lucha palestina contra Israel bajo la guía y apoyo de los estados árabes creó, como siempre, un campo abonado floreciente de retórica guerrera y pródigo en ruido de sables. La Cumbre de la Liga Árabe de enero de 1964 en El Cairo pasó a la historia como el primer encuentro oficial en el que se hizo un llamamiento a los preparativos militares árabes que crearan las condiciones necesarias «para la liquidación definitiva de Israel». Es comprensible que Israel percibiera la decisión de desviar la cabecera del río Jordán en Siria y Líbano —se creó un Comando Árabe Unido para proteger el proyecto y prepararse para la guerra— y la de crear la Organización para la Liberación de Palestina bajo la presidencia de Ahmad al-Shuqayri como parte de una estrategia árabe general de guerra contra el Estado judío. La tarea de liberar Palestina del «imperialismo sionista» fue reiterada en la cumbre de la Liga Árabe en Alejandría ese mismo invierno, y los miembros de la Liga hicieron voto de movilizar sus recursos contra el enemigo sionista.

El hecho de si los árabes eran o no capaces de derrotar a Israel o, para el caso, estaban de verdad preparados para movilizar con eficacia sus recursos de cara a una guerra total, se volvió casi secundario ante la percepción que se desarrolló en Israel de que el conflicto había entrado en una fase diferente por completo. Para Israel, las decisiones tomadas por la Liga Árabe en El Cairo y Alejandría ya no podían desdeñarse como retórica nacionalista tradicional y hueca. Tampoco se podía permitir que los sirios ganaran la guerra por el agua en el norte. Al trasvasar agua del lago de Galilea al Néguev, Israel no vulneraba ningún derecho hídrico de sus vecinos árabes, de modo que interpretó legítimamente como un acto de guerra la decisión de desviar las fuentes del río Jordán. Eshkol, director general en el pasado de la compañía nacional hidrológica israelí Mekorot, para el que el agua era un pilar vital del *ethos* pionero sionista, no podía permitirse perder esa guerra en particular. Israel frustró sin piedad los esfuerzos árabes. El agua era un tótem nacionalista del sionismo, y los árabes lo sabían.

Sin embargo, la verdad es que el reconocimiento árabe de la derrota en la guerra del Agua en la Cumbre de Casablanca de la Liga en septiembre de 1965 y la insistencia de Nasser en que se interrumpieran los intentos de desviar el río Jordán significaban que Egipto admitía que los árabes todavía no estaban preparados para la guerra y que ardía en deseos de evitar una escalada hacia la guerra total con Israel.

De hecho, la retórica belicista y las resoluciones de la Cumbre sentaron las bases para unos preparativos bélicos que, paradójicamente, por lo tocante a Nasser eran un intento de evitar la deriva hacia la guerra y no de acelerarla. La retórica guerrera de Nasser escondía un programa oculto. La Cumbre de El Cairo fue para él la plataforma árabe ideal contra Israel que le permitiría sacar a su Ejército del cenagal del Yemen salvando la cara. La suya era la estrategia de un funámbulo que intentaba alcanzar un equilibrio imposible entre sus belicosas políticas panárabes y su negativa a dejarse arrastrar a una guerra con Israel. Había dejado claro, en un discurso público en Port Said en vísperas de la Cumbre de El Cairo, que no quería la guerra. «Porque —dijo— os conduciría al desastre si proclamara que lucharía en un momento en el que fuera incapaz de hacerlo. Yo no conduciría a mi país al desastre ni jugaría con su destino.»

El ejercicio de malabarismo estratégico de Nasser era en verdad asombroso. A fecha tan tardía como 1966 todavía fantaseaba, aunque fuera tácticamente, con la posibilidad de llegar a una especie de entendimiento con Israel. Permitió que el director de Proyectos Armamentísticos No Convencionales, el general Azm al-Din Mahmud Jalil, entablara negociaciones en París con el director del Mossad israelí, el general Amit, sobre una reducción de las tensiones entre ambos países. Llegó a invitarse al general Amit a El Cairo con ese mismo propósito, visita que al final impidió el primer ministro Eshkol, ya fuera porque temiera por la vida de su representante o por recelo de las intenciones de Nasser. Las intenciones de Nasser no tenían nada de siniestro. En esencia, su propósito era el mismo que había intentado llevar adelante en sus contactos con Ben Gurión, o sea, reducir la tensión con Israel a cambio de ayuda económica estadounidense a Egipto. No está nada claro tampoco que el tratado de defensa egipcio-sirio de noviembre de 1966 fuera el modo de Nasser de espolear a los sirios en su política belicista. También podría tratarse de lo contrario: el *rais* egipcio quizá creyera que un pacto así aplacaría el miedo de Siria hacia Israel y desviaría sus energías de la dinámica propiciatoria de la confrontación.

Sin embargo, la trágica lógica del conflicto árabe-israelí a menudo se ha nutrido de malentendidos, alimentados de manera casi invariable por la irresistible proclividad de los dirigentes por una retórica guerrera aun cuando sus intenciones reales tal vez sean más benignas. Ése ha sido siempre el dilema y la paradoja de la política árabe: ¿cómo reconciliarían los líderes su intención proclamada de eliminar el Estado judío con su miedo y respeto por su poderío militar? ¿Cómo aplacar y controlar las «calles árabes» a las que los dirigentes árabes habían incitado con una retórica belicosa contra Israel sin marchar de verdad a la guerra contra él? ¿Cómo justificar su apoyo a la «liberación de Palestina», para la que habían creado la OLP y permitido que sus países se convirtieran en trampolín de las operaciones de Fatá contra Israel, y a la vez evitar verse arrastrados a la guerra por los palestinos? Los líderes árabes se las ingeniaron para abocarse a un acertijo insoluble, una trampa que ellos mismos habían creado.

La situación del rey Hussein se demostró más grave incluso que la de Nasser. En su caso, lo que estaba en juego era la existencia misma de su reino. No quería verse arrastrado a la guerra, pero era demasiado débil para resistirse a la marea. Tanto como la supuesta amenaza que suponía Israel, era la presión de Fatá y la OLP lo que ponía en peligro la estabilidad del reino hachemita. Para la OLP, liberar Palestina significaba también derrocar el «gobierno colonialista» de los hachemitas. El rey no se hacía ilusiones acerca de la lógica última de la presencia de la OLP en Jordania, es decir, como escribió a Nasser sin ambages: «La destrucción de Jordania.» Atrapado entre la presión de los Estados árabes, sobre todo la de su vecino septentrional Siria, y el desafío a la estabilidad de su régimen que suponían los palestinos, la guerra era para Hussein casi la única salida para un dilema acuciante. Si Israel no lo destruía, deducía, lo harían sus «hermanos» árabes.

La paradoja de la política árabe no podía sostenerse mucho tiempo. Las cumbres de la Liga Árabe crearon instrumentos de guerra —en enero de 1965, Al-Fatá, con un activo respaldo sirio, lanzó su primer ataque contra el Acueducto Nacional— y desencadenaron una virulenta campaña de propaganda contra Israel sin mostrar un especial entusiasmo por ir de verdad a la guerra. Saltaba a la vista que Egipto y Jordania eran reacios a dejarse arrastrar a la batalla por las provocaciones de Fatá, y se abstuvieron de proporcionar un apoyo activo a la OLP en su guerra contra Israel. Cierto que ése no fue el caso de Siria, sobre todo después de que el partido baazista de hiciera con el poder en Damasco en febrero de 1966. Una popular guerra por la liberación de Palestina, un fomento activo de las incursiones de Fatá en territorio israelí y un intento de convertir, contra las intenciones de Nasser, el Mando Árabe Unido en un instrumento de guerra contra Israel: tal era ahora la política oficial de Damasco. El sionismo y el imperialismo eran vistos como hermanos gemelos que habían conspirado para desposeer a la nación árabe. Para el régimen baazista se trataba de una cuestión de identidad concentrar su lucha contra ambos. La liberación de Palestina se convirtió en el eje central de la política nacional, regional e internacional siria. El drama de los palestinos había nacido de los pecados de esos dos enemigos satánicos del nacionalismo árabe, el sionismo y el imperialismo. La lucha contra ellos era la razón de ser misma del régimen baazista. La retórica bélica de Siria y su apoyo activo a las unidades de Fatá que operaban desde su territorio contra Israel fueron cruciales elementos definitorios del nuevo régimen de Damasco. Las amenazas de represalia de Israel no pudieron cambiar o atenuar el compromiso doble de Siria de combatir el «sionismo» y el «imperialismo», sobre todo desde que en 1966 la Unión Soviética, en un cínico empeño por tomar posiciones en la región mientras Estados Unidos estaba supuestamente empantanado en Vietnam, empezó a fomentar de manera activa las políticas belicistas de sus clientes en Damasco.

En lo tocante a Siria, los israelíes tampoco estaban libres de complejos. El general Lior observó que la amenaza de Rabin provenía de lo que él llamaba el «síndrome sirio», la obsesión de la FDI y su comandante en jefe con el enemigo sirio y su tendencia a reaccionar con exceso a las amenazas procedentes de ese país. Este autor puede dar fe de que cualquier joven soldado israelí que sirviera en una unidad de elite en el frente norte de Israel por aquel entonces era sometido a un persistente adoctrinamiento acerca de la amenaza siria. Sabíamos que, algún día, habría que tomar lo que entonces se llamaba «Altos Sirios».

Unos documentos recientemente publicados ofrecen sobrada confirmación de que en los años previos a 1967 Yitsjak Rabin condujo a Israel, de manera intencionada, a una guerra con Siria.* Rabin estaba decidido a provocar una guerra, no porque quisiera adquirir territorios adicionales —«el problema es conservar, no conquistar», dijo en agosto de 1966— sino porque pensaba que era el único modo de impedir que los sirios ofrecieran un apoyo activo a los ataques de Fatá

---

* Yemimah Rosenthal (ed.): *Yitzhak Rabin, Prime Minister of Israel. A Selection of Documents from His Life*; Jerusalén, 2005.

contra Israel. Como soldado profesional sabía que era más fácil vérselas con un ejército regular como el sirio que con una guerra de guerrillas. «Derrotar [a la guerrilla] es uno de los problemas militares más difíciles», reconoció ante sus oficiales en octubre de 1965. Magnificó el efecto de los ataques palestinos contra Israel hasta convertir lo que era en esencia una molestia táctica en un desafío estratégico. «Fatá —dijo al Estado Mayor— podría ser la cerilla que prenda el gran incendio.»

Y cuando las represalias y amenazas verbales se demostraran incapaces de disuadir a los sirios, Rabin dejó claro que su intención era empujarlos a una guerra declarada. En diciembre de 1966 escribió al general Zvi Zamir, agregado militar de Israel en Londres: «Una escalada con Siria no obra en contra de los intereses de Israel, y en mi opinión no existe mejor momento que el presente para una confrontación. Prefiero ir a la guerra que consentir este acoso continuo, en especial si los sirios persisten en su empeño de facilitar la actividad de Fatá en nuestra frontera.»

Rabin tenía la creencia, errónea como se demostraría, de que era posible disuadir a Siria e incluso derrocar su régimen bajo la presión de las amenazas y una demostración de fuerza. Otro error de cálculo fue su previsión de que el régimen baazista fracasaría en su intento de reclutar el apoyo de Egipto para una guerra contra Israel. Sin embargo, Damasco aguantaba firme e incómoda. Su primer ministro Yusuf Zuayyin respondió al llamamiento público a la guerra de Rabin con una actitud de desafío. «No nos resignamos a contener la revolución palestina», dijo. Y para que no quedara duda, añadió que Siria «prenderá fuego a la zona, y cualquier movimiento israelí dará como resultado una tumba definitiva para Israel».

En lugar de refrenar el entusiasmo de sus aliados árabes por la guerra, Nasser se vio arrastrado por ellos a una confrontación fatal con Israel. Fueron los sirios quienes consiguieron atraer a Egipto hasta una trampa y a Nasser a su caída. El dilema jordano era un lastre añadido en la conciencia del *rais*. De resultas de la Operación Samu, Radio Ammán ridiculizó a Nasser por su «retórica vacía» de la solidaridad árabe antisionista cuando dejaba que Jordania recibiera sola el peso del poderío militar israelí. A la larga, como el propio Moshé Dayan explicó, la naturaleza y la escala de las represalias israelíes contra Siria y Jordania suponían un reto muy serio para la posición de liderazgo de Nasser en el mundo árabe. Reacio como era sin duda a dejarse arrastrar a la guerra, no podía permitirse renunciar a la defensa de su imagen y prestigio en su país y en todo el mundo árabe. El «tren de escaladas en toda la región árabe», en palabras de Dayan, no le dejaba más alternativa que encabezar la marea antiisraelí con la esperanza de poder controlarla y domarla cuando fuera necesario. Resultó, sin embargo, que aquello era como cabalgar a lomos de un tigre...

Los judíos y los árabes sienten una especial reverencia por el pasado, pero también están irremisiblemente atrapados en sus mentiras. La lucha de los árabes contra los cruzados, personificada en la figura mítica de Saladino, no fue tan sólo un importante capítulo de la historia árabe sino también, como ha demostrado el profesor Emanuel Sivan, una fuente del todo fundamental que ha dado forma a la conciencia nacional moderna de Egipto y a su papel dentro del nacionalismo árabe más amplio. Siendo el país árabe más grande y poderoso, Egipto estaba condenado y destinado a asumir una posición de liderazgo en la lucha contra la reencarnación moderna de los cruzados, los imperialistas occidentales y sus clientes sionistas. El país adoptó a Saladino como «héroe de la yihad egipcia». Ese *ethos* panárabe y nasseriano que obtenía inspiración y legitimidad histórica de las hazañas de Saladino recibió un extraordinario impulso en la propaganda oficial egipcia tras la campaña del Sinaí, precisamente porque podía establecerse un paralelismo entre los tiempos de Saladino y el presente. En ambos casos, una siniestra coalición de sionistas e imperialistas, los modernos cruzados, habían aunado fuerzas para invadir y apoderarse de tierras árabes. El perfil mismo de Israel fomentaba su imagen de Estado cruzado a ojos de los árabes. Se trataba de un Estado basado en premisas religiosas, formado por inmigrantes europeos, concebido y construido sobre preceptos étnicos y religiosos, cuya existencia artificial era sostenida por una combinación de apoyo externo y superioridad tecnológica. Sin embargo, al igual también que el antiguo reino cruzado, Israel tenía importantes debilidades que lo condenaban a la perdición: una falta de cohesión interna fruto de su diversidad étnica y un espacio minúsculo y estratégicamente vulnerable que no aguantaría una ofensiva árabe masiva.

«Almalek Alnasser» («el Gobernante Redentor»), título oficial de Saladino, fue probablemente una bienvenida coincidencia para los millones de personas que en Egipto y en todo el mundo árabe veían en Gamal Abd el-Nasser una reencarnación moderna del mítico héroe de la historia musulmana que había derrotado a los cruzados y liberado Jerusalén. El anhelo popular de un Saladino moderno resultaba comprensible, como explicó el autor egipcio de la biografía del héroe de la batalla de Mitin que se publicó tras la derrota de Egipto en la campaña del Sinaí, porque las condiciones de la ascensión de Saladino eran similares a las que en ese momento afrontaba el mundo árabe. Tanto en los tiempos de las cruzadas como entonces, las profundas divisiones dentro de la familia árabe habían facilitado la penetración de los imperialistas europeos y allanado su camino para invadir y ocupar tierras árabes. Y, como entonces con Saladino, con suerte la sagrada misión histórica de rechazar a los invasores y redimir la dignidad de los pueblos árabes había encontrado en Gamal Abd el-Nasser el líder providencial para ejecutarla.

Providencial quizá, pero atrapado en sus propias contradicciones pese a todo. Gamal Abd el-Nasser era víctima de la histeria nacionalista que él mismo había desencadenado en todo el mundo árabe. El Saladino moderno llegado para redimir el honor de los árabes pisoteado por los sucesores contemporáneos de los cruzados no podía contener la marea guerrera, que era consecuencia natural de su mismo estilo de liderazgo y de las expectativas de las masas árabes que él mismo había alimentado. Estaba condenado en cambio a cabalgar hacia su caída sobre las olas de su propia popularidad. Como un ciclista que debe seguir pedaleando para mantener el equilibrio, Nasser tenía que alimentar a diario el entusiasmo de las masas si pretendía sobrevivir políticamente. Las desproporcionadas represalias de Israel contra sus hermanos árabes, los sirios y los jordanos, no sólo cuestionaban su imagen de salvador mesiánico y su orgullo, sino que de paso ponían en entredicho la estabilidad y tal vez la existencia misma de su régimen. Ya llegaba a afrontar el desafío que suponía Israel como dictador frustrado tras el fracaso de su aventura yemenita, y todo su desplazamiento estratégico hacia la situación israelí-palestina fue de buen principio un medio para desviar la atención pública de sus fracasos en el Yemen y del problemático frente interno, donde la revolución no estaba exactamente cumpliendo las expectativas. ¿Cómo podía permitirse cruzarse de brazos mientras Israel castigaba a sus aliados árabes por apoyar a la resistencia palestina y sus medios oficiales lo ridiculizaban por cobarde?

El brazo derecho de Nasser, el mariscal de campo Abd al-Hakim Amer, no era ni un estratega brillante ni un comandante de campo de gran mérito. Sin embargo, Nasser parecía sentir debilidad por el hombre a quien el general Gamassi, arquitecto de los éxitos egipcios en la guerra del Yom Kippur, desdeñó en 1978 en una conversación con el ministro de Defensa israelí Ezer Weizmann como capitán incompetente ascendido a general sin calificación de ningún tipo. La idea de Amer era que la salida al dilema de Nasser pasaba por la retirada de las fuerzas de la ONU (UNEF) del Sinaí, el despliegue masivo del Ejército egipcio en la península y el cierre de los estrechos de Tiran al tráfico marítimo israelí. Al no rebatir las presunciones irrealistas de su segundo al mando sobre la capacidad de su Ejército de plantar cara con eficacia a la FDI, imponer las condiciones políticas egipcias y «obligar a Israel a respetar los derechos árabes y palestinos», como él mismo lo expresó, Nasser ofreció a los israelíes un *casus belli* en bandeja de plata.

Anwar Sadat recogió en su biografía que Nasser había dicho que cerrar los estrechos significaba que «la guerra sería 100% segura». Aun así, hasta la víspera misma de la guerra Nasser esperó poder evitarla y salir ganando políticamente, sin tener que combatir. En lo que parecía más una maniobra de chantaje político, sus fuerzas entraron en tropel en el Sinaí sin objetivos estratégicos claros ni misiones tácticas precisas. El propio general Rabin admitió que todo aquello no era sino «una maniobra demostrativa». Egipto no estaba en modo alguno preparado para la guerra, y Nasser no la buscaba. «Quería la victoria sin una guerra», como prefirió expresarlo Abba Eban. Se permitió quedar atrapado en la dinámica de la guerra no porque creyera, como Amer, que Egipto podía ganar, sino porque sabía que su régimen no sobreviviría a la presión de la opinión árabe si no encabezaba un frente común contra Israel y persistía en desoír los llamamientos que le llegaban desde Siria. Además, cuando pese a todo quedó claro, como reconoció nada menos que el jefe del Estado Mayor egipcio, el general Fawzi, que en contra de las alegaciones de Siria y la Unión Soviética Israel no había concentrado fuerzas en la frontera siria y Damasco no se hallaba bajo amenaza inminente de ataque, Nasser no podía retirar su ejército del Sinaí sin quedar en evidencia. Es posible que incluso se sintiera tentado de creer que el hecho de que Siria no se encontrara bajo amenaza inminente le daba una oportunidad de aprovechar su farol y consolidar su liderazgo del mundo árabe sin pagar el precio de la guerra. Pero Nasser era rehén del aventurerismo militar de los sirios, y en Siria lo que estaba en juego era la identidad misma del régimen.

A diferencia del Baaz o la variedad de nacionalismo popular de Naseer, la monarquía hachemita esencialmente conservadora no se cimentaba en la movilización social o la histeria nacional. De ahí que la guerra y el conflicto no fueran para Jordania una necesidad inherente e integral para la supervivencia. Sin embargo, al igual que en el caso de su abuelo Abdulá, que se vio obligado a encabezar la coalición bélica árabe contra Israel en 1948 para salvaguardar la legitimidad de su régimen dentro de la familia árabe, también Hussein era en 1967 rehén de la debilidad inherente a un reino emparedado entre estados árabes radicales y sometido a acusaciones de traición por parte de los palestinos. Para ambos, abuelo y nieto, el acuciante dilema era el mismo. Se trataba de arriesgarse a una guerra con Israel, con la posibilidad de una vergonzosa derrota en la que se perdiera Cisjordania, o verse aplastado por la presión árabe y la subversión palestina y perder el reino entero. En 1967 Hussein prefirió la primera opción. En 1973, cuando ya había perdido la mitad de su reino, optó por la segunda alternativa y se quedó al margen de la guerra del Yom Kippur.

La convergencia fatídica de todos los actores de la región hacia una guerra que prácticamente nadie, salvo quizá los palestinos, quería de verdad, se vio propiciada por la postura ambivalente de las superpotencias y, en el caso de la Unión Soviética, por una posición que fue a todas luces irresponsable y aventurera. Una conflagración regional con sus posibles repercusiones globales probablemente no fuera lo que los soviéticos deseaban. De hecho, una vez Nasser cerró los estrechos de Tiran y la guerra se convirtió en una posibilidad tangible, propugnaron embarazosamente una solución diplomática e hicieron todo lo que estuvo en su mano para disuadir a Nasser de romper el fuego. Uno de los objetivos soviéticos era a todas luces la existencia de una elevada tensión, incluso si había que alimentarla con falsas alarmas e información distorsionada sobre supuestos despliegues masivos de efectivos israelíes en el frente norte, pero no necesariamente la guerra. Los soviéticos creían que tenían al alcance una oportunidad que les permitiría consolidar su alianza con el mundo árabe, sobre todo con Siria, y sustituir a Estados Unidos, estancado ahora en cualquier caso en el atolladero de Vietnam, como potencia hegemónica de la región.

En Israel el camino a la guerra se vio allanado por un genuino temor existencial, legado de los años de Ben Gurión, que siempre conducía a percibir las crisis en términos apocalípticos y reaccionar ateniéndose sólo al peor de los casos. Para los militares, sin embargo, la justificación de la guerra no era la psicosis del aniquilamiento, sino más bien el miedo a que un compromiso diplomático o una flota internacional encabezada por los estadounidenses rompiera el bloqueo egipcio y echara por tierra sin remedio la disuasión de la FDI y con ella la doctrina de seguridad israelí al completo, lo cual consolidaría la imagen de Israel como nación a merced de la buena voluntad de Occidente.

El que Israel optara al final por una agresión preventiva hay que entenderlo también en el contexto de la tensión acumulada dentro del sistema entre los militares «israelíes» y el poder civil «judío», dentro del cual los primeros casi siempre prevalecían a la hora de dictar la estrategia de la nación y su respuesta a las crisis en curso. El 12 de mayo de 1967, el jefe del Estado Mayor Rabin reclamó abiertamente una amplia operación para derrocar al régimen baazista de Damasco, una amenaza que no hizo sino alimentar la crisis y confirmar las alegaciones soviéticas acerca de las intenciones agresivas de Israel. El primer ministro Eshkol se apresuró a reprender a su jefe de Estado Mayor por su retórica belicosa. Tampoco se libró el inquieto general de las iras de Ben Gurión. Desde su retiro en el desierto del Néguev, «el Viejo» había seguido con horror la evolución de la crisis. Precisamente porque compartía la evaluación de los militares de que el cierre de los estrechos amenazaba con menoscabar todos los logros de la campaña del Sinaí y podía convertirse pronto en una cuestión de «supervivencia nacional» —tal era la expresión de Rabin—, Ben Gurión veía cumplirse todos sus viejos temores: Israel estaba rodeada por una coalición árabe que contaba con el apoyo agresivo de la Unión Soviética y sin ninguna superpotencia occidental que le ofreciera una alianza o garantías de seguridad. «El Viejo» acusaba tanto a Eshkol como a Rabin de esta ominosa pifia estratégica.

La de Eshkol era la voz de la sabiduría y la prudencia que se quedaba desesperadamente sin argumentos. Resistió con valentía y contra casi todo pronóstico los llamamientos a la guerra del Ejército. El que ni los británicos ni los aliados franceses de Israel se mostraran más propicios que los estadounidenses no hizo sino aumentar su angustia. Presenciaba cómo Occidente daba la espalda a Israel, se negaba a disuadir a los árabes y lo dejaba solo frente a un acuciante dilema: la capitulación o una guerra que él, Eshkol, a diferencia de sus generales, no quería.

En la crisis del verano de 1967 Eshkol se las vio con un mando del Ejército cuyos argumentos a favor de la guerra se estaban volviendo cada vez más convincentes. La negativa del Gobierno a lanzar un ataque preventivo mientras Occidente daba la espalda a un Israel asediado echaba por tierra el argumento relativo a la incapacidad de Egipto de ganar una guerra. Pues la potencial victoria de Nasser no residía en la capacidad de su Ejército para imponerse en el campo de batalla, sino en la bancarrota de la disuasión de Israel como superpotencia regional en caso de que se permitiera al *rais* egipcio salirse con la suya en su acto de chantaje estratégico. La paciencia de los generales estalló cuando el Gobierno, incluso después de oír el informe de Abba Eban sobre la falta de compromiso de los estadounidenses, decidió conceder a la diplomacia otra oportunidad más e incluso ordenó la desmovilización de 40.000 reservistas. Ni siquiera el leal ayuda de campo de Eshkol, el general Lior, entendía ya la embarazosa falta de decisión de su primer ministro.

La heroica insistencia de Eshkol y las «palomas» de su Gobierno en dar una oportunidad a la diplomacia se estaba volviendo indefendible a marchas forzadas. La postura del Ejército y su apoyo a la guerra se vieron claramente propulsados por las frustraciones que acompañaron a la opción diplomática. De Gaulle estaba a punto en ese momento de formular una nueva política para Francia, en un intento de sanar las heridas de la guerra de Argelia y tender puentes con el mundo árabe, y no pensaba permitir que «los arrogantes» y pendencieros israelíes echaran a perder su cambio de orientación estratégica. Los británicos estaban dispuestos a participar en un convoy internacional que abriera los estrechos a Israel, pero esperaban el liderazgo de Estados Unidos. Y Estados Unidos vacilaba. No estaba dispuesto a ofrecer ninguna garantía o compromiso, y su intento desganado de organizar un convoy internacional tampoco se mostró especialmente exitoso. La petición casi histérica de Israel para que declarara que cualquier ataque al Estado judío equivalía a una agresión a Estados Unidos fue recibida con lo que Abba Eban calificó, tras su encuentro con Lyndon Johnson, como la «retórica de la impotencia» de «un presidente paralizado», maniatado probablemente también por sus crecientes problemas en el atolladero vietnamita. A todos los efectos prácticos, los logros políticos de la campaña del Sinaí estaban en ese momento desbaratados.

Lo que en realidad desgarró el sistema israelí en su respuesta a la rápida evolución de la crisis no fue sólo la vieja escisión tradicional entre militares y civiles. Salió a la superficie una profunda brecha cultural y política entre los jóvenes generales nacidos en Israel, cargados de confianza, atrevimiento y orgullo por la formidable máquina militar que comandaban y desdeñosos con las actitudes «galúticas» y «sumisas» de la anterior generación por un lado, y los políticos nacidos en la Diáspora que, atormentados por los recuerdos del Holocausto y existencialmente temerosos del aislamiento internacional, se resistían a tener que apartarse de la vieja política del sionismo diplomático. «Es muy difícil crear un Estado, pero muy fácil perderlo», fue la respuesta del ministro de Finanzas Pinhas Sapir al impaciente llamamiento a la guerra de los generales. «Estoy preparado para luchar, pero no para suicidarme», fue la reacción de Haim Moshé Shapira, líder del Partido Religioso Nacional. La transformación radical de este partido desde una postura conservadora y de contemporización antes de la guerra a la política del mesianismo como partido de los colonos de Judea y Samaria después del conflicto ilustra en gran medida la historia del significado de la guerra de los Seis Días en la vida y la política de Israel.

Es muy dudoso que un golpe de Estado militar fuera en aquel momento una posibilidad real, pero con todo era algo que salía a relucir en charlas abiertas entre generales, como Ariel Sharón fue lo bastante franco para reconocer más adelante. Como ha revelado el Dr. Ami Gluska en su libro *¡Eshkol, da la orden!* (Tel Aviv, 2004, hebreo), en dos ocasiones (el 28 de mayo y el 2 de junio), Sharón le sugirió a Rabin la posibilidad de, en sus palabras, «encerrar a los miembros del Gobierno en una sala contigua» y «hacerse con el poder para tomar la decisión de ir a la guerra». Se trataba de una decisión, le dijo al jefe del Estado Mayor, que «el Ejército puede tomar sin el Gobierno». Al parecer Rabin se tomó la descabellada sugerencia de Sharón como una mera expresión de ansiedad y no se la planteó ni por un momento como una propuesta concreta de acción. Sin embargo, de algo no cabe duda, como el propio Sharón confesó en sus francas revelaciones al Departamento de Historia del Ejército: era «la primera vez que surgía una situación en la que algo así (un golpe de Estado) podía suceder y ser bien acogido (por la opinión pública)».

La de Eshkol era la voz de la cautela y la serenidad diplomática que se vio abrumada por el éxtasis de la guerra en tiempos de histeria pública galopante. No cedió con facilidad, sin embargo. Su respuesta a los inquietos generales en un encuentro en el centro de mando del 27 de mayo que, tal y como lo recogió su ayuda de campo, debería pasar a la historia como una expresión notablemente valerosa de una filosofía política diferente a la que defendía el Ejército, fue:

> Nadie ha dicho nunca que seamos un Ejército para guerras preventivas [...] No acepto que el mero hecho de que el Ejército egipcio esté desplegado en el Sinaí haga la guerra inevitable [...] No estamos solos en el mundo. El término mismo «disuasión» exige paciencia [...] Sé que eso encoleriza a aquellos de ustedes que han sido educados toda la vida en conceptos de ataque y de guerra. Pero estamos hablando de disuasión, y la disuasión no requiere necesariamente acción [...] Nunca me imaginé que si un ejército egipcio se desplegaba cerca de nuestra frontera eso significaría inevitablemente que debíamos despertarnos en mitad de la noche y destruirlo [...] ¿Viviremos toda nuestra vida con la espada en la mano? [...] ¿Querían cien aviones más? Los tienen. También han recibido los tanques que pidieron. Han recibido todo lo necesario para ganar una

guerra si una guerra se hace necesaria. No han recibido todas esas armas para decir que ahora estamos preparados y bien equipados para destruir el Ejército egipcio, que debemos hacerlo [...].

En realidad, la respuesta de Eshkol a la amenaza egipcia era la voz de la razón y el sobrio sentido de Estado frente a un Ejército que había perdido los nervios. Fueron Eshkol y su Gobierno, y no el Ejército, quienes demostraron valor e hicieron gala de unos nervios de acero mientras resistían la enorme presión estratégica que se acumulaba contra Israel. Fue la insistencia de Eshkol en agotar todas las posibilidades diplomáticas lo que a la larga evitó que la comunidad internacional, y en especial Estados Unidos, viera el ataque por sorpresa de Israel como una pura agresión y lo convirtió en una guerra legítima de autodefensa. Los generales afirmaban haber perdido su confianza en el Gobierno, pero ¿cómo esperaban que los políticos confiaran en ellos cuando los servicios de inteligencia habían cosechado un fracaso tan colosal a la hora de predecir los movimientos e intenciones de Nasser, su comandante en jefe Yitsjak Rabin se había derrumbado físicamente bajo el peso de la presión y se había pasado casi dos días postrado en la cama y habían hecho gala todos desde el principio de la crisis de un comportamiento que sólo puede tacharse de histérico, pues no paraban de cambiar sus planes militares de un día para el otro?

Moshé Sharett en los años 50 y Levi Eshkol en los 60 fueron trágicos antihéroes, paladines de la moderación en una época de excitación militarista y en un entorno político que nunca fue demasiado propicio a las ideas de pacificación y las políticas de contención. A fin de cuentas, los moderados demostraron ser profetas sin honra porque, a la larga, el paso de la guerra a la paz de Israel no dependería de ellos. Sería el resultado del cambio de actitud de los halcones, Menájem Beguin, Moshé Dayan, Ezer Weizmann e Yitsjak Rabin. Sólo cuando éstos llegaron a la conclusión de que el precio del inmovilismo era superior a los sacrificios exigidos por la paz se vio libre el camino para un arreglo con Egipto en 1979 y con los palestinos en 1993. Sin embargo, y es algo que también debe reconocerse, en todas las instancias en que los halcones y hombres fuertes realizaron avances hacia la paz —el caso de la paz con Egipto y el de los Acuerdos de Oslo con los palestinos— no fue por iniciativa propia o porque tuvieran una repentina revelación divina que los instara a buscar la paz, sino como respuesta convincente a una maniobra estratégica árabe. Sin la guerra del Yom Kippur, una guerra esencialmente clausewitziana con un fin político iniciada por el presidente

Sadat, Beguin y Dayan nunca habrían aceptado el imperativo de una retirada total del Sinaí, y la paz con Egipto no se habría producido. Tampoco Yitsjak Rabin, opresor de la Intifada como ministro de Defensa en el gabinete de Shamir, habría dado su giro radical hacia la paz de no ser por los efectos de la guerra del Golfo sobre la moral de la nación y su propia conclusión de que la Intifada, la guerra del Yom Kippur de los palestinos, no podía sofocarse sin más por medios militares.

El golpe de Estado real lo dieron al final las elites civiles israelíes, no los generales. Poderosas fuerzas políticas y sociales se sumaron al coro de protestas contra un Gobierno que la mayor parte de la prensa presentaba ya como del todo inadecuado para dirigir la nación en aquellos tiempos aciagos. El primer ministro perdía a chorros su legitimidad como líder de una nación asediada en un momento en que la sensación pública era la del advenimiento de un holocausto. Una opinión pública histérica y la creciente presión de los medios y las clases superiores se combinaron para quebrantar la resistencia de Eshkol. El llamamiento público a un cambio de Gobierno con Moshé Dayan, el héroe de la campaña del Sinaí, como nuevo ministro de Defensa, fue sencillamente irresistible. El liberal *Haaretz* se hizo eco de la voz del pueblo, pero sobre todo del creciente descontento y agitación entre las elites políticas, al escribir el 29 de mayo que «Eshkol debería dejar paso a un nuevo liderazgo». Y el 1 de junio de 1967, en lo que el general Lior definió como «un minigolpe de Estado», Moshé Dayan se unió el recién formado Gobierno de Unidad Nacional con Menájem Beguin y su derechista partido Herut, por primera vez en coalición con sus rivales a ultranza del Mapai. La suerte estaba echada. La decisión estratégica de ir a la guerra era ya una realidad. El momento preciso era sólo una cuestión táctica al arbitrio de Dayan y el Ejército.

Es cierto que a finales de mayo tanto el secretario general de la ONU como los estadounidenses realizaron un último intento de mediación internacional. Nasser no se mostró contrario y es de suponer que no rechazó la idea de un «espacio para respirar» en el que se permitiera el «tráfico pacífico» por los estrechos. Nasser estaba dispuesto a mandar a su brazo derecho a Washington para debatir esa vía a un posible compromiso. El secretario de Estado norteamericano, Dean Rusk, escribiría más tarde en sus memorias que «tuvimos una buena oportunidad de rebajar la crisis». Es extremadamente dudoso, no obstante, si a la larga podría haberse llegado a un acuerdo. Lo seguro es que el nombramiento de Dayan y la irrevocable decisión israelí de golpear atajaron esa tentativa de paz de última hora.

En una fase tan avanzada de la crisis, la doctrina de defensa más fundamental de Israel no daba cabida a una salida diplomática. La disuasión de Israel ya se había visto gravemente menoscabada, y un acuerdo alcanzado por medio de la mediación o el arbitraje no la habría restaurado. Para Israel, optar por una solución de ese tipo hubiera sido equivalente a una inconcebible separación de su filosofía y sus prácticas de seguridad tal y como se habían desarrollado desde la década de 1930. Israel, como expresó Dayan en su panegírico a Ro'i Rutenberg en abril de 1956, debía ser siempre «fuerte y resuelto, o se nos caerá la espada de las manos y el hilo de nuestras vidas será cortado». La doctrina era la defensa ofensiva, y Dayan estaba allí como ministro de Defensa para aplicarla.

La guerra y la paz en Oriente Próximo, sin embargo, nunca pudieron disociarse de la política de las superpotencias. Es interesante el parecido entre el dilema de Egipto en 1967 y la encrucijada israelí en 1973. Del mismo modo en que Israel se planteó golpear primero en las horas que precedieron a la ofensiva egipcia sobre la Línea Bar-Lev en 1973, los egipcios contemplaron seriamente la posibilidad de lanzar un ataque preventivo contra Israel una vez que Nasser desencadenó, mediante el cierre de los estrechos, la marea de la guerra. En ambos casos se descartó la maniobra preventiva por miedo a perder el apoyo de la superpotencia amiga. Golda Meir temía que Estados Unidos no acudiera al rescate de Israel si golpeaba primero, y Nasser recibió en 1967 la advertencia explícita del primer ministro Alexei Kosiguin, a través del ministro de la Guerra egipcio Shams el-din Baran en una visita a Moscú, de que «Nosotros, la Unión Soviética, no podemos dar nuestro consentimiento a sus ataques preventivos contra Israel [...] De ser ustedes los primeros en atacar, se convertirían en los agresores [...] no podemos apoyarles».

Las intenciones soviéticas a lo largo de la crisis eran intimidar, más que avivar el fuego. En la guerra de nervios entre Estados Unidos y la Unión Soviética a lo largo de los días previos a la guerra, los soviéticos fueron por tanto los primeros en pestañear. Si el Departamento de Estado pudo haber emprendido un intento de última hora de obtener una solución diplomática, la Casa Blanca no lo hizo. En los primeros días de junio se desplazó hacia una postura que Israel podía interpretar con seguridad como una luz verde al ataque preventivo. El presidente perdió cualquier esperanza de una solución diplomática, y se confesó incapaz de organizar el convoy internacional. Meir Amit, director del Mossad, que fue enviado a principios de junio a remitir a los americanos la petición israelí de armas y apoyo diplomático y la necesidad de que neutralizaran la amenaza soviética en caso de guerra, regresó convencido de que en Washington se había obrado un cambio de actitud. Sus anfitriones en ningún momento le advirtieron que no iniciase un ataque.

El informe de Amit al Gabinete sobre la postura estadounidense y la noticia del inminente despliegue de fuerzas iraquíes en Jordania desarmaron por completo a los contrarios a la guerra en el Gobierno. El primer ministro Eshkol señaló todavía con prudencia que «la victoria militar no arreglará nada. Los árabes seguirán allí». Pero la suerte estaba echada. La mayor ofensiva de la historia de Oriente Próximo se desencadenó a primera hora del 5 de junio de 1967.

Las razones inmediatas que condujeron a la guerra pueden detectarse en el desenlace de la cadena de acontecimientos tal y como se desarrollaron desde el momento en que Nasser decidió desplegar su ejército en el Sinaí en clara violación del espíritu del tratado post-1956. Sin embargo, en un plano más profundo, la crisis entera fue alimentada y avivada por las percepciones y los miedos, por la preocupación israelí acerca de su hegemonía militar como base de su existencia en el seno de un mundo árabe hostil y por maniobras militares árabes irracionales, reflejo del trágico abismo que en el comportamiento árabe separaba retórica y práctica, sueños y realidad.

En el bando israelí, aunque siempre se quejaran del atraso de las sociedades árabes como motivo de su incapacidad para hacer las paces con Israel, existía también un profundo y nunca del todo reconocido trasfondo de satisfacción con aquel estado de cosas, y por tanto predominaba una oculta aprensión ante la posibilidad de que el mundo árabe se reformara y modernizase. Los dirigentes israelíes, que a resultas de 1948 rechazaron las tentativas de paz con el argumento de que los líderes árabes eran dirigentes corruptos e ilegítimos a los que no podía tomarse en serio, recelaban asimismo de populares candidatos a reformista del calibre de Gamal Abd el-Nasser, aun cuando éste estuviera dispuesto a emprender maniobras pacifistas, si bien siempre vacilantes y ambiguas. En vísperas de la campaña del Sinaí, Ben Gurión fue lo bastante franco para confesar a su diario:

> Siempre he temido que surgiera una personalidad como la que apareció entre los dirigentes árabes del siglo VII o como [Kemal Ataturk] surgió en Turquía tras su derrota en la Primera Guerra Mundial. Él subió su ánimo, cambió su carácter y los convirtió en una nación combatiente. Existía y sigue existiendo el peligro de que Nasser sea ese hombre.

La campaña del Sinaí no fue ajena a ese instinto israelí, compartido a la sazón por Francia y Gran Bretaña, de atajar la vida de un régimen nacionalista popular decidido a recuperar la «dignidad árabe» enfrentándose a lo que según él eran las amenazas gemelas del sionismo y el imperialismo. En 1956, como en 1967, Nasser amenazaba la supremacía militar de Israel y por tanto, según la doctrina militar predominante, su existencia misma. Si se le permitía prevalecer y obtener un precio político por sus maniobras agresivas, Israel ya no podría intimidar a sus vecinos y perdería su respeto de un modo que equivalía a despedirse de su capacidad para sobrevivir en una región que rechazaba la legitimidad misma de su existencia. Muhammed Hassanin Haikal, confidente de Nasser, no andaba del todo desencaminado cuando en 1967 definió la crisis en los términos siguientes:

[Egipto] ha conseguido por primera vez, cara a cara con Israel, cambiar por la fuerza un *fait accompli* que le habían impuesto por la fuerza [...] Para Israel, éste es el aspecto más peligroso de la actual situación: ¿quién puede imponer el hecho consumado y quién posee el poder para protegerlo?

Los fines bélicos israelíes fueron siempre algo ambiguo, en cuanto que los objetivos sobre el terreno eran dictados de manera casi invariable —fue a todas luces el caso de 1948, 1967 y Líbano en 1982— por la dinámica interna y en evolución de la guerra, o de forma autónoma por los generales, y a veces incluso por los comandantes de unidades del frente. En principio, por supuesto, la guerra de los Seis Días no tenía que ver con la adquisición de nuevos territorios; se trataba de una guerra defensiva que Israel se veía obligado a emprender para romper el asedio que le imponía una alianza militar de tres ejércitos árabes. Sin embargo, recuperar la disuasión de Israel, destruir la máquina bélica árabe que tan apocalípticos temores de aniquilación había provocado en el país y tal vez incluso derrocar regímenes radicales como el de Nasser en Egipto y el Baaz en Damasco eran objetivos de guerra razonables, aunque no siempre reconocidos. Además, el Gobierno como tal nunca estipuló metas específicas para la guerra. Los políticos asumieron más tarde, como hechos consumados, los objetivos que se desarrollaron a partir de la dinámica militar de la guerra. En la práctica, los comandantes y la lógica natural de un conflicto en el que el derrumbe del enemigo permitió que Israel adquiriera un imperio casi por despiste hicieron irrelevantes todas las premisas iniciales basándose en las cuales los políticos, entre ellos el primer ministro y el ministro de Defensa, esperaban conducir la guerra.

El nuevo imperio fue también fruto de la confusión y la inconstancia de los dirigentes israelíes, como se desprende a las claras de la inestimable y minuciosa crónica de la guerra obra de Michael Oren. Moshé Dayan es un buen ejemplo. Sorprendentemente, a lo largo de la guerra se posicionó como la voz de la razón y la moderación, un freno al activismo militar. De buen principio advirtió que formaría consejo de guerra a cualquier oficial que se atreviera a llegar al canal de Suez. También hizo todo lo posible por evitar una guerra con Jordania y verse atrapado en dos frentes. Del mismo modo advirtió sobre las repercusiones internacionales de entrar en la Ciudad Vieja de Jerusalén, y no ocultó sus temores a una implicación directa de la Unión Soviética si Israel le arrebataba a Siria los Altos del Golán. La obsesión de Dayan por evitar verse atrapado en lo que era ya un tercer frente y arriesgarse a un choque con los soviéticos era tal que llegó incluso al extremo de proponer que los asentamientos israelíes en el valle de Hulá, cuyo bombardeo constante por parte de la artillería siria era la supuesta justificación de quienes presionaban por tomar los Altos del Golán, se trasladaran unos kilómetros más allá del alcance de los cañones sirios... Jamás un líder militar sionista había osado proferir unas propuestas tan heréticas.

Hombre de contrastes y paradojas sin resolver, héroe de guerra que además era hijo de pioneros sionistas que colonizaron la tierra para crear hechos políticos y definir las fronteras del *yishuv* judío, ahora Dayan abogaba por no atacar Siria con el asombroso argumento de que Israel no podía decirle a los sirios «que deberían desplazar su frontera sólo porque nosotros hemos creado asentamientos cerca». Dayan desafió también otro valor sionista al airear la sospecha, como después confesó en una entrevista con Rami Tal en *Yedioth Aharonoth* (publicada a título póstumo el 27 de abril de 1997), de que los colonos del valle de Hulá presionaban al Gobierno para que tomara los Altos del Golán por pura codicia agraria. Lo que querían era adquirir más tierras en la zona.

Sin embargo, en todos esos casos, la típica ambigüedad de Dayan, su notoria falta de convicciones firmes y sus frecuentes cambios de opinión por un lado, y la lógica de la conveniencia militar, que no la planificación, frente a un enemigo cuyas líneas se derrumbaban con vertiginosa rapidez por el otro, definieron los límites de las ganancias territoriales de Israel. En el este, debería considerarse a Hussein el responsable de desencadenar el impulso irredentista de los israelíes de

Judea y Samaria —la mayoría, si no la totalidad, de los arquitectos de la asombrosa victoria de Israel en 1967 fueron los comandantes militares de 1948, algunos de los cuales se refirieron después a Cisjordania como el «asunto pendiente» de aquella guerra—, porque Israel hizo todo lo posible por no provocar a la Legión y suplicó al rey, sin éxito como se demostró, que no iniciara un ataque.

En el caso de los Altos del Golán, no fue sólo el derrumbe del ejército sirio y la poderosa campaña de presión de los colonos del norte lo que cambió el parecer de Dayan. En este caso fue el primer ministro quien se posicionó como fuerza impulsora tras la ofensiva. Eshkol, fiel a sus orígenes, veía en ese momento la posibilidad de apoderarse por fin de las fuentes del río Jordán en el Banias. «Eshkol estaba ansioso por tomar los Altos del Golán, y no hubo manera de disuadirlo», observó su ayuda de campo. Sin embargo, el general Lior también señaló el motivo subyacente a la ofensiva en el norte. Volvía a tratarse del célebre complejo sirio —«el síndrome sirio», como decía él— de los israelíes, sobre todo de su Ejército, que necesitaba curarse no dejando que éste, el enemigo más confeso y acérrimo de Israel, quedara sin castigo y «desfilara victorioso», como lo expresó Eshkol en un Consejo de Ministros, cuando Egipto, Jordania e incluso Irak habían sido humillados.

La guerra en el norte fue un ejercicio extremadamente peligroso de política al límite. Porque más que cualquier otro frente, los Altos del Golán sirios sometieron a una prueba definitiva el compromiso de la Unión Soviética con los árabes y la credibilidad de sus designios estratégicos en Oriente Próximo. En los Altos del Golán Israel humilló tanto a los sirios como a sus patrones soviéticos, y estos últimos respondieron con amenazas brutales e inequívocas de acción militar. Estados Unidos no ofreció ningún compromiso definido a los israelíes, pero los americanos no podían permitirse que la guerra terminara por una amenaza militar soviética. Las maniobras de la Sexta Flota en el Mediterráneo oriental ayudaron a neutralizar la amenaza, y el rápido derrumbe de los sirios permitió que las superpotencias salvaran la cara trasladando su rivalidad y competencia al terreno diplomático.

De la pasmosa victoria de Israel y la deshonrosa derrota árabe surgió un nuevo Oriente Próximo. Al precio de medio reino y la anexión por parte de Israel de la ciudad santa de Jerusalén, Hussein había cobrado legitimidad en el mundo árabe y un soplo de vida para su trono. Humillado campeón del nacionalismo panárabe, Nasser había perdido la península del Sinaí con sus activos estratégicos además del control del canal de Suez ante el abrumador poderío israelí.

Nacía en Oriente Próximo un nuevo imperio, con la bandera de la estrella de David izada desde el río Jordán al este hasta el mar Mediterráneo al oeste, desde Kuneitra en el norte, a 40 kilómetros de la capital de Damasco, hasta el canal de Suez en el sudoeste y Sharm el-Sheij en el lejano sur. Con un nuevo espacio de 42 millas cuadradas conquistadas en una *Blitzkrieg* con todas las de la ley, en la que el ratio de bajas entre los bandos había sido de 25:1, Israel controlaba ahora una extensión 3,5 veces superior a su tamaño original. Los ejércitos árabes, y en verdad la nación árabe entera, yacía derrotada y humillada a los pies de una altiva superpotencia judía.

A los anales de la serie de catástrofes acaecidas a la nación árabe desde el surgimiento del sionismo, donde el Naqba palestino de 1948, las implacables represalias de la FDI a lo largo de los años 50 y la desbandada del Ejército egipcio en 1956 constaban como tristes hitos, se sumaba una nueva tragedia. Sin embargo, en un típico ejercicio de negación, la debacle de la guerra de los Seis Días fue descrita como un «desastre», la «voluntad de Dios» o, según la teoría de la Gran Mentira inventada por Nasser y Hussein, el resultado de un ataque angloamericano concertado sobre las fuerzas egipcias. En cualquier caso, no podía esperarse que los dirigentes y las elites árabes cargaran con las culpas. Ni los árabes habían sido derrotados por un Estado judío superior ni los israelíes eran responsables de dejar fuera de combate la fuerza aérea egipcia al completo en cuestión de horas. La idea de una siniestra conspiración angloamericana con Israel se concibió para contribuir a aplacar la opinión pública y preservar la estabilidad de los derrotados regímenes árabes. Al igual que en 1956, Nasser volvió a ingeniárselas para cosechar una victoria política a partir de una derrota militar. No sería hasta que los ejércitos árabes hubieran recuperado su orgullo en la guerra de 1973, gracias en gran medida al pecado de soberbia de Israel y su desproporcionada sensación de superioridad, que en el mundo árabe se permitiría una revisión más honesta del significado de 1967, sobre todo en Egipto.

6

«*SEDANLAGHEN*»

El pecado de la soberbia y su castigo

Estamos esperando la llamada de los árabes [...] si algo molesta a los árabes, ya saben dónde encontrarnos.

MOSHÉ DAYAN, 12 de junio de 1967

La nación entera se colmó de júbilo y pudo llorar al oír la noticia de la captura de la Ciudad Vieja [...] La sensación de salvación y de participación directa de todos los soldados en la forja del corazón de la historia judía resquebrajó el caparazón de dureza [...] y liberó [...] una emoción espiritual [...].

Discurso de YITSJAK RABIN en la Universidad Hebrea, 28 de junio de 1967

[...] el principio de que lo que se ha tomado por la fuerza no puede recobrarse mediante nada que no sea la fuerza es un principio sólido y válido en todas las circunstancias [...] este fundamento está claro y definido en la política de la RAU: ninguna negociación con Israel, ninguna paz con Israel, ningún reconocimiento de Israel y ningún acuerdo a expensas del suelo palestino o el pueblo palestino [...].

NASSER, Universidad de El Cairo, 23 de julio de 1968

Hemos combatido por el bien de la paz [...] Nuestro enemigo ha persistido en su arrogancia y su estupidez no sólo en los últimos seis años, sino [...] desde que el Estado sionista usurpó Palestina [...] Hoy podríamos preguntarle a los líderes israelíes: ¿Dónde ha ido a parar la teoría de la seguridad israelí? [...] Añado, para que puedan oírme en Israel: No propugnamos la aniquilación, como ellos afirman [...] Nuestra guerra no fue por agresión, sino contra la agresión.

ANWAR SADAT, 16 de octubre de 1973

«Estamos esperando la llamada de los árabes. Nosotros por nuestra parte no haremos ningún movimiento. Estamos del todo satisfechos con la situación actual. Si algo molesta a los árabes, ya saben dónde encontrarnos.» Con esa altivez y ese desdén fue como Moshé Dayan definió, en una entrevista para la BBC el 12 de junio de 1967, su perspectiva del significado de la victoria israelí en la guerra de los Seis Días. Fue una expresión de soberbia en la victoria que Israel iba a pagar muy cara. La orgía de vértigo político y triunfalismo militar nubló la vista de sus dirigentes y les impidió distinguir las oportunidades reales, y no mesiánicas, que le abrían sus fulgurantes hazañas militares. Se perdió la ocasión de convertir la victoria táctica en un crucial triunfo estratégico para el sionismo que podría haber hecho de la guerra de los Seis Días el último gran enfrentamiento armado del conflicto árabe-israelí y el punto de partida de un acuerdo con al menos parte del mundo árabe. La verdad es que cuando los árabes por fin se decidieron a llamar, en Israel la línea comunicaba o bien nadie cogía el teléfono.

El intervalo entre las dos guerras —la de 1967 y la del Yom Kippur— confirmó una vez más una condición central del conflicto árabe-israelí. Las victorias militares de Israel y la derrota humillante de los árabes jamás podían ser el preludio de la paz. La mentalidad de asedio de Israel, su sempiterno recelo de las intenciones finales de los árabes, aun cuando yacieran derrotados a sus pies, sus sueños de un mejor acuerdo territorial en aras de una seguridad total y su incapacidad para resistirse a la congénita propensión a la política de los hechos consumados, legado de los patrones de la lucha por la tierra y la inmigración del *yishuv*, impidieron claramente que la victoria de 1967 fuera la antesala de una magnánima creatividad pacificadora.

Hizo falta la recuperación del orgullo árabe y un serio revés para Israel en 1973, además del trauma nacional y la búsqueda de un alma colectiva que lo siguió, para que los israelíes y sus líderes estuvieran maduros para el compromiso. Sin embargo, como suele darse en la historia, la madurez en sí no es suficiente. Un Yitsjak Shamir o una Golda Meir tal vez hubieran pasado por alto la cita única con la historia que se haría posible tras la guerra del Yom Kippur. Iba a ser la coincidencia de las condiciones creadas por esa guerra con unos líderes de coraje y visión —Menájem Beguin, Anwar Sadat y Jimmy Carter— lo que marcara la diferencia.

La derrota de los ejércitos árabes en 1967 fue el preludio de una transformación sumamente trascendental en la estructura del conflicto árabe-israelí, que los dirigentes del Estado judío malinterpretaron o pasaron por alto. De manera parecida a la posguerra de 1948, volvió a ponerse al orden del día un acuerdo por medios diplomáticos. Sin embargo, a diferencia de tiempos anteriores, en esa ocasión los estados árabes concebían el arreglo sobre la base de las mismas fronteras que entonces habían rechazado, las de 1948. «Eliminar los rastros de la agresión» era una política árabe que ya no se aplicaba a las conquistas de Israel en 1948, sino a las tierras que había ocupado en la guerra de 1967. El que por primera vez se dieran premisas prometedoras para una posible paz árabe-israelí se debía, sin embargo, no sólo al impacto psicológico de la guerra sino también al gradual ascenso de Estados Unidos como potencia hegemónica en la región a expensas de la Unión Soviética, cuya doctrina militar y armamentística también cayó derrotada en los campos de batalla del Sinaí y los Altos del Golán. Sin embargo, fue el bando israelí el que se mostró desesperantemente lento a la hora de asumir el significado real de su victoria militar, es decir, la sorprendente legitimidad que confería a las fronteras de 1948 como base para un acuerdo definitivo con sus vecinos árabes.

El cambio en la estructura del conflicto no terminaba ahí. Con la guerra de los Seis Días se demostró el preludio de la poderosa reaparición del movimiento nacional palestino como importante actor independiente en la política de la región. Los palestinos, grandes ausentes de los últimos veinte años, surgían del olvido para que su voz sonara con mayor fuerza y claridad que nunca. El derrumbe de los ejércitos árabes y la ansiedad de los gobiernos por recobrar sus territorios perdidos, a ser posible por medios diplomáticos, relegaba de nuevo el problema palestino a una posición secundaria en la estrategia árabe. Eso, a su vez, obligó a los palestinos a asumir la plena responsabilidad de su causa. Su drama regresaría desde ese momento a un lugar preponderante. Sin embargo, esta vez, las organizaciones que lo representaban, que desde el final de la revuelta contra el Mandato habían sido un instrumento controlado y manipulado por los gobiernos árabes, afirmaron su autonomía y desarrollaron una estrategia independiente para la liberación de Palestina. Israel tendría que vérselas —militar y políticamente— con un frente nuevo por completo, en forma de una nueva OLP enérgica y combativa con una plétora de milicias guerrilleras y terroristas a sus órdenes.

Para los israelíes, la guerra de 1967 trajo esplendor y decadencia, en la moral y la política. Su rápida victoria en la guerra de los Seis Días no sólo cambió el mapa geoestratégico de Oriente Próximo y por ende los parámetros del conflicto árabe-israelí, sino que también transformó el talante nacional de Israel de un modo que hacía de la paz un empeño especialmente difícil. La intoxicación nacionalista alcanzó cotas peligrosas, hasta el punto de que aquella «madre de todas las victorias» se empezaba a interpretar como una salvación mesiánica y providencial. Atrapados por el vértigo del momento, una nación entera y sus dirigentes perdieron el contacto con la realidad y se enamoraron de las nuevas e inesperadas propiedades que se extendían desde el río Jordán por el este al canal de Suez por el sudoeste, desde el monte Hermón en el norte a Sharm el-Sheij en el sur. Las diferencias entre pasado y presente, mitología y realidad, historia y exaltación nacionalista se desdibujaron de una manera tan abrumadora que incluso el *Haaretz*, periódico supuestamente ilustrado que durante la guerra había publicado «recetas de pasteles de la victoria para los soldados», escribió el 8 de junio de 1967, día en que una brigada de paracaidistas conquistó Jerusalén:

> La gloria de los tiempos pasados no debe verse ya en lontananza sino, desde ahora, como parte del nuevo Estado, y su luz alumbrará la empresa constructora de una sociedad judía que es un eslabón en la larga cadena de la historia del pueblo en su país [...] Jerusalén es toda nuestra. ¡Alégrate y celebra, oh ciudadano de Sión!

De entre todas las nuevas propiedades, Judea y Samaria eran, por supuesto, las que más instintos mesiánicos despertaban en la mente israelí. «No sabía que combatir aquí liberaría unas emociones tan poderosas que estaban ocultas en mi interior», exclamó un joven piloto de caza al sobrevolar Belén, Hebrón y Jericó. «Luchamos —dijo— en nuestra patria histórica.

Si ésa era la edad de la Redención Divina, como toda una influyente escuela de fundamentalistas político-religiosos creía, entonces había que colonizar Eretz Israel, y no renunciar a él por unas negociaciones. Los discípulos del rabino Zvi Yehudá Kook del movimiento juvenil religioso Bnei Akiva, vástago del Partido Nacional Religioso, antes sobrio y moderado pero que pronto sucumbiría a un encaprichamiento fetichista con los nuevos territorios, se ampararon en una edad bíblica remota para empezar a colonizar Judea y Samaria a través de una política de hechos consumados, que además los gobiernos laboristas iban a tolerar. La tierra se había convertido en un ídolo que había que poseer y colonizar por la fuerza. En acusada rebelión contra la larga historia de la impotencia judía, los colonos religiosos de Judea y Samaria elevaron el recurso sionista a la fuerza de necesidad inevitable a reverencia religiosa por el poder. El rabino Menájem Drukman, mentor espiritual y político del Gush Emunim (el Bloque de los Fieles), habló de los «tanques judíos» como de «santos receptáculos», «artículos rituales». Todos los gobiernos laboristas se mostraron impotentes para resistirse a un *zeitgeist* que confería legitimidad popular a lo que ya era una bacanal irrefrenable de pasiones inspiradas en las imágenes del culto nacionalista, el fervor fundamentalista y una religión judía que se volvió casi indistinguible de un culto poco menos que pagano a enclaves sagrados y dudosos santuarios. El pueblo judío ya no tenía que esperar al final de los tiempos para presenciar el advenimiento del Mesías. Se propuso una nueva interpretación del concepto de Maimónides del Mesías y el mesianismo para apoyar la afirmación de que el milagroso reencuentro de los israelíes con las tierras bíblicas de Judea y Samaria era la prueba definitiva de que aquélla era en verdad una edad mesiánica. Los colonos religiosos y sus mentores creían que era un mandamiento de Dios colonizar toda la tierra de Israel, y que sólo así se redimiría el pueblo judío.

El fundamentalismo religioso-político que cobró fuerza en Israel durante y tras la guerra de los Seis Días no requería fuentes europeas o de otro país extranjero; sus raíces eran autóctonas por completo. El mesianismo político-religioso, con su violento desafío a la democracia en nombre de una religión total e intransigente, iba a convertirse desde entonces en una de las mayores amenazas a la estabilidad política. El eminente historiador Yaakov Talmon calificó este fenómeno de «nueva religión». Se trataba de un concepto que llamaba a una absoluta identidad entre política y religión. En el Gush Emunim y otros núcleos extremistas entre los estudiantes de la *yeshivá*, se desarrolló una *Weltanschaung* basada en una santificación total y envolvente de la realidad; un realismo místico en virtud del cual la política no era la provincia de lo posible sino un espacio para la aplicación de verdades eternas. Esa variedad cognitiva del sionismo mesiánico —en el contexto europeo, Talmon habló de «nacionalismo mesiánico»— no era más que la asignación de un significado social y político a las verdades o maneras de pensar teológicas. Uriel Tal halló en esta estructura aspectos de lo que él llamaba «teología política», un concepto arraigado en la agustiniana *Civitas Dei* (Ciudad de Dios), es decir, una comunidad política, en el sentido de *polis*, portadora de un estatus divino. Uriel Tal ni siquiera vaciló en trazar analogías estructurales entre la teología política del Gush Emunim y la santificación que hacía el nazismo de sus artículos de fe políticos.

A los fundadores de la «teología política» en Israel, que sin saberlo se encontraban adoptando una de esas grandes distorsiones de la cultura occidental, les habría horrorizado la idea de que existiera una identidad entre ellos y cualquier legado europeo. En verdad, la lucha contra la cultura occidental preñaba su mundo entero. Las guerras de Israel eran para ellos un método para purificar el alma; la conquista física de la Tierra de Israel vendría seguida de la conquista de la impureza. El legado occidental, que incorporaba la democracia como importación exótica de los gentiles, era para ellos la mayor de esas impurezas. Se trataba, pues, de un sistema dogmático y rígido incapaz de digerir los principios de los derechos humanos y civiles, ya que, por su propia naturaleza, un concepto total del tiempo y el espacio no dejaba espacio para la tolerancia. La tolerancia no es exactamente un mensaje bíblico, y la historia del judaísmo ortodoxo era en esencia la de una alienación del mundo. Los colonos fundamentalistas del Bloque de los Fieles querían que permaneciera así.

El talante de exaltación religiosa y nacionalista no quedaba circunscrito tan sólo a los fundamentalistas o a lo que Amos Eylon definió como Jomeinis laicos al estilo de Elkayim Haetsni, fundador de Kiryat Arba. Tan marcada fue la transición del ánimo nacional de un estado de pánico y fatalismo apocalíptico a una euforia nacionalista que propició la victoria de 1967, que incluso sectores de la comunidad ortodoxa no sionista se sumaron al coro de alucinaciones mesiánicas. «Esto no es una victoria natural sino una magnificente revelación milagrosa como en los días de nuestro éxodo de Egipto», escribió el *Hamodia* de Agudat Israel (7 de junio de 1967) en respuesta ya a los primeros partes de guerra. Más importancia tuvo por sus implicaciones políticas el que la nueva exaltación político-religiosa se apoderara también de muchos personajes pertenecientes al núcleo mismo de la cultura socialista y laborista de Israel. Un hombre poco dado a las reflexiones religiosas como el jefe de Estado Mayor Rabin no pudo ocultar sus emociones ante la liberación de Jerusalén. En una conferencia en el nuevo campus de la Universidad Hebrea en el monte Scopus, con los sublimes paisajes del desierto judeo a sus pies, emprendió una travesía por la historia judía e invocó el sueño de la redención hecho realidad: «Las incontables generaciones de judíos asesinados, martirizados y masacrados por Jerusalén os dicen "consolad, nuestro pueblo; consolad a las madres y padres cuyos sacrificios han traído la redención".» Dayan se mostraba más práctico. «Hemos regresado a nuestros lugares más sagrados —dijo—, para no alejarnos nunca más de ellos.» En la ONU, el ministro de Asuntos Exteriores Eban proclamó «el glorioso triunfo de la FDI y la redención de Jerusalén».

Los escritores y pensadores próximos a la cultura laborista se sumaron al coro del chovinismo mesiánico. De hecho, le proporcionaron una legitimidad intelectual. Fue el caso, por ejemplo, del novelista Haim Baer, que según lo cita Amos Eilon dijo que la guerra había demostrado que la paz era innecesaria e incluso peligrosa. La tensión y el peligro existencial, afirmaba, cumplían un papel útil, pues conferían «entereza y unidad» a la nación. Otros, como Aharon Amir, ahora miembro del Movimiento por un Gran Eretz Israel, organismo creado e inspirado ante todo por intelectuales del Partido Laborista, hablaban sobre el «destino manifiesto» israelí de convertirse en la potencia hegemónica en Oriente Próximo y el salvador de todas las minorías de la región, desde los maronitas de Líbano a los coptos de Egipto y los kurdos de Irak. Una de las alucinaciones más embarazosas y extraordinarias fue la de Haim Guri, otro icono de la cultura laborista, que invitó a los gentiles del mundo a acudir a Israel, convertirse al judaísmo, casarse con «nuestras bellas hijas» y permitir que sus propias descendientes «encuentren aquí hombres dignos de ese nombre» y luego «compartan la maravillosa aventura de construir Eretz Israel». En el vocabulario del general Bar-Lev, la nueva prepotencia nacionalista israelí adquiría una expresión especialmente vulgar; «nos hemos pasado por la piedra a todos los países árabes», dijo.

El caso de Nathan Alterman presenta un especial interés. Poeta del resurgimiento de Israel como nación y amigo íntimo de todos los dirigentes laboristas, antes confesaba que para él la ciudad laica y hedonista de Tel Aviv era la expresión más genuina del Nuevo Israel, y le gustaba definirse ante todo como «televiviano». Sin embargo, en ese momento confesó que el encuentro con Eretz Israel le había cambiado la vida, y se unió al grupo fundador del Movimiento por un Gran Eretz Israel. La guerra, dijo, «había desdibujado las diferencias entre el Estado de Israel y Eretz Israel». Era la primera vez «desde la destrucción del Segundo Templo que Eretz Israel estaba en nuestras manos», exclamó, y advirtió que cualquier iniciativa para desprenderse de él equivaldría a otra «rendición de Múnich». «Múnich» era un lugar común que los políticos e intelectuales israelíes, por lo general de derechas, citaban y manipulaban para expresar el deber del Estado judío de no seguir los pasos de los «apaciguadores» vendiendo territorio y valores, fuera bajo la presión de amigos bienintencionados o el chantaje de enemigos acérrimos.

Otro vital material de construcción que dio forma al edificio de la mentalidad colectiva israelí fue «Masada». En su obsesión por borrar el recuerdo de la Diáspora, el sionismo resucitó el anhelo del Primer y el Segundo reinos de Israel, las edades de oro de la soberanía hebrea. En ese contexto, la heroica defensa de Masada, último bastión de los rebeldes contra las legiones romanas de Tito, fue cultivada como expresión de la inquebrantable lucha de la nación por la libertad, un acusado contraste con la obediencia supuestamente ovina con la que los judíos de la Diáspora habían acudido al matadero. «¡Masada nunca volverá a caer!» era la consigna que había que inculcar a las nuevas generaciones.

Sin embargo, incluso un mito constituyente del sionismo tan central como Masada experimentó una transformación bajo el impacto de la victoria relámpago de Israel en 1967. Valor laico en esencia, el de Masada fue abrumado y a la larga derrotado por el espíritu fundamentalmente religioso del Monte del Templo que nació de resultas de la liberación de Jerusalén en 1967. Los jóvenes reclutas que en el pasado escalaban de las sobrecogedoras alturas de la fortaleza de Masada con vistas al mar Muerto para jurar fidelidad a la bandera, a partir de entonces celebrarían la misma ceremonia frente al Muro Occidental en el corazón del barrio judío de la Ciudad Vieja. Al fin y al cabo, ¿no prometía Moshé Dayan, mítico ministro de Defensa, que «hemos regresado a nuestros lugares más sagrados [...] Nunca los dejaremos»? Como mito, Masada no caería fácilmente, pero su transformación después de 1967 fue una expresión más del hecho de que las pasiones mesiánicas desencadenadas por la victoria estaban erosionando sin lugar a dudas el *ethos* laico de la nación.

El liderazgo del Partido Laborista se demostró por completo incapaz de atajar la marea de exaltación nacionalista y prefirió dejarse arrastrar por ella. Los colonos religiosos de Judea y Samaria se afirmaban herederos de la vitalidad pionera de los padres fundadores laicos y socialistas de Israel, abandonada por el nuevo movimiento laborista. Éste, impulsado ahora en esencia por una mentalidad burguesa y encabezado por una clase dirigente conservadora, contemplaba con admiración, e incluso con cierto complejo de inferioridad, el ímpetu pionero de los jóvenes colonos religiosos, y era demasiado débil para encontrar la voluntad de resistirse a su empuje.

Fue, sin embargo, la figura del ministro de Defensa Moshé Dayan la que se convirtió en personificación de la mentalidad y la política israelíes en los años posteriores a la guerra de los Seis Días. En una justa reflexión sobre la extraordinaria influencia de Dayan en la vida y la política israelíes de aquellos años, Abba Eban dijo una vez que una mayoría gobernante que no incluyera a Dayan era como no tener ninguna mayoría. Ya durante la guerra, Dayan había planteado y facilitado la huida de unos 200.000 palestinos a Transjordania. «Queremos crear un nuevo mapa», dijo inmediatamente después de la guerra a sus colaboradores, y como registró su ayuda de campo el general Aryeh Braun, eso exigía fomentar el traslado de la población palestina. Dayan, por supuesto, no estaba solo en su ansiedad por ver cruzar el río Jordán hacia Cisjordania a tantos palestinos como fuera posible. Desde luego no andaba muy alejado de las ideas del jefe del Estado Mayor, Rabin. «Hemos creado las condiciones para que quienes desean huir lo hagan», dijo ante el comité ministerial de seguridad. El motivo, explicó, de que el ejército no hubiese volado el puente Allenby sobre el río Jordán era no obstaculizar el flujo de palestinos a Cisjordania.» *

Al establecer una política de total sumisión económica y dependencia de los territorios respecto de Israel, y al reducir continuamente el espacio vital de los palestinos en función de la sed agraria de los israelíes, es posible que Dayan pretendiera conseguir eso mismo. El general era un exponente de primer orden de la política de anexión soterrada de Cisjordania que todos los gobiernos, de izquierdas y derechas, suscribieron después de 1967. Era como si viera en ello la oportunidad de completar el trabajo que quedó pendiente en 1948, lo cual ayuda a explicar por qué las directrices para la paz del Gobierno del 19 de junio de 1967, que fundamentaban las condiciones para la

---

* Yemimah Rosenthal (ed.): *Yitzhak Rabin, Prime Minister of Israel. A Selection of Documents from His Life*; Jerusalén, 2005.

paz en la restitución de los territorios ocupados, no plantearon ningún compromiso territorial en el caso de Cisjordania. Aquello, las colinas de Judea, Hebrón y Jericó, Anatot y Shilo, era, en palabras de Dayan, la «cuna de la nación», y no podía mercadearse con eso.

Es representativo del talante general del país el que, aunque menos dado a la retórica bíblica que Dayan, el ministro de Asuntos Exteriores Abba Eban, fiel exponente de las posturas de las «palomas» en el Gobierno de Eshkol, patentara la expresión que definía las viejas fronteras de Israel con Cisjordania como «fronteras de Auschwitz» que había que modificar de manera sustancial. Israel necesitaba, dijo recién finalizada la guerra, «un mejor mapa de seguridad, una frontera más espaciosa, una menor vulnerabilidad».

No todo era euforia nacionalista en el bando israelí, sin embargo. No faltaban indicios de algo parecido al sentido de Estado. Ya en el tercer día de la guerra Yigal Allon advirtió a sus colegas del Gabinete que el modo en que evolucionaba la guerra ofrecía una «oportunidad histórica» de hacer las paces con el mundo árabe entero. Creía entonces, erradamente como se demostró, que los primeros candidatos para un acuerdo de paz eran los eslabones más débiles del mundo árabe, es decir, Jordania, Líbano y Marruecos. El primer ministro Eshkol en un principio trató de resistirse a la marea de la anexión, y propuso la idea de una autonomía palestina en Cisjordania. La posibilidad de que Israel se anexionara a dos millones de palestinos se le antojaba una pesadilla que quería evitar a toda costa. Pragmático y realista, Eshkol fue en todo momento un hombre de planteamientos moderados, si bien por desgracia incapaz de imponer su liderazgo. Incluso en un momento de éxtasis, como cuando los paracaidistas del coronel Mota Gur se plantaron a la puerta de la Ciudad Vieja de Jerusalén y todos empezaron a nadar sobre las olas de las alucinaciones mesiánicas, Eshkol estuvo allí para inyectar una dosis de sobrio realismo. «Incluso si conquistamos la Ciudad Vieja tendremos que salir de ella tarde o temprano», les dijo a sus ministros.

Aun así, del mismo modo en que había sido incapaz de atajar la deriva hacia la guerra, Eshkol no logró contener la política de mesianismo durante las hostilidades y el soterrado anexionismo después de ellas. Apoyó el llamamiento de Israel Galili al asentamiento de judíos en la Ciudad Vieja antes incluso de que terminara la guerra. Su ministro de Defensa, Moshé Dayan, compartía su concepto de autonomía para Cisjordania, pero lo veía como parte de una federación con Israel y no como entidad plenamente separada. Sin embargo, en cualquier caso, Dayan era tan errático en sus caprichosos cambios de opinión que nunca podía saberse a ciencia cierta cuáles eran sus posturas. La tragedia radicaba en que en aquellos asuntos los puntos de vista de Dayan pesaban más que los del primer ministro, pues él iba a ser el todopoderoso arquitecto de una relación de total dependencia y sumisión de los palestinos respecto de Israel y su economía.

La guerra de los Seis Días reabrió de manera definitiva el debate latente sobre los objetivos territoriales del sionismo. Es cierto que, el 19 de junio de 1967, en un momento de gracia y lucidez política, el Gobierno de unidad nacional se puso de acuerdo sobre unas directrices políticas para el futuro de sus relaciones con Siria y Egipto. El objetivo sería alcanzar acuerdos completos de paz con esos dos países árabes sobre la base de la retirada de Israel a la frontera internacional y la subsiguiente desmilitarización del Sinaí y los Altos del Golán. Jordania y Cisjordania quedaron ostensiblemente fuera de la ecuación pacificadora. Allí, como observó Menájem Beguin, «se decidió no decidir». Surgieron ideas sobre una Autonomía Palestina, pero no se tomó ninguna decisión. La autonomía, y Beguin no se engañaba al respecto, podía conducir a la soberanía, y el primer ministro Eshkol, como dejó claro en diversas ocasiones, no descartaba por completo esa posibilidad. Sin embargo, no luchó por convertir su intuición en política oficial de su Gobierno. El peligro de que la autonomía evolucionara hasta un Estado iba a ser precisamente la preocupación de Beguin en las futuras conversaciones de paz con Egipto en Camp David. Cómo rebajar el acuerdo de la autonomía y esterilizarlo hasta el punto en que jamás pudiera dar a luz un Estado palestino fue la obsesión de Beguin en Camp David y después.

Con todo, ¿hubo el 19 de junio de 1967 un acercamiento de paz israelí hacia Siria y Egipto? ¿Concluyó sus deliberaciones de aquel día el Gabinete israelí con la decisión de transmitir propuestas de paz concretas a sus vecinos árabes de acuerdo con lo tratado en el Consejo de Ministros, o tal vez de solicitar a la Administración estadounidense que lo hiciera por ellos? A pesar de la insistencia de Abba Eban en que en efecto fue así, no parecen existir pruebas sólidas que corroboren su afirmación. Israel no realizó ninguna propuesta formal de paz ni directa ni indirectamente. Los estadounidenses, a los que Eban puso al corriente de la decisión del Consejo de Ministros, no recibieron la petición de transmitir propuestas oficiales de paz a El Cairo y Damasco ni indicaciones de que Israel esperara una respuesta. En su reunión del 19 de junio, el Gobierno israelí desarrolló directrices políticas, pero no debatió una iniciativa de paz ni llegó a formalizarla nunca como tal.

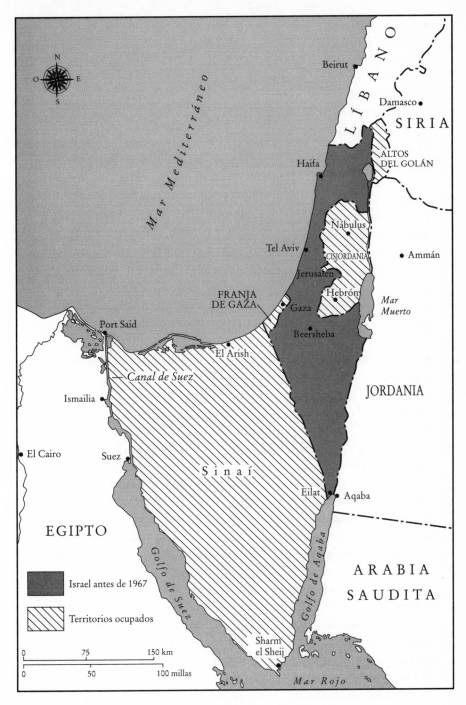

Israel y los territorios ocupados, 1967

El pecado de Israel residió en su total tergiversación de las condiciones creadas por la guerra, que lo llevó a no desarrollar ninguna estrategia razonable sobre el mejor modo de transformar su supremacía militar en un instrumento político y aprovechar sus logros en el campo de batalla para cambiar la naturaleza de sus relaciones con el mundo árabe. En lugar de eso, cayó por comodidad en la política del inmovilismo y los hechos consumados. No hubo iniciativa de paz israelí, como no hubo respuesta creíble y meditada a las iniciativas ajenas. De hecho, los primeros en calibrar el significado de las nuevas condiciones creadas por la guerra fueron, sorprendentemente, los dirigentes palestinos locales de toda Cisjordania y, lo que no deja de ser llamativo, los cuadros medios del Ejército israelí. Los últimos no dejaron de bombardear a sus superiores con propuestas de paz que oscilaban desde una autonomía palestina limitada hasta un Estado palestino con todas las de la ley, sin obtener una respuesta real de sus jefes. Los dignatarios palestinos, entre ellos unos que podían definirse como projordanos y otros que menos, desarrollaron una frenética actividad política, plantearon ideas y realizaron propuestas concretas para un acuerdo. Era Israel el que estaba confuso, abrumado por su victoria y desorientado en cuanto al rumbo político adecuado que debería tomar. Israel estaba siendo corto de miras; vacilaba y titubeaba entre enfoques contradictorios. Anonadados sin duda por la desbandada de los ejércitos árabes, los dirigentes palestinos locales pese a ello no tardaron en recobrarse del mazazo, asumir la responsabilidad del destino de su pueblo y suplicar un acuerdo de paz con Israel. El grado de inquietud política entre esos líderes, desde Aziz Shehadeh, poco sospechoso de amistad hacia la monarquía hachemita, hasta Anwar Nusseibeh, ex ministro de Defensa jordano, era tal que los gobiernos árabes tuvieron que advertirles, a través de su prensa oficial, que no «traicionaran» a la causa común árabe.

Existen, desde luego, muchos motivos para dudar que, incluso formalizadas como propuesta oficial de paz, los árabes habrían aceptado las directrices del Gobierno como plataforma para un acuerdo de paz definitivo con Israel. A pesar de los fallos israelíes, los árabes no estaban de ningún modo maduros para un acuerdo de ese calibre. La prueba es que una tentativa estadounidense más inequívoca en las mismas líneas de la decisión del Gabinete israelí pronto sería rechazada por los árabes y sus patrones soviéticos.

La Cumbre de la Liga Árabe en Jartum a finales de agosto de 1967 reflejó los difíciles dilemas del bando árabe. Se hallaban en mitad de una dolorosa transición, por bien que llena de ambigüedades, hacia una nueva etapa en su actitud con Israel. La antigua retórica antisionista no desapareció, por supuesto, pero aun así pudo detectarse los primeros brotes de una disposición a contemplar un arreglo táctico con Israel. Cierto que la retirada de Israel de los territorios ocupados debía ser incondicional, insistían. Un acuerdo de paz completo con el recuerdo de al menos tres debacles militares sucesivas —1948, 1956, 1967— todavía fresco en la memoria era de todo punto inconcebible. Es posible que Jartum no fuera una Cumbre de rechazo absoluto, como ha demostrado el profesor Yoram Meital en un excelente artículo, pero de todas formas selló el destino de las directrices de paz israelíes del 19 de junio. Los célebres tres «noes» de Jartum —ni reconocimiento de Israel, ni negociaciones, ni paz con él— eran al parecer algo menos categóricos de lo que se antojaban. Sin embargo, el estado de ánimo israelí no estaba como para emprender una interpretación talmúdica de la letra pequeña del protocolo y las resoluciones de la Cumbre.

Y la letra pequeña era que Nasser y Hussein, en efecto, dirigieron la Cumbre hacia cauces menos radicales que los palestinos y los sirios, hacia un reconocimiento de que la recuperación inmediata por medios militares de las tierras árabes ocupadas era del todo irrealista. En consecuencia, había que dar prioridad a la opción diplomática. El rey Hussein se demostró un hombre de palabra. En su encuentro del 2 de julio de 1967 en Londres con el emisario de Levi Eshkol, el general Herzog, se había comprometido a actuar por su cuenta y negociar con Israel si en la cumbre no lograba alcanzar una postura árabe común por la paz. En Jartum, luchó por su punto de vista y consiguió obtener la luz verde que deseaba de sus homólogos árabes, gracias, hay que reconocerlo, al respaldo de Nasser. Jartum fue pues, probablemente, la primera vez en la historia que la Liga Árabe contemplaba el principio de una solución política al conflicto árabe-israelí.

Lo hizo, sin embargo, por motivos estrictamente tácticos y bajo la tensión de una ausencia de opción militar inmediata. El lúcido análisis de Nasser era sencillo: si los árabes esperaban a estar en condiciones de derrotar a Israel, para entonces los israelíes habrían «israelizado» los territorios y hecho su recuperación prácticamente imposible. El vacilante coqueteo de los árabes con la diplomacia de paz debía tener sus límites, no obstante. En primer lugar, dejaron claro que, si fracasaban en su intento pacífico de «eliminar los rastros de la agresión» según los definían ellos, habrían conseguido la legitimidad internacional necesaria para pasar a la fase militar. En segundo lugar, los árabes esperaban recobrar sus territorios perdidos sin tener que negociar con Israel, reconocerlo o firmar la paz con él. Nasser ni siquiera quiso comprometerse a la «no beligerancia» de manera inequívoca. «El precio de la no beligerancia —le dijo al secretario general Brezhnev— convertirá nuestra derrota en una doble derrota.»

Aunque Nasser se posicionara en Jartum como vacilante iniciador de lo que podía convertirse en un cambio drástico en la estrategia de Egipto, todavía no estaba madura en su mente una fórmula potencialmente apetecible a ojos de Israel para una paz completa por separado con cada uno de sus vecinos árabes. Eso tendría que esperar a Sadat. Sin embargo, Nasser señaló sin duda el principio de un camino que Sadat tomaría con pasos mucho más decididos e inequívocos, a fecha tan temprana como 1971-1972, es decir, antes incluso de recuperar el orgullo de Egipto en la guerra del Yom Kippur. Se remitiría entonces al legado más sorprendente y alentador de Jartum, uno que iba a echar raíces profundas en el discurso árabe de los años siguientes. El llamamiento árabe encabezado por Nasser a la eliminación de los «rastros de la agresión» se refería a las tierras ocupadas en 1967 y por tanto podía interpretarse de manera implícita como un reconocimiento oblicuo de las fronteras de 1948. Y ése iba a ser, en verdad, el acuerdo inequívoco propuesto por Sadat: «toda la tierra», en referencia a las fronteras de 1948, por «toda la paz».

Como sistema fundamentado en los principios de la reforma y la vindicación de los derechos árabes, el régimen de Nasser no podía permitirse el lujo de consentir que las consecuencias de la derrota militar degeneraran en un statu quo insoportable. Jartum fue su intento de reconciliar lo irreconciliable: su necesidad de alcanzar la tregua necesaria para efectuar el programa de reformas de su régimen y de recobrar las tierras árabes perdidas sin ofrecer a cambio la paz a Israel, por un lado, con las expectativas absolutamente irrealistas de Israel de una paz completa a cambio de una retirada sólo parcial de las tierras ocupadas y sin abordar de manera cabal la cuestión palestina, por el otro. Se trataba de un círculo que no había modo concebible de cuadrar.

Era impensable que el eufórico Gobierno israelí —Nasser habló en julio de 1968 de un «enemigo ebrio de victoria»— renunciara a las tierras árabes ocupadas sin negociaciones, sin conseguir el reconocimiento árabe y a cambio de un ambiguo estado de no beligerancia en lugar de un tratado de paz completo. La interpretación israelí de Jartum no era del todo inverosímil cuando afirmaba que la guerra, no la paz y el reconocimiento mutuo, seguía siendo la prioridad estratégica de los árabes. En cualquier caso, Nasser no esperó demasiado antes de desesperar de un proceso político. «Debemos ser nosotros quienes liberemos nuestra tierra por la fuerza de las armas», declaró el presidente egipcio en febrero de 1968. Es una verdad palmaria que en aquellos años Israel cometió un error fatal al sucumbir a un estado de ánimo chovinista y adoptar la altivez del vencedor todopoderoso. Aun así, tampoco estaban entonces los árabes maduros para una tentativa que atajara la peligrosa deriva hacia otra guerra. Rechazaron las ideas del 19 de junio del presidente Johnson para un acuerdo, ideas que no diferían en esencia de las aprobadas por el Gabinete israelí ese mismo día. A la *Sedanlaghen* de Israel, «la sonrisa del Sedán», por utilizar la expresión que reflejaba la sensación de arrogante superioridad de Prusia sobre Francia tras su victoria de 1871 en aquella localidad, los árabes respondieron con una actitud que Israel percibía comprensiblemente como un intento de arrebatarle los territorios ganados en una justa guerra de defensa pero sin siquiera corresponder con el reconocimiento, por no hablar ya de la paz.

Las consignas de Jartum sirvieron de conveniente pretexto para aquellos israelíes, entre ellos los ministros que habían votado a favor de las directrices de paz del 19 de junio, que albergaban sueños íntimos de un reajuste significativo de las fronteras del país en todos los frentes. En cuanto a Israel, no perdió tiempo en retirar sus directrices de paz. En respuesta a lo que interpretaba como las resoluciones intransigentes de Jartum, el Ejecutivo de Eshkol canceló su decisión del 19 de junio y anunció que cualquier futuro acuerdo de paz tendría que satisfacer sus necesidades en cuanto a «fronteras seguras», un nuevo eufemismo para el rechazo de las líneas del 4 de junio de 1967. Y sólo cuando una Resolución del Consejo de Seguridad de la ONU hubiese hecho suyo este eufemismo Israel estaría dispuesto a suscribirla. La ambigüedad de construcción de la Resolución 242 del Consejo de Seguridad de noviembre de 1967, que reclamaba una paz basada en la restitución de «territorios» en lugar de «los territorios», permitió que Israel afirmara que habría que modificar las fronteras en todos los frentes como condición para la paz, y concedió espacio de maniobra para su diplomacia de posguerra. La Resolución 242 fue el resultado de la necesidad de encontrar una fórmula que reconciliara las irrealistas expectativas israelíes de conseguir una paz completa por algo que no fueran todos los territorios, y el empeño de los árabes por una restitución plena de tierras a cambio de un aguado estado de no beligerancia.

Como haría Henry Kissinger en 1973, los asesores del presidente Johnson en 1967 asumieron la premisa de que una guerra en Oriente Próximo no era inherentemente negativa para la causa de la paz. Una crisis es siempre una oportunidad, pues tiene el potencial de aflojar patrones rígidos y abrir nuevas puertas, por usar la expresión del vicesecretario de Estado Eugene Rostow. Su hermano Walt Rostow, asesor especial del presidente, sugirió ya el primer día de la guerra un acuerdo posbélico basado en «cambiar los territorios recién adquiridos de Israel por concesiones árabes». El concepto de «tierra por paz», destinado en verdad a poseer una muy larga vida en el proceso pacificador de Oriente Próximo, nació el día mismo en que Israel empezaba a extender su territorio más allá de las líneas de los armisticios.

«Un acuerdo general» era lo que el presidente Johnson tenía en mente cuando hizo público su plan de paz —el primero de una larga serie de intentos presidenciales frustrados de resolver los temas centrales del conflicto árabe-israelí— el mismo día, 19 de junio, que Israel aprobaba sus propias directrices de pacificación. El del presidente era un programa que proponía la restitución de las tierras ocupadas sobre la base del reconocimiento de la integridad territorial y la independencia de todos los estados de la región, la libertad de navegación y una solución para el problema de los refugiados palestinos. Coincidiendo como coincidía con los puntos esenciales de las directrices de paz israelíes, tanto el primer ministro Eshkol como el ministro de Asuntos Exteriores Eban no pudieron por más de reaccionar con una actitud favorable. Sin embargo, los árabes y sus patrones soviéticos rechazaron de plano el concepto presidencial de tierra por paz. La reducción del problema palestino a una cuestión de refugiados tampoco resultaba demasiado apetecible para los árabes, por no hablar de los propios palestinos. La posición soviética y árabe era tan sencilla como absolutamente irrealista, y desde luego comprensiblemente inaceptable tanto para Israel como para Estados Unidos: retirada sin condiciones, un sencillo retorno al viejo statu quo prebélico.

Ninguna de las partes en conflicto estaba especialmente contenta con las fórmulas oblicuas y nebulosas de la Resolución 242, y los que menos los palestinos, cuyo problema el documento reducía a un drama humano de refugiados. El rotundo rechazo de la OLP a la Resolución 242 fue una manifestación adicional de que la lucha de los palestinos sería a partir de entonces independiente de la estrategia diplomática de los árabes. Los palestinos estaban a punto de distanciarse de su posición de instrumento en manos de los estados árabes y pasar al de sujeto independiente en la historia de Oriente Próximo. Desde la debacle de 1936-1939 y la posterior Naqba de 1948, los palestinos habían perdido toda independencia como movimiento nacional y habían desaparecido del escenario regional en cuanto actores autónomos. La guerra de 1967, la derrota de los ejércitos árabes que acarreó la pérdida de una opción militar creíble en el futuro inmediato y la relegación del problema palestino a los márgenes del proceso de paz en la región por parte de la Resolución 242 señalaron el principio de una nueva etapa en la historia del nacionalismo palestino.

Levi Eshkol, el primer ministro que había gobernado Israel en la guerra de los Seis Días, era un hombre afable, de compromiso y diálogo, probablemente la figura menos indicada para la posición de líder heroico en tiempos de guerra. No fingía cuando le confesó con humildad a Lyndon Johnson en su visita al presidente en Texas que «no me siento un triunfador jactancioso, ni he abordado la lucha por la paz desde el papel de vencedor». Pese a ello, después de la guerra no logró mejorar de ningún modo significativo las posibilidades de un entendimiento con el mundo árabe. Eshkol apoyó con firmeza una autonomía palestina en Cisjordania, y ni siquiera descartó la posibilidad de un Estado y una soberanía palestinos, o como alternativa, un acuerdo con el rey Hussein basado en modificaciones fronterizas en Cisjordania. Aun así, sucumbió a una política no declarada de anexión soterrada. Es reveladora la anécdota de que el general Sharón, enfrascado por aquel entonces en el traslado del grueso de los campamentos de adiestramiento militar israelíes a Cisjordania, recomendara a un analista militar clave, Zeev Schif de *Haaretz*, que se moderara en sus críticas a Eshkol en los medios de comunicación porque, dijo, «es bueno para Israel tener hoy un primer ministro débil» (*Haaretz*, 19-11-04). Incapaz de atajar la marea nacionalista, recaído en el inmovilismo diplomático tras la cumbre de Jartum e imposibilitado de mediar entre aquellos de su Gobierno que oscilaban entre una opción palestina y una jordana para Cisjordania, falleció en febrero de 1969 sin dejar tras de sí un legado claro en cuestiones de pacificación.

Sin embargo, no hay que perder de vista el lado árabe de la ecuación fatal que iba a conducir a israelíes y árabes a otra guerra más. Israel se equivocaba al dar por sentado que podía adquirir nuevas tierras y tener paz al mismo tiempo. Los árabes abrazaban su propia ilusión: esperaban recuperar sus territorios sin ofrecer paz a cambio. La persistente búsqueda de un propósito nacional y panárabe de Nasser y la creencia de los baazistas sirios de que sólo a través de una combinación de revolución social y confrontación directa con Israel podría recuperarse los territorios perdidos, resolverse el problema de Palestina y crearse una nueva y vigorosa nación árabe, alimentaron el ciclo de rechazo y dieron argumentos al inmovilismo árabe. La soberbia de los israelíes y la sensación de humillación de los árabes se demostraron una combinación fatal. Las condiciones no estaban sencillamente maduras para grandes avances; los líderes no estuvieron a la altura del desafío y carecieron de la sabiduría y el valor necesarios para confesar a sus pueblos la sencilla elección entre la guerra y la paz. Trágicamente, los dirigentes con visión de futuro eran un bien escaso en la posguerra inmediata de 1967.

La sucesora de Levi Eshkol, Golda Meir, iba a empeorar si cabe las cosas. Era una dama de hierro intransigente, testaruda y convencida de su superioridad moral que convirtió el inmovilismo político, la sensación de rectitud y la complacencia en un sistema de Gobierno. Su incapacidad o desgana para cuestionar la postura de los militares, que eran al menos tan complacientes como ella, y el apoyo que recibió de sus estrechas relaciones con el presidente Nixon, que estaba más por la labor de frenar la penetración soviética en Oriente Próximo que por la de sacar adelante una paz árabe-israelí, hizo de su legislatura una pendiente casi inevitable hacia la guerra. La señora Meir declaró su política de buen principio y se mantuvo fiel a ella hasta el dramático final: Israel no se retiraría a las líneas de 1967 y ningún soldado israelí se movería de su posición actual a menos que se hiciera en el marco de un acuerdo de paz.

Como era de esperar, la primera ministra hizo todo lo posible por frustrar la iniciativa de William Rogers de diciembre de 1969 que reclamaba la retirada de Israel a la frontera internacional con sólo «modificaciones menores». El que el plan exigiera que Egipto suscribiese un mero «compromiso específico con la paz» en lugar de acceder a un tratado con todas las letras fue un grave fallo del secretario de Estado Rogers, que sirvió de motivo adicional para que el Gobierno anunciara su «rechazo rotundo» del plan. Israel lo veía como un intento de las dos superpotencias de imponer un acuerdo en un momento en que la guerra de desgaste iniciada por Egipto en el canal de Suez estaba evolucionando, al menos en sus etapas iniciales, hacia otro fracaso más de los clientes egipcios de la Unión Soviética. La evidente discrepancia de voces entre el Departamento de Estado y la Casa Blanca, con Henry Kissinger como arquitecto de la política exterior del presidente más preocupada por frenar a los soviéticos que por desenmarañar el enredo árabe-israelí, le puso más fácil a Golda Meir desbaratar el Plan Rogers.

No obstante, la verdad es que el Plan nació muerto y que, una vez más, la actitud de rechazo a ultranza fue cosa de dos. Egipto ya se había desentendido de la mediación de Gunnar Jarring con su negativa a contemplar un «tratado de paz» con Israel. En su respuesta al enviado de la ONU incluso rescató del olvido la Resolución 181. Nasser también rechazó de plano el Plan Rogers. No aceptaría una paz por separado con Israel ni la desmilitarización de la península del Sinaí. No estaba dispuesto, de ningún modo, a plantearse la paz sobre la base de una derrota militar. Su principal preocupación en aquel momento no era cómo negociar un compromiso razonable con Israel, sino cómo adquirir armas sofisticadas de la Unión Soviética para borrar el impacto de la derrota de 1967.

La intransigencia de Nasser, su éxito al chantajear a los soviéticos para que le suministraran nuevas armas —les advirtió de que su dimisión podía allanar el camino a un presidente proamericano en Egipto— y el subsiguiente derrumbe de la iniciativa Rogers condujeron de manera directa a la sovietización de la guerra de desgaste. Para enero de 1970 ya había 40.000 asesores militares rusos en Egipto. A todos los efectos prácticos, eso conduciría a la derrota de Israel en la guerra de desgaste, porque en un momento dado se desplegó el sistema de misiles antiaéreos soviéticos SAM a lo largo del Canal e Israel se vio obligado a interrumpir sus incursiones aéreas contra objetivos estratégicos del interior de Egipto. La batalla por la Línea Bar-Lev se había convertido de repente en un dilema casi existencial, dentro de una guerra contra la Unión Soviética que, pese a la inyección de moral que supusieron algunos éxitos de pilotos israelíes en duelos contra aviadores enemigos, Israel por supuesto no se podía permitir.

La protesta civil en tiempos de guerra no era lo que se dice una tradición israelí. La guerra siempre era percibida como un *Ein Brera*, un último recurso con el que la nación se identificaba de manera invariable. La guerra de desgaste fue la primera en romper ese patrón de coincidencia casi total entre el frente y la retaguardia nacional. La política de inmovilismo de Golda Meir socavó, por primera vez en Israel, la convicción popular sobre la necesidad inevitable de la guerra. Además, el alto precio que estaba pagando el país en términos de bajas a lo largo del Canal empezaba a erosionar la complaciente actitud de invulnerabilidad de los israelíes. Por primera vez en la historia del Estado judío, segmentos clave de la población desencadenaban oleadas de protesta popular contra la peligrosa inercia política del Gobierno. A pesar del recién adquirido imperio de Israel, 1967, como demostraba la guerra de desgaste, no había cambiado en absoluto los factores esenciales de la disputa árabe-israelí como conflicto entre un Estado judío pequeño y asediado, cuyo tendón de Aquiles siempre ha sido su escasa capacidad para soportar bajas, y un inmenso océano árabe cuyos recursos humanos eran infinitos. Dos años después de su asombrosa victoria en 1967, Israel volvía a parecer una nación cercada, atrapada en sus propias contradicciones y sumida en una profunda crisis moral.

Malkat Ha-ambatia («La reina del baño»), la obra de Hanoj Levine estrenada en un teatro de Tel Aviv en 1970, fue la más sonora y articulada, pero digamos también escandalosa, expresión del desespero de la joven generación con una guerra que no terminaba nunca y con unos políticos y generales siempre contrarios o reacios a alejarse de una lógica de guerra permanente. En la obra, el soldado caído pone en duda la mitología tradicional de heroísmo y sacrificio de la nación. Dirigiéndose a su padre, dice:

> *Y no digas que hiciste un sacrificio,*
> *porque el que ha hecho un sacrificio soy yo,*
> *y no hables más con palabras elevadas,*
> *porque yo más bajo no puedo estar, padre.*
>
> *Querido padre, cuando estés ante mi tumba*
> *viejo y muy solitario,*
> *y veas cómo entierran mi cuerpo en el polvo,*
> *sólo pídeme perdón, padre.*

¡Qué lejos de la exaltación nacionalista que se apoderó de la nación entera a resultas de la guerra de los Seis Días! ¿Responderían los políticos al creciente anhelo de paz de la nueva generación?

Desde luego que no. La «reina del baño», la primera ministra Golda Meir, fue lo bastante franca para admitir en una entrevista para la revista *Newsweek*, en un momento en el que no era del todo inasequible a la capacidad humana detectar la posibilidad de otra guerra general si persistían las políticas de obstinado inmovilismo, que como líder no la movía necesariamente un espíritu de estadista, sino sus «complejos». «Es cierto, tenemos un complejo de Masada, tenemos un complejo del pogromo, tenemos un complejo de Hitler», declaró al *Newsweek* unos meses antes de la ofensiva sorpresa del Yom Kippur del Ejército egipcio contra la Línea Bar-Lev. Fue esta psicología de «Masada», no ceder nunca y nunca hacer compromisos, encarnada en la persona de la primera ministra, la que según cada vez más gente había llevado a los líderes a pasar por alto una oportunidad tras otra de romper el ciclo de guerras.

Israel se negó a extraer las necesarias lecciones militares y políticas de la guerra de desgaste. Su insistencia en dos únicas opciones, una paz completa con una retirada parcial o un statu quo insostenible, era la receta para una deriva inevitable hacia la guerra. Al igual que en la posguerra de 1948, Israel estaba dispuesto a emprender negociaciones sólo sobre la base del statu quo posbélico. A Jarring se le dijo explícitamente en febrero de 1971 que Israel «no se retirará a las líneas anteriores a junio de 1967». El error de Israel se hizo más evidente cuando el presidente Sadat, en lo que Guideon Rafael, alto funcionario del Ministerio de Asuntos Exteriores de Israel, definió con acierto como «avance de gran calado», por primera vez en la historia del conflicto comprometió a Egipto, en su respuesta a las preguntas de Jarring, «a entrar en un acuerdo de paz con Israel». El compromiso de Sadat puede verse como una respuesta tardía a las directrices de paz israelíes del 19 de junio de 1967 o como una corrección, por así decirlo, de los célebres tres «noes» de Jartum. Lo trágico era que a esas alturas el Gobierno israelí había derivado más aún hacia la derecha.

La miopía israelí se hace más imperdonable todavía cuando uno se da cuenta de que sus líderes eran plenamente conscientes de la osadía del movimiento de Sadat. Tanto Golda Meir como Moshé Dayan se vieron obligados a reconocer el cambio revolucionario en la posición de Egipto. En una entrevista con el *Times* de Londres la primera ministra admitió que Sadat era «el primer líder egipcio en declararse dispuesto a firmar la paz». Dayan creía que aquélla era una situación nueva por completo que pedía una «evaluación cuidadosa», evaluación que nunca se realizó. De hecho, la respuesta de Sadat a Jarring fue incluso más allá: indicó que Egipto quería una retirada israelí de todas las tierras árabes ocupadas, pero no vinculó la disposición de Egipto para la paz a la retirada del resto de frentes. Sadat anticipaba en la práctica las premisas sobre las que cerraría un acuerdo por separado con Israel en la Cumbre de Camp David.

El Gabinete de la Sra. Meir no estuvo a la altura del dramático desafío planteado por Anwar Sadat. En la misma entrevista del *Times* de

Londres en la que reconocía lo osado de la respuesta del presidente egipcio a Jarring, la primera ministra seguía insistiendo en que Israel «debía tener» Sharm el-Sheij, en que Egipto «no podía volver» a Gaza y en que los Altos del Golán y gran parte de Cisjordania, incluida la Jerusalén unida, debía permanecer bajo control de Israel. En otra ocasión también se tomó la libertad de decir que «Sharm el-Sheij no le sirve a los egipcios para nada en absoluto». Haría falta el trauma del Yom Kippur para que Israel firmara la paz bajo las mismas condiciones que con tanta altivez rechazaba en ese momento la Sra. Meir. Oriente Próximo no es un tablero donde puedan dejarse pasar oportunidades sin castigo. Un desafío que no se afronta en el momento en que se plantea jamás se repetirá bajo las mismas condiciones. Es posible que reaparezca, si lo hace, en términos deteriorados.

En su desesperado intento por atajar la marea que lo llevaba a la guerra, Sadat debería reclamar el título de haber sido el primero en introducir en la política de la pacificación en Oriente Próximo el concepto de los acuerdos de ínterin, de un proceso por partes. En febrero de 1971 propuso una retirada parcial israelí del Canal, que entonces se abriría al tráfico internacional como primera fase hacia la puesta en práctica de la Resolución 242 del Consejo de Seguridad. Eso suponía abandonar el por el momento imposible rumbo de un acuerdo final, a favor de una filosofía de arreglos provisionales que ayudaran a acumular la necesaria confianza entre las partes, como preludio a un acuerdo definitivo.

El movimiento de Sadat también lo convertía en el primer presidente egipcio en apreciar plenamente que la paz con Israel requeriría los buenos oficios de Estados Unidos y, por tanto, exigiría una revolución diplomática egipcia, es decir, el paso de una alianza soviética a una americana basada en el reconocimiento del ascenso de Estados Unidos a la posición de principal agente en la política de Oriente Próximo. Una diplomacia de paz fiable, pues, exigía una mejora de las relaciones con Estados Unidos y, a su debido tiempo, tal vez incluso una asociación estratégica con él. Sadat señalaba así con claridad la estrategia que a la larga lo llevaría a firmar la paz con Israel en Camp David bajo los auspicios de un presidente americano. La Unión Soviética, comprendió, podía ofrecer a los árabes las herramientas para la guerra, pero sólo Estados Unidos podía ofrecerle Israel. Por lo que tenía de alejamiento de las concepciones panárabes nasserianas, no era de extrañar que la vieja guardia de Nasser se opusiera al revolucionario cambio de estrategia de Sadat. Alí Sabri, secretario general del partido oficial del régimen, la Unión Socialista Árabe, y un grupo de ex ministros de los gobiernos de Nasser fueron purgados o dimitieron por su propia voluntad a resultas de la oferta de paz de Sadat en febrero de 1971.

Sin embargo, la intransigencia de Golda Meir dio al traste también con esa última iniciativa. Cuesta imaginarse un abismo mayor que el que existía entre el ingenioso estratega de la paz, el estadista creativo y visionario hasta la compulsión que era Sadat, y el trivialmente inmóvil Gobierno encabezado por la Sra. Meir. La primera ministra no pensaba consentir el despliegue de fuerzas egipcias en la orilla oriental del Canal y no pensaba aceptar la estipulación de que el acuerdo provisional debería ser un paso hacia la puesta en práctica de la Resolución 242 del Consejo de Seguridad. De hecho, la Sra. Meir quería el compromiso de Egipto de terminar con el estado de beligerancia con Israel ya en el marco del acuerdo de ínterin, y antes de cualquier compromiso israelí relativo a la naturaleza del acuerdo definitivo, una postura que se antojaba irrazonable no sólo a Egipto sino a los aliados estadounidenses de Israel. En el invierno de 1971, Israel fue sin ninguna duda responsable de la subversión de una oportunidad única para la paz, y Golda Meir debería cargar con la parte principal de las culpas.

El rechazo de esta última tentativa señaló para Sadat el principio de la cuenta atrás hacia la guerra. En mayo de 1971, firmó un acuerdo con los soviéticos en virtud del cual éstos comprometían la necesaria asistencia militar para, según decían, eliminar las «consecuencias de la agresión israelí». Cuando más adelante descubrió que los soviéticos eran reacios a permitirle romper el fuego y además se barruntó que conspiraban con los americanos para congelar la situación de «ni paz ni guerra», Sadat no vaciló, en julio de 1972, en expulsar a los asesores militares rusos de Egipto. Sin embargo, como solía suceder en aquellos años de ebriedad militar y política, Israel malinterpretó la maniobra. Lo que para él era una etapa hacia la guerra Israel lo interpretó como el abandono de la opción militar por parte de Egipto.

Fue a todas luces Israel el que no perdió una oportunidad de perder una oportunidad en aquellos años del dramático cambio en el pensamiento estratégico de Egipto, de la confrontación a la pacificación. El error fatal de Israel fue dar por sentado que, puesto que los árabes se habían quedado sin opción militar, se verían obligados a llegar a un arreglo conforme a los términos de Israel. Sin embargo, Egipto era entonces lo que el propio Henry Kissinger había definido en su estudio de la Europa de Metternich como una potencia revolucionaria, es decir, una potencia tan frustrada y tan claramente insatisfecha con el statu quo que haría cualquier cosa, incluso ir a la guerra, para deshacerlo. Egipto como nación y especialmente, por supuesto, su elite intelectual, bullía con una sensación de frustración y humillación nacional que sólo una guerra de revancha contra los arrogantes israelíes podía curar. «Si vuestra inteligencia militar hubiese leído la poesía egipcia después de 1967, habríais comprendido que la guerra de 1973 era inevitable. Todo buen oficial de inteligencia debe leer poesía.» Ésa fue la lección que el intelectual egipcio Hussein Fawzi le enseñó al poeta israelí Haim Guri en 1977.

Sin embargo, los israelíes permanecieron ciegos y ebrios en todo momento. «Nunca hemos estado mejor», declaró la complaciente primera ministra durante su visita a Washington en marzo de 1973. Un mes más tarde, su ministro de Defensa anunció, desde la cima de la espectacular Cumbre de Masada, un enclave que siempre ha despertado en los israelíes los instintos más alucinatorios, mesiánicos e incluso suicidas, que «ha nacido un nuevo Estado de Israel con fronteras más amplias». Israel era presa de «un clima de exuberante suficiencia que empezaba a bordear lo fantasioso», como diría Abba Eban. Semejante estado de ánimo era, por supuesto, un preludio imposible para la paz, ni siquiera para el avance más leve.

Cisjordania, a diferencia del frente egipcio, no estaba madura todavía para una guerra total o para su equivalente palestino, la Intifada. Sin embargo, las políticas anexionistas de Israel en Judea y Samaria y el vacío de liderazgo en los territorios palestinos no hicieron sino agudizar el impulso israelí de producir hechos consumados. Podría recordarse que ya en julio de 1967 Eshkol contemplaba un pacto de autonomía para los palestinos del que ni siquiera descartaba, como confesó en un congreso de su partido, que diera paso a un Estado. En el Consejo de Ministros habló de «la creación de un movimiento para un Estado independiente en Cisjordania». Sin embargo, ni él fue lo bastante decidido en la presentación de sus proyectos de paz ni se abordó seriamente a los palestinos locales con una propuesta israelí que no pudieran rechazar.

El trágico error de Israel fue no darse cuenta de que su gobierno directo sobre los palestinos tenía más posibilidades de desencadenar sus sentimientos nacionalistas y espolear el movimiento por su independencia que el cuidadoso, aunque siempre frágil y precario, equilibrio entre las identidades transjordana y palestina que el reino hachemita con tanto esfuerzo se las había ingeniado para mantener desde su anexión de Cisjordania. Derrotados y humillados por Israel, los Estados árabes habían perdido, por el momento, su voluntad de combatir al enemigo sionista. Así, la OLP se convirtió en la vanguardia de la lucha árabe contra Israel. En cuanto acabó la guerra, la OLP empezó a organizar operaciones de guerrilla en toda Gaza y Cisjordania. En julio de 1968 se inauguró una nueva variedad de terrorismo palestino con el secuestro de un avión de El Al que se desvió a Argel. Durante el otoño y el invierno de ese mismo año explotó un coche bomba en Jerusalén, hubo un atentado en la estación central de autobuses de Tel Aviv y los pasajeros de El Al fueron el blanco de un comando terrorista en el aeropuerto de Atenas.

Se inauguraba una etapa nueva por completo en la lucha por Palestina, en la que la OLP consiguió arrastrar a Israel a una guerra total a escala global. El 27 de diciembre de 1968, en respuesta a la operación de la OLP en Atenas, la FDI realizó una incursión sobre el aeropuerto internacional de Beirut y destruyó catorce aviones pertenecientes a compañías árabes. Como era ya típico, la escala del ataque ordenado por Dayan y ejecutado por el Ejército fue mayor que la aprobada por el Gobierno. Cisjordania y Líbano iban a ser el campo de batalla inmediato de lo que se estaba convirtiendo a todas luces en una guerra sucia. Al-Fatá echó raíces en toda la Cisjordania ocupada y arrastró a Israel a una guerra que no ha cesado desde entonces.

La Operación Karameh de marzo de 1968 —una incursión masiva israelí en la ribera oriental del Jordán donde tuvieron lugar encarnizadas refriegas contra unidades de Fatá y fuerzas regulares jordanas que terminaron con serios reveses para la FDI— fue un gran hito en la lucha de los palestinos por el reconocimiento internacional. La actuación de los palestinos a las órdenes de Arafat en el campo de batalla de Karameh —que curiosamente significa «honor» en árabe— iba a tener trascendentales consecuencias. Al suponer una especie de victoria para su bando en un momento en que el recuerdo de la humillante desbandada de los ejércitos árabes estaba todavía tan fresco en todas las memorias, Karameh simbolizó el ascenso de la OLP al primer plano. Arafat se convirtió desde entonces en un héroe panárabe, y su retrato ocupó la portada de cualquier periódico y revista de importancia en Occidente. Para los árabes él había triunfado donde Gamal Abd el-Nasser fracasó, porque fue capaz de hacer más daño a la imagen de los arrogantes israelíes que todos los ejércitos árabes juntos. Karameh también enseñó a los israelíes que, aunque estaba claro que la OLP había fracasado en su intento de provocar una rebelión popular en los territorios palestinos, se estaba librando contra ellos un nuevo tipo de guerra. A Israel le hicieron falta décadas para darse cuenta de que era una guerra que no podía ganarse por medios militares. Sólo era asequible a una solución política.

Sin embargo, las actitudes y condiciones políticas predominantes tras la guerra de 1967 no ofrecían el entorno necesario para el tipo de solución política que las partes empezarían a concebir sólo después de haber agotado tantos otros caminos erróneos. Tampoco eran propicios para un arreglo, o para hacer que las partes asumieran la urgente necesidad de una solución política, los malentendidos que seguían separando a israelíes y palestinos. Las mitologías nacionalistas siempre han sido malas consejeras para una era de paz, aunque sin duda sean poderosos motores en tiempos de guerra. Tanto los israelíes como la OLP estaban más ocupados alimentando el motor del conflicto que ideando caminos creíbles para su solución.

La nueva y combativa OLP de finales de los años 60 se inspiró profundamente en la lucha del FLN contra el dominio francés en Argelia. La idea era que la ocupación sionista sería desmantelada por el mismo tipo de lucha armada popular que había obligado a los franceses a salir de su colonia y provocado la evacuación de más de un millón de colonos europeos. Para los palestinos y sus partidarios en la izquierda europea el caso argelino era también una ilustración ejemplar de la naturaleza del sionismo como movimiento colonial. El argumento era que el dominio sionista, como la ocupación francesa de Argelia, se basaba en la represión brutal de la población local, el control de los recursos naturales y humanos del país por parte de una minoría extranjera, la discriminación cultural y racial de la nación ocupada y la existencia de todo un sistema de segregación económica y física. Además, al igual que la derrota de los franceses fue hecha inevitable, entre otros motivos, por su declive demográfico, los israelíes estaban también condenados a perder esa carrera.

Hasta el surgimiento de la OLP como el formidable enemigo en que se convirtió, los israelíes no cobraron una conciencia seria del dilema palestino. Durante años habían reprimido la existencia de un problema nacional palestino. Ahora, en los primeros días de su ocupación de Cisjordania, perduraba la misma actitud. Era como si hubieran llegado a una tierra vacía donde sólo importaran su memoria y sus anhelos religiosos. La población autóctona palestina, centenares de miles de ellos refugiados de la guerra de 1948, todavía era inexistente como pueblo con un derecho inalienable sobre la tierra que habitaba, por no hablar de como nación con derechos políticos. Cuesta encontrar una expresión más poéticamente poderosa del desdén de los israelíes por la presencia palestina en Palestina que los versos de Naomi Shemer en su «Jerusalén de Oro». Escrito justo antes de la guerra de 1967, se convirtió en una especie de himno extraoficial de la nación exaltada en sus horas de victoria, en su reencuentro con los viejos paisajes de Eretz Israel y la capital sagrada, Jerusalén. Naomi Shemer escribió que «El mercado está vacío y nadie visita el Monte del Templo en la Ciudad Vieja». Las decenas de miles de árabes que vivían y se movían en torno a esos lugares y atestaban a diario los callejones de la Ciudad Vieja eran «nadie», y el mercado estaba «vacío». Sólo la presencia judía importaba, pues sólo los judíos podían «llenar» o «poblar» el mercado.

Los palestinos actuaban como una imagen especular de sus enemigos israelíes. También compartieron el conveniente pecado de la ceguera selectiva y el desentendimiento. No exactamente poética, pero poderosa pese a todo, fue la afirmación de la Alianza Nacional Palestina de la OLP que negaba cualquier vínculo judío con Palestina y cualquier reclamación de ser «una nacionalidad con identidad propia». El nuevo liderazgo palestino seguía negando la evidencia de la existencia de Israel mismo como nación, no ya como un auténtico, potente y resuelto movimiento de liberación nacional que en 1948 fue lo bastante fuerte para imponerse contra los ejércitos árabes invasores y despedazar la comunidad árabe entera en Palestina, y ahora en 1967 había derrotado a tres poderosos ejércitos árabes y completado en Cisjordania el «trabajo pendiente» de 1948, y prefirió asumir el discurso panárabe nasserita. Medida de los errores y la incompetencia de los líderes y sociedades árabes, Israel y el sionismo exponían su incapacidad para estar a la altura de la capacidad del Estado judío. Convenía por tanto retratarlo a través de metáforas antisemitas y colonialistas como un Estado cruzado artificial que estaba condenado a la extinción, o como una versión local de los *pied-noirs* franceses de Argelia.

Israel aspiraba a tener el mejor de los mundos en Cisjordania, es decir, a controlar la seguridad hasta el río Jordán y a apoderarse de tierra para asentamientos y fines estratégicos sin tener que cargar con el gobierno directo de la población palestina. Tal era la esencia del Plan Allon —tener toda la tierra posible con el menor número de árabes posible— que se lanzó ya el 26 de julio de 1967. Aunque nunca fuera adoptado de manera formal por el Ejecutivo israelí, a todos los efectos prácticos se convirtió en el mapa aceptado de la seguridad nacional y de sus prioridades de asentamiento en Judea y Samaria, al menos hasta que la derecha llegó al poder en 1977 y desencadenó una política desenfrenada de asentamientos en zonas palestinas densamente pobladas.

No se encontraría a un solo palestino que suscribiera un plan como ése, y ningún líder local dócil estaría dispuesto a negociar una autonomía aguada conforme a los criterios del Plan Allon. Así es como nació la llamada opción jordana. Era un intento de esterilizar el problema palestino «jordanizándolo» en términos israelíes, es decir, trasfiriendo el poder a Jordania sólo en las zonas propuestas en un principio para la autonomía palestina.

Sin embargo, a pesar de los numerosos contactos entre los dirigentes israelíes y el rey Hussein, e incluso el cierto grado de intimidad que se desarrolló entre ellos, la opción jordana tal y como la concebían los israelíes sólo existía en su cabeza e imaginación. Nunca existió la menor posibilidad de que el rey la aceptara. Los israelíes querían que les sacara las castañas del fuego y lavara, por así decirlo, su ocupación de sectores considerables de Cisjordania, pero él no se prestó a ser su colaborador. La respuesta de Hussein al Plan Allon fue nítida: «totalmente inaceptable». Para él era todo o nada. La propuesta israelí de explorar la perspectiva de la paz con sus vecinos sobre la base de los hechos consumados, de un nuevo mapa —*Un nuevo mapa, otras relaciones* era en verdad el ilustrativo título de un libro escrito a finales de los años 60 por Moshé Dayan— no tenía ninguna posibilidad en absoluto de que una parte árabe legítima la aceptara.

Al formular sus políticas y abordar las iniciativas diplomáticas, Golda Meir contaba con el respaldo de un triunvirato político sumamente poderoso. Moshé Dayan, Yigal Allon e Israel Galili —el último fue el cerebro del documento Galili, que estableció las principales directrices de la anexión soterrada de Cisjordania— eran los representantes más auténticos del *ethos* sionista y laborista de tierra, asentamientos y seguridad. Al igual que Ben Gurión, querían explorar avenidas para la paz pero la paz no era su prioridad estratégica. Lo crucial era desarrollar y consolidar el Estado judío. En ese momento no lograron asumir lo que otro general laborista con el mismo perfil mental, Yitsjak Rabin, aceptaría sólo veinticinco años más tarde, es decir, que la paz, incluso una paz generosa y magnánima en términos de concesiones temporales, debería ser un pilar central de la seguridad israelí. Ellos todavía preferían confiar en las herramientas tradicionales de la empresa sionista: tierra, agua, inmigración judía y poderío militar.

Dayan y Allon eran los hijos pródigos de la generación de los padres fundadores de Israel. Fueron criados en la noción de echar raíces en un *yishuv* en continua expansión y de mantenerse firmes ante el enemigo árabe. Profundamente inmersos en las raíces bíblicas de la nacionalidad judía —*Vivir con la Biblia*, otro libro escrito por Moshé Dayan, fue una de las expresiones más auténticas de su historia de amor político-religioso, en ocasiones incluso pagano y erótico, con Eretz Israel—, los dos creían en el derecho inmanente del pueblo judío a la totalidad de Eretz Israel. Nacidos en la cultura granjera de un *moshav*, hablaban con frecuencia de Judea y Samaria en términos casi de propietarios. Eran los paladines del derecho de los israelíes a «comprar» tierra y «colonizarla», tal y como habían hecho los judíos en toda Palestina desde la Primera *Aliyá* en 1882. Eran ministros de un Estado soberano, pero no podían abandonar la cultura política revolucionaria del *yishuv*, donde imponerse al ocupante británico y a la población local era una filosofía de vida, como tampoco podían ser infieles a su mentalidad de soldados y colonos.

Allon y Galili eran miembros del movimiento de kibbutzim más activista y militante —Hakibbutz Hameuhad—, cuyo mentor espiritual era, convendría recordar, una de las figuras más curiosas del sionismo moderno, Yitsjak Tabenkin. Tabenkin era una especie de rabino laico, un ideólogo cuyos discursos y escritos equivalían casi a mandamientos religiosos para sus discípulos. Era un exponente de la fe inquebrantable en el socialismo del kibbutz, en la misma medida en que estaba comprometido con el derecho incontrovertible de los judíos a la totalidad de Eretz Israel. Hakibbutz Hameuhad fue también la cuna donde nació el Palmaj, los batallones de asalto de elite del *yishuv*. En los años 40 Allon fue comandante mitológico de ese cuerpo. No debería sorprender en absoluto que a pesar de ser una especie de moderado en lo relativo a producir ideas para un arreglo con los árabes —el Plan Allon fue un ejemplo—, se sintiera más identificado emocional y filosóficamente con el *ethos* de los asentamientos que cualquier político de derechas. Lo cual explica por qué votó en la Knésset contra las cláusulas de los Acuerdos de Camp David en las que los egipcios exigían que Israel desmantelara los asentamientos del norte del Sinaí.

Dayan era un tipo de hombre distinto. A diferencia de Allon, detestaba la disciplina de partido. Libre de lealtades políticas o convicciones firmes, sólo era fiel a sí mismo. Aunque fuera un brillante general en 1948, Allon nunca se convirtió en un líder carismático, y era incapaz de despertar emociones populares. Dayan, en cambio, ejercía una influencia magnética sobre la mente israelí. No sólo en el Gobierno una mayoría sin él no contaba, sino también en la nación en su conjunto. Para los israelíes no era tan sólo un político más, ni siquiera otra mente militar brillante en un país que destacaba en su producción; era el epítome idealizado de su perfil colectivo, el hombre nuevo definitivo de la revolución sionista. Se trataba de un hombre de contrastes que vivió con la espada en la mano pero a la vez fue capaz de demostrar recursos como estadista, como revelaría durante las conversaciones de paz con Egipto en Camp David. Allí, en Camp David, concluyó el ciclo vital de una vida extraordinaria, la de un hombre de paradojas, un símbolo del poderío militar que a la vez podía ser un estadista. Su creatividad y originalidad, su aguante y su carisma lo convirtieron en un héroe de la juventud israelí, el reflejo de las fuerzas místicas que daban razón de ser a sus vidas. Se sentían atraídos por Dayan, pero a la vez rechazados por él, un hombre que jamás padeció un exceso de amor por el prójimo. Era el príncipe de la israelidad, el orgulloso *sabra*, un modelo a seguir, pero también un cínico de manual. Supo manipular los nervios tribales de dos generaciones de israelíes, y su carisma tampoco se puso siempre al servicio de una buena causa. En el intervalo que condujo de 1967 a la guerra del Yom Kippur, sirvió para legitimar el statu quo y conducir a Israel a otra guerra más. Es imposible concebir el acuerdo de paz con Egipto sin él, pero a la vez es imposible escribir la historia de las guerras de Israel sin el hombre del parche negro en el ojo. Fue el arquitecto de la estrategia de guerra preventiva de Israel en la década de 1950 y el cómplice de Golda Meir en su rotundo rechazo a las oportunidades de paz previas a la guerra de 1973.

El escritor Amos Oz encontraba en Dayan un verdadero poeta de la experiencia de aquellos israelíes cuyas vidas habían transcurrido entre guerras y elegías por los muertos. La guerra y la muerte eran los temas recurrentes del discurso de Dayan. Era el héroe de guerra en una búsqueda permanente de la muerte. De ahí su pasión por el panegírico. Su discurso en el funeral de Ro'i Rutenberg, acribillado a balazos en la franja de Gaza, sólo puede compararse al panegírico de Pericles por los soldados caídos en la guerra del Peloponeso. Al mismo tiempo, hacía gala de una sensación de pesimismo al insinuar que las puertas de Gaza podían demostrarse una carga demasiado pesada para la generación de Ro'i, como si lo asaltaran las dudas sobre la capacidad de aquella generación de israelíes para emular a sus antepasados bíblicos. El hebreo de Dayan estaba empapado hasta la obsesión en el encanto absurdo de la muerte. Su nostalgia funeraria era sin duda el rasgo más importante de su alma atormentada. Él mismo no era inconsciente de esa sensación de tragedia y muerte en su personalidad, pues escribió en su autobiografía: «Mi nombre, Moshé, nació en la tristeza; me llamaron Moshé en honor al primer pionero que cayó en la defensa del kibbutz Degania, donde nací.»

En lo político, Dayan carecía de convicciones firmes; siempre dejaba todas las opciones abiertas. Era un hombre solitario, creativo y distante. Ocupó un ministerio con Golda Meir y Menájem Beguin, y nunca sintió un cariño especial por ninguno de los dos. Sin embargo, apreciaba el carisma y la autoridad de la primera. Dayan no andaba escaso de habilidades dialécticas para imponer sus ideas, pero siempre dejaba las decisiones más importantes en manos de otro, en este caso de Meir y Beguin, y así evitaba la responsabilidad. Tenía recursos y creatividad, pero no luchaba apenas nunca por sus ideas. Llama la atención que los padres fundadores del Estado siempre se vieran movidos a perdonarlo. Todos ellos eran judíos de la Diáspora, incapaces de resistirse al encanto de aquella última y gallarda mutación del genio judío. Ben Gurión lo mimó y le perdonó todas sus debilidades.

Lobo solitario, Dayan tenía muchos admiradores, pero era absolutamente incapaz de entablar relaciones profundas con otro ser humano. A su entorno natural de políticos y militares israelíes, Dayan prefería la compañía de campesinos y pastores árabes, que para él representaban un sentimiento primario, un paisaje humano profundamente arraigado. Era capaz de entablar una conversación más franca y abierta con un pastor árabe del valle de Izrael que con cualquiera de sus colegas y compatriotas. Dayan sentía un sincero respeto por las guerrillas palestinas, e incluso los terroristas que cobijaban: en muchos admiraba su valor y perseverancia. Despreciaba a los palestinos que colaboraban con las autoridades israelíes, pero tampoco le hacían gracia los intelectuales de la izquierda israelí que se declaraban atormentados por los pecados morales de la ocupación israelí de los territorios palestinos. Se sentía mucho más a gusto con el recuerdo de los padres fundadores, los pioneros de Ein Harod y Nahalal: «Vi sus caras arrugadas, vi las viejas caras de mi madre y sus amigos en sus últimos años, caras ajadas por el sol cruel, y vi sus piernas en el barro del valle...»

Dayan fue enterrado en Nahalal, un asentamiento agrícola, cuna del movimiento cooperativo pionero israelí. Le había pedido a su mujer que no llevara luto por él y a los políticos que no escribieran su panegírico. Nihilista y pagano, para él la Biblia no era un documento ético, sino la expresión estética y mística del vínculo entre pasado y presente; hasta el último momento, se negó a reconciliarse con el judaísmo ortodoxo. «No me preocupa en absoluto lo que la historia tenga que decir sobre mí. No hay nada más allá de la muerte, sólo los gusanos. A mi muerte, no yaceré con Golda o Ben Gurión; los gusanos ya se los habrán comido.»

Sin embargo, el triste final reservado para todos los mortales estaba para Dayan a más de una década de distancia cuando actuó de cómplice de Golda Meir en crear las condiciones que a la larga condujeron a la guerra del Yom Kippur y desentenderse del reto que suponía la respuesta palestina a la ocupación israelí. Anclados en la política de la inercia, Dayan, Golda Meir y el resto de los líderes israelíes no lograron darse cuenta de que una de las consecuencias más trascendentales de la guerra de los Seis Días iba a ser el regreso del problema palestino al centro del conflicto árabe-israelí.

Sin embargo, el próximo hito en la historia de Oriente Próximo sería obra de un líder egipcio. La soberbia de Israel, su estéril diplomacia de paz y la célebre «concepción» según la cual los árabes carecían de una opción militar no dejaron a Sadat más alternativa que la guerra.

Si la guerra del Yom Kippur fue una sorpresa, no fue porque Sadat no hubiera dado indicaciones suficientes de que una vez se rechazaran sus tentativas de paz recurriría a las armas. La cuestión es que los israelíes, en su engreimiento, no se lo tomaron en serio. En abril de 1973 declaró al *Newsweek* en los términos más explícitos posibles que se estaba preparando para la guerra. «Ha llegado el momento de un golpe de efecto —dijo—; en este momento se está movilizando todo a conciencia para retomar la batalla, que es ya inevitable.» Pero en Israel, Dayan desestimó las amenazas egipcias. Tenía el punto de vista de que los árabes eran incapaces casi congénitamente de ganar una guerra moderna. En verano de 1973 dirigió al Estado Mayor un análisis del equilibrio de fuerzas que descartaba un ataque árabe, pero también una reflexión sobre el «atraso moral, técnico y educativo» del soldado árabe. Por esas mismas fechas, el general Rabin escribía con un tono igual de despectivo sobre las debilidades innatas de los árabes en la guerra moderna. «Los árabes tienen poca capacidad para coordinar su acción política y militar», escribió.

Uri Bar-Joseph (*El centinela se durmió: la sorpresa del Yom Kippur y sus fuentes*, hebreo, Zmora-Bitan, 2001) ha ofrecido una respuesta bastante reduccionista a la pregunta de quién fue el auténtico responsable del error fatal que provocó que pillaran a Israel desprevenido en octubre de 1973. Él adjudica la culpa, y casi la carga entera de la responsabilidad, al general Elie Zeira, director de la inteligencia militar, por no evaluar la información disponible y alertar en consecuencia a los líderes políticos. En un estudio sumamente meticuloso y altamente profesional, el Dr. Bar-Joseph prácticamente exculpa a la Sra. Meir y a su ministro de Defensa sosteniendo que sólo se puede esperar que los líderes actúen de acuerdo con la información de la que disponen, y en este caso sus servicios de inteligencia les fallaron. Sin embargo, la cuestión es sin duda más amplia, y hay que entenderla en el contexto de la «concepción» que cultivaron los políticos y del entorno social que imperaba tras la victoria de 1967. Los políticos contribuyeron tanto como el que más a crear y fomentar un talante nacional de complacencia estratégica, que se propagó dentro del sistema militar en la misma medida en que fue influido por él, y con ello prepararon el terreno para que el ejercicio de engaño táctico de los árabes fuera tan exitoso.

Sadat se vio prácticamente obligado a ir a la guerra por la actitud desdeñosa hacia Egipto y hacia él en persona que predominaba tanto en Israel como en Estados Unidos. No había otra manera de que lo tomaran en serio. Las tentativas de paz de Sadat fueron desatendidas no porque carecieran de mérito en sí, sino porque no se percibía que Egipto tuviera una opción bélica que las respaldara. Henry Kissinger admitió en una entrevista posterior con Ahron Bregman y Yihan el-Tahri que veía a Sadat «como un personaje salido de *Aída*. No me lo tomaba en serio. No dejaba de hacer proclamas grandilocuentes pero nunca actuaba en consecuencia [...] La verdad, pensé que hablaba de farol». Kissinger advirtió implícitamente a los egipcios de que sólo empezando una guerra los tomarían en serio. «No puedo encargarme de su problema a menos que se convierta en una crisis», fue su comentario al intento desesperado de los egipcios de impedir una guerra mediante una propuesta de acuerdo general con Israel que le transmitió en febrero de 1973 el ministro de Asuntos Exteriores Hafiz Ismail.

Los israelíes se equivocaban al dar por sentado que los árabes empezarían una guerra sólo cuando tuvieran la oportunidad de ganarla, que es por lo que la Sra. Meir desoyó una advertencia explícita de «el mejor de los enemigos de Israel», el rey Hussein, que diez días antes del ataque la alertó de que era inminente una ofensiva egipcio-siria. Pero la estrategia de Sadat no apuntaba a una victoria militar. La suya fue una maniobra política ejecutada con medios militares. Iba a tratarse de una guerra política, una clásica maniobra clausewitziana que complementara su estrategia de paz, su búsqueda de un acuerdo. Sadat en ningún momento esperó derrotar a Israel. Lo único que quería era desencadenar un proceso político sacudiendo la complacencia de Israel y obligando a las superpotencias a reactivar la búsqueda de un acuerdo. Tan ansioso estaba por desencadenar un proceso político a través de los buenos oficios de Estados Unidos y sellar una alianza con él que, como relató Henry Kissinger en su libro de documentos sobre la guerra del Yom Kippur (y Vietnam), *Crisis*, no perdió tiempo, ya en el primer día de la guerra, en ponerse en contacto con él. Entonces traicionó tanto a los sirios, que nunca vieron aquello como una guerra política —lucharon pura y llanamente por la «liberación de los Altos del Golán»— como a sus patrones soviéticos, que por aquel entonces todavía andaban enfrascados en reclutar el apoyo del resto de los estados árabes para el esfuerzo bélico egipcio. Sadat estaba tan convencido de su estrategia que la enunció en términos inequívocos para sus comandantes militares. «Si me podéis devolver diez centímetros del Sinaí, yo puedo resolver el problema», les dijo, como recordaría más tarde el general Saad el-Shazly, jefe del Estado Mayor egipcio.

Fue en verdad la combinación del inesperado buen rendimiento de los ejércitos árabes en las primeras fases de la guerra, los reveses psicológicos de Israel y los talentos diplomáticos de Henry Kissinger, que supo usar y manipular el *impasse* militar para conducir un proceso político patrocinado en exclusiva por Estados Unidos, lo que hizo de la guerra de 1973 el hito crucial que fue.

7

LA «TEORÍA DE LA CÁPSULA» DE BEGUIN Y LA «PAZ POR SEPARADO» DE SADAT

El enemigo arrogante ha perdido su equilibrio [...] La nación herida ha restaurado su honor.

Discurso del presidente SADAT,
16 de octubre de 1973

No he acudido ante vosotros para buscar una paz parcial [...] Os digo que os damos la bienvenida entre nosotros [...] Eso es en sí mismo algo crucial, uno de los hitos de un decisivo cambio histórico [...].

Discurso del presidente SADAT
ante la Knésset, 20 de noviembre de 1977

Resulta terrorífico pensar que la solución de alguien para los problemas en Oriente Próximo pueda consistir en una sola bala disparada al corazón del presidente egipcio Sadat, como hicieron los predecesores de la OLP en la mezquita de Al-Aqsa con el rey Abdulá.

Discurso de MENÁJEM BEGUIN ante
la Knésset, 28 de diciembre de 1977

[...] debe producirse una resolución del problema palestino en todos sus aspectos.

Declaración del presidente JIMMY CARTER
sobre los derechos palestinos,
4 de enero de 1978

[A Sadat] no le importaba un pimiento Cisjordania.

WILLIAM QUANDT, asesor del presidente
Carter para Oriente Próximo
en la Cumbre de Camp David

Combatimos la conspiración de Camp David.

YASSER ARAFAT, 19 de noviembre de 1979

El miedo de Ben Gurión a que surgiera un líder egipcio que fuese una versión árabe de Ataturk y cuestionara seriamente el mito de la invulnerabilidad de Israel se vio confirmado en la figura y la actuación de Anwar Sadat en 1973, y no en la de Nasser como él había supuesto. Sadat, a quien israelíes y americanos antes descartaran como perro faldero de Nasser, surgió de la guerra de 1973 como un valiente e imaginativo líder mundial. Cambiaría drásticamente los parámetros del conflicto árabe-israelí, crearía las condiciones para lo inimaginable, es decir, un acuerdo de paz entre el Estado judío y Egipto, líder del mundo árabe, y sacudiría hasta dejar irreconocible el equilibrio regional de influencias entre las dos superpotencias.

«El espíritu de octubre», como lo definió Osama el-Baz, asesor de Seguridad Nacional del presidente Sadat, supuso el resquebrajamiento de la ilusión de los israelíes sobre su invencible poderío militar. «Nos hemos demostrado sus iguales, tanto en lo intelectual como en la práctica», escribió en la revista semanal de *Al-Ahram* sobre el 25.º aniversario de la guerra. Al haber «restaurado su honor», como explicó Sadat en un discurso en plena guerra, Egipto estaba ya preparado para la paz. Su guerra estratégica hizo que Israel perdiera el equilibrio y destruyó la famosa «concepción» en virtud de la cual el tiempo estaba de parte del Estado judío. Ahora Israel se veía obligado a plantearse la firma de una paz que no se basaba en su incuestionable supremacía, sino en la más profunda crisis de confianza jamás conocida por el Estado judío, una crisis detonada a su vez por el revés más traumático que nunca hubieran padecido sus legendarias fuerzas de defensa. El poder militar israelí —y eso era también un mensaje para los estadounidenses— ya no podía garantizar la estabilidad regional. Por medio de un acto de fuerza, Egipto había afirmado su propio programa y obligado a Israel a abordar un proceso de paz con el propósito más vital que nunca de sacar a Egipto del ciclo de guerras en Oriente Próximo.

Enamorado de su célebre «concepción», Israel parecía haber abandonado después de 1967 su énfasis tradicional en un acuerdo con Egipto como «puerta al mundo árabe», por utilizar la expresión habitual de Ben Gurión. A partir de entonces, Rabin como nuevo primer ministro de Israel en 1974 y también su sucesor en 1977 Menájem Beguin se vieron obligados a cambiar de manera fundamental la postura de Israel, adoptando un enfoque más conciliador para recuperar de un modo creíble la estrategia de sacar a Egipto de la contienda. Sabían que eso no garantizaría la desaparición de las guerras en el conflicto árabe-israelí, pero sí que en el caso de que se produjeran su naturaleza sería sustancialmente diferente a la de una campaña que contara con la participación de Egipto. Había llegado el momento de apartarse del devastador legado de intransigencia de Golda Meir y empezar a responder a las exigencias territoriales de Egipto para la paz. Humillado y psicológicamente alterado, Israel se veía forzado a cambiar la retórica de la supremacía y la altivez por la política del acuerdo y el compromiso.

En realidad, en el primer acuerdo de retirada militar firmado en 1974 entre Israel y Egipto, Sadat consiguió lo que había planeado y no logró obtener de Israel en su iniciativa de febrero de 1971, es decir, una retirada israelí del Canal que enlazara de manera explícita con «una paz duradera conforme a las resoluciones 242 y 338 del Consejo de Seguridad». Además, los acuerdos de retirada tanto en el frente sirio como en el egipcio reflejaban más los éxitos militares de los árabes que la victoria final de Israel.

Eso se debió no sólo a la presión estadounidense, sino también a la de una opinión pública israelí agitada y furiosa que no quería permitir que su deficiente Gobierno perdiera otra oportunidad más de llegar a un acuerdo. El conformismo de la opinión pública con los amplios objetivos nacionales y las premisas de seguridad y política exterior establecidos por los gobiernos de la nación había sido tradicionalmente una característica destacada de la democracia israelí. 1973 presenció el surgimiento de movimientos populares de protesta, cuyos orígenes mucho más suaves habían aparecido ya durante la guerra de desgaste, de un alcance y un vigor desconocidos en Israel hasta la fecha. Desde ese momento los movimientos de protesta actuarían de guardianes de los gobiernos que flaquearan en su cometido de buscar la paz. La guerra de 1973 marcó sin duda el surgimiento de la opinión pública y la presión popular como agente central en el proceso de decisión política de Israel.

Los acuerdos de retirada señalaron también la confirmación inequívoca del ascendente del poder estadounidense en Oriente Próximo. La Conferencia de Paz de Ginebra del 20 de diciembre de 1973 fue una ocasión para la grandilocuencia en la que cada parte se ajustó a su guión tradicional, con lo que, como era de prever, no se llegó a ninguna parte. Sin embargo, fue la participación de la Unión Soviética en la conferencia en calidad de copatrocinador lo que contrarió en especial a Henry Kissinger. Él no tenía ninguna intención de meter a los soviéticos en la política de pacificación de Oriente Próximo. Al contrario, pretendía utilizar los procesos de paz para socavar la posición de los rusos en la región.

Tampoco creía en la viabilidad de un salto drástico de la guerra a un acuerdo de paz completo. Encontró la alternativa en un concepto que no era del todo nuevo, pues Sadat ya lo había adelantado durante su frenética ofensiva de paz previa a la guerra: un proceso por pasos que creara una sensación de progreso y confianza mutua antes de plantear las cuestiones enconadas y peliagudas del acuerdo final. Movido por una filosofía pesimista sobre la naturaleza de las relaciones internacionales, y de ahí por una actitud posibilista de cara a la resolución del conflicto árabe-israelí, en virtud de la cual no creía que las partes estuvieran maduras todavía para las decisiones más dolorosas, Kissinger institucionalizó en la política de pacificación de la región un concepto —el de los acuerdos de ínterin— que en verdad disfrutaría de una vida muy larga.

Ya estaba claro para todos los gobiernos árabes de la región que sólo Estados Unidos era capaz de plegar a Israel, y que por tanto necesitaban zafarse del abrazo de la Unión Soviética y reconciliarse con una diplomacia de paz encabezada por los americanos si querían recuperar sus territorios. Eso sucedería también en el caso de la OLP. Los orígenes del futuro cambio de estrategia de la OLP, hacia la aceptación de una solución con dos estados en Palestina, deben remontarse a la retirada de 1974. Ese cambio de estrategia se convirtió en una necesidad más vital si cabe después de septiembre de 1975, pues el compromiso estadounidense con Israel en el segundo acuerdo de retirada de esa fecha, según el cual no reconocería a la OLP ni negociaría con ella a menos que hubiera modificado de manera radical su política y renunciado al terrorismo, a la larga actuaría de catalizador para que la OLP hiciera precisamente eso —modificar su política— con el fin de sumarse al proceso de paz auspiciado por Estados Unidos.

Yitsjak Rabin, arquitecto y héroe de la guerra de los Seis Días, que sucedió a Golda Meir como primer ministro, era un político novel e inexperto que con frecuencia se vería superado por su ministro de Defensa Shimón Peres, entonces «halcón». También se demostró incapaz de controlar el grupo de presión de la línea dura formado por el Partido Religioso Nacional y sus propios colegas de Gobierno, Allon y Galili, todos los cuales impulsaban una política de anexión soterrada de Cisjordania.

La definición y el control de las decisiones políticas en Israel siempre han dependido de la lucha de poder entre los dos políticos más destacados del partido gobernante. Se dio cuando Ben Gurión y Sharett compitieron por la supremacía política en la década de 1950 y fue el caso también de la enconada rivalidad entre Peres y Rabin después de que la cúpula del Partido Laborista prefiriese al segundo en 1974 como sucesor de Golda Meir.

Persistente, obstinado y proverbialmente paciente, Peres no tenía rival en cuanto a su talento para la maniobra y la manipulación políticas, «un maestro infatigable de la subversión», como lo expresaría más adelante Rabin en sus memorias. Carecía del carisma irresistible de su amigo político Moshé Dayan, pero al igual que él jamás se comprometió con unos principios inamovibles. Peres compensaba su falta de atractivo popular con una capacidad extraordinaria para acumular poder político. Jamás aceptó el liderazgo de Rabin, y a lo largo de toda su primera legislatura como primer ministro le plantó cara en casi todos los frentes políticos. Se opuso con vehemencia, por ejemplo, a los acuerdos provisionales con Egipto y Siria con el argumento de que representaban «concesiones territoriales sin compensación política de valor». El hombre que en los noventa prácticamente inventó el concepto de un proceso de paz por entregas con los palestinos desafió a Rabin a principios de los setenta rechazando en redondo el concepto de los acuerdos de ínterin y persistiendo en su noción de un conflicto árabe-israelí irresoluble que condenaba a Israel a vivir eternamente con la espada en la mano y bajo la protección de un equilibrio de miedo y disuasión nuclear. Profeta en los noventa de la filosofía de un Nuevo Oriente Próximo de integración económica y democracia —llegó a sugerir que Israel se incorporase a la Liga Árabe—, en los setenta Peres condicionaba la seguridad de Israel a que los árabes permanecieran atrasados y subdesarrollados. Desdeñó como palabrería hueca cualquier llamamiento a la integración israelí en la región. Arquitecto de la estrategia de ambigüedad nuclear de Israel, Peres sustituyó la Muralla de Acero de Jabotinski por su propio concepto de la «muralla nuclear».

A decir verdad, el Shimón Peres de los noventa nunca fue la «paloma» política por la que se hacía pasar —años después de que le concedieran el premio Nobel de la Paz por el acuerdo de Oslo todavía se oponía a la idea de un Estado palestino independiente—, pero como ministro de Defensa de Rabin en los setenta se posicionó como «halcón» sin medias tintas. Mientras el primer ministro Rabin andaba enfrascado en combatir el Bloque de los Fieles como un «cáncer en el organismo de la democracia israelí», como lo definió en sus memorias, su ministro de Defensa seguía buscando maneras de complacer a esos exponentes fanáticos de la idea del Gran Eretz-Israel. Fue Peres quien permitió que «El Bloque» se asentase legalmente en 1976, contra los deseos del primer ministro, en «Kadum» (Sebastia), con lo que inauguró un patrón de expansión de asentamientos por medio de hechos consumados. En un discurso en Tel Aviv el 24 de enero de 1976 (*Haaretz*, 25 de enero de 1976), Peres explicó la lógica que subyacía a su posición. «Escapa a mi comprensión por qué está permitido fundar asentamientos en Judea y no en Samaria. Los judíos tienen el derecho fundamental de asentarse donde sea.» «¿Qué clase de paz es ésta que impide que quince mil judíos vivan más allá de la Línea Verde?», dijo más tarde en un consejo de ministros. Y añadió: «Una paz así sería una farsa. La injusticia que cometemos contra los árabes al confiscar su tierra palidece ante la que nos infligieron ellos al negarnos la paz durante tantos años.» Shimón Peres propuso crear amplios bloques de asentamientos en la zona de Jerusalén hasta Maale Adumim y en lo que después se convertiría en la ciudad de Ariel, en el interior profundo de la Cisjordania ocupada. «No veo cómo podemos negar al titular de un pasaporte israelí el derecho a asentarse donde quiera», concluyó en lo que Yehiel Admoni, director del departamento de Asentamientos de la Agencia Judía que redactó el acta de aquel consejo de ministros calificó de «asombrosa intervención» (*Yedioth Aharonoth*, 29 de abril del 2005).

Peres no perdió una ocasión de ridiculizar el concepto de Rabin de una paz basada en el compromiso territorial. «No deberíamos sucumbir a las opiniones de todo tipo de consejeros que pretenden convencernos de volver a un Estado en el que la anchura de sus costillas oscila entre los 14 y los 16 kilómetros», declaró. Fue precisamente para sabotear la opción de un compromiso territorial con los palestinos por lo que el Sr. Peres prestó su apoyo al movimiento de los colonos.

Creía que la solución estribaba en lo que le gustaba denominar «un compromiso funcional», es decir, un control israelí-jordano conjunto sobre Cisjordania. «Si tengo que elegir entre partir la tierra o dividir el poder sobre ella, prefiero lo último», dijo (*Yedioth Aharonoth*, 13 de julio de 1975). A todos los efectos prácticos, Shimón Peres fue el máximo defensor de un Estado judío-árabe binacional. En uno de sus muchos libros de memorias —*Kaet Mahar* («Ahora, mañana»)— escribió que era imposible «alcanzar la paz renunciando a una parte de la tierra. Soy de la opinión de que el modo adecuado de alcanzar la paz... es a través de la creación de una nueva estructura política, no por medio de una partición de la tierra...».

Rígido, sistemático, «demasiado cauto», en palabras de Ben Gurión, quien le negó el cargo de jefe del estado mayor, y lento en la detección de las nuevas tendencias del mundo árabe, Rabin fue reacio a reconocer el giro en pro de un cambio y una solución de dos estados para el conflicto israelí-palestino que había iniciado la OLP en 1974, si bien es cierto que de un modo todavía tan vacilante como para resultar casi indetectable. Las fórmulas desesperantemente ambiguas de Arafat siempre facilitaban que Israel no le hiciera caso. El que Rabin no respondiera a los nebulosos vientos de cambio en la OLP quizá no fue un pecado capital. El problema es que dejó un peligroso vacío político en los territorios por su insistencia en una opción jordana que no existía. Pues, al igual que sus predecesores, Rabin no le ofreció al rey Hussein ningún señuelo al que no pudiera resistirse. No accedió a la petición del monarca de un acuerdo provisional en Cisjordania basado en una retirada militar del valle del Jordán. Si el Gobierno israelí hubiese aceptado comenzar un proceso de paz con Jordania en líneas parecidas al que había firmado con Egipto, es posible que hubiera reducido, o desde luego frenado, el ascendente de la OLP en los territorios. Regresado con las manos vacías de su infinidad de encuentros secretos con dirigentes israelíes, Hussein no pudo evitar su derrota política en la cumbre árabe de Rabat de octubre de 1974, que entronizó a la OLP como «único representante legítimo del pueblo palestino».

En defensa de Rabin habría que decir, sin embargo, que aunque no fuera a todas luces, al menos en un principio, el más imaginativo y osado de los pacificadores, optar en 1974 por un pacto con la OLP hubiese supuesto para él no sólo un acto de suicidio político sino también un movimiento en total discrepancia con el estado de ánimo nacional. No existía madurez psicológica o popular para un paso así. En su segundo periodo como primer ministro, Rabin entabló por fin negociaciones con la organización palestina, y entonces se comportó sin duda como un líder visionario en una época de transición. Sin embargo, también actuaba bajo unas condiciones más maduras para ese gesto y, a pesar de los serios obstáculos políticos que todavía tuvo que superar, en 1993 obró dentro de un entorno político más razonablemente seguro que el que existía en 1974.

Rabin era un soldado convertido en estadista, un militar que tuvo el valor de responder a unos retos políticos inasequibles a soluciones militares. En 1948, y luego en 1956 y 1967, todavía creía que una expulsión masiva de palestinos de Cisjordania podía resolver el problema palestino de Israel. «No será una solución humanitaria, pero la guerra nunca ha sido un asunto humanitario», le dijo a Ben Gurión en 1956. Aun así, como revelan documentos de reciente publicación,* en las postrimerías inmediatas de la guerra de los Seis Días, se hizo cargo con sorprendente rapidez de la nueva realidad y la necesidad de crear un Estado palestino. En vísperas de su partida a Washington como embajador de Israel en los Estados Unidos le propuso al primer ministro Eshkol la creación de un Estado palestino. «Es el único espacio de maniobra que poseemos —explicó—. La premisa debería ser que no nos conviene aislar a los palestinos de Cisjordania. No vamos a expulsar a medio millón de palestinos.» Anexionar Cisjordania al Estado de Israel, advirtió entonces, significaría crear un Estado de apartheid o, en sus palabras, una situación «sudafricana».

La parálisis del frente jordano-israelí significaba que la única opción real de paz residía en el frente meridional, y fue allí donde Rabin pasará a la historia por disponer el escenario y establecer las condiciones para una futura paz israelí-egipcia. La paz con Egipto firmada en Camp David en 1979 habría sido inconcebible sin los pioneros acuerdos de retirada tan meticulosamente negociados por Rabin. Estaba claro para él y para los mediadores estadounidenses que el salto a un acuerdo definitivo entre los dos países estaba más allá de la capacidad humana y es probable que de la capacidad de asimilación del sistema de gobierno israelí.

Rabin negoció el segundo acuerdo de retirada con su estilo característico: rígido, sistemático y obstinadamente concienzudo con los detalles y la letra pequeña. Se arriesgó incluso a una confrontación con sus aliados estadounidenses, que amenazaron con, en palabras del pre-

---

* Yemimah Rosenthal (ed.): *Yitzhak Rabin, Prime Minister of Israel. A Selection of Documents from His Life*; Jerusalén, 2005.

sidente Ford, «reexaminar» sus relaciones con Israel. Pero la insistencia de Rabin en lo que él tenía por conceptos vitales —quería, por ejemplo, el compromiso de Egipto con la no beligerancia a cambio de la retirada parcial de Israel— a la larga dio sus frutos. El acuerdo, en efecto, estipulaba que «el conflicto entre las partes y en Oriente Próximo no se resolverá por la fuerza militar sino por medios pacíficos», y que «se comprometen a no recurrir a la amenaza, el uso de la fuerza o el bloqueo militar el uno contra el otro». Tales condiciones no sonaron especialmente razonables cuando Golda Meir las presentó en respuesta a la iniciativa de Sadat de 1971, pero el caso de Rabin era diferente por completo. No sólo era en ese momento el primer ministro de un país acabado de salir de un ataque sorpresa sumamente traumático de dos ejércitos árabes, sino que, a diferencia de su predecesora, también estaba dispuesto a pagar un cuantioso precio territorial. Y lo que no es menos importante, estaba dispuesto a aceptar la vinculación entre el acuerdo provisional y el final.

Desde el punto de vista de Israel, el segundo acuerdo de retirada fue precursor de la futura paz con Egipto en el sentido también de que vino acompañado, como los acuerdos de Camp David, por lo que equivalía a todos los efectos a una alianza estratégica con Estados Unidos. Eso incluía generosa asistencia militar y económica americana y dos compromisos políticos, considerados por el Gobierno de la época vitales, según los cuales Estados Unidos no reconocería a la OLP ni negociaría con ella, y del mismo modo rechazaría cualquier intento de basar futuras negociaciones de paz en cualquier resolución de la ONU que no fuera la 242.

Los trascendentales logros de Rabin en la Retirada II con Egipto supusieron, sin embargo, que la diplomacia de paz en el resto de los frentes quedara condenada a la parálisis, pues el memorándum bilateral israelí con Estados Unidos estipulaba que el acuerdo de retirada era un pacto por separado entre Israel y Egipto y no necesariamente un paso hacia un arreglo global en Oriente Próximo. En cierto sentido, Rabin no sólo sentó las bases para la paz de Beguin con Egipto sino que también definió la naturaleza de ese futuro acuerdo de paz como arreglo por separado, independiente del estado del conflicto entre Israel y el resto de las partes árabes. En Retirada II Rabin actuó como auténtico discípulo de Ben Gurión, que veía en Egipto el principal enemigo al que había que neutralizar primero, pues allí estaba también la puerta a todo el mundo árabe. Con Retirada II Rabin podía jactarse de haber alcanzado un objetivo capital de su Gobierno: un sólido inicio para un acuerdo de paz con Egipto, un entendimiento estratégico con Estados Unidos y un muy necesario respiro para que Israel se recuperara del trauma de la guerra del Yom Kippur y se preparara para afrontar las etapas finales del proceso de paz con El Cairo desde una posición militar y estratégica mejor.

Pocos observadores de la política israelí hubiesen adivinado que el 17 de mayo de 1977, día en que Menájem Beguin, halcón por antonomasia de la política israelí y paria político que durante tantos años había encabezado una oposición vociferante pero ineficaz contra el *establishment* laborista, finalizó su travesía en el desierto y expulsó al Partido Laborista del Gobierno, señalaría la aceleración del proceso de paz con Egipto, y no su fallecimiento.

Sin embargo, ya en su aceptación del cargo pudieron detectarse indicios de que la ambición de Beguin no iba a ser un episodio efímero de la historia de Israel. La incorporación a su Gobierno de los dos discípulos más ilustres de Ben Gurión, Yigal Yadin y Moshé Dayan, el último claramente ansioso por borrar la mancha de su error en la guerra del Yom Kippur y dejar huella en la historia, ahora como pacificador, reflejaba el deseo de Beguin de adquirir la legitimidad que sólo el nombre de Ben Gurión podía conferirle. Sin embargo, aspiraba también a ir más allá del legado del fundador del Estado de Israel y recrear, por así decirlo, la nación judía en conformidad con su imagen reformada de líder de logros históricos. Beguin, que había dimitido del Gobierno de Eshkol por su rechazo a la Resolución 242 del Consejo de Seguridad, al llegar al poder no perdió tiempo en anunciar que aceptaba ese mismo documento como fundamento para la Conferencia de Paz de Ginebra, en la que también accedió a participar. Se apartó así de la tradicional objeción de los gobiernos israelíes a las conferencias de paz internacionales, en las que Israel siempre corría el riesgo de quedar aislado y abocado a una trampa por las delegaciones árabes y sus patrones soviéticos. Es más, en su primera visita a la Casa Blanca, Beguin dio muestras de su disposición a realizar una retirada significativa del Sinaí y un redespliegue más modesto en los Altos del Golán, en aras de una paz con Egipto y con Siria, respectivamente. Quizá no fuera una abertura espectacular, pero no era un mal principio. En un punto crucial —Judea y Samaria— Beguin nunca se tiró faroles ni jugó a las tácticas. Le dejó claro al presidente Carter que bajo ningún concepto permitiría que Judea y Samaria fueran transferidas a una soberanía no judía.

Beguin se posicionaba así como el exponente más elocuente y comprometido de lo que tal vez podría definirse como «teoría de la cápsula», o sea, el empeño de llegar a un acuerdo con los estados árabes circundantes que «encapsulara», por así decirlo, Cisjordania, y con ella el problema palestino, en un entorno de acuerdos vinculantes de paz entre Israel y los países árabes vecinos. Eso, al entender de Beguin, permitiría que Israel ejerciera su pleno control sobre Eretz Israel y a la vez negara a los palestinos la posibilidad de detonar de nuevo una guerra de todos los árabes contra él.

En muchos sentidos Beguin se convirtió por tanto en el iniciador de una estructura pacificadora israelí que refrendaría y seguiría la práctica totalidad de sus sucesores. Todos ellos —Rabin en su segunda legislatura, Peres, Netanyahu y Barak— seguirían los pasos de Beguin. Por mucho que hubiesen diferido de su postura sobre Cisjordania, todos asumieron la premisa de que el problema palestino era tan intratable, quizás incluso insoluble, que preferían cerrar un acuerdo con Siria, aunque eso supusiera pagar el pleno y oneroso precio territorial en los Altos del Golán, exactamente igual que Beguin había hecho en el Sinaí. También ellos aspiraron a «encapsular» el problema palestino, evitar que detonara en una guerra regional y con el tiempo rebajar el precio de su solución cuando los palestinos por fin se incorporaran a la mesa de negociaciones.

Por lo tocante al Gobierno Beguin-Dayan, eso significaba también el entierro sin ceremonias de la llamada opción jordana, pues exigía un precio territorial en el frente palestino que ninguno de los dos estaba dispuesto a pagar. Ambos prefirieron perpetuar el legado de Ben Gurión: una vez que se ha sacado a Egipto del ciclo bélico y se ha descartado por tanto una guerra de todos los árabes contra Israel, es posible que las concesiones territoriales para garantizar la estabilidad en otros frentes ya no sean tan vitales.

La conspiración egipcio-israelí para la paz nació de un punto de vista común en cuanto al mecanismo correcto de pacificación: tanto Israel como Egipto preferían la senda bilateral al farragoso formato internacional de Ginebra. Nunca escasearon los potenciales mediadores y comadronas para una paz árabe-israelí. Ya en agosto de 1977, Beguin y Sadat comenzaron su discreto coqueteo mutuo, primero mediante los buenos oficios del presidente Ceaucescu de Rumania y luego, un mes más tarde, en un encuentro secreto auspiciado por el rey Hassan II de Marruecos entre el ministro de Asuntos Exteriores Moshé Dayan y el viceprimer ministro egipcio, el Dr. Hassan Tuhami.

Sadat no creía que un copatrocinio soviético-americano del proceso de paz fuera a dar los frutos políticos que deseaba. Ya vio justificados sus temores en una declaración conjunta de las superpotencias que, para su consternación, refrendaba la interpretación israelí de la Resolución 242 del Consejo de Seguridad al hablar de «retirada de las fuerzas armadas israelíes de territorios ocupados en 1967». En cuanto a Beguin, no estaba todavía lo bastante maduro para digerir el concepto de «los derechos legítimos del pueblo palestino», una de las premisas centrales sobre la que iba a convocarse la Conferencia de Ginebra.

En el fondo, Sadat sabía que estaba emprendiendo un camino que conducía a una paz por separado con Israel. Es posible que Beguin contemporizara o hablara de farol al resistirse a la posibilidad de una retirada completa del Sinaí, y quizá sólo regateara al oponerse a la demolición de los asentamientos en el norte de la península, pero Judea y Samaria, como tanto Sadat como Carter pronto descubrirían, formaban el núcleo casi teológico de su filosofía política y su cosmovisión como judío y como israelí. Recuperar el Sinaí, hallaría pronto Sadat, sólo iba a ser posible por medio de un tratado con Israel que no permitiera una fórmula para Cisjordania que satisficiera por completo a los palestinos o a la familia árabe en su conjunto. De ahí que su paz con Israel fuera a tener que ser en esencia una paz por separado.

La propuesta de paz de Sadat era fruto de unas profundas convicciones políticas y un sobrio análisis estratégico del equilibrio regional de poder. A sus ojos estaba claro que Israel era una potencia nuclear que se demostraba imbatible incluso en una guerra convencional en dos frentes simultáneos. Comprendía a la perfección que si Egipto persistía en sus esfuerzos militares por arrebatarle los territorios y un trato justo para los palestinos, sólo acabaría por agotar sus recursos y condenar a su pueblo a la miseria, la pobreza y el atraso. De hecho, cuando Egipto fue a la guerra del Yom Kippur ya se hallaba en estado de práctica bancarrota. Sadat se lo dejó claro a sus asesores una semana antes de la guerra cuando les confió, como recoge el general Gamassi en sus *Memorias de Guerra*, que Egipto era incapaz de pagar sus deudas a los bancos. Anis Mansur, portavoz semioficial de Sadat en la prensa egipcia, era la voz de su amo cuando escribió que «la guerra nos ha amargado la vida a todos. La guerra ha negado hogar, calle y subsistencia [...] La paz traerá prosperidad para todos».

Para Israel, Egipto era la puerta al mundo árabe; para Egipto, Israel era la introducción en Estados Unidos. La alianza con los americanos era un objetivo tan vital para Sadat que sería justo preguntarse qué tenía precedencia en su estrategia, si la paz con Israel o el contacto americano. De haber sido capaz de llegar a un acuerdo con Estados Unidos sin hacer la paz con Israel, es posible que hubiera optado por esa alternativa. Cuando en 1974 el general Gamassi cuestionó su flexibilidad en las conversaciones de retirada con Israel, el *rais* lo tranquilizó: «¡No lo olvide, general, estamos hablando de una paz con los americanos!» Sadat comprendía que sólo una paz con Israel podía procurarle la vital ayuda estadounidense necesaria para la reconstrucción de Egipto. Desde su punto de vista, estaba emprendiendo una trascendental revolución estratégica y diplomática en las prioridades y alianzas del país. Eso significaba desprenderse de la dependencia militar de la Unión Soviética en aras de convertir Egipto en el principal aliado de Estados Unidos en el mundo árabe. Estaba decidido a no consentir que se frustraran y subvirtieran todos sus objetivos vitales por las menudencias técnicas de las laberínticas conferencias internacionales o la necesidad de que las dos superpotencias limaran asperezas a costa de Egipto.

Otro cambio implícito en la estrategia de Sadat era el de mantener a Egipto distanciado de la retórica hueca pero costosa del panarabismo. No podía permitir que los caprichos de los dirigentes árabes a los que tanto despreciaba abortaran sus ambiciosos planes para Egipto y la región. Receloso de la política interárabe y cansado del alto precio que Egipto había tenido que pagar por la causa palestina, Sadat quería alejarse de las ambiciones de Nasser y la atención excesiva a la cuestión de Palestina y sustituirlas por un énfasis en el papel de Egipto como potencia ubicada en la crítica encrucijada estratégica entre dos continentes, Asia y África. Cuando los soviéticos consolidaban sus posiciones estratégicas en Etiopía, Libia, Yemen del Sur y Madagascar, y se acumulaban las tensiones en las fronteras egipcias con Libia y Sudán, Sadat se sentía impulsado por una urgente necesidad de transferir sus prioridades estratégicas del conflicto árabe-israelí a preocupaciones más vitales. Llama la atención el que el distanciamiento de Sadat de la vieja inercia nasseriana de la confrontación total con Israel tuviera que reflejarse también en el reino de los símbolos que rodeaban al régimen. A diferencia de su predecesor, Sadat despojó de todo significado panárabe a la celebración anual de la revolución de los Oficiales Libres (23 de julio), que Nasser había establecido como «*Al' Id Elkumi*» («La festividad panárabe»). Además, ya en 1971, dio a conocer su intención de emprender una estrategia de «Primero, Egipto», cambiando el nombre de la «República Árabe Unida» por el de «República Árabe Egipcia».

También hay que situar el juicio de Sadat sobre la caída en la irrelevancia del panarabismo nasseriano como estrategia válida para los árabes en el contexto del fracaso del embargo petrolero árabe. Hacia 1977, la euforia que se había adueñado del mundo árabe con el súbito y dramático aumento del poder del petróleo árabe estaba decayendo sin que la riqueza malversada en términos de petrodólares que habían amasado las dinastías petroleras del Golfo hubiera aportado ningún fruto político tangible para los árabes. La palpable sensación de emoción y derrotas vengadas que había acompañado en todo el mundo árabe al uso del arma petrolífera había acabado en amarga desilusión.

Como le sucedería a Yitsjak Rabin cuando en 1993 decidió alterar de manera radical su política de paz y buscar un acuerdo con la OLP en Oslo, Sadat estaba también profundamente inquieto por el auge del fundamentalismo islámico en toda la región. Acudió a Jerusalén para dar un giro radical a los parámetros del conflicto árabe-israelí porque, de nuevo como Rabin en 1993, detectaba una estrecha ventana de oportunidad que, en caso de dejarla pasar, sólo se convertiría en el preludio de la deriva de la región a otro ciclo de guerras más, fútil pero más devastador que nunca. Por supuesto, seguiría enarbolando la bandera de la causa palestina como consenso árabe y en ocasiones también como hoja de parra de legitimidad de su política exterior centrada en Egipto. Sin embargo, no dejaría que eso impidiera que el país adelantara en sus intereses particulares. En esencia, y a todos los efectos prácticos, Sadat había tomado un rumbo que llevaba a una paz por separado con Israel.

Sin embargo, si aquélla tenía que ser una paz por separado, estaba claro que la Conferencia de Ginebra no era el foro al que Sadat necesitaba impresionar. Tenía que irrumpir con su visión en la mentalidad del pueblo y los dirigentes israelíes. Tenía que llegar, como dijo en un asombroso discurso en el Parlamento egipcio el 9 de noviembre de 1977, «hasta el fin del mundo», hasta la Knésset de Jerusalén, donde podría cautivar la imaginación de los israelíes y, en verdad, del mundo.

La espectacular iniciativa de Sadat pilló a todo el mundo por sorpresa. Beguin fue sabio al corresponder con generosidad. Sin embargo, no deja de ser interesante el evidente desconcierto e insatisfacción de la Administración estadounidense con una maniobra que amenazaba con aislar al presidente egipcio en el mundo árabe y socavar las perspectivas de la Conferencia de Ginebra tal y como la habían concebido las dos superpotencias. En un acusado distanciamiento del concepto de Kissinger de la Pax Americana que excluiría a la Unión Soviética, la Administración Carter quería plantear a las partes una postura conjunta soviético-americana sobre los términos de la paz y establecer en la práctica un condominio de las dos superpotencias en Oriente Próximo. Es curioso que la iniciativa de Sadat respondiera y equivaliese a un desafío conjunto israelí-egipcio a la estrategia y filosofía de paz del presidente Carter.

Los americanos tenían su concepto del proceso de paz guiado por las superpotencias, pero Sadat estaba decidido a imponer su propia estrategia, neutralizar a los soviéticos y abordar sin intermediarios a los israelíes. Creía en el impacto psicológico de su pasmosa iniciativa, porque entendía la compleja psique israelí. Gracias a su visita a Jerusalén esperaba banalizar la naturaleza del conflicto árabe-israelí, que en vez de concernir al derecho de Israel a la existencia pasaría a ser una cuestión de intereses negociables y resolubles entre estados soberanos y legítimos. Porque ése es exactamente el punto —el de unos derechos de existencia mitológicos y mutuamente excluyentes, unas narrativas históricas contradictorias y unas reclamaciones religiosas de propiedad— donde la tragedia palestina-israelí está atascada hasta el mismo día de hoy, tanto que se ha vuelto prácticamente insoluble. Por medio de su visita a Jerusalén, el presidente Sadat resquebrajó la mentalidad de asedio israelí y confirió espacio vital y psicológico a una nación de otro modo claustrofóbica en pleno centro de un mundo árabe hostil.

Una lección y un legado de la iniciativa de Sadat es que, en los conflictos muy prolongados con implicación de profundas emociones y odio histórico, cuando se ha probado casi cualquier fórmula diplomática concebible, el impacto de un paso visionario, generoso e imaginativo tiene probabilidades de abrir nuevos e inopinados caminos hacia la paz. Porque el principal problema del conflicto árabe-israelí, como en tantos otros conflictos intrincados de la historia, siempre ha sido la incapacidad o la negativa de los líderes para poner en práctica una política de paz que contara con el apoyo de lo que en el momento pareciese el legítimo, y con frecuencia paralizador, consenso dominante en sus respectivas sociedades y clases políticas. Los dirigentes, las más de las veces, actúan como rehenes del entorno sociopolítico que los produce, en lugar de darle forma. Anwar Sadat se ganó un lugar de privilegio en la historia y consiguió la inmortalidad en el momento en que huyó de la cómoda prisión de la inercia, la seudosolidaridad y la hueca cohesión retórica de las cumbres árabes.

En cuanto al lado israelí de la ecuación, rara vez una jugada diplomática ha suscitado tal grado de entusiasmo popular y generosidad casi incondicional como el mostrado por la ciudadanía israelí y su Gobierno al líder egipcio y su pueblo, el adversario más formidable de Israel desde 1948. La península del Sinaí —tres veces más grande que Israel, inesperada fuente de una crucial autosuficiencia petrolífera y espacio vital de profundidad estratégica para un país cuya anchura equivale a la longitud de una avenida principal de capital europea— iba a ser devuelta a sus propietarios sin prácticamente oposición interna. Hay que reconocer, con todo, que eso se logró tan sólo después de que la difícil verdad de que no existía modo concebible de tener paz y a la vez territorios hubiese calado en la mente de los altos cargos. La prueba de sentido de Estado no terminó con el dramático salto hacia el futuro de Sadat. Menájem Beguin todavía tendría que afrontarla en casi todas las coyunturas de un camino hacia la paz sumamente tortuoso.

Puede sostenerse que sólo un «halcón» político, que era también un hombre con sentido del dramatismo, un romántico de la política con buen ojo para el juicio de la historia, del tipo de Menájem Beguin, cuya otra ventaja radicaba en no tener a Beguin en la oposición, podría haber respondido de manera tan total a la iniciativa de Sadat. Caben dudas razonables acerca de si la rígida e irascible Golda Meir hubiese calibrado el significado real de la iniciativa de paz. Beguin estuvo a la altura de la ocasión y con un agudo sentido de la puesta en escena, muy típico de él, invitó al presidente egipcio a hablar ante la Knésset en Jerusalén, en lo que fue sin duda uno de los acontecimientos más extraordinarios que ha conocido la historia contemporánea o la diplomacia internacional.

Anfitrión en Jerusalén del archienemigo de Israel, Menájem Beguin se acercaba en ese momento al dramático cenit de su prolongada y singular vida política. La suya había sido una larga vida de privaciones, marginalización política, persecución y encarcelamiento, actividad clandestina y por último el poder. Pueden hallarse sus raíces ideológicas en su admiración ferviente por el *Risorgimento* italiano; su mentor político más cercano, Zeev Jabotinski, popularizó entre sus seguidores la tradición de la lucha nacional italiana. De su ídolo político Beguin heredó el amor por la palabra justa, el gesto, el «estilo». No tenía rival como orador brillante, en ocasiones sarcástico y a menudo populista. A pesar de sus orígenes modestos, desarrolló un estilo y unos gestos que parecían inspirados en los modales de la aristocracia polaca y la tradición estética y poética del nacionalismo polaco. «La dignidad» era la contribución que los discípulos de Jabotinski afirmaban haber realizado a la política sionista.

Beguin nació el 16 de agosto de 1913 en Brest-Litovsk, entonces parte de Polonia (en la actualidad, de Bielorrusia). Estudió en un colegio hebreo donde aprendió el idioma a la perfección; después fue a un instituto polaco y estudió Derecho en la Universidad de Varsovia. Su padre le insufló el fervor sionista y un rechazo al camino socialista hacia la emancipación nacional. Ferviente anticomunista, no tardó mucho en entrar en conflicto con el sistema soviético. En 1940 lo condenaron a ocho años de reclusión en un campo de trabajo ruso, pero lo liberaron al cabo de un año cuando la ofensiva alemana contra la Unión Soviética obligó a Stalin a buscar apoyo incluso entre los presos polacos. Beguin se incorporó de inmediato al Ejército polaco en el exilio a las órdenes del general Wladyslaw Anders y llegó a Palestina no como líder sionista sino en calidad de recluta de esa unidad. Sin embargo, no tardó mucho en abandonar la ya irrelevante causa del nacionalismo polaco para unirse a la lucha clandestina contra el dominio británico. La muerte de su padre y su hermano a manos de los nazis sólo sirvió para reforzar su fe en la lucha por la patria judía. Como cabecilla del Irgun, Beguin se señaló como líder carismático de incuestionable autoridad. Humillado y perseguido por el *establishment* laborista, se mantuvo inquebrantable en todo momento en su estrategia de que la independencia judía no iba a lograrse por medios políticos sino a través de la fuerza y el terror. Los movimientos sionistas dominantes rechazaban la estrategia del Irgun hasta el extremo de que la Haganá perseguía a sus miembros y los entregaba a las fuerzas británicas. Acosado por judíos, árabes y británicos por igual, Beguin llegó al final de la guerra por la independencia como paria político y social. Sentimental y dado siempre a los gestos teatrales, describiría su vida en los siguientes y melodramáticos términos: «Todos aquellos que han seguido la historia de mi vida sabrán que el destino no me ha mimado. He padecido hambre y dolor, y a menudo he visto la muerte de cerca. Pero nunca he sido capaz de llorar, aunque, como aprendimos en nuestra lucha contra el opresor, a veces es necesario que la sangre sustituya a las lágrimas, si bien en otras ocasiones las lágrimas deben reemplazar a la sangre.»

Desde 1949 hasta su ascenso al poder en 1977, Beguin fue el líder de lo que parecía una oposición eterna sin esperanza de alcanzar nunca el poder. A pesar de ello, no cambió nunca de ideas, aunque eso tal vez le hubiese proporcionado un atajo hacia el Gobierno. Resistió la frustración de sus seguidores durante muchos años; se tomó con dignidad el sarcasmo de Ben Gurión contra él y persistió inalterable en lo que parecía una batalla quijotesca contra la hegemonía de los círculos laboristas, y por lo que entonces se antojaba un sueño del todo descabellado, el de un Gran Eretz Israel. Nunca estuvo dispuesto a ceder ante rivales o seguidores. La guerra de los Seis Días en la que Israel recobró los territorios bíblicos de Judea y Samaria fue un momento histórico que se demostró vital para el posterior acceso de Beguin al Gobierno, pues reorientó el estado de ánimo nacional a favor de las mitologías de la derecha israelí y lo alejó de las posiciones conservadoras del laborismo. Sin embargo, antes incluso de la guerra, Beguin había conseguido llevar a su partido, el Herut, al centro de la conciencia política israelí, cuando suscribió una alianza con los Sionistas Generales, un respetable partido burgués en el centro del espectro político. El partido del paria, el Herut, se había convertido así en el de la burguesía nacionalista respetable, una alianza que sentó los fundamentos del Partido Likud tal y como se formaría después de la guerra del Yom Kippur. Fue esa recién adquirida respetabilidad burguesa combinada con el atractivo irresistible de Beguin para los parias sociales de Israel, las clases bajas orientales, lo que a la larga lo llevaría al Gobierno y rompería el largo monopolio de los laboristas en el poder.

Como primer ministro, el logro más extraordinario de Beguin sería la firma del histórico tratado de paz con Egipto. Sin embargo, eso no significaría que hubiera abandonado su compromiso de toda la vida con Eretz Israel. Que al final aceptara la retirada total del Sinaí y ejecutara un traumático desmantelamiento de todos los asentamientos de la península disimulaba un íntimo programa personal: renunciar al Sinaí a cambio de no tener que hacer lo mismo con territorios mucho más significativos en lo emocional y lo estratégico: Judea y Samaria. En realidad, fue su poca voluntad de aplicar la autonomía palestina en Gaza y Cisjordania —a lo que se había comprometido en los Acuerdos de Camp David— lo que llevaría a dimitir a dos de sus más estrechos colaboradores, el ministro de Asuntos Exteriores Moshé Dayan y el ministro de Defensa Ezer Weizmann. En Camp David, Beguin llegaría a los límites últimos de su capacidad para la pacificación.

Es probable que la mayor frustración de Beguin fuera no haber sido quien declarara la independencia del Estado de Israel en mayo de 1948, un privilegio histórico que recayó sobre su archirrival, David Ben Gurión. Ni siquiera participó en la ceremonia. Es curioso que uno de sus ministros más jóvenes en 1977, Moshé Katsav, en la actualidad presidente del Estado de Israel, llegara a proponer que se le permitiera añadir su firma a la Declaración de Independencia original del 15 de mayo de 1948. Eso explica, en gran medida, las acciones de Beguin como primer ministro. Pasó a posicionarse como segundo creador del Estado. Ben Gurión bautizó al Estado recién creado como «Israel»; Beguin siempre fue reacio a utilizar ese nombre. Prefería referirse a «Eretz Israel». Ben Gurión creó el Tsahal, la Fuerza de Defensa Israelí; Beguin hablaba del «Ejército», nunca del «Tsahal». Ben Gurión creó un Estado basado en la supremacía cultural y política de los judíos europeos; Beguin fue el mayor defensor de la causa de los israelíes de origen sefardí-oriental. De hecho, su llegada al poder en 1977 fue el resultado de una alianza de parias: Beguin el paria político y su partido por un lado, y los parias sociales y culturales, los israelíes sefardíes orientales, por el otro.

Es muy posible que el «beguinismo» de los años 70 y 80 no fuera más que una vulgar parodia de la «gloria» jabotinskiana. Metamorfoseada en populismo demagógico barato, enroló al proletariado israelí en una protesta cultural y política contra el enemigo histórico del revisionismo, el movimiento laborista. Con Beguin, el Likud se confió a una cultura de primitiva democracia de masas y un anhelo de los valores tradicionales de familia y nación, como han hecho otros movimientos populistas y cuasifascistas en situaciones de crisis en Europa desde la Primera Guerra Mundial. El modelo no era nuevo; su aplicación en Israel sólo esperaba a que se dieran las condiciones adecuadas. Éstas se produjeron por fin en una época en la que quienes habían inmigrado a Israel durante la década de 1950 desde el Norte de África y otros países árabes alcanzaron la suficiente madurez y conciencia política para rebelarse contra el *establishment* «bolchevique» del movimiento laborista. Del paraíso de la Diáspora los habían erradicado, mas el paraíso de socialismo que prometían los laboristas estaba más allá de su alcance. Presentando un desafío populista, aderezado con religiosidad y nacionalismo, a la poco convincente retórica de universalismo humanitario de la izquierda, Beguin consiguió movilizar a las clases populares y desposeídas contra los pecados de la arrogante cúpula laborista. Marginados y desarraigados, sucumbieron a los encantos del populista, tradicionalista y paternalista Likud. Ni la ficción del socialismo israelí ni la retórica vacía de los sucesores de Ben Gurión en la dirigencia laborista cantando las alabanzas de los valores universales de justicia social e igualdad podían cegar ya a las masas. Beguin les ofrecía en ese momento una ilusión alternativa.

Por lo que respecta a la vieja guardia ideológica del partido de Beguin, el Herut, la paz que su líder pensaba firmar con Egipto, la traumática evacuación de los asentamientos del norte de la península y la dificultad de reconciliar su sueño del Gran Eretz Israel con sus tradiciones liberales los abocaría a un callejón sin salida político. La de Jabotinski era una *Weltanschaung* entroncada plenamente con dos corrientes opuestas de la herencia europea: por un lado, un nacionalismo romántico y militar que descendía a simas fascistoides; por el otro, características de la democracia liberal conformes a la mejor tradición del *Risorgimento* italiano y la democracia estadounidense. Este solapamiento residía en el núcleo mismo de la crisis de identidad y la brecha política que partía el corazón de muchos de los discípulos de Jabotinski, quienes hubiesen querido ver un Eretz Israel extenso y ampliado, pero comprendían, al mismo tiempo, que un Gran Eretz Israel de ese tipo, con más de dos millones de árabes viviendo en condiciones de inferioridad dentro de sus fronteras, jamás podría ser liberal. Jabotinski legó a su movimiento dos ramas contradictorias de herencia europea —el protofascismo y el liberalismo— que no podían resolverse. Por eso las opciones políticas propuestas por los discípulos de Jabotinski en Judea y Samaria estaban condenadas al fracaso. El Gran Eretz Israel era un proyecto que jamás podría prevalecer.

«El noventa por cien del conflicto es psicológico», diría Sadat en su visita a Jerusalén, y no se equivocaba. Cautivó la mente y la imaginación de los israelíes de un modo que ningún líder árabe ha sido capaz de igualar nunca. Y al haber «resuelto» con su visita, visto así, el 90% del conflicto, al parecer se las ingenió para arrancarle a Beguin el restante 10% cuando el primer ministro le entregó, en su encuentro privado tras la comida oficial en Jerusalén, el compromiso de una retirada completa de la península del Sinaí.

La iniciativa de Sadat se basaba en una paz israelí-egipcia por separado. Sus expectativas en el frente palestino eran mucho más difíciles de satisfacer, y es posible que lo supiera cuando tomó su decisión de acudir a Jerusalén. No podía ser lo bastante ingenuo para creer que su viaje a la capital israelí bastaría para abrir todas las puertas que condujeran a un acuerdo árabe-israelí global y convencer a un Gobierno israelí de derechas de que hiciera todas las dolorosas concesiones necesarias para un arreglo con los palestinos. Sadat, por supuesto, insistió en su discurso ante la Knésset en que no acudía a Israel en busca de una paz separada. Palestina y la Jerusalén árabe ocupaban un lugar destacado en sus preocupaciones, explicó. Para dejarlo más claro, después atravesó descalzo las puertas de la Ciudad Vieja y rezó en la mezquita de Al-Aqsa, donde una generación atrás otro pacificador árabe, el rey Abdulá de Jordania, había sido asesinado por romper el consenso árabe de la guerra sin cuartel contra el Estado judío. Para profundizar en su búsqueda de una cobertura palestina a su propuesta de paz, Sadat convocó a renglón seguido una conferencia internacional en El Cairo para mediados de diciembre, en lo que se demostró un intento torpe y a todas luces infructuoso de promover una paz regional general con el tema palestino como núcleo. Sin embargo, al mismo tiempo aceleró los esfuerzos destinados a un entendimiento bilateral con Israel. Es cierto que Tuhami insistiría en su segundo encuentro con Dayan en Marruecos a principios de diciembre en las condiciones de Egipto para un acuerdo palestino, pero Dayan pudo leer entre sus líneas un Egipto que buscaba desesperadamente un modo de encontrar la cuadratura del círculo y obtener concesiones para los palestinos que legitimaran una paz egipcio-israelí por separado, aunque fueran esencialmente retóricas.

Muy pocos en el mundo árabe sentían un gran amor por Arafat o la OLP, «el cáncer en nuestro seno», como la definió el rey Hassan en su encuentro de diciembre con Dayan y Tuhami. Años más tarde, este autor oiría en persona de boca del rey, en su encuentro con él en su palacio de Rabat en enero de 1993, definiciones no menos duras de Arafat y la OLP, una organización que, según me confió, había sobrevivido a su papel histórico y se estaba convirtiendo en un obstáculo para la paz que había que desmantelar. El rey también me refirió el consejo que le había dado al brazo derecho de Arafat, Abú Mazen, de que la OLP debería disolverse y permitir que los dirigentes palestinos locales de los territorios asumieran la responsabilidad de tratar directamente con Israel. Cuando después transmití mi conversación con el rey al primer ministro Rabin, éste no pudo disimular su embarazo, pues precisamente en esas mismas fechas un equipo israelí estaba negociando en Noruega con una delegación de la OLP lo que más tarde llegaría a conocerse como Acuerdos de Oslo.

Sadat no tenía en mejor estima a Arafat y la OLP que el rey Hassan. Su cansancio con los palestinos explotó en ira manifiesta cuando en febrero de 1978 el redactor jefe de *Al-Ahram* y amigo personal del presidente, Yusuf al-Sibai, fue asesinado en Chipre por un comando palestino, perteneciente, cierto es, al grupo escindido de Abú Nidal, y no a la OLP. Para Sadat eso fue una prueba más de que Egipto estaba hipotecando su futuro por el bien de un pueblo —«pigmeos» y «asesinos a sueldo», como le dijo al ministro israelí de Asuntos Exteriores Ezer Weizmann— que no se merecía tantos sacrificios. Sadat sabía que la OLP había hecho campaña en todo el mundo árabe en un intento de socavar su iniciativa de paz, y le confió a Ezer Weizmann que, en sus palabras, «he excluido a la OLP de mi vocabulario. Por su comportamiento se han excluido ellos solos de las negociaciones». Además, como le dijo a Weizmann, ya no creía que fuera posible un acuerdo árabe-israelí general. Tampoco pensaba que pudiera o debiera surgir necesariamente un Estado palestino de aquellas negociaciones. Incluso pareció refrendar la tradicional perspectiva israelí para un arreglo palestino cuando le dijo a Weizmann que una especie de condominio jordano-israelí en los territorios tal vez fuera una solución razonable.

Tanta parecía la ansiedad de Sadat por llegar a un acuerdo separado con Israel y tamaño era su distanciamiento de la OLP y los «ingratos palestinos», que a los estadounidenses les preocupaba de manera genuina que el presidente, con el fin de garantizarle a Egipto la recuperación del Sinaí, abandonara por completo su defensa de la causa palestina. Temían que eso lo aislara aún más en el mundo árabe y pusiera en serio peligro toda su iniciativa de paz. Sin embargo, no hacía falta que se preocuparan. Sadat era plenamente consciente de sus limitaciones dentro de la familia árabe extensa y, por «ingratos» que hubieran sido los palestinos, estaba obligado a abogar por ellos y buscar una fórmula susceptible de reconciliar los intereses egipcios con la defensa de la causa palestina.

Sin embargo, Sadat no fue el único que, en su persecución de un acuerdo separado con Israel, buscó desesperadamente un arreglo palestino para tener la conciencia tranquila. También Beguin se veía atrapado en la misma situación. El resultado fue el plan de autonomía para los palestinos, que después sometió al análisis del presidente Carter durante su visita a Washington a mediados de diciembre. Plan más bien estrafalario y sincrético que se inspiraba en el legado del Imperio políglota de los Habsburgo y el principio de Jabotinski de «a los árabes como individuos, todo; a los árabes como pueblo, nada», proponía una autonomía para los palestinos no en cuanto pueblo, sino como individuos sin autoridad sobre la tierra y el espacio que habitaban. También contenía algunos de los ingredientes de un condominio israelí-jordano, porque daba a elegir entre dos nacionalidades, jordana o israelí. El plan era posibilitar lo que para Beguin era el mejor de los mundos; posponía el debate sobre la condición final de los territorios hasta que se concluyera la paz por separado con Egipto y negaba a los palestinos cualquier apariencia, o esperanza, de ser un Estado.

El intento de ambos líderes por superar sus respectivas limitaciones y extender la mano hasta las exigencias de la otra parte ya era lo bastante difícil, pero no supusieron un obstáculo menos formidable las diferencias en su estilo de liderazgo y su actitud de cara al proceso de pacificación. Tales diferencias fueron un importante motivo para que en los meses posteriores a la visita de Sadat a Jerusalén pareciera que esta dramática iniciativa estaba a punto de disiparse en una de tantas oportunidades perdidas. Sadat llegó a su iniciativa de paz partiendo de una amplia visión estratégica ideada para retirar a Egipto del conflicto árabe-israelí y construir una asociación, tal vez incluso una alianza, con Estados Unidos. La visión era tan revolucionaria y atractiva que en opinión de Sadat derretiría con rapidez los obstáculos y le permitiría conquistar la paz de un plumazo. Descubrió, sin embargo, que Beguin era un vendedor al por menor decidido a bajar sus elevados sueños de paz a la tierra de las complejas realidades y las expectativas divergentes, donde se perdían en fórmulas legalistas y tácticas de cauteloso gradualismo. Sadat quería de Israel un compromiso inequívoco con la autodeterminación palestina, una condición que hizo de la cumbre Beguin-Sadat en Ismailiya a finales de diciembre un clamoroso fracaso y del encuentro del comité conjunto israelí-egipcio en Jerusalén a mediados de enero de 1978 un escándalo político, en el que Beguin demostró una condescendencia absolutamente embarazosa hacia el ministro de Asuntos Exteriores egipcio Muhammad Ibrahim Kamel. Eso a su vez obligó a Sadat a disolver el comité militar conjunto en El Cairo y a amenazar a Israel con poner fin al proceso.

Como dejó claro en sus memorias el general Avraham Tamir, jefe de la delegación israelí en el grupo de trabajo militar conjunto en El Cairo, los egipcios no dejaron ninguna duda a sus homólogos israelíes acerca de la disposición de Sadat a una paz por separado, siempre y cuando se acordara una declaración de principios que cubriera la autodeterminación palestina y aceptara la plena retirada israelí del Sinaí. Sin embargo, Beguin se negaba a aceptar el hecho de tener que pagar la visita de Sadat a Jerusalén con tan cara moneda palestina. El punto muerto en el proceso amenazaba con degenerar en un conflicto abierto y, por si fuera poco, para aplacar a sus críticos dentro de su propio partido el primer ministro empezó a recaer en viejas posturas y su retórica tradicional: no pensaba desmantelar los asentamientos del Sinaí, dijo que no renunciaría al control político y militar de Israel sobre

Cisjordania y que no permitiría que los palestinos pudieran optar por la creación de un Estado tras los cinco años de fase provisional de autonomía.

Sin embargo, a pesar de las posturas de Beguin, y algunas eran sin duda creativas y generosas, a Sadat le interesaba una diplomacia al límite —que incluía la amenaza de dimitir o interrumpir toda la iniciativa de paz y regresar al redil del consenso árabe— para atraer a los estadounidenses a una mediación masiva y enérgica. Si no, es difícil de entender por qué no hizo caso de un importante cambio de posición israelí en la Conferencia del Castillo de Leeds de julio de 1978, donde Dayan efectuó una variación radical en la postura de Israel y accedió a debatir el tema de la soberanía en Cisjordania tras la etapa de transición de cinco años. En sus memorias Dayan definió la Conferencia del Castillo de Leeds como «un hito en las negociaciones de paz y un momento de la verdad», pero lo que por un momento había parecido una dinámica bilateral egipcio-israelí más prometedora se vio frenada precisamente porque así lo quiso Sadat. Quería llevar el proceso a una fase en la que Estados Unidos empezara a presionar a Israel. La invitación del presidente Carter a las partes a finales de agosto de 1948 para que acudieran a una cumbre de paz en Camp David fue una clara victoria de las tácticas de política al límite de Sadat.

El que no se permitiera que el dramático encuentro entre dos figuras políticas extraordinarias como Beguin y Sadat desembocara en otro fracaso tuvo mucho que ver con el liderazgo del presidente Carter y con el concepto de paz desarrollado por su Administración. Carter poseía una curiosa ventaja como pacificador: sabía muy poco de las complejidades, pormenores y matices del conflicto árabe-israelí. Sabía incluso menos sobre el enredo israelí-palestino y el grado de hostilidad existente entre Israel y la OLP. Fue precisamente esa saludable inocencia, podría decirse, lo que se demostró un gran activo para el presidente en la titánica tarea que se echó a las espaldas. El suyo era un enfoque osado y simplista, pero a la vez extremadamente eficaz, que asombró a sus interlocutores israelíes con las revolucionarias recetas de paz que presentó sin siquiera molestarse en consultarlos. Otros quizás hubieran intentado desatar con esmero y primor el nudo gordiano del conflicto; Carter prefirió cortarlo como si tal cosa. Sin embargo, eso no fue todo; el presidente disponía de otra ventaja crucial. *Rara avis* entre los políticos estadounidenses, y sobre todo entre los residentes de la Casa Blanca, Carter no dedicaba una especial sensibilidad o atención a las voces y grupos de presión judíos. Hombre del Sur que se movía en un medio social libre de conocidos judíos y cuyo distrito electoral no era el típico de un político de la Costa Este, donde el voto judío y el tema de Israel siempre son tan primordiales para el discurso político, Carter no vaciló en criticar públicamente a Israel, amenazarlo e incluso presionarlo. Resulta que ha sido este tipo de presidente —el George Bush de finales de los años 80 es otro buen ejemplo—, dispuesto a abordar a Israel sin medias tintas y desentendiéndose de las sensibilidades de sus defensores en Estados Unidos, el que a la larga ha conseguido obrar avances significativos en el camino hacia una paz árabe-israelí.

A diferencia de Nixon, que estaba obsesionado con la política de poder global y los grandes planes estratégicos, y contrario a la política de Kissinger de utilizar el proceso de paz árabe-israelí como instrumento para expulsar a la Unión Soviética de Oriente Próximo, Carter era un misionario de la paz, y uno especialmente sensible al drama de los palestinos. En un principio esperaba alcanzar la paz por medio de una conferencia internacional en plena colaboración con la Unión Soviética y con la participación tanto de Siria como de la OLP. Ahora estaba dispuesto a asumir las nuevas reglas de juego que en la práctica le imponía Sadat. Carter fue el primer presidente de Estados Unidos en comprometer a su país con la noción de una «patria palestina», por usar sus palabras. Tampoco mantuvo en secreto su opinión de que la paz requeriría la retirada de Israel a las fronteras de 1967 y la creación de un Estado palestino. En su declaración conjunta de Asuán con Sadat el 4 de enero de 1978, Carter también emplearía, para consternación de Israel, todo un nuevo lenguaje para un presidente americano al respecto del problema palestino: «Debe producirse una resolución del problema palestino en todos sus aspectos. La solución debe reconocer los derechos legítimos del pueblo palestino y permitir que los palestinos participen en la determinación de su propio futuro.» Carter sucumbiría a las tácticas de alto riesgo de Sadat y un mes más tarde lo invitaría a Washington, donde harían pública otra declaración al menos tan pasmosa para los israelíes como la de Asuán. En esa ocasión se afirmaba que los asentamientos israelíes eran ilegales y un obstáculo para la paz y que la RCS 242 era aplicable, a diferencia de lo que Beguin presuponía, en todos los frentes, es decir, también en Cisjordania.

Ni Beguin ni Dayan se dieron cuenta del alcance de los cambios que la iniciativa de Sadat exigía a las tradicionales posiciones de Israel. Tampoco calibraron el grado de compromiso de la comunidad internacional con las fronteras de 1967 y una salida justa para los palestinos. Eran conscientes, por supuesto, de la necesidad de hacer concesiones, incluso de que tendrían que ser grandes. Sin embargo, hizo falta el compromiso casi mesiánico del presidente Carter y la implicación más enérgica y contundente de Estados Unidos para salvar el proceso del derrumbe y obligar a las partes a asumir el formidable precio de la paz.

«Ninguno de nosotros cree que tengamos muchas probabilidades de éxito», confió el presidente a sus asesores cuando invitó a las partes a la residencia presidencial de Camp David para una cumbre de paz. Sin embargo, el riesgo que asumió estaba bastante bien calculado. A esas alturas se había dado cuenta de lo obvio: Sadat necesitaba fórmulas salvavidas sobre la cuestión palestina, mientras que Beguin, aunque fuera sin duda sincero e inquebrantable en su posición respecto de Judea y Samaria, sólo regateaba sobre las condiciones para lo que asumía que iba a tener que ser una retirada total del Sinaí. Las disposiciones y garantías de seguridad solventarían las diferencias sobre la península. En líneas muy amplias, Carter podía ver los contornos de un acuerdo cuando invitó a sus huéspedes a Camp David.

El éxito de la Cumbre de Camp David no fue, por supuesto, una conclusión cantada. Menájem Beguin acudió con dos objetivos en mente: firmar la paz con Egipto y conservar Eretz Israel para las generaciones venideras. Sadat compartía el primero pero objetaba al segundo. La condición de Cisjordania, Gaza y Jerusalén, así como el futuro de los asentamientos del Sinaí, eran los principales obstáculos en la pista hacia un acuerdo.

La tarea que tenían por delante era todavía formidable, porque los invitados de Carter estaban a años luz en cuanto a actitud. En efecto, los dos, como su anfitrión, eran hombres religiosos que creían en el destino y en haber sido elegidos para aquella misión casi metahistórica y providencial, pero uno, el dirigente egipcio, en sus ansias por que Estados Unidos le entregara a un obstinado Israel, no siempre era lo bastante consciente de los límites de la capacidad americana para doblegar al Estado judío. El otro era Beguin, cuya incuestionable voluntad de llegar a un acuerdo se veía moderada por su visión de sí mismo como hombre metido en el papel casi bíblico de paladín del destino de su pueblo milenario, un destino que no había que negociar a la ligera. Temeroso y receloso de una conspiración americano-egipcia, acudió a Camp David a la defensiva y decidido a resistirse a que lo condujeran a una trampa conjunta.

A la hora de la verdad, sin embargo, la clave del éxito o el fracaso de una empresa tan formidable como la pacificación entre dos estados en guerra, con tantas emociones y tantos recuerdos funestos de por medio y con tantas cuestiones en apariencia intratables en liza, dependía del calibre de los líderes. Éstos salvaron la distancia que separa el fracaso del éxito gracias a su sentido de Estado, su capacidad para estar a la altura del desafío y tomar decisiones difíciles que se apartaban de ideas que habían predicado durante toda su vida. Fue el feliz encuentro entre tres pacificadores valerosos lo que hizo de Camp David una apuesta que valió la pena y de la paz entre Israel y Egipto un sueño hecho realidad.

Camp David produjo un acuerdo basado en una fórmula bastante sencilla y en un conjunto de quid pro quos. Egipto renunciaba a su condición de que Israel debía suscribir por adelantado la naturaleza exacta de un acuerdo final en Gaza y Cisjordania y accedía también a la plena normalización de sus relaciones con Israel, mientras que el Estado judío aceptaba retirarse a la frontera internacional en el Sinaí y desmantelar los asentamientos del sector norte de la península, así como sus bases aéreas en territorio egipcio. A todos los efectos prácticos, Carter se vio obligado a refrendar la estructura para la pacificación de Beguin: el Sinaí a cambio de la libertad de Israel para afirmar sus prioridades en Gaza y Cisjordania.

Sin embargo, a pesar de las concesiones de Sadat en cuanto al tema palestino y la defensa a ultranza de los derechos israelíes en Judea y Samaria, el documento palestino acordado en Camp David fue una plataforma sumamente revolucionaria, pues contenía todos los principios y componentes fundamentales que con el tiempo formarían los cimientos de los Acuerdos de Oslo de 1993. Fijaba un plan de autonomía de cinco años como etapa de transición hacia un acuerdo final, las negociaciones sobre el cual empezarían pasados tres años de la primera fase. Además, conceptos que serían tan centrales para el proceso de Oslo como el de una «plena autonomía» palestina, la retirada de Israel en Cisjordania a «localizaciones militares específicas» y la creación de un «fuerte cuerpo policial palestino» fueron todos establecidos en Camp David. Cierto que se evitó la palabra «autodeterminación» —que dicho sea de paso, se evitaría también en los Acuerdos de Oslo— y que la etapa final se definía como una paz entre Israel y Jordania. Con todo, en el lenguaje del proceso de paz israelí-palestino se habían introducido expresiones de todo punto históricas que tendrían consecuencias realmente trascendentales.

Fue Menájem Beguin, para nada un radical de izquierdas, quien suscribió en Camp David conceptos tan poco jabotinskianos como éstos: «un reconocimiento de los derechos legítimos del pueblo palestino y sus justas exigencias», «la resolución del problema palestino en todos sus aspectos» y «los palestinos participarán en la determinación de su propio futuro». Además, Beguin no sólo accedió a debatir la devolución de los territorios de los palestinos desplazados que dejaron Cisjordania durante la guerra de los Seis Días, sino que también consintió que se reabriera el capítulo de 1948, es decir, que se negociara «la resolución del problema de los refugiados de 1948». Por si eso fuera poco, sucumbió a la presión de Carter y accedió a la «Resolución 242 en todas sus partes», con lo que de manera implícita refrendaba también el preámbulo del documento sobre «lo inadmisible de la adquisición de territorio por medio de la guerra» y su posible aplicación a otros frentes árabes.

Era de todas formas evidente que ninguno de los líderes —Carter, Sadat, Beguin o, para el caso, tampoco Hussein— quería que esta plataforma condujera a un Estado palestino independiente en manos de la OLP, susceptible de convertirse en un agente desestabilizador al servicio de intereses soviéticos. Esperaban que el liderazgo palestino local saliera a la palestra y aprovechara la oportunidad de formar una autoridad de transición que se le ofrecía, ya que a todos los efectos prácticos el nuevo programa impedía una anexión unilateral de los territorios por parte de Israel.

Fue un pecado capital que los palestinos rechazaran una oportunidad de oro como aquélla para sumarse al proceso de Camp David en un momento en el que Cisjordania estaba todavía prácticamente limpia de asentamientos judíos. Fue una trascendental oportunidad perdida para los dirigentes palestinos. Lo que se les proponía en Camp David, por emplear términos de Oslo, era convertir la totalidad de Cisjordania en Área B, es decir, una zona de control administrativo palestino y responsabilidad de seguridad israelí. En la actualidad, veinticinco años después de Camp David y pasados doce del proceso de Oslo, los palestinos apenas disponen del 20% de Cisjordania como Área B.

Cuesta comprender qué esperaban que consiguiera Sadat sus críticos en Egipto y en todo el mundo árabe, si el resultado de la cumbre debía ser un compromiso razonable con Israel y no su capitulación incondicional. Los dos «marcos» acordados en Camp David contenían todos los ingredientes de una posible paz general en la región. Los líderes siempre podían, por supuesto, tratar de subvertir el proceso. Beguin, por ejemplo, seguiría afirmando los derechos de Israel en Cisjordania. Pero una actitud diferente por parte del mundo árabe y de los

palestinos en particular podría haber cambiado el curso de los acontecimientos futuros. En lugar de eso, Egipto, donde existían también
objeciones sustanciales a los Acuerdos —el general Gamassi criticó el
pacto por romper la cohesión estratégica árabe y permitir que Israel
absorbiera Cisjordania— fue expulsado de la Liga Árabe, mientras
que los palestinos, siempre y trágicamente errados al interpretar las
encrucijadas históricas, desdeñaron los Acuerdos como «una conspiración contra el pueblo palestino».

Es cierto que Beguin, como Gamassi, creía que Israel había ganado la batalla por Cisjordania, pero eso no era exactamente así. Como
se demostró, el tratado de Israel con Egipto era una paz por separado
sólo en las formas. En la práctica, sus vicisitudes dependerían siempre
de manera directa de la actuación de Israel en la vía palestina. La paz
entre los dos países sería en todo momento una paz fría, que en ocasiones no parecería más que un acuerdo de no beligerancia. En verdad,
el principal logro de Camp David permaneció indiscutible, y ése era el
compromiso de Beguin y Sadat de «no más guerras, no más derramamiento de sangre» entre los dos países.

En la última noche de la Cumbre de Camp David sobre la cuestión palestina en el verano de 2000, el autor de estas líneas esperó con
el presidente Clinton en su cabaña de Aspen la respuesta de Arafat a
las últimas propuestas del presidente sobre Jerusalén. Clinton lo veía
todo negro. Intenté animarlo aduciendo que aquello no debía ser el final de sus esfuerzos. «No olvide —le dije— que después de Camp
David I, Carter todavía tuvo que pasar ocho largos meses de duras negociaciones y atravesar crisis que amenazaban con destruir el proceso
entero para mediar en un tratado de paz definitivo entre Egipto e Israel.» «Usted podría hacer lo mismo», le dije al presidente. «Por desgracia, yo no dispongo de esos vitales ocho meses», fue su respuesta.
Al cabo de unas semanas, las primarias presidenciales habrían acabado
y en noviembre, es decir, cuatro meses después de nuestra conversación en la residencia de Camp David, el pueblo estadounidense elegi-
ría a un nuevo presidente.

Ésas no eran consideraciones que inquietaran al presidente Carter,
pero aun así le esperaban unas dificultades formidables. Problemas
como el modo de reconciliar la paz entre Egipto e Israel con sus compromisos con el mundo árabe, la vinculación entre el tratado de paz bilateral y la vía palestina que no debería haber existido de acuerdo con la
letra de los Acuerdos pero que Sadat estaba reintroduciendo en ese momento bajo presiones internas y árabes, y el calendario para el estableci-

miento de relaciones diplomáticas entre las partes eran algunos de los problemas que amenazaban con dar al traste con todo el proceso.

Menájem Beguin no le hizo la vida más fácil al presidente americano, que a la sazón vivía en un desesperado puente aéreo entre El Cairo y Jerusalén. El primer ministro israelí no tenía una oposición insuperable en el país, pero él mismo, o más bien su conciencia, se bastaba. Para tranquilizar esa conciencia tenía que demostrar que él, que había traicionado su voto de no desmantelar asentamientos, no permitiría que eso se convirtiera en un precedente para Cisjordania. Fomentaría la construcción de nuevos asentamientos en Judea y Samaria y bloquearía cualquier posibilidad de que la autonomía palestina diera paso a un Estado.

A la larga Sadat cedería ante las tácticas de desgaste de Beguin, porque el líder israelí se hallaba en una clara posición de ventaja. No actuaba bajo especiales presiones o limitaciones. Ése no era el caso de Sadat que, aislado y hostigado por la opinión pública y los líderes árabes y temeroso del desafío fundamentalista que acababa de recibir un espaldarazo con la revolución iraní y podía impedirle recoger los frutos de su aventura en Jerusalén, necesitaba desesperadamente un acuerdo; ni el de Carter que, cercano al final de su presidencia y perseguido por el espectro de la revolución iraní que amenazaba con socavar la posición estadounidense en Oriente Próximo, necesitaba salvar el historial de su presidencia de un deshonroso fracaso. Y si debemos fiarnos de William Quandt, testigo de excepción del proceso de Camp David, y a Sadat, como él dice, «no le importaba un pimiento Cisjordania» (William Quandt, *Camp David, Peacemaking and Politics*, Washington D.C., 1986, p. 296), no había motivos para que Carter fracasara en su empeño. Beguin se salió con la suya. Sadat renunció a su exigencia de una vinculación entre la autonomía palestina y el estatus definitivo de los territorios y el 26 de marzo de 1979 firmó en Washington un acuerdo de paz con Israel completo y, al menos en las formas, separado.

8

EL CAMINO A MADRID

Paz para Galilea no es una operación militar fruto de la ausencia de una alternativa.

Discurso de MENÁJEM BEGUIN
en el Colegio Nacional de Defensa,
8 de agosto de 1982

El Estado de Palestina [...] rechaza la amenaza o el uso de la fuerza, la violencia y el terrorismo contra su integridad territorial o independencia política, como también rechaza su uso contra la integridad territorial de otros estados.

Consejo Nacional Palestino:
Declaración de Independencia,
15 de noviembre de 1988

Israel [debe] dejar de lado, de una vez por todas, la irrealista visión del Gran Israel [...] ¡Tended la mano a los palestinos como vecinos que merecen derechos políticos!

Secretario de Estado JAMES BAKER,
discurso en el AIPAC,
22 de mayo de 1989

El verdadero objetivo de la traicionera agresión americana [contra Irak] es [...] destruir Palestina [...] y dejar sitio a tres millones de judíos rusos en un Gran Israel que se extienda desde el Nilo hasta el Éufrates.

Reacción de ARAFAT a la guerra del Golfo

Ha llegado el momento de poner fin al conflicto
árabe-israelí.

Discurso del presidente GEORGE BUSH,
6 de marzo de 1991

Camp David trasladó la política de Oriente Próximo del discurso de la guerra al de la pacificación. A pesar de las muchas crisis que quedaban todavía por venir, entre ellas una grave guerra en Líbano y el levantamiento palestino en los territorios ocupados, en el mundo árabe la cuestión no era ya cómo borrar del mapa a Israel sino a qué precio podía llegarse a un arreglo, si bien nunca una afectuosa reconciliación, con él. A lo largo de la mayor parte del periodo que llevó de Camp David a la Conferencia de Paz de Madrid de octubre de 1991, Israel estuvo dirigido por uno de los primeros ministros más conservadores y de línea dura de su historia, Yitsjak Shamir, la Golda Meir de la década de 1980, que se opuso categóricamente a cualquier paso o cualquier compromiso. Y aun así ni siquiera él pudo evitar que esos años presenciaran la fijación de cimientos adicionales en la arquitectura de la pacificación árabe-israelí. La declaración de Arafat en Argel de noviembre de 1988 y el subsiguiente reconocimiento de la OLP por parte de la Administración Reagan fue una de esas piedras angulares para el futuro proceso de paz.

El ascenso de Estados Unidos a una posición hegemónica en Oriente Próximo, acompañado como vino por la decadencia de la Unión Soviética y la retirada de Egipto del ciclo de guerras árabe-israelíes, también logró hacerle llegar a la OLP el mensaje de que sólo asumiendo unas posturas razonablemente moderadas Estados Unidos podría aceptarla como interlocutora en pie de igualdad con Egipto y, por tanto, admitirla en el proceso de paz. A pesar de las tácticas dilatorias de Shamir, poco a poco se crearían las modalidades para una conferencia de paz internacional y las condiciones para su convocatoria. La mayoría de los conceptos que más tarde se introducirían en los Acuerdos de Oslo, conceptos cuyo origen puede remontarse al Tratado de Camp

David, se desarrollarían aún más. Los arquitectos de Oslo no operarían en un vacío conceptual. Tuvieron un legado sobre el que construir y gran parte de él, sorprendentemente, se erigió durante los años de Shamir, si bien muy en contra de su voluntad.

Desde el inicio mismo de la competencia de superpotencias en Oriente Próximo, el conflicto árabe-israelí fue evolucionando en torno a una combinación de condiciones globales y locales que no eran lo que se dice propicias para un arreglo. La bipolaridad condenaba al conflicto a oscilar entre la parálisis y la agudización. Así pues, fue la trascendental transformación de la estructura de las relaciones internacionales y el equilibrio global de poder que siguió a la caída del Muro de Berlín en 1989, y la subsiguiente disolución de la Unión Soviética, lo que actuó de detonante para una etapa nueva por completo en la historia del conflicto. Por primera vez las oportunidades empezaban a eclipsar a los riesgos.

En Camp David Beguin llegó a los límites de su carrera como pacificador. En cuanto se concluyó el tratado de paz hizo todo lo posible por dar al traste con las conversaciones sobre la autonomía palestina. Su nombramiento del ministro de Interior Burg como principal negociador en las conversaciones tenía por fin transmitir el mensaje de que para Beguin la de Judea y Samaria no era una cuestión de política exterior sino un problema interno israelí. En consecuencia, las negociaciones de autonomía se convirtieron en una pura pérdida de tiempo. Las interpretaciones contradictorias de las partes respecto de los principios de la autonomía propuesta eran sencillamente irreconciliables. Tampoco podía esperarse ya de los egipcios que aportaran una especial contribución a la hora de reconciliar los planes de los israelíes con los sueños nacionales de los palestinos. Porque una vez que hubieron satisfecho todas sus aspiraciones y recobrado su tierra, los egipcios carecían de cualquier incentivo para atraerse las iras de los palestinos y enajenarse aún más al resto de estados árabes realizando concesiones adicionales a costa de los palestinos y en contra de su voluntad. Los israelíes que lucharon por alcanzar un acuerdo final con los palestinos en 2000 pueden dar fe de que, para su consternación, la política de Egipto después de Camp David se caracterizó por una categórica negativa a ser vistos como los que entregaron a los palestinos. Nada preocupaba más a los egipcios que despertar la enemistad de los palestinos y afrontar las consecuencias internas de semejante «venta» y «traición» de la causa.

La dimisión del ministro de Asuntos Exteriores a favor de un revisionista a ultranza, Yitsjak Shamir, y la del ministro de Defensa Ezer Weizmann sustituido por otro miembro de la línea dura de la vieja guardia del Herut, Moshé Arens, señaló el fin de la época de la pacificación bajo el liderazgo de Beguin. Los dos recién llegados al Gobierno también habían votado en contra de los Acuerdos de Camp David. Desde entonces Beguin decidió refugiarse en su gueto mental. Saltaba a la vista que las conversaciones sobre la autonomía no eran más que un camuflaje tras el cual un cuadriunvirato de halcones —Beguin, Shamir, Arens y Sharón— se sumaron a los colonos del Gush Emunim en un renovado impulso de expansión de asentamientos a lo largo y ancho de Judea y Samaria.

Beguin no pensaba regatear sobre Judea y Samaria. Sin embargo, como sucedió con frecuencia a lo largo del conflicto con los árabes, cuando los palestinos no provocaban de buen principio la intransigencia de los israelíes, desde luego más tarde no perdían la ocasión de fomentarla. El Comité de Guía Nacional, un consejo de personalidades palestinas en los territorios, se creó con el único y exclusivo fin de socavar y boicotear las conversaciones sobre autonomía, fuera cual fuese su objetivo definitivo. La estrecha ventana de oportunidad que existía en 1967 de que Israel llegara a un acuerdo con un liderazgo palestino local estaba ahora cerrada y cegada. En 1967, con la asombrosa victoria de Israel todavía fresca en la memoria y con la OLP aún demasiado débil para dictar el programa palestino en los territorios ocupados, los dirigentes palestinos locales estaban ansiosos por emprender conversaciones de paz con el Estado judío. Sin embargo, los israelíes prefirieron la política de la confusión y la ambigüedad. En ese momento, trece años después, la OLP ejercía el monopolio indiscutible de la política palestina y no existía ninguna posibilidad en absoluto de que a algún líder local le fuera permitido negociar con Israel un plan de autonomía aguado, o para el caso ningún plan de paz.

Cuando Beguin congeló el proceso de paz sabía que podía confiar en las ganancias estratégicas que había conseguido gracias a su paz con El Cairo. Había sacado a Egipto del ciclo de guerras y podía confiar en que el derrumbe de las conversaciones de autonomía no conduciría a una guerra. La «teoría de la cápsula» se veía justificada. Desde ese momento también sería libre para destruir el reactor nuclear iraquí e invadir Líbano para desembarazarse del desafío militar y político que suponía la OLP, que desde su expulsión de Jordania en 1970 había formado un miniestado autónomo propio en ese país. Beguin era libre para realizar su auténtica *Weltanschauung* política. El Sinaí, el precio que había pagado por recobrar su libertad en el resto de los frentes, nunca fue el credo político-religioso que eran Judea y Samaria para un discípulo de Jabotinski.

Sin embargo, en su desarrollo posterior a Camp David, la historia tuvo también su lado bueno. Las verdades fundamentales del dilema palestino-israelí habían quedado expuestas con claridad en Camp David, y se había fijado la hoja de ruta para su solución, a la espera del liderazgo adecuado y las condiciones propicias para construir a partir de allí. El abandono de la opción bélica por parte de Egipto tarde o temprano no dejaría a los sirios y los jordanos otra elección que la de sumarse al proceso de paz. Además, la nueva amenaza que había surgido de un tiempo a esa parte, el fundamentalismo islámico con el Irán de Jomeini como agente revolucionario de su expansión regional —es importante señalar que Sadat no fue asesinado por su paz con Israel sino por sus tendencias occidentales; su asesino no mencionó a Israel ni una sola vez durante el juicio— ayudaría a unir a Israel, los regímenes árabes y Estados Unidos en un esfuerzo conjunto por pasar de la guerra a la pacificación y la estabilidad regional. Destruir Israel ya no era una opción. En adelante, la cuestión no era si hacer la paz con Israel, sino cómo; no se trataba de aceptar o no el Estado judío, sino a qué precio y en qué condiciones.

Ése —el del precio de la paz— no era un problema de poca monta, por supuesto, sobre todo en lo relativo a la condición siria de que Israel debía abandonar los Altos del Golán con su vital importancia estratégica y al empeño palestino por un Estado independiente en Gaza y toda Cisjordania. Egipto era harina de otro costal. Las reservas de Israel sobre el alto precio territorial que se pagaba a Egipto no eran políticas o estratégicas. Emanaban más bien de la psique nacional de un país que vivía en un estado existencial de claustrofobia territorial. En Israel existía un amplio consenso en pro de la paz con Egipto a cambio de toda la tierra, aunque imperaba también una extendida sensación de pérdida de espacio, de un desesperado estrechamiento de los horizontes geográficos del Estado judío. Sus ciudadanos debían hacerse a la idea de que en adelante ya no eran una nación en el centro de un imperio. Se regresaba a la mentalidad claustrofóbica del gueto judío. El novelista Aharon Megged reflejó los sentimientos de muchos al expresar su profundo pesar por la pérdida del monte Sinaí y el abandono del «desierto al viento, al sol y a los muertos». Haim Guri expresaba un difundido sentimiento al llorar la pérdida del Sinaí: «Adiós, gran expansión de tierra que se extiende hasta el horizonte», escribió. «Adiós, antiguos recuerdos.»

Sin embargo, a pesar de la extendida frustración por la «frialdad» de la paz con Egipto, la marcha atrás o una estrategia revisionista de cara a los asentamientos nunca fue una opción realista. La cuestión era si Israel y en especial sus líderes estaban ya maduros para perseguir el proceso de paz en otros frentes y asumir el inevitable precio de recortar más aún el imperio israelí de 1967. El segundo Gobierno de Beguin iba a dar una respuesta inequívoca al dilema.

Una vez lograda su segunda victoria electoral en junio de 1981 y formado su segundo Gobierno, que era ya un Gabinete claramente de derechas con Ariel Sharón como ministro de Defensa y Yitsjak Shamir en la cartera de Exteriores, la política de Beguin empezó a parecer cada vez más un intento de poner a prueba los límites del compromiso de Egipto con su paz con Israel. Fijó sin tapujos el principio dominante de su política post-Camp David: al presentar a su segundo Gobierno, aseguró que «el Eretz Israel está por entero bajo nuestro control» y prometió que «nunca volverá a ser dividido. No se cederá ninguna parte de su territorio a un dominio ajeno, a una soberanía extranjera».

Para relegar el proceso de paz a una posición secundaria Beguin pudo encontrar inspiración y apoyo en su asociación estratégica con la nueva Administración Reagan. La obsesión del presidente con las amenazas soviética y comunista hizo que el Memorándum de Entendimiento sobre Cooperación Estratégica firmado con Israel en enero de 1981 se centrara en la amenaza soviética común más que en la mejora de las perspectivas de una paz árabe-israelí. Eso le iba de maravilla al Gobierno de Beguin. Se convirtió en un patrón recurrente en las relaciones entre gobiernos de derechas en Israel y administraciones conservadoras en la Casa Blanca que se repetiría en la asociación Bush-Sharón para combatir el terrorismo global de resultas del 11-S. Consistía en concentrarse de manera conjunta en amenazas regionales y globales más amplias mientras se relegaba a un segundo término la necesidad de crear y aprovechar oportunidades para una paz árabe-israelí.

Los Gobiernos de derechas israelíes posteriores a Camp David siempre buscarían modos de enterrar o diluir en desafíos regionales o globales más amplios la centralidad del dilema palestino, como manera más segura y legítima de evitar pagar el insoportable precio de la paz. Es cierto, por supuesto, que la Unión Soviética, continua garante de una opción bélica árabe, era un impedimento de consideración en el camino hacia la paz, y que a la larga su desaparición allanaría el camino para la Conferencia de Madrid. Pero no es menos cierto que la existencia de la Unión Soviética, como sucedería más tarde con la amenaza global del terror, fue utilizada por la derecha israelí y las administraciones republicanas de Washington como pretexto para paralizar el proceso de paz o relegarlo a una condición secundaria.

Sin embargo, una cosa es relegar el proceso de paz y otra utilizar el amparo estadounidense para mostrarse desafiante y manifiestamente provocador, como lo fue Beguin cuando, dos meses después de firmar el Memorándum Estratégico con Estados Unidos, y en clara contravención del compromiso que había adquirido en Camp David con la Resolución 242 del Consejo de Seguridad, anunció la anexión de los Altos del Golán. La maniobra de Beguin fue tan atrevida e inesperada que obligó a la Administración Reagan a reaccionar congelando de manera temporal el Memorándum Estratégico. Aunque la crisis fue manejable y pasajera, sirvió de advertencia para Israel. Con la abrogación unilateral de un acuerdo firmado, Israel probaba por primera vez en sus relaciones con Estados Unidos el sabor de las sanciones políticas, económicas y militares.

Es digno de resaltarse que, de un modo coherente con la doctrina de seguridad de Israel de mantener a toda costa su libertad para la acción militar independiente, el ministro de Defensa Sharón no lloró la derogación del Memorándum. Fiel al ejemplo de Ben Gurión, que en los años 50 era reacio a tener un tratado de defensa con Estados Unidos que amenazara con limitar la libertad de acción independiente israelí en materias de seguridad, Sharón, que ya planeaba una operación de importancia en Líbano, temía que el Memorándum Estratégico recortase la libertad de Israel para erradicar a la OLP de ese país.

La intención de Beguin con su maniobra sobre el Golán era ilustrar los límites del proceso de paz, o lo que es lo mismo, dejar claro que los vecinos de Israel no debían ver su retirada del Sinaí como un precedente para otros frentes. Al salir del Sinaí, daba a entender, Israel había cumplido los aspectos territoriales de la Resolución 242 y en adelante no podían contemplarse más retiradas en futuros tratos de paz. Desde ese momento tendría que ser «paz por paz», y no «paz por tierra». Asimismo, la anexión del Golán era su modo de poner a prueba el compromiso del nuevo presidente de Egipto, Husni Mubarak, con el concepto israelí de una paz por separado.

Sin embargo, fue en su aventura libanesa cuando Beguin tensó al auténtico límite la resistencia de Egipto. La invasión de Líbano por parte de Israel en el verano de 1982 respondía a una serie de objetivos estratégicos rocambolescos y del todo irrealistas. Como telón de fondo estaba siempre el sueño de Ben Gurión, plenamente compartido por Beguin, de una «Alianza de Minorías» con los maronitas libaneses. Sin embargo, el principal objetivo era el de eliminar el desafío militar y político que representaba la OLP, que de resultas de la Operación Litani israelí de 1978 había experimentado un cambio fundamental en su despliegue en Líbano, por el que había pasado de ser una plétora de comandos terroristas dispersos a constituirse en un poderoso ejército permanente que controlaba gran parte del país. Destruir la infraestructura de la OLP en Líbano y con ello desmantelar el último trampolín palestino en un país árabe para la lucha contra Israel era el objetivo operacional inmediato de la guerra. Pero los arquitectos de la invasión tenían ambiciones mucho más amplias. Creían que la derrota de los palestinos en Líbano desencadenaría un éxodo masivo de palestinos a la ribera oriental del río Jordán, lo que a su vez provocaría la caída de la dinastía hachemita y la palestinización del reino, de tal modo que concedería a Israel mano libre para reafirmar su dominio en Judea y Samaria. Israel también creía que su victoria en Líbano crearía un nuevo orden político en ese país, con una hegemonía cristiana indiscuta. Entonces Líbano se vería obligado a firmar la paz con Israel y expulsar a los sirios del país, lo que equivaldría a un cambio radical en el equilibrio estratégico entero de la región.

Israel se vio animado a incluir la expulsión de Siria de Líbano entre sus objetivos de guerra por un cambio fundamental en la postura estadounidense. La Administración Carter había consentido la presencia siria en Líbano como fuerza estabilizadora en el caótico rompecabezas libanés. La nueva Administración Reagan creía que la retirada de todas las «fuerzas extranjeras» de Líbano era una condición para la reconciliación interétnica y la estabilidad regional. En Israel, la estrategia de Sharón también era distinta a la defendida por el Gobierno de Rabin. Al igual que Carter, Rabin consentía la presencia siria en Líbano como fuerza estabilizadora, pero sólo en cuanto respetara las líneas rojas israelíes y no interfiriera en su lucha contra la OLP. En cuanto a los cristianos, Rabin accedió a ayudarles a ayudarse, es decir, sin implicar a la FDI en una lucha en su nombre. Sin embargo, la decisión de Sharón de enviar aviones contra fuerzas sirias durante su batalla en Zahle contra los cristianos en la primavera de 1981 provocó que los sirios violaran las líneas rojas israelíes desplegando misiles tierra-aire en Líbano de un modo que hacía la confrontación directa con ellos prácticamente inevitable.

El cambio de actitud de Estados Unidos hacia la situación libanesa no significaba necesariamente que diera luz verde a Israel para invadir el país, como después afirmaría Sharón. El secretario de Estado Alexander Haig debería haber sabido que los políticos israelíes no son especialmente sensibles a los matices y los eufemismos cuando empleó un lenguaje innecesariamente ambiguo en su conversación con Sharón. Con todo, la Administración estaba muy deseosa de evitar una guerra, y en verdad mandó a la región a su enviado especial Philip Habib en un intento de última hora por impedirla. La OLP aportó la necesaria excusa por su continuo bombardeo de las localidades norteñas, y el tándem Beguin-Sharón utilizó el asesinato a tiros de Shlomó Argot, embajador israelí en Londres, por parte de un grupo escindido de la OLP, como pretexto final. Israel tenía grandes planes para Líbano y Sharón, como recogió en sus memorias su cercano asesor el general Avraham Tamir, estaba decidido de buen principio a lanzar una operación mucho más amplia que la que el Gobierno estaba dispuesto a aprobar.

¿Cómo y por qué se produjo esta transformación de Menájem Beguin, de pacificador a comandante en jefe de una vergonzosa guerra en Líbano? Sólo puede explicarlo el que se diera cuenta de que en su paz con Egipto había ido demasiado lejos en sus concesiones al tema palestino y se había acercado peligrosamente a perder Judea y Samaria por completo. Entonces detectó en Líbano lo que tomó erróneamente por una ventana de oportunidad para recuperar lo que había estado a punto de perder. Y no hay que perder nunca de vista el peso del recuerdo de Ben Gurión. Gracias a su paz con Egipto había demostrado a sus detractores laboristas que había triunfado donde ellos fracasaran, al sacar a Egipto del ciclo de guerras. Ahora quería tener su guerra particular y corregir otro gran fracaso de los laboristas modificando lo que Abba Eban había denominado las «fronteras de Auschwitz» de Israel. Afirmar el dominio israelí sobre Judea y Samaria era su modo de ser leal a su credo político como revisionista y a la vez cumplir la tarea que dejaron pendiente sus detractores laboristas en 1948.

Sin embargo, existe una clave más para entender la aventura libanesa de Beguin. Él se percibía de verdad como un vindicador del legado del Holocausto enviado por Dios. No sólo no pensaba permitir otro holocausto contra el pueblo judío, sino que de paso enseñaría una lección de humanidad a esos hipócritas países cristianos europeos que habían hecho gala de una criminal indiferencia ante el drama de los judíos europeos masacrados durante la Segunda Guerra Mundial. Les enseñaría cómo el Estado judío, que fue creado por supervivientes del Holocausto y estaba dirigido en ese momento por uno de ellos, acudía con altruismo al rescate de una minoría cristiana amenazada también por la limpieza étnica.

El uso y abuso del Holocausto, una característica destacada del discurso político israelí, alcanzó unas cotas asombrosas con Menájem Beguin. El Arafat de Beirut era en su discurso el Hitler del búnker de Berlín. «Era —diría Abba Eban— como si fuéramos una especie de Costa Rica desarmada y la OLP fuese Napoleón Bonaparte, Alejandro Magno y Atila el rey de los hunos a la vez.» Beguin era alguien que se veía como una víctima, y como tal no pensaba permitir que los demás juzgaran sus motivos morales ni pusieran límites a sus acciones. Era la mejor prueba que los críticos de Israel necesitaban para demostrar que la revolución sionista, aunque creara un Estado de las cenizas del Holocausto, seguía sin conseguir erradicar la autoimagen colectiva del judío y el israelí como víctima. Los israelíes, a través de Beguin, se encasillaban en el papel de nación totalmente incapaz de escapar de la cárcel de su pasado.

Sin embargo, la guerra en Líbano, que empezó con engaños y grandes planes estratégicos, acabó en desastre militar, derrota política y tragedia humana. Degeneró en una confrontación sin cuartel entre la práctica totalidad de las fuerzas étnicas y nacionales de Líbano y tuvo sus episodios más tristes en la masacre de centenares de palestinos en los campos de refugiados de Sabra y Shatila y en el asedio de Israel a Beirut. Bashir Gumeil, cabecilla de las milicias cristianas, una variedad local de *condottiere* italiano, se negó a ser el presidente marioneta de Israel en Líbano y se negó en redondo a hacer las paces con ellos y romper, a su favor, el delicado equilibrio nacional entre su legado cristiano y sus lealtades árabes. No dudó en dejárselo claro en persona al primer ministro Beguin. Su asesinato por agentes sirios fue el preludio de la masacre de Sabra y Shatila perpetrada por aliados de Israel en las milicias cristianas, con la connivencia de la FDI. Estados Unidos añadió su contribución a la serie de reveses políticos sufridos en Líbano cuando, por medio del Plan de Paz Reagan, dio a entender a Israel que, aunque descartara la creación de un Estado palestino, no compartía sus ambiciones políticas y no pensaba permitir que la guerra en Líbano fuera el preludio de la anexión de Cisjordania. El plan se refería a los asentamientos como a un serio obstáculo para la paz, rechazaba la anexión de Jerusalén por Israel y proponía un proyecto de autonomía palestina vinculada a Jordania. El Plan Reagan fue un oportuno recordatorio a Israel de que su aventura libanesa no enterraba el dilema palestino como había esperado; sólo concentraba más atención internacional en la tragedia palestina gracias a la masacre de Sabra y Shatila y mejoraba su prominencia internacional, así como la urgencia de encontrar una patria para un pueblo desplazado.

La brutalidad y la belicosa falta de realismo de Ariel Sharón en Líbano culminaron en una farsa política materializada en un acuerdo de paz, que el hermano y sucesor de Bashir, Amin Gumeil, se vio obligado a firmar con Israel. Casi veinte años más tarde, George Schultz, el hiperactivo mediador de ese tratado de paz, criticaría al Gobierno de Barak por su actuación en Camp David II, donde los negociadores israelíes, dio a entender, no fueron lo bastante atentos con las sutilezas del arte de la negociación. El comentario del Sr. Schultz demuestra una vez más que el mejor negociador es siempre el que no participa en las conversaciones. El equipo de Barak desde luego no pudo aprender el secreto arte de la negociación de la farisea mediación de paz de Schultz en Líbano. ¿Con qué base dedujo que un Líbano débil y fragmentado dirigido por un presidente apenas legítimo podía oponerse a un acuerdo de paz con Israel que derivaba de una guerra de ocupación y era prácticamente impuesto a Líbano contra la voluntad de los grupos étnicos más importantes del país y con la activa oposición del Gran Hermano en Damasco, que aun así conseguía salvaguardar su posición como principal agente de la política libanesa? ¿Cómo pudo creer el secretario Schultz que un tratado de paz de Líbano que dependía del consentimiento de Siria podía durar? Por supuesto que los libaneses estaban interesados en la retirada de Israel que se estipulaba en el tratado, pero condicionar eso a la retirada de Siria de su más vital activo estratégico en Líbano, el valle de Beka, invalidaba de partida el acuerdo de paz con Israel.

La guerra en Líbano demostró a los futuros pacificadores israelíes, si es que hacía falta una demostración, que ese país era demasiado débil y frágil para soportar un acuerdo de paz por separado con Israel, y que la paz en Líbano requeriría por tanto una paz previa con Siria. La futura estructura de la pacificación del frente norte no tendría que ser «Primero, Líbano» sino «Primero, los Altos del Golán». Líbano era el patio de casa de la diplomacia siria. En general, la premisa básica de Assad partía de que los acuerdos por separado con Israel legitimaban su superioridad —que era el motivo de que se hubiera opuesto a los Acuerdos de Camp David— y de que para defenderse los árabes debían insistir en una paz global en todos los frentes o renunciar por completo al proceso.

Al apoyar ciegamente a Amin Gumeil, que se lanzó a los brazos de Israel bajo la presión de las milicias cristianas, y al no recortar las exigencias israelíes para un tratado de paz con un régimen creado por la invasión y la ocupación, la Administración Reagan había inclinado la balanza a favor de una tribu libanesa —los maronitas— y contra muchas otras, ante todo los musulmanes. ¿Cómo no se dieron cuenta los estadounidenses de que una paz impuesta no podía durar de ninguna manera y que en última instancia los propios cristianos se rebelarían contra el riesgo de que sus hermanos árabes los tacharan de Quislings de Israel y por tanto buscarían desesperadamente la primera ocasión de despedazar el documento? Pierre Gumayel, el veterano estadista de la política cristiana en Líbano, había advertido a Sharón que no impusiera a su nación un tratado de paz desde antes incluso de la invasión, es decir, cuando los cristianos hacían todo lo que estaba en su mano por arrastrar a Israel a una guerra abierta con Siria provocando adrede encontronazos con las fuerzas sirias en el país. «No somos como el comandante Saad Hadad (el oficial al mando del Ejército libanés de Israel en el sur). ¡No somos traidores! Debemos conservar una buena relación con el mundo árabe. Formamos parte de él.» Era sólo cuestión de tiempo el que Amin Gumeil regresara al redil sirio y la seguridad del equilibrio interétnico, por precario que fuera, del que el Estado libanés obtenía su legitimidad.

Líbano fue la prueba de que una victoria táctica en el campo de batalla con frecuencia puede convertirse en una derrota estratégica. A la larga, los cimientos de toda la estructura militar y política que apuntalaban la guerra se vinieron abajo. Los maronitas de Líbano transmitieron a los israelíes el mensaje de que eran un elemento extraño en la región; podían servir de concubina, no de esposa legítima. Israel estaba mal equipado culturalmente para actuar de agente supremo en las disputas interárabes, en Líbano o cualquier otra parte. Aquello era trabajo de los patrones sirios de Líbano. El de Siria era el arte sutil y con frecuencia brutal de la manipulación y la coacción. Israel jamás podría estar a su altura.

Israel consiguió destruir la infraestructura militar de la OLP en Líbano, pero desencadenó una amenaza más formidable incluso en su frontera septentrional, las milicias chiítas de Hezbolá. De hecho, la guerra llevó a Irán a las puertas de Israel, a través de sus representantes, las milicias de Hezbolá. La dinámica no difería mucho de la creada por Israel en la franja de Gaza por esas mismas fechas aproximadas. La obsesión de Israel con la presencia en ella de la OLP acabaría entronizando a Hamás y otros grupos fundamentalistas como potencia hegemónica en la Franja.

En los anales de las políticas que resultaron ser desfiles de insensatez de la historia moderna, la aventura libanesa de Israel recibirá, sin duda, el lugar que le corresponde. Uno de los absurdos de la presencia de Israel en esa tierra desgarrada fue que la invadió en un principio para «resolver» la cuestión palestina y destruir la infraestructura de la OLP, y aun así muchos años después de la invasión Israel seguía empantanado y sangrando cuando ya no existía ninguna conexión entre su presencia en Líbano y la cuestión palestina. En 1993 llegó a un arreglo con la OLP —los Acuerdos de Oslo—, pero en Líbano permaneció estancado en una lucha con las milicias chiítas locales decididas «a expulsar al invasor extranjero». Y por si eso fuera poco, Líbano mantenía a Israel en las garras del chantaje sirio: no se permitía ninguna salida de Líbano sin previo pago en moneda siria, es decir, la retirada de los Altos del Golán.

La guerra en Líbano duraría dieciocho años; terminó en junio de 2000 cuando el último soldado israelí abandonó el país por orden de un Gobierno en el que el presente autor tuvo el privilegio de figurar. Líbano nos enseñó que las guerras que no pueden terminarse a veces son peores que las que se pierden. Fue en Líbano, no en el Yom Kippur, donde la potencia israelí perdió su credibilidad por primera vez. Dado el amplio consenso político y nacional que rodeó a esa guerra —la oposición laborista también apoyó la invasión—, podría extraerse la lección de que cuando todo el *establishment* está unido en una maniobra, sería recomendable preocuparse por si la empresa entera no se habrá basado en premisas erróneas por completo.

A la larga lista de víctimas de la guerra en Líbano hay que añadir un nombre ilustre, el de Menájem Beguin. Al abocar a un país capaz de marchar unido a la guerra sólo cuando ésta era manifiestamente inevitable, una guerra de *Ein Brerá*, a lo que él mismo había definido como una guerra «opcional», «una guerra de elección», rompió el patrón consensual que los israelíes habían asumido por tradición y abrió una profunda fisura en la sociedad. A la larga, él mismo se sintió manipulado y engañado por su ministro de Defensa, Ariel Sharón. Las víctimas de la guerra le pesaban en la conciencia y era incapaz de hallar consuelo en el tratado de paz que había logrado con Egipto. Destrozado, dimitiría del cargo en el verano de 1983 en unas condiciones que nunca se han explicado del todo. Desde entonces hasta su muerte, vivió recluido en su propio hogar, que abandonaba sólo de tanto en cuando para visitar la tumba de su esposa en el monte de los Olivos.

Sin embargo, esta triste historia también tuvo su lado bueno. Está claro que ni Beguin ni Sharón esperaban que su invasión de Líbano consiguiera que la OLP sacara las lecciones políticas necesarias, moderara sus conceptos políticos, obtuviera el reconocimiento como interlocutor válido de la Administración Reagan y después con el tiempo se sumara al proceso de paz. La guerra, en lugar de convertirse en el trampolín para la destrucción de la OLP, devino el detonante de su renovación. Privados una vez más de hogar, los palestinos optarían en adelante por la diplomacia como vehículo para el cumplimiento de sus objetivos nacionales, siempre de la mano, eso sí, de la lucha armada y el terror. La derrota militar de la OLP la obligaba a trasladar el foco de su confrontación con Israel al terreno político, precisamente donde el Estado judío era más débil. En Líbano, se vino abajo la concepción de la OLP de la lucha contra la «entidad sionista» desde fuera. La disposición de los países árabes colindantes a soportar las implacables represalias israelíes por dar cobijo a las milicias de la OLP se había agotado sin remedio. Obtenía prioridad una nueva estrategia apuntada a establecer una base de poder político y militar dentro de los territorios ocupados, a ser posible con el consentimiento de Israel.

Sin embargo, las peculiaridades de la política israelí —el Gobierno de Unidad Nacional de 1984-1988 basado en una rotación en el cargo de primer ministro entre Shamir y el líder laborista Shimón Peres era una de ellas— crearían de todas formas las condiciones para una especie de respuesta israelí a las nuevas oportunidades políticas.

Israel seguía sin estar ni mucho menos maduro para un acuerdo con la OLP. Por eso el periodo de Peres como primer ministro del Gobierno de Unidad Nacional se consagró casi en exclusiva a rescatar del olvido la famosa opción jordana. En conjunto, parecían darse condiciones más propicias para la recuperación del proceso de paz. La retirada de Israel a una zona de seguridad en el sur de Líbano desde luego contribuyó a mejorar el entorno. El paso de la OLP a una vía política también fue un cambio de vital importancia. Otro giro positivo fue el retorno de Egipto a una posición de liderazgo del mundo árabe, que ayudaba a justificar a ojos de otros potenciales interlocutores árabes de Israel la validez del proceso de paz como vehículo legítimo para recuperar sus tierras.

El presidente Mubarak de Egipto fue fiel en todo momento al pacto de Camp David. Se ubicó a medio camino entre sus dos predecesores, Nasser y Sadat. A diferencia del primero, no pensaba emprender políticas regionales revolucionarias ni fomentar un programa nasseriano de nacionalismo popular para cautivar la imaginación de las masas de todo el mundo árabe. Sin embargo, tampoco pretendía renunciar al liderazgo activo de Egipto en el mundo árabe o desprenderse, como Sadat, de las inquietudes panárabes, sobre todo a propósito de la cuestión palestina. Mubarak insistía en que debía existir una correlación íntima entre los avances en el proceso palestino y la temperatura de la paz de Egipto con Israel.

En cuanto al rey Hussein, creía haber encontrado una vez más las condiciones adecuadas para recuperar el viejo rumbo estratégico de la monarquía hachemita, ocupando la vacante de infatigable buscador de la paz dejada por la muerte de Sadat. Estaba ansioso por unirse a Peres en la propuesta de una opción jordana. Pero la resolución de la Cumbre de Rabat de 1974, que otorgaba a la OLP la responsabilidad exclusiva de negociar el futuro de los territorios, y la de la Cumbre de Fez de 1982, que estipulaba que las negociaciones con Israel sólo podían tener cabida en el marco de una conferencia internacional, limitaron el espacio de maniobra diplomática del rey. Se propuso la cuadratura del círculo convocando una conferencia de los cinco miembros permanentes del Consejo de Seguridad y las partes directamente implicadas, con los palestinos integrados en la delegación jordana. En febrero de 1985, Hussein pareció incluso haber llegado a un entendimiento con Arafat acerca de los objetivos del proceso: la autodeterminación palestina por medio de una confederación jordano-palestina. Sin embargo, para unirse al proceso y permitir la participación en la conferencia internacional de una delegación palestina no perteneciente en principio a la OLP, ésta tenía que cumplir tres condiciones, a saber: la aceptación de la RCS 242, el reconocimiento del derecho a existir de Israel y la renuncia al terrorismo y la violencia.

Sin embargo, no sólo la OLP no se mostró particularmente deseosa de asumir esas condiciones, sino que para Israel habría supuesto un problema casi mayor el que las aceptara. Hussein no podía dar un paso sin la OLP y Peres no podía moverse con ella, accediera o no a distanciarse de sus posiciones tradicionales. Tampoco los estadounidenses estaban dispuestos a enfrentarse con el ministro de Asuntos Exteriores Shamir admitiendo en el proceso a una OLP que todavía no hubiera satisfecho las condiciones que los americanos le exigían. Además, la idea misma de una conferencia internacional en la que la Unión Soviética tuviera un papel no resultaba especialmente atractiva para la Administración Reagan. Por ganas que tuviera Hussein de seguir los pasos de Egipto y realizar su propio avance pacificador —llegaría incluso a reunirse con el primer ministro Peres cuatro días después de una incursión de la fuerza aérea israelí sobre el cuartel general de la OLP en Túnez—, no tenía más remedio que secundar la insistencia de Estados Unidos en sus condiciones para que la OLP participara en el proceso de paz.

El sionismo siempre ha confiado en que la intransigencia de los palestinos les ahorre la necesidad de realizar elecciones difíciles. Hasta 1988, cuando la OLP cambió de estrategia y asumió el principio de los dos estados, Israel no se acercó realmente a su momento de la verdad. Antes de esa fecha, sin embargo, la OLP seguía persistiendo en su característica actitud contraproducente, y por suerte para el Gobierno israelí se opuso a los cambios que le reclamaban. Es más, la negativa de Arafat a asumir la 242 y renunciar al terrorismo precipitó un encontronazo con el rey, que en ese momento anunció que ya no buscaría la participación de la OLP en el proceso. En marzo de 1986 cerró las oficinas de la organización en Ammán y expulsó de Jordania al delegado de Arafat, Abú Yihad. En julio se reunió con Peres y Rabin para renovar los esfuerzos en pos de una opción jordano-palestina despojada de cualquier conexión con la OLP. Las pifias diplomáticas de la organización de Arafat allanaron el camino para el Acuerdo Peres-Hussein de Londres. También dio alas a Israel el cambio en la actitud de los soviéticos que se produjo en ese momento, cuando accedieron a una conferencia internacional no coercitiva, que sirviera tan sólo como plataforma de despegue para tres negociaciones bilaterales entre las partes. Hussein estaba decidido a no perder el tren.

A grandes rasgos, el Acuerdo de Londres de abril de 1987 era un avance mucho menor de lo que el Sr. Peres insistía en proclamar. Giraba en torno a las modalidades y mecanismos de las negociaciones, no sobre sus contenidos. Además, el acuerdo evidenciaba que tanto Peres como Hussein seguían aferrándose de manera compulsiva a una clamorosa falacia, la de la posibilidad de «jordanizar» la solución al problema palestino. Los dos creían estar a tiempo todavía de desviar el curso de la historia, que conducía a un Estado palestino pleno e independiente. El

Acuerdo de Londres fue el intento de última hora de la vieja diplomacia de paz por rescatar la opción jordana del olvido y darle un soplo de vida fresca adaptándola a las nuevas condiciones diplomáticas, pero no a la lógica imperiosa del nacionalismo palestino y sus legítimas aspiraciones. Hussein pronto descubriría que su intento de dar marcha atrás al reloj de la historia no podía prosperar, y un año más tarde anunció la retirada total de Jordania de los asuntos cisjordanos.

Sin embargo, por débil que fuera en sustancia, el Acuerdo de Londres supuso un gran paso adelante, pues fijaba la estructura y los mecanismos del futuro «proceso de paz». Construido sobre conceptos acordados en Camp David, establecía las modalidades que más tarde servirían a la Conferencia de Madrid y definía lo que a la larga sería la naturaleza progresiva de los Acuerdos de Oslo. Las partes de Londres acordaron que una conferencia internacional no coercitiva actuaría tan sólo de cobertura para las conversaciones bilaterales entre Israel y una delegación conjunta jordana y palestina sin representación de la OLP. Se estipuló que todas las partes de la conferencia refrendarían públicamente la RCS 242 y renunciarían a la violencia y el terrorismo.

Sin embargo, Yitsjak Shamir, a la sazón primer ministro del Gobierno de Unidad Nacional, se demostró un obstáculo no menos formidable que la OLP. Desautorizó a su ministro de Exteriores y rechazó el paquete de Londres de cabo a rabo. A sus ojos todo aquello era una trampa en la que no pensaba caer. Shamir no erraba al deducir que una vez que se desencadenara la dinámica de las negociaciones sobre el futuro de Cisjordania, por inocentes que fueran las modalidades de esas conversaciones, la inevitable consecuencia serían concesiones territoriales en Judea y Samaria. Estaba por tanto decidido a cortar de raíz toda la aventura. Para ello convenció al secretario de Estado Schultz, que pretendía «venderle» el acuerdo como idea estadounidense, de que no se molestara ni en viajar a Jerusalén.

Por extraño que suene, la disensión entre el Likud y los laboristas a propósito del Acuerdo de Londres fue prácticamente la primera vez que desde 1967 se rompía el consenso político entre esos dos partidos al respecto de si hacer la paz o la guerra. Hasta 1987 existió, a todos los efectos prácticos, una coalición nacional en cuestiones de paz y de guerra. Los dos partidos habían fomentado la proliferación de asentamientos en Cisjordania, los dos descartaban la autodeterminación palestina, fueron a Líbano cogidos de la mano, estaban de acuerdo en que las fronteras de 1967 no podían ser la referencia para un futuro acuerdo y competían en pasividad en su búsqueda de la paz. Y en ese momento, veinte años después de que un ministro de Defensa laborista, Moshé Dayan, dijera que esperaría una llamada de teléfono del rey Hussein, Hussein estaba por fin dispuesto a levantar el auricular sólo para descubrir que la línea de Israel estaba sencillamente averiada, bloqueada por un empate paralizador entre sus dos principales partidos políticos. Tampoco la línea de Washington estaba muy por la labor. Lo irónico es que no sería Peres sino Shamir, que había hecho todo lo posible por torpedear la conferencia internacional, quien presidiría una delegación israelí enviada precisamente a una conferencia de ese tipo en octubre de 1991, aunque debe reconocerse que eso sería en circunstancias históricas distintas y con una Unión Soviética sumida en las últimas fases de su desintegración.

Shamir no operaba en un vacío político, y no andaba del todo a la contra del *zeitgeist*. El mismo empate político entre izquierda y derecha en el Gobierno, donde la izquierda no adoptaba unas posiciones que pudieran calificarse de especialmente radicales, era el reflejo de una realidad sociocultural subyacente que no era del todo contraria al inmovilismo de Shamir. Además, a lo largo de la década de 1980 pudo detectarse un claro giro a la derecha en el talante y la opinión de los israelíes. El impulso expansionista de Israel en los territorios y su opresión diaria de los sentimientos palestinos estaba condenada a contaminar el entorno también al otro lado de la Línea Verde, un fenómeno que evidenció el surgimiento de movimientos radicales como el «Kach» del rabino Kahana, el partido pro traslado «Moledet» de Rehavam Zeevi, el movimiento nacionalista «Thya» bajo liderazgo del profesor Yuval Neeman e incluso células terroristas clandestinas de colonos. Las encuestas de opinión indicaban asimismo una clara correlación entre las actitudes antidemocráticas en el propio Israel y las actitudes hacia los palestinos en los territorios. Todo ello era reflejo palmario de un estado de ánimo público que ofrecía el entorno necesario para las políticas inflexibles de Shamir.

Un popular prejuicio israelí sobre los árabes es que «sólo entienden el lenguaje de la fuerza». Sin embargo, lo mismo puede decirse de los israelíes y algunas de las restantes partes del conflicto. Es triste, pero hizo falta otra guerra para recuperar el empuje de la paz y cambiar de manera radical el estado de ánimo popular del país en pro de un acuerdo de tierra por paz. Esta vez se dio en forma de un levantamiento palestino genuinamente popular, la Intifada, que estalló en los primeros días de diciembre de 1987. Tanto por la sorpresa estratégica que representó como por su impacto inicial, la Intifada vino a ser una especie de guerra del Yom Kippur palestina. Fruto del crecimiento natural de la ira y la frustración populares que pronto iba a desarrollarse en una lucha por la independencia, la Intifada ayudó a los palestinos a recuperar su orgullo y dignidad nacional, y obligó a los principales actores políticos —la OLP, Israel y Estados Unidos— a reajustar sus actitudes en consonancia con las nuevas realidades.

Antes que nada llegó la idea de Shimón Peres de un entendimiento con el lema de «Primero, Gaza» que el primer ministro Shamir abortó de inmediato. Es un reflejo en verdad triste y descorazonador de la farragosa política de paz israelí y de la intratabilidad de la tragedia israelí-palestina el que esa misma idea, «Primero, Gaza», si bien en una versión actualizada de retirada unilateral, siga a día de hoy alimentando el discurso de paz en Israel, pero todavía sin resultados prácticos.

Para gran desasosiego de Yitsjak Shamir, la Intifada exigió un cambio de actitud de todas las partes. Estados Unidos fue el primero en mostrar el camino a seguir. La Intifada no podía dejar indiferentes a los americanos, y a la larga condujo a un cambio gradual de su política que culminaría con el trascendental reconocimiento de la OLP a finales de 1988. La iniciativa Schultz del 4 de marzo de 1988, claramente motivada por la Intifada, era el intento estadounidense más firme de resolver el conflicto israelí-palestino desde el abortado Plan Reagan. La iniciativa de Schultz reclamaba una conferencia internacional no coercitiva y creaba una vinculación entre la idea de la autonomía palestina y las futuras conversaciones sobre el estatus final de los territorios. Lo que Beguin consideraba un logro clave de su negociación de Camp David lo sacrificaba ahora, para horror de sus sucesores, una Administración americana favorable pero en búsqueda desesperada de una estabilidad regional que a esas alturas pasaba ante todo por encontrar maneras de calmar la Intifada palestina.

Sin embargo, una vez más, una coalición de obstinados intransigentes —Shamir y Arafat— se combinó para malograr el plan estadounidense. Shamir, que había votado en contra de Camp David, descubrió de repente las maravillas de esos acuerdos y cuestionó el Plan Schultz con el argumento de que la vinculación que creaba entre los acuerdos provisionales y los finales contravenía las modalidades fijadas en ellos. La política de Estados Unidos en Oriente Próximo, y con ella las posibilidades de un proceso de paz creíble, había caído a todas luces rehén de la intransigencia o incapacidad para tomar decisiones de la OLP e Israel.

Las partes se acercaban de todas formas a su hora de la verdad. El rey Hussein estaba a punto de emprender una flagrante maniobra que mejoraría en buena medida las posibilidades de un arreglo israelí-palestino. El vacío político creado por el derrumbe del Acuerdo de Londres y ahora también por la evaporación de la iniciativa Schultz, sumado a la amenaza que suponía la Intifada para la estabilidad y quizás incluso la existencia misma del reino hachemita, movieron a Hussein a dar un paso drástico. Canceló el Acta de Anexión de Cisjordania a Jordania y cortó todo vínculo administrativo con ella. Sus intentos hasta la fecha de reconciliar las reclamaciones jordanas históricas sobre Cisjordania, su compromiso con el consenso árabe en cuanto al papel predominante de la OLP y su voluntad de encabezar pese a ello la búsqueda de un arreglo con Israel eran un ejercicio de malabarismo diplomático que ya no era sostenible. Cedió el protagonismo a la OLP y de un plumazo eliminó para siempre la llamada opción jordana de la diplomacia de la paz. En adelante, si la OLP quería recuperar los territorios, tendría que cambiar de política y entenderse directamente con Israel y Estados Unidos. Jordania ya no actuaría de colchón o puente diplomático.

Si la opción jordana de Israel resultó ser un absoluto fracaso, la culpa era sólo suya. Lo único que los aspirantes a pacificador de Israel habían llegado a proponer al rey Hussein era que fuese su colaborador para esterilizar el nacionalismo palestino, aliviar el lastre demográfico que suponía para Israel el gobierno directo de las zonas palestinas densamente pobladas de Cisjordania y legitimar su control de los activos estratégicos de la zona. Ahora ya no había un Hussein que sacara las castañas del fuego a las partes; tenían que hacerlo ellas solas.

En adelante la alternativa sería entre Intifada o arreglo directo israelí-palestino. La Intifada no era sólo una revuelta contra la ocupación israelí. En muchos sentidos era también una rebelión palestina contra la OLP, que sólo había conseguido agudizar el sufrimiento palestino con su esterilidad, su terror internacional indiscriminado y su negativa a todo compromiso. La presión desde los territorios para que la OLP modificara sus políticas y se sumara al proceso de paz era ahora al menos tan poderosa como la de obligar a Israel, ya a todas luces incapaz de reprimir el levantamiento, a idear una salida política a ese *impasse* de sangre y desesperación. Incapaz de soportar los efectos desmoralizadores de la Intifada tanto sobre el Ejército como sobre la sociedad y de hacer frente a su adverso impacto en la posición internacional de Israel, el Estado judío necesitaba un programa de paz propio si pretendía reconciliarse con la opinión mundial, calmar los territorios y superar la crisis moral interna. El camino militar era a todas luces inadecuado.

El statu quo que los políticos, sobre todo de derechas, llevaban tiempo considerando el mejor de los mundos posibles estaba ya resquebrajado para siempre. El significado de la Intifada fue que décadas de políticas israelíes engañosas y miopes yacían ahora derrotadas en las calles y callejones de Gaza y Cisjordania. La Intifada administró a Israel una lección más sobre los límites del poder. El mítico poderío militar israelí ya había dado muestras de su ineptitud cuando lo enviaron a servir a la causa de una estrategia megalómana en Líbano. Ahora ese mismo Ejército que en 1967 tomó Gaza y Cisjordania en cuestión de días y derrotó a tres ejércitos árabes con tanta elegancia estaba siendo humillado por una revuelta de niños armados con piedras, y era incapaz de reprimir los altercados en los suburbios de todos los territorios. En la Intifada, por emplear las sucintas palabras de Amos Eylon, los palestinos descubrieron el poder de su debilidad, y los israelíes la debilidad de su poder.

La OLP tampoco estaba en su mejor momento. El levantamiento palestino la había pillado tan desprevenida como a Israel. De repente se daba cuenta de que la confrontación real con Israel estaba tomando un rumbo diferente por completo al que había propugnado y ejecutado durante años una organización de revolucionarios profesionales y terroristas. Fue una ironía de la historia el que la mayor revuelta de los palestinos desde los años 30 hubiera empezado sin la dirección de la OLP. Su supremacía se veía en ese momento socavada con eficacia por comités revolucionarios locales de base y un Liderazgo Nacional Unido del Levantamiento (LNUL) que surgió en todos los territorios y consiguió establecer zonas de autogobierno palestino en diferentes sectores de las tierras ocupadas. La OLP se las veía también con el dramático auge de organizaciones fundamentalistas islámicas como Hamás y Yihad, sobre todo en Gaza.

La organización de Arafat tenía dos caminos para reafirmarse. Uno era el de utilizar su influencia económica y el miedo del liderazgo local a un castigo si no aceptaba la supremacía de la OLP; el otro consistía en aprovechar la primera oportunidad de encabezar el proceso de paz que se presentara. Desde ese punto de vista, los futuros Acuerdos de Oslo se verían no sólo como el espectacular avance de paz que desde luego fueron, sino también como una maniobra desesperada de la OLP para dejar de banda al liderazgo palestino local, reafirmar su hegemonía y atajar la marea fundamentalista en los territorios. A la larga, la Intifada contribuyó a recuperar la relevancia de Arafat y la OLP. Como siempre, lo que resucitó a Arafat no fue una gran iniciativa personal, sino su papel como personificación de la voluntad nacional colectiva de su pueblo, símbolo de su lucha y sus anhelos.

Tal vez haya llegado el momento de reflexionar sobre una diferencia fundamental entre el sionismo y el movimiento nacional palestino. Los dos tenían su «*yishuv*», por así decirlo, y su «Diáspora». En el caso del sionismo, sin embargo, la Diáspora nunca fue el centro de la toma de decisiones, como sí sucedió con los palestinos. La Diáspora concedió al *yishuv* judío el apoyo logístico, moral y político que necesitaba, pero las decisiones relativas a la estrategia y el liderazgo efectivo de la lucha por el Estado y la construcción de instituciones estaban centradas todas en el *yishuv*. En el caso palestino, la Diáspora y las instituciones que creó eran la principal fuente de legitimidad del movimiento entero, el foco de la lucha por la liberación nacional y la plataforma donde se adoptaban las decisiones importantes y las maniobras estratégicas. Cuando durante la Intifada el «*yishuv*» palestino se reafirmó y amenazó la supremacía de la Diáspora, ésta reaccionó con rapidez y todos los medios a su disposición. Es irónico que incluso estuviera dispuesta a hacer la paz y trascendentales concesiones a los israelíes con tal de reafirmarse.

Ahora estaba claro para la OLP que sólo a través de una negociación con Israel se le permitiría volver a los territorios y ejercer con eficacia el liderazgo del pueblo palestino. El traslado, de resultas de los Acuerdos de Oslo, de Arafat y sus hombres de Túnez a Gaza con su cultura del terror y sus prácticas dictatoriales, también significaría a la larga el final del levantamiento nacional palestino democrático y de base. Uno de los significados de Oslo fue que la OLP se prestó, en última instancia, a ser la colaboradora de Israel en la tarea de sofocar la Intifada y atajar lo que era a todas luces una auténtica lucha democrática por la independencia palestina. El que la primera Intifada fuera un levantamiento popular y la segunda, la Intifada de Al-Aqsa, una muestra de rebelión militar y de las prácticas de la variedad más abominable de terrorismo de masas, fue una expresión más de la diferencia entre un levantamiento espontáneo popular y democrático sin la dirección de la OLP y una revuelta bajo la OLP y la inspiración y el liderazgo de Arafat.

La primera Intifada, pues, obligó tanto a Israel como a la OLP, cada uno por sus motivos, a optar por una solución política y asumir políticas más realistas. La vieja estrategia de la OLP basada en el rechazo de la legitimidad de un Estado judío y el concepto de la solución de un solo Estado para toda Palestina había conducido a los palestinos a un callejón sin salida político. «Preferiríamos estar paralizados diez años más que avanzar hacia la traición», fue como lo expresó el delegado de Arafat Abú Yihad en 1984. Para 1988, la OLP se había dado cuenta de que ese inmovilismo político no haría sino condenarlos sin remisión a ellos y a su pueblo a una travesía por el desierto sin un objetivo alcanzable a la vista. La paz de Egipto con Israel fue un importante factor adicional en el cambio de estrategia de la OLP. Significaba que la ya de por sí remota posibilidad de que una guerra de todos los árabes contra Israel los obligara a renunciar a los territorios y tal vez incluso a desintegrarse directamente como Estado se volvía más inverosímil que nunca.

El conflicto árabe-israelí era esencial, y en ciertos sentidos importantes lo sigue siendo, para la estabilidad de los regímenes árabes, un oportuno desvío de atención y energías respecto de la incompetencia de los dirigentes en asuntos nacionales, la desesperación de la miseria y la triste realidad de la corrupción como sistema casi institucionalizado de gobierno. Israel era el pretexto por antonomasia para justificar la represión y la falta de libertades políticas y civiles en todo el mundo árabe. La paz de Egipto con Israel marcaba una prudente tercera vía entre un estado insostenible de guerra permanente y una paz amistosa con todas las de la ley, susceptible de desencadenar el tipo de cambios democráticos incontrolables que ningún régimen árabe quería. La vía de Egipto estaba concebida para reconciliar la necesidad de aliviar al régimen del insoportable lastre de la guerra con las exigencias de la estabilidad nacional, aunque fuera por medio de una paz fría, incluso tensa y armada.

Entonces los palestinos se vieron obligados a aceptar que, aunque fuera menos franco y teatral que Anwar Sadat, Husni Mubarak no abandonaría la estrategia egipcia de paz con Israel y por tanto no contaba para encabezar o respaldar un regreso a los viejos tiempos de lucha total contra el Estado judío. Mubarak expuso sus motivaciones y políticas con mucha sinceridad en un discurso de 1989. Podía interpretarse como un llamamiento del líder del mundo árabe a sus hermanos de toda la región para que cambiaran sus políticas si querían estar en condiciones de afrontar las nuevas realidades y responder a los nuevos retos:

Hemos luchado durante muchos años, pero ¿adónde hemos llegado? También hemos derrochado 100.000 millones en guerras, aparte de millares de mártires, hasta llegar a la presente situación que padecemos. Por tanto no estoy dispuesto a asumir más riesgos [...] Las guerras en general no han resuelto ningún problema. Al margen de las dificultades y trabas que rodean el actual proceso de paz, nuestro esfuerzo real se centra en eliminar esos obstáculos.

El cambio de política de la OLP en 1988 eliminó sin duda uno de esos obstáculos. En noviembre de 1988 la OLP protagonizó en Argel un crucial y novedoso acontecimiento. En una declaración de independencia palestina, el Consejo Nacional Palestino (CNP) aceptó la existencia del Estado de Israel y refrendó «todas las resoluciones relevantes de la ONU», que paradójicamente incluían dos documentos excluyentes entre sí, las resoluciones 242 y 181. La ambigüedad y el doble lenguaje que acompañaron a la declaración seguirían caracterizando la retórica de la OLP en los años por venir. El compromiso con una doctrina por pasos que pasaba primero por Gaza y después por Acre y Jaffa tuvo una lenta agonía en el discurso de la OLP. Sin embargo, la buena noticia por el momento era que la reclamación de toda Palestina que preñaba los estatutos de la OLP quedaba diluida, si no abandonada por completo, pues la Declaración de Independencia debía aplicarse sólo a Cisjordania, Gaza y Jerusalén.

Como ya sucediera en el caso de las tentativas de paz de Sadat, el cambio de estrategia de Arafat estaba pensado ante todo para reconducir el esfuerzo diplomático palestino de su ineficaz confianza en el bloque soviético a una alianza con Estados Unidos. Reconocer Israel era para Arafat la introducción a un diálogo palestino con Estados Unidos, más que un giro destinado al propio Israel. La cuestión era abrir las puertas de Washington, no las de Jerusalén. Tanto la Declaración de Independencia como el discurso de Arafat en realidad iban destinados a Estados Unidos, y no a Israel. El principal nuevo objetivo de Arafat era satisfacer las exigencias americanas de una modificación de las políticas de la OLP, para posibilitar que Estados Unidos reconociera a la organización con todos los beneficios políticos y estratégicos que eso en principio entrañaba. Sin embargo, los americanos no se conformaron con las ambigüedades y el doble lenguaje que rodearon a los sucesos de Argel. Habría que someter a Arafat a más presión todavía, y los estadounidenses tendrían prácticamente que dictarle e imponerle una fórmula por la que «renunciaba de manera total y absoluta a todas las formas de terrorismo» y refrendaba de manera inequívoca las resoluciones 242 y 338 del Consejo de Seguridad. Es probable que una buena ilustración de lo difícil que fue para

Arafat renunciar al terrorismo, aunque fuera sólo de manera verbal, sea la anécdota que relató al autor de estas líneas años después Abú Alá, mi homólogo de la época como negociador jefe palestino y en la actualidad primer ministro de la Autoridad Palestina. Me contó que Arafat necesitó más de tres intentos para pronunciar de manera correcta la fórmula que le habían dictado. En lugar de «renunciar al terrorismo», repitió tres veces «renunciar al turismo»...

Es ilustrativo del carácter único del dilema palestino de los israelíes, si se compara con su conflicto con los estados árabes, el que acogieran con indiferencia e incluso recelo el reconocimiento de Israel por parte de Arafat, mientras que con los gestos de Anwar Sadat se habían deshecho en alabanzas. El motivo residía no sólo en la diferente naturaleza de los dos conflictos —el palestinismo es un desafío que amenaza los sueños más íntimos de los israelíes, toca sus complejos más profundos y despierta sus temores más agudos— sino también en el hecho de que todos sabían que la declaración de Arafat no era auténtica ni espontánea; se la habían arrancado, y dictado, los americanos, e iba destinada a ellos y no a los corazones y mentes de los israelíes, como en el caso de Sadat. El egipcio siempre procuró envolver sus ambiciosas consideraciones estratégicas en un atractivo emocional para la conciencia israelí. Arafat nunca dominó ese arte.

Se vivían los últimos días de la Administración Reagan en Washington, y fue otra ironía del destino que aquél, el más amistoso de los presidentes americanos, Ronald Reagan, fuese el que había extendido el reconocimiento de Estados Unidos a la OLP y otorgado legitimidad a una organización que los israelíes percibían como su archienemigo, su demonio, Satán hecho carne. Todo aquello era demasiado para que Shamir lo digiriese. Sabía de sobra que las negociaciones con la OLP sólo podían conducir a un Estado palestino. Él, que había sido en su momento terrorista clandestino, no veía las prácticas de terror de la OLP como el principal obstáculo. El problema estribaba en los objetivos del movimiento: la independencia y la formación de un Estado. No era la naturaleza del interlocutor lo que inquietaba a Shamir; lo que no podía tragar era el inevitable orden del día de las negociaciones.

Sin embargo, limitarse a permanecer de brazos cruzados en tiempos revolucionarios y desentenderse por completo de los vientos de cambio y transición era demasiado peligroso. Sólo podía llevar al aislamiento internacional, un encontronazo con Estados Unidos y la continuación de la Intifada. Así es como nació la llamada Iniciativa de Paz de Shamir. De hecho, la iniciativa tenía su origen en una serie de ideas elaboradas en enero de 1989 como respuesta inmediata del ministro de Defensa Rabin a la maniobra de Argel de la OLP en noviembre de 1988 y en un intento desesperado de frenar el auge de la organización de Arafat. Rabin, destacado exponente de la opción jordana, entendía por fin que no era a través de Jordania como se resolvería el problema palestino; más bien era la solución al problema palestino lo que allanaría el camino a una paz con la monarquía hachemita. El plan de Rabin reclamaba pues una maniobra palestina para poner fin a la Intifada como condición y preludio de unas elecciones en los territorios. El liderazgo que surgiera de esos comicios sería el interlocutor de Israel para negociar primero una autonomía palestina y más tarde el estatus final de los territorios. El trato era sencillo: autonomía a cambio del fin de la Intifada.

Salta a la vista que la iniciativa Rabin-Shamir apuntaba a unas metas muy altas con unos recursos inadecuados. Tanto la OLP como los dirigentes palestinos locales la rechazaron como un intento transparente de sofocar la Intifada al menor precio político posible. La perspectiva la compartían también los estadounidenses. Se había instalado en Washington una nueva Administración, y sus dos miembros más visibles, el nuevo ocupante de la Casa Blanca George Bush y su secretario de Estado James Baker, tenían su propia visión estratégica para Oriente Próximo, cuyo centro ocupaba una paz árabe-israelí. Además, y no es baladí destacarlo, ni Bush ni Baker padecían una excesiva sensibilidad a los grupos de presión judíos o la influencia de Israel en Washington. A veces parecían incluso ciegos y sordos por completo al factor judío en la elaboración estadounidense de políticas para el frente árabe-israelí. El secretario de Estado James Baker lo dejó muy claro en un ataque frontal a la filosofía derechista de Shamir. «Israel», dijo en un discurso en el AIPAC, el grupo de presión judío de Israel en Washington, el 22 de mayo de 1989, debería «dejar de lado, de una vez por todas, la visión irrealista de un Gran Israel». Y en una interpelación directa y dramática al Estado judío, añadió: «Renunciad a la anexión. Detened la actividad de asentamientos. Permitid que reabran las escuelas. ¡Tended la mano a los palestinos como vecinos que merecen derechos políticos!»

Pero Shamir era un hueso duro de roer, y permaneció imperturbable. No sólo se negó a mejorar su propuesta, sino que llegó a desdecirse de ella bajo la presión de sus rivales en el seno del Likud. El primer ministro estaba dispuesto a poner en peligro su Gobierno de Unidad Nacional con el Partido Laborista retirándose incluso de la semblanza de un proceso de paz. Recayó en su estrecho gueto político y mental en un momento en que la región bullía de iniciativas de paz de todo tipo para romper el peligroso punto muerto.

En septiembre de 1989 le llegó a Mubarak el turno de probar suerte como pacificador. Había que conservar el papel de Egipto como mediador regional —tal era la visión de Mubarak— para así legitimar la paz egipcia con Israel, justificarla a los ojos del mundo árabe y a la vez cimentar sus lazos con Estados Unidos como aliado indispensable. Mubarak propuso un plan de diez puntos en cuyo núcleo residían conceptos tales como elecciones en los territorios con participación también de los residentes de Jerusalén Este, «tierra por paz» y el fin de la expansión de los asentamientos. Un mes más tarde, el propio James Baker adelantó un plan de cinco puntos centrado esencialmente en las modalidades de las elecciones. En un espaldarazo a la estrategia de Mubarak, sugirió El Cairo como sede de las negociaciones.

Los gobiernos de Unidad Nacional de Israel solían crearse en respuesta a una amenaza de guerra inminente o un empate paralizador entre los dos principales bloques políticos del país. El motivo de su disolución, sin embargo, era de manera casi invariable el mismo: su incapacidad para articular una política de paz común u ofrecer una respuesta coherente a una iniciativa de paz. La necesidad de responder a semejante andanada de iniciativas a finales de los 80 fue demasiado para el Gobierno de Unidad Nacional. No podía ni asimilarlas ni acordar una respuesta coherente para ellas. Era el fin, pues, del Gabinete bipartidista. El Partido Laborista prefería ver el lado bueno de los planes de Mubarak y Baker, pues ninguno hacía mención de la OLP o de un Estado palestino. La dimisión de los ministros laboristas en marzo de 1990 dejó al Gobierno de línea más dura y derechista de la historia de Israel frente a frente con la avalancha de oportunidades de paz que estaba produciendo una combinación única de cambios locales, regionales y globales, desde la Intifada a la guerra del Golfo, pasando por el colapso de la Unión Soviética.

Baker triunfó donde Schultz había fracasado porque tenía de su parte un entorno global totalmente distinto y un Oriente Próximo que atravesaba una severa conmoción fruto de la guerra del Golfo. Una reestructuración total de las realidades geopolíticas estaba a punto de crear las condiciones necesarias para un nuevo y enérgico marco de pacificación árabe-israelí y desviar la Intifada a una vía política en que el surgimiento de un Estado palestino pudiera ser, por primera vez, una opción realista.

El apoyo de Yasser Arafat y la OLP a la invasión de Kuwait por parte de Saddam Hussein fue sin duda un grave error estratégico del liderazgo palestino. Una vez más, como tantas en el pasado, se constataba con estupor y pasmo la inclinación contraproducente del nacionalismo palestino. El apoyo de la OLP a Saddam confirmaba una vez más la máxima de Abba Eban de que la cúpula palestina nunca pierde una oportunidad de perder una oportunidad. La incapacidad de la OLP para calibrar el trascendental cambio en la estructura de las relaciones internacionales resultante del fin de la guerra fría y sumarse a una coalición basada en el mismo principio clave sobre el que los palestinos habían construido su argumentación, recogido además por la RCS 242, el de lo «inadmisible de adquirir territorios por la fuerza», fue un triste despliegue de estupidez política. Así es como Arafat malinterpretaba y tergiversaba para su pueblo la guerra de la coalición para enmendar la agresión iraquí contra otro país árabe:

> Son días de gloria, orgullo y firmeza para nuestra nación árabe [...] El objetivo real de la traicionera agresión americana no es imponer el cumplimiento de las resoluciones de la ONU sino destruir Palestina y la nación árabe y dejar sitio a tres millones de judíos rusos en un Gran Israel que se extienda desde el Nilo hasta el Éufrates.

Uno de los asesores del presidente, Yasser Abd Rabbo, siguió su ejemplo al declarar que la guerra del Golfo no tenía nada que ver con la invasión iraquí de Kuwait. Se trataba más bien de una guerra estadounidense para la defensa de la hegemonía israelí en la región. Era el mismo argumento exacto que los críticos árabes y no árabes de Estados Unidos manipularían durante la guerra de Irak doce años más tarde. «Los israelíes aprenderán una sangrienta lección en esta guerra», se jactaba Abd Rabbo. Incluso un moderado como el profesor Sari Nusseibah encontró tiempo para publicar un artículo en un periódico de Jerusalén bajo el título de «Saddam destroza el mito de la guerra de los Seis Días».

Si los palestinos se salvaron de su propio instinto de autodestrucción fue porque su causa era más grande que sus dirigentes. También fue por el liderazgo del presidente Bush al perseguir el proceso de paz y ser receptivo a la presión ejercida sobre Estados Unidos por sus aliados árabes, sin los que la guerra contra Irak habría carecido de un elemento vital de legitimidad. En verdad, una inversión maquiavélica de alianzas había abierto posibilidades nunca vistas. Siria era a este respecto una preocupación especial para los americanos. Apóstol del radicalismo árabe, Estados Unidos la veía como pilar indispensable en el edificio de la legitimidad interárabe que trataba de construir para su guerra en Irak. Y Siria, precisamente Siria de entre todos los estados árabes, no quería sumarse a los «imperialistas americanos» en su guerra contra otro estado árabe a menos que, como dejó claro a los estadounidenses el ministro de Exteriores Faruk al-Shara, se hiciera al servicio de una causa mayor, o sea, el fin de lo que se definía como la política de doble rasero de Estados Unidos en Oriente Próximo. No sólo debería obligarse a Irak a acatar los dictámenes de la ONU, sino que también habría que persuadir a Israel de que respetara aquellas resoluciones relativas al conflicto árabe-israelí.

Al final, al perseguir el proceso de paz y convocar la Conferencia de Madrid, el presidente Bush asumió la vinculación que Saddam con cinismo había pretendido crear entre su invasión de Irak y la cuestión palestina. En un discurso del 6 de marzo de 1991, el presidente expuso su compromiso con una paz árabe-israelí:

> Debemos hacer todo lo que esté en nuestras manos por cerrar la brecha entre Israel y los estados árabes y entre Israel y los palestinos [...] Ha llegado el momento de poner fin al conflicto árabe-israelí.

Como Kissinger tras la guerra del Yom Kippur, el equipo Bush-Baker entendía que las guerras en Oriente Próximo siempre han ofrecido oportunidades para la paz que no había que desperdiciar.

El camino a Madrid se vio allanado por una combinación única de factores. El derrumbe de la Unión Soviética como potencia mundial y como fuerza a tener en cuenta en Oriente Próximo y, en consecuencia, la pérdida para los árabes de su opción militar, hacía del camino hacia la paz a través de los buenos oficios de la superpotencia restante el único modo realista que les quedaba para recuperar los territorios. A pesar del apoyo del rey Hussein a su brutal vecino Saddam Hussein —un ejemplo más de la delicada situación de Jordania, su difícil búsqueda de seguridad y equilibrio regional emparedada entre poderosos vecinos—, la guerra había dejado claro a los israelíes lo vital de Jordania como estado colchón entre Israel y estados «canallas» de la región como Irak e Irán. En Israel, hasta el Likud había asumido la realidad de que Jordania como Estado independiente era más vital para la seguridad de su país que su empeño ideológico por convertirlo en un Estado palestino. El problema palestino, como hasta el Likud se veía ahora obligado a comprender, tenía que resolverse como algo autónomo. Ni la benigna opción jordana de los laboristas ni la versión agresiva del Likud de una apropiación hostil de Jordania para convertirla en Estado palestino podían resolver ahora el dilema de Israel.

La guerra del Golfo también provocó un serio terremoto psicológico y estratégico en el país. La doctrina estratégica entera de Israel se vino abajo. En lugar de ser lo que siempre había creído ser, un aliado estratégico de Estados Unidos y Occidente, Israel quedaba relegado a la condición de traba estratégica cuya principal contribución al esfuerzo bélico sería la de aguantar sin responder los ataques con misiles de Saddam sobre su población civil, por el miedo a que una respuesta israelí desbaratara la alianza bélica con los estados árabes de la región que Estados Unidos había organizado con esmero. El poder disuasorio de Israel salió gravemente malparado, y su reclamación sobre la importancia de la profundidad territorial para su seguridad quedó desbaratada. La ocupación de Cisjordania no salvó a Tel Aviv de las armas de la guerra moderna, los misiles guiados. La orgullosa autoimagen de un Israel protegido por su poderosa máquina militar independiente y siempre eficaz en el traslado de la guerra a terreno enemigo en un abrir y cerrar de ojos, para así mantener fuera de ella a su población civil, quedaba despedazada por la resurrección de la anterior imagen del judío de la Diáspora cabildeando entre los gentiles en busca de protección. La presencia de tropas estadounidenses en Israel para manejar las baterías Patriot evocó en la mentalidad colectiva los viejos tiempos de la proverbial impotencia judía y la dependencia de la buena voluntad de los gentiles. Incluso el recuerdo del Holocausto, como ha demostrado el profesor Moshé Zuckermann en un perspicaz ensayo (*La Shoá en la habitación sellada. El «Holocausto» en la prensa israelí durante la guerra del Golfo*, hebreo, Tel Aviv, 1993) fue devuelto a la vida para expresar los temores de aniquilamiento que inundaban la mente de muchos. La guerra del Golfo asestó un duro golpe a la autoestima de la nación y a la doctrina militar establecida.

Tampoco los regímenes árabes permanecieron indiferentes al significado de la guerra del Golfo. El impacto de la contienda sobre ellos fue acercarlos a asimilar lo inevitable de un acomodo con Israel. La invasión iraquí de Kuwait enseñó a los dirigentes árabes que su conflicto con Israel debilitaba en lugar de reforzar la estabilidad de sus regímenes, y desviaba su atención de otros conflictos vitales en la región de un modo que socavaba su capacidad para hacerles frente. Como resultado de la guerra, el radicalismo árabe había salido derrotado, y un presidente americano notorio por su escaso sentimentalismo en lo tocante a Israel o los judíos dejaba ahora claro que no vacilaría en doblegar al intransigente primer ministro de Israel. También aclaró que no avalaría el muy necesitado préstamo de 10.000 millones de dólares para la absorción de los judíos rusos si el Gobierno persistía en su política de asentamientos y no respondía a las iniciativas de paz del presidente. El presidente Bush llevó a Shamir a Madrid prácticamente a rastras. Se le dejó claro de manera convincente, mediante presiones e intimidación, que podía elegir entre la amistad de Estados Unidos o los territorios, pero no las dos cosas. El presidente Bush se demostró el arquitecto de una formidable coalición para la guerra. Sin embargo, también hizo gala de una extraordinaria maestría diplomática al convertir esa misma coalición en una alianza internacional para la paz en Oriente Próximo, que devino el envoltorio necesario para otorgar respaldo internacional y legitimidad al lanzamiento del proceso de paz árabe-israelí en Madrid.

El autor de estas líneas tuvo el privilegio de ser miembro de la delegación de Israel en Madrid en el momento en que, por primera vez en la historia del conflicto árabe-israelí, se puso en marcha, con un respaldo internacional sin precedentes, el intento de encontrar una solución exhaustiva al conflicto. Tuve ocasión de presenciar la llegada de una jovial y emocionada delegación palestina, de nuevo por primera vez en muchísimos años, a la mesa de conferencias de Oriente Próximo, en pie de igualdad con el resto de participantes. El que la OLP estuviera allí sólo por persona intermedia, porque la delegación palestina la formaban nuevos y auténticos líderes de los territorios, no era sino un buen augurio para la imagen internacional de una nación asediada en busca de dignidad y liberación de la ocupación.

En Madrid pudieron detectarse los principios de una asociación americano-palestina en el proceso de paz, pues el equipo Bush-Baker daba la impresión de apretar las clavijas al primer ministro Shamir casi en exclusiva. La reunión madrileña previa a la conferencia entre el presidente y el primer ministro no fue precisamente un feliz encuentro entre dos aliados que acababan de coordinar con éxito sus estrategias contra un agresor árabe. Se trató más bien de un acto tenso que el presidente aprovechó para insistir en que nunca había prometido consentir la política de asentamientos de Israel en compensación por su contención durante la guerra del Golfo, como por algún motivo creía Shamir. El estado de ánimo del primer ministro durante la conferencia osciló entre dos extremos, la sensación de hallarse bajo asedio y la indiferencia. Esta segunda actitud me quedó clara cuando, tras el discurso de Gorvachov en la sesión inaugural de la conferencia, me acerqué a Shamir para preguntarle por su opinión. «No sé —me dijo—, me he dormido...»

Sin embargo, los americanos no pensaban dejarle dormir demasiado. Sin consulta previa a Israel y para consternación de Shamir, convocaron a las partes inmediatamente después de la conferencia a unas conversaciones bilaterales en Washington. El primer ministro se vio obligado contra su voluntad y su criterio a enviar una delegación a la capital estadounidense, pero eso no significaba que tuviera la menor intención de apartarse de sus posiciones conocidas. Las conversaciones fueron una simple pérdida de tiempo, y las brechas entre las posturas de las partes, sencillamente insalvables. La retirada del Sinaí de Israel ya era la puesta en práctica de la RCS 242, y el país no ejecutaría retiradas adicionales en el resto de los frentes. Tal era el concepto que inspiraba las instrucciones dadas a la delegación israelí en Washington. Israel tampoco accedería a las pretensiones palestinas de que la autonomía fuera una fase previa a la formación de un Estado. Por si eso fuera poco, Shamir dejó meridianamente claro a los americanos que seguiría adelante con su política expansionista de asentamientos.

Shamir avanzaba con paso firme hacia su derrota electoral y su muerte política, por dos motivos. Los israelíes aplauden a sus líderes cuando plantan cara a los árabes o desairan a los europeos, pero nunca cuando con tanta irresponsabilidad desafían al principal, y en ocasiones único, aliado de Israel, Estados Unidos. Bush y Baker dejaron claro a la opinión pública israelí que si querían los avales para el préstamo tenían que cambiar de primer ministro. El segundo motivo era de orden interno. A pesar de la fractura ideológica intestina acerca del futuro de los territorios y las profundas divisiones sociopolíticas del país, los israelíes veían con mucho más entusiasmo que su primer ministro las oportunidades que ofrecía la nueva era estrenada con el derrumbe de la Unión Soviética y la Conferencia de Paz de Madrid. Vieron cómo el primer ministro subvertía y frustraba sus genuinas esperanzas de paz y cómo, en aras de una política de asentamientos fundamentalmente injusta e ideológica, hipotecaba las probabilidades de que Israel se sumara a las oportunidades sin precedentes que ofrecía el nuevo orden internacional y la economía global emergente.

Yitsjak Rabin, líder del Partido Laborista en las elecciones de junio de 1992, conectó con el estado de ánimo de la nación al proponer un programa basado en un cambio radical en la escala de las prioridades nacionales. Los nuevos tiempos y los nuevos retos exigían un nuevo liderazgo. Yitsjak Rabin fue el hombre adecuado en el momento justo y el lugar preciso.

9

OSLO

La gloria y la agonía

Denme otro ejemplo en la historia de que un bando permitiese al otro dictar quiénes debían ser sus representantes en una negociación. Nosotros accedimos incluso a eso, porque deseábamos la paz.

ARAFAT a un grupo de periodistas israelíes
tras la Conferencia de Paz de Madrid

Era Arafat o Hamás. No hay tercer interlocutor.

RABIN sobre su decisión
de negociar con la OLP

Oh, hermanos [...] Llevamos cien años en guerra [...] Cuando el profeta hizo las paces con la tribu de Quuraysh [...] Umar [...] habló de la paz despreciada [...] Nuestra historia es nuestra mejor maestra [...] Nos mantenemos fieles a nuestro juramento de seguir adelante [con la batalla] [...].

ARAFAT en la Universidad al-Azhar de Gaza,
1 de enero de 1995

[...] [la paz para Israel] consiste en intercambiar tierra por un mercado en Oriente Medio.

MOHAMED SID AHMED,
intelectual egipcio

Es la naturaleza total y absoluta del conflicto israelí-palestino lo que ha hecho de él una disputa tan prolongada. Porque no se trata tan sólo de una desavenencia sobre territorios o un banal desacuerdo fronterizo; es un choque de derechos y memoria. El anhelo de los mismos paisajes, las reclamaciones mutuamente excluyentes de propiedad sobre tierra, enclaves y símbolos religiosos y, por último, el *ethos* de desposeimiento y exilio sobre el que ambas partes pretenden el monopolio hacen que sus narrativas nacionales sean prácticamente irreconciliables. Se trata también de una guerra de imágenes, contrastadas y demonizadas, una lucha entre dos mitologías nacionalistas que reclaman el monopolio de la justicia y el martirio. La historia de las calamidades judías y el modo en que el sionismo las había instrumentalizado fue una lección que los palestinos no tardaron en asimilar. «Expulsión», «exilio», «diáspora», «holocausto», «regreso» y «genocidio» son eslóganes constituyentes judíos que se convirtieron en parte indisociable del *ethos* nacional palestino.

El conflicto nacional israelí-palestino se presta a manipulaciones adicionales. Como hemos visto, los palestinos y el mundo árabe en general lo presentaban como una típica lucha anticolonial, en la que Israel sería una especie de Estado cruzado último modelo, una «entidad» artificial y orientada a Occidente que tendría los días contados de no ser por el apoyo incondicional de los judíos del mundo y Estados Unidos. Por contraste, los palestinos son una nación autóctona de campesinos orientales, cruel e injustamente erradicados de su patria histórica. Y por si la profundidad del conflicto no bastara para explicar su persistencia, sus implicaciones internacionales como plataforma vital para la competencia de las superpotencias desde luego actuó de poderoso combustible para mantenerlo vivo. El drama palestino obró también de pegamento político para el nacionalismo panárabe, una excusa cómoda para el rechazo de Israel. Se volvió indisociable del conflicto árabe-israelí en general.

Los avances políticos en conflictos prolongados de semejante naturaleza no pueden venir de fórmulas diplomáticas estériles. Exigen un estado de madurez en ambas sociedades que sólo puede darse cuando se ha agotado el resto de las alternativas y las partes han aprendido a las malas, por medio de ensayo y error, la necesidad de llegar a compromisos. No puede vislumbrarse el principio de una solución a menos que las partes hayan atravesado un trauma nacional definitorio que exponga tanto los límites del poder del bando supuestamente superior como la impotencia definitiva del débil. En el caso israelí-palestino, los efectos desintegradores y corruptores de la ocupación por un lado, y la incapacidad de los ocupados para provocar la capitulación incondicional de su enemigo por medio de una rebelión popular y la presión internacional por el otro, se sumaron para obrar una mejoría de las condiciones para un avance. Las condiciones para el compromiso maduraron gracias a una combinación de tres factores: las profundas transformaciones sociales acaecidas en Israel a lo largo de los años 80 y 90, el descubrimiento por parte de los palestinos de que no podían imponer sus condiciones a los israelíes por exitosa que hubiese sido la Intifada a la hora de ganar apoyo para sus tesis y el cambio dramático en la estructura de las relaciones internacionales a partir del final de la década de 1980.

El avance de Oslo vino precedido por unos años en los que la sociedad israelí atravesó un proceso de desmovilización, por el que su cohesión como sociedad fronteriza se relajó de manera considerable. A finales de los años 80 y principios de los 90 pareció por un momento que las corrientes dominantes de la derecha y la izquierda ya no se aferraban a fuertes compromisos ideológicos irreconciliables. La heroica economía socialista del pasado había dado paso a un enfoque más liberal y orientado a los beneficios. El mejor ejemplo de que la visión agraria sionista de una nación renacida se había desvanecido en una economía de mercado regida por la tecnología fue la decadencia del kibbutz y el impulso igualitario que representaba. Las iniciativas colectivas de la experiencia sionista —el Histadrut, el kibbutz, el *moshav* y los partidos políticos como instrumento de movilización nacional— degeneraron hacia un estado de total descomposición. No es casualidad que la campaña electoral de junio de 1992 que llevó a Rabin al poder girara en torno a un debate racionalista sobre la necesidad de cambiar la «escala de prioridades» de la nación, no alrededor de verdades eternas y reclamaciones milenarias.

La guerra del Golfo también había contribuido a que los israelíes estuvieran más maduros para el compromiso. Expuso la vulnerabilidad de su frente interno. Millares de israelíes abandonaron las grandes ciudades en un éxodo masivo a la mayor seguridad del sur del país. Supuesta potencia nuclear con un ejército de mitológico poderío a su mando, Israel al final tuvo que recurrir a una estrategia pasiva, patéticamente defensiva —se usaron láminas de plástico para sellar puertas y ventanas— contra los misiles Scud de Saddam. Las láminas de plástico de la guerra del Golfo fueron el argumento definitivo a favor de la paz.

Por supuesto, no habría que subestimar el impacto del levantamiento popular palestino, la Intifada, que había demostrado a los israelíes que las sociedades democráticas están mal equipadas para combatir una lucha nacional por la independencia. La Intifada debilitó la determinación de los israelíes de permanecer en los territorios y resquebrajó su ilusión de que la suya era una «ocupación humana», o de que podía existir siquiera algo como una «ocupación humana».

Los dilemas israelí y sudafricano tenían un origen diferente y respondían cada uno a su propia dinámica particular. Uno era un conflicto racial entre una mayoría negra y una minoría blanca. El otro es una lucha nacional que concierne a tierra, ocupación y símbolos de identidad nacional y religiosa. Sin embargo, de un análisis comparativo de algunos de los rasgos que tenían en común puede extraerse conclusiones útiles. Como sucediera con el levantamiento de Soweto de 1976 en Sudáfrica, la Intifada también supuso un *shock* para las complacientes clases dirigentes. En ambos casos, la violencia revolucionaria no tuvo que ser exitosa para resultar eficaz. Bastó con que causara un sobresalto significativo dentro de la sociedad dominante para que la capacidad del Gobierno para persistir en el desdén a un compromiso político confinando su respuesta al ámbito estrictamente militar se volviera sin más insostenible. No era la primera vez en la historia que el aparato represor del Estado se demostraba inútil a la hora de abordar la amenaza de un levantamiento nacional popular como la Intifada. Es posible que las ametralladoras sofoquen un levantamiento popular, pero sólo al precio de poner en entredicho la supervivencia de la democracia y la estabilidad del orden social. Ni en Soweto ni en los territorios palestinos la situación resultaba incontrolable, pero en ambos casos las sociedades dominantes salieron política y moralmente derrotadas.

Una vez más, como en el caso de la minoría blanca de Sudáfrica que mediante negociaciones esperaba conservar para su clase dirigente los resortes del poder, los políticos israelíes y sectores clave de toda la sociedad se animaron a avanzar hacia un arreglo con la OLP por su percepción de que el proceso de paz a la larga les garantizaría porciones estratégicas y zonas clave de asentamiento en Cisjordania. Paradójicamente, cada vez más gente creía que la mejor solución conservadora era la que pasaba por un cambio revolucionario de política.

No deja de ser interesante que la caída del apartheid en Sudáfrica tuviera que ver con dos motivos fundamentales —uno demográfico y el otro económico— que también estuvieron presentes en el caso de Israel. La falta de mano de obra blanca que se desarrolló en los sectores público y privado de Sudáfrica y socavó poco a poco la supremacía de la raza privilegiada no es por supuesto un fenómeno que se reprodujera en Israel en los mismos términos exactos. Sin embargo, la creciente dependencia de Israel de la mano de obra barata palestina, un fenómeno que obstaculizó la industrialización de sectores clave de la economía y acarreó serios peligros de seguridad, por no hablar del precio moral que se cobraba, era cada vez más incómoda de mantener, sobre todo cuando el mercado internacional de mano de obra barata no ofrecía ningún problema para reemplazar a los palestinos. Poco a poco iba calando en los israelíes el mensaje de que el patrón de sus relaciones con los palestinos tenía que cambiar.

En ambos casos fue posible un arreglo desde el momento en que el núcleo duro de las dos sociedades abandonó sus convicciones ideológicas. En cuanto la cúpula interna de las dos sociedades perdió su fe en la coerción, comprendió que el coste de la dominación había llegado a superar a sus beneficios y empezó a concebir el cambio, incluso el cambio drástico, como la mejor solución conservadora, se abrió el camino a un proceso de paz. «No queremos vivir en un estado permanente de asedio en el que imperen el odio y el derramamiento de sangre.» Esta afirmación revolucionaria fue pronunciada por un dirigente blanco sudafricano, pero el caso israelí puede ofrecer centenares de citas parecidas.

Aun así, la madurez no tiene que afectar sólo a la sociedad dominante. En el caso israelí-palestino, era extensible sin duda a las dos sociedades y sus respectivas clases políticas. La desorganización de la OLP y su crisis financiera de resultas de sus tensas relaciones con las dinastías del Golfo —tras la guerra de Irak— volvió a la organización palestina más asequible a un arreglo basado en el compromiso de lo que antes era concebible. Sólo la debilidad circunstancial de la OLP hizo posible que aceptara que un 60% de la franja de Gaza, con toda su reserva de tierra agrícola, permaneciera en manos de 4.000 colonos israelíes, sin obtener garantías de que a la larga se crearía un Estado palestino, se desmantelarían los asentamientos y se les prometería a los refugiados de 1948 una solución políticamente aceptable. El desmorone de la Unión Soviética y la descomposición del bloque de apoyo automático a la causa palestina que el Tercer Mundo de inspiración soviética ofrecía en el pasado, así como la erosión de la ideología panárabe como factor clave de la política regional, también contribuyeron a hacer consciente a la cúpula palestina de la necesidad de una negociación directa con Israel. Es posible que el drástico cambio de la situación internacional también ejerciera una influencia positiva en las sociedades dominantes tanto en Sudáfrica como en Israel, por creer que el terreno estaba en ese momento más maduro para el tipo de compromiso que hasta la fecha los había eludido. Ambas podían justificar el vuelco de su posición con el argumento de que el enemigo o rival era ahora una fuerza contenible, dado que la Unión Soviética y el comunismo internacional, y en el caso israelí también el nacionalismo panárabe, estaban en desbandada.

No cabe duda de que la OLP se vio empujada a asumir un enfoque realista para la solución del conflicto por su impotencia a la hora de traducir en términos prácticos los logros de la Intifada, es decir, el terreno moral que había ganado y sus logros en el ámbito de la propaganda. Pues a pesar del innegable daño que la Intifada había infligido a la sociedad israelí, a veces también daba la impresión de que los vecinos estaban aprendiendo a vivir con él. En otras palabras, el peligro de que la Intifada se convirtiera en un hecho banal de la vida fue también un factor que quizás instara a los palestinos a entenderse con Israel.

Ningún presidente estadounidense anterior a Bill Clinton se había implicado con tanta profundidad y ambición como él en las complejidades de la maraña árabe-israelí. Para Clinton, hacer las paces entre árabes y judíos venía a ser una especie de misión divina. También existía, por supuesto, una estrategia tras el empeño presidencial. La nueva Administración creía en una política de «contención dual» de los estados radicales del círculo externo de Oriente Próximo, o sea, Irak e Irán. Una implicación estrecha de los americanos en el proceso de paz árabe-israelí, creía Clinton, ayudaría a movilizar los estados árabes moderados a favor de su política de «contención dual» y a la vez evitaría que los estados radicales desbarataran el proceso de paz.

Sin embargo, las negociaciones abiertas entre las delegaciones oficiales israelí y palestina en Washington, que no habían producido ningún resultado en la última etapa de la presidencia de George Bush, apenas tuvieron más éxito a lo largo del primer año de Clinton en la Casa Blanca. Como ya sucediera en el caso de la vía secreta egipcio-israelí que arrancó en 1977 como una expresión de desconfianza en las grandilocuentes conferencias de paz, los Acuerdos de Oslo surgieron cuando tanto los israelíes como los palestinos se dieron cuenta de que sólo a través de un canal estrictamente bilateral, y a ser posible secreto, se podían agotar al máximo las posibilidades de llegar a un acuerdo.

Uno de los rasgos más enigmáticos del conflicto árabe-israelí es que, a pesar de la profunda y constante implicación de la comunidad internacional tanto en el conflicto como en los intentos por lo general infructuosos de solventarlo, los principales avances en pacificación se han alcanzado sin el apoyo o siquiera el conocimiento de las potencias externas. Porque, a pesar de la tradicional retórica árabe de que Israel es un instrumento del imperialismo occidental, una marioneta de Estados Unidos y demás, a la hora de la verdad los árabes llegaron a darse cuenta de lo falaz de su propaganda antes incluso del desplome de la Unión Soviética. Un buen ejemplo fue la visita de Sadat a Jerusalén, precisamente cuando las superpotencias planeaban reconvocar la Conferencia de Ginebra; la iniciativa de Sadat fue su modo de evitar que se organizara esa cumbre. Comprendió que Israel no sucumbiría a la presión internacional y que las conferencias mundiales no harían sino alimentar la mentalidad paranoica de los israelíes y por tanto reducir aún más la posibilidad de un acuerdo. Vistas en perspectiva, la visita de Sadat a Jerusalén y la paz secreta de Israel con Jordania, así como el acuerdo por sorpresa con los palestinos en un recóndito castillo nórdico, habían demostrado que el prolongado conflicto de Israel con los árabes no sólo había acarreado guerras, destrucción y desconfianza; paradójicamente, también había acercado a las partes a apreciar los medios y sensibilidades de la otra. Siendo uno de los problemas más «internacionales» del siglo XX, no deja de ser paradójico que el conflicto árabe-israelí presenciara su mayor avance sólo cuando se lo despojó de sus dimensiones internacionales, es decir, cuando los mismos que habían derramado sangre mutuamente durante tantos años por fin se sentaron a negociar un posible arreglo.

Oslo fue el fruto de una combinación única de cambios locales y globales; fue casi el subproducto de un nuevo mundo emergente. Con el desplome de la Unión Soviética, con la guerra del Golfo y sus repercusiones regionales e internacionales y con el surgimiento del fundamentalismo islámico como desafío central para los nuevos tiempos se produjo una trascendental transformación en los asuntos mundiales.

En ese crucial momento, Arafat y la OLP juzgaron mal las oportunidades post-guerra fría y no lograron comprender el significado de las nuevas condiciones internacionales. Al apoyar la ocupación de Kuwait por parte de Saddam Hussein se aislaron de la comunidad internacional y el mundo árabe, en especial de sus acaudalados patrones de los estados del Golfo, y perdieron sus principales fuentes de ingresos, sin las que, retórica al margen, la OLP no podía existir. Los errores de cálculo de Arafat fueron de auténticas proporciones históricas y llevaron la causa palestina al borde de la bancarrota financiera y política. ¿Cómo pudo no darse cuenta de que al apoyar la ocupación de Kuwait perjudicaba moralmente a su causa, basada desde 1967 en el principio inherente a la Resolución del Consejo de Seguridad 242 sobre «lo inadmisible de adquirir tierra por la fuerza»? El error de Arafat al apoyar a Saddam sólo es comparable a la colosal pifia del muftí cuando apostó por la Alemania nazi en la Segunda Guerra Mundial. La crisis de la OLP no hizo sino multiplicar las chances de sus rivales en los territorios, sobre todo las organizaciones islámicas Hamás y Yihad islámica, que no padecían de recortes financieros. Tanto Irán como Arabia Saudí seguían prodigándoles presupuestos y regalos.

Y por si todo eso fuera poco para forzar un cambio de política en la OLP, la derrota electoral del presidente Bush ante Bill Clinton en 1992 asestó un golpe sumamente grave a los palestinos y los árabes en general. El equipo Bush-Baker no sentía un amor especial por los grupos de presión judíos, y era emocionalmente sordo a las sensibilidades judías e israelíes. Clinton, en cambio, no tardó en posicionarse como amigo incondicional de Israel y el pueblo judío.

En tales condiciones, y con tanto en juego, un fracaso de la OLP a la hora de adaptarse a las nuevas realidades antes de que los grupos fundamentalistas se adueñaran por completo de los territorios habría sido suicida para la organización y la causa que representaba. Ya la aceptación de Arafat de las humillantes condiciones para la participación de los palestinos en la Conferencia de Paz de Madrid había señalado que el viejo guerrero entraba en la etapa más pragmática de su carrera política. «Denme otro ejemplo en la historia —diría a un grupo de periodistas israelíes que acudieron a verlo a su cuartel general de

Túnez— de que un bando permitiese al otro dictar quiénes debían ser sus representantes en una negociación. Nosotros accedimos incluso a eso, porque deseábamos la paz.» Para subrayar más aún su enfoque conciliador, Arafat podría haber añadido de paso que él había llegado a ordenar que se excluyera a Saab Erakat de la segunda sesión de la conferencia después de que provocara las iras de los israelíes al lucir una reivindicativa kefia palestina durante la primera sesión. Más importante resultó que, en lo relativo a sus posiciones reales en las negociaciones con Israel, pronto quedó claro que los hombres de Arafat en Oslo eran mucho más acomodaticios que los palestinos de los territorios en las negociaciones bilaterales con Israel y Washington.

Por lo que respecta al lado israelí de la ecuación, fue el liderazgo de Rabin y su sobria interpretación de las nuevas realidades lo que marcó la diferencia. Reservado, taciturno e impaciente, Rabin era un hombre de acción que despreciaba los gestos teatrales y la retórica hueca. Llegó a su segunda legislatura como un estadista maduro que, plenamente consciente de los fallos de su primer mandato, estaba decidido a mostrarse a la altura de los tiempos cambiantes. Vio lo que llamó «una auténtica ventana de oportunidad» para hacer las paces: la Unión Soviética desaparecía como potencia en la que los árabes pudieran confiar, los estados «canallas» como Irán e Irak todavía no habían desarrollado capacidad nuclear y el fundamentalismo islámico, que generaba la mayor parte de la actividad terrorista contra Israel y amenazaba a los regímenes árabes moderados dispuestos a hacer las paces con él, todavía podía frenarse. Rabin fue probablemente uno de los primeros líderes mundiales en comprender en todo su significado la amenaza estratégica que suponía el fundamentalismo islámico. Para hacer frente a esa combinación de riesgos y oportunidades, la respuesta era, a su entender, la paz, y como nunca se cansaba de recordar, también el desarrollo económico: «Hagamos las paces. Disfrutemos de un desarrollo regional, subamos el nivel de vida del pueblo de los países árabes y así responderemos a la principal amenaza», explicó en una entrevista.

Rabin fue a lo largo de todo su periodo como primer ministro un gran amigo de la comunidad empresarial israelí. Las elites del país anhelaban la paz como vehículo para el crecimiento económico y condición necesaria para que la dinámica economía israelí desbrozara nuevos caminos, superara la sensación de asedio que había obstaculizado su expansión regional y global, abriera nuevos mercados y fuese, en una palabra, capaz de aprovechar plenamente los vertiginosos cambios que se estaban produciendo en la economía global. Yitsjak Rabin fue el principal abogado político de ese impulso económico, pues estaba ansioso por conducir a Israel a una nueva era económica, verla superar su sensación de aislamiento y aprovechar las oportunidades que ofrecía la nueva economía global, la inmigración en masa de los judíos soviéticos con su capacitación tecnológica y los mercados emergentes. Pero todo eso, como bien sabía él, no podía lograrse sin la paz.

La incapacidad de Israel para sofocar la Intifada y los efectos psicológicos de los ataques con misiles a sus ciudades durante la guerra del Golfo también habían enseñado al primer ministro los límites de la respuesta militar a los problemas del país. Para su consternación, Rabin descubrió que la antaño legendaria entereza de los israelíes daba señales de erosión, y empezó a albergar dudas sobre su capacidad para aguantar las amenazas en ciernes. La sociedad israelí, me confió durante un vuelo a los Altos del Golán en la primavera de 1993, ya no era la sociedad movilizada y pionera de otros tiempos; había perdido su espíritu de lucha. Se trataba de un colectivo mucho menos cohesionado que el que conoció como jefe del Estado Mayor en la guerra de los Seis Días. Los sueños de la nueva generación se centraban en las oportunidades que ofrecían la revolución tecnológica y la nueva economía. Los israelíes anhelaban la vida normal que nunca habían disfrutado, una vida de plenitud personal y bienestar económico. Y eso también necesitaba paz. Las encuestas de opinión lo reflejaban sin cesar: el talante de Israel cambiaba con rapidez. Una mayoría laica de israelíes, tolerantes y pragmáticos, estaba ya preparada para aceptar un compromiso con el mundo árabe. El peso religioso y sentimental de Judea y Samaria era para ellos un lastre demasiado pesado, un obstáculo demasiado alto en el camino a la normalidad posmoderna, tal vez incluso postsionista, que anhelaban.

Rabin no actuó en el vacío. Respondía claramente a un notable cambio en el talante nacional. La soberbia del poder establecida con tanta firmeza en la mentalidad colectiva de los israelíes tras la guerra de los Seis Días se había resquebrajado ante una serie consecutiva de reveses militares. La guerra del Yom Kippur, el atolladero libanés, la Intifada y los efectos de la guerra del Golfo demostraron que la época de las victorias rápidas y elegantes había tocado a su fin definitivo, y con ella algunos de los mitos constitutivos de la empresa sionista recibieron un duro golpe. La obsesión de Israel con una respuesta exclusivamente militar a lo que eran en esencia desafíos políticos ya no resultaba sostenible. No era sólo Masada lo que, más que como una inspiración para la lucha por la supervivencia de la nación, se percibía ahora como un trauma nacional, un patrón suicida de comportamiento nacional que debía evitarse, sino que otros mitos se estaban poniendo también en duda.

Por supuesto, el proceso en virtud del cual el desgaste de las viejas mitologías puede acarrear un cambio práctico de políticas, al cual en cualquier caso siempre se resisten importantes segmentos de la elite social y política, nunca es automático ni inmediato. Su efecto es acumulativo y, en cualquier caso, nunca causal de una manera nítida. Sin embargo, lo indudable es que ese proceso contribuye a configurar el *zeitgeist* de un modo susceptible de crear un entorno más propicio para un cambio de políticas. El profesor Yehoshafat Harkabi, que había sido director de la inteligencia militar israelí, detonó un acalorado debate nacional con un ensayo que publicó a principios de los años 80 en el que cuestionaba la sabiduría de la rebelión de Bar-Kojba contra el Imperio romano en el 132-135 d. C. Más que una crítica de Bar-Kojba y su mentor espiritual el rabino Akiva, Harkabi estaba interesado en acusar a sus sucesores actuales por imponer políticas suicidas. La rebelión de Bar-Kojba y la práctica aniquilación del *yishuv* judío en Palestina que siguió a la brutal represión de las legiones romanas, un capítulo de la historia nacional que en el pasado había sido idealizado como la heroica resistencia de una nación en lucha por la libertad, era denunciada ahora por Harkabi a modo de recordatorio, para los políticos y generales de la época, de la catástrofe que podía repetirse en el momento y el lugar presentes si la nación seguía rigiéndose por el mesianismo religioso de sus rabinos y el aventurerismo militar de sus generales. La revuelta de Bar-Kojba, explicaba Harkabi, no fue una empresa heroica; fue la marcha ciega hacia un desastre nacional casi equivalente a un holocausto. Su aviso era que la lección de aquel episodio de la historia judía sólo podía ser una: la obsesión mesiánica de Israel con los territorios y la negativa de sus líderes a adoptar posiciones realistas, apartarse de las alucinaciones mesiánicas y asumir la necesidad de compromiso y moderación podían desembocar en otro holocausto nacional.

Rabin hizo un trato con la OLP llevado de un sentido de saludable realismo, y sólo después de haber agotado él mismo el resto de las posibilidades. La opción jordana estaba ya muerta, Hamás ganaba terreno en los territorios, sobre todo en Gaza, y el intento de negociar un arreglo con los dirigentes locales no llevaba a ninguna parte. «Era Arafat o Hamás. No hay tercer interlocutor —le dijo a un periodista estadounidense—. Iba siendo hora de acabar la mascarada con los cisjordanos», concluía.

Pero Rabin no era un pacifista israelí al uso. Llegó a la pacificación no por un elevado idealismo sobre los derechos humanos y nacionales de los palestinos o por unos sueños grandiosos de integración celestial entre israelíes y árabes en un «Nuevo Oriente Próximo», un concepto de Peres que solía ridiculizar en privado. La paz era para Rabin ante todo un vehículo para la seguridad y un trampolín para desencadenar las energías económicas y tecnológicas de los israelíes. De hecho, quería una paz basada en la separación, aunque para ello hiciera falta un muro. Rabin fue sin duda el padre conceptual y político de la versión particular de la izquierda israelí del Muro de Jabotinski. Para el revisionista la muralla era una metáfora; tenía en mente un muro conceptual, no físico. Hablaba de una disuasión que condujera a la paz en los términos de Israel. La izquierda hablaba de una paz basada en la separación física.

Con la seguridad como prioridad, los israelíes juzgaban a sus interlocutores para la paz en función de su credibilidad como proveedores de tranquilidad. Es significativo que, como reconoció uno de los principales negociadores israelíes en Oslo, Uri Saver, los israelíes escogieran a Arafat como socio con la esperanza de que usara su nueva base de poder en los territorios «para desmantelar a Hamás y otros grupos opositores violentos». Los israelíes concebían a Arafat como una especie de colaborador, un subcontratista en la tarea de mejorar la seguridad de Israel. Para ellos ésa sería la principal prueba de la actuación de Arafat.

Si los Acuerdos de Oslo se quedaron cortos para las expectativas de los palestinos, fue porque el arreglo era un simple resultado del equilibrio de poder. La flexibilidad de la delegación de la OLP en las conversaciones secretas de Oslo, tan sustancialmente distinta de la rigidez mostrada por la delegación de cisjordanos en las conversaciones de Washington, la llevó a abandonar condiciones palestinas clave como el reconocimiento por parte de Israel del derecho a la autodeterminación de su pueblo y la vinculación entre el acuerdo interino y el definitivo. Fue la insistencia de los palestinos en esas mismas condiciones la que descarriló la iniciativa Schultz de finales de los años 80. Unos años después, las dejaban de lado.

El resultado de las conversaciones quedó plasmado en dos acuerdos: la Declaración de Principios (DP) y un reconocimiento mutuo entre Israel y la OLP en el que ésta se comprometía a «una resolución pacífica del conflicto» y reiteraba su «renuncia al terrorismo y otros actos de violencia». También afirmaba que los artículos de la Alianza Palestina que negaban el derecho a existir de Israel «son ahora inoperantes e inválidos». La DP fijaba el mecanismo para la transferencia del control de Gaza y Jericó a los palestinos y estipulaba una secuencia de fases para pasar tras cinco años de un régimen de autonomía a las negociaciones sobre el acuerdo final que abordaría los problemas de las fronteras, Jerusalén, los asentamientos, los refugiados y la cuestión del Estado palestino. Sin embargo, es crucial observar que Israel no ofrecía ninguna promesa o compromiso en cuanto al resultado de las negociaciones sobre ninguno de esos capítulos. De acuerdo con la letra del acuerdo y la percepción de los israelíes, aquello no iba a ser una especie de vía siria-israelí en la que el resultado de las negociaciones de paz estuviera cantado prácticamente de antemano. Las partes no establecieron premisas firmes para la solución de ninguno de los cinco temas relativos al acuerdo final.

Por creativos e incluso históricos que fueran los Acuerdos de Oslo, también contenían la semilla de su propia destrucción. Ambiguos, farragosos y llenos de lagunas —un político israelí los definió como un queso suizo con más agujeros que queso—, y construidos en esencia sobre las desiguales relaciones entre ocupados y ocupantes, los documentos desencadenaron unas expectativas demasiado altas, que en consecuencia estaban condenadas a estrellarse contra el escollo de los imperativos y los sueños nacionales en conflicto. Tampoco fueron de especial ayuda para el éxito de Oslo las inconsistencias y la disfunción del sistema político israelí por un lado, y la incapacidad de los palestinos para apartarse de la política revolucionaria y desarrollar los instrumentos de una gobernabilidad moderna por el otro.

El proceso de Oslo legó algunas falacias adicionales a los equipos que más tarde negociarían el acuerdo final en Camp David y Taba. La naturaleza progresiva del proceso dejaba abierta de par en par la forma del acuerdo definitivo, por lo menos y sin duda alguna a ojos de los israelíes, y por tanto animó a sus gobiernos a persistir en su política de hechos consumados en los territorios. Por medio de lo que fue, y sigue siendo, la marcha hacia la insensatez más absurda que jamás ha emprendido el Estado de Israel, o sea, la creación de un denso mapa de asentamientos a lo largo y ancho de los territorios que estrechaba el espacio vital del pueblo palestino, Israel destruyó sin remisión la fe de sus socios en el proceso de paz. Sin embargo, también es cierto que, por extraño que pueda parecer, la letra de los Acuerdos de Oslo no contiene nada que impida la creación de asentamientos. El culpable habría que buscarlo en la dirección de los negociadores palestinos, que al proceder todos de Túnez carecían del conocimiento o el pulso de las condiciones sobre el terreno. Los dirigentes locales, que se habían criado bajo la ocupación y la arrogancia y codicia agraria de los colonos, no lo habrían permitido. Fieles a la vieja filosofía sionista arcaica según la cual el último jardín de infancia define también la frontera política, los israelíes intentaron influir en la naturaleza del acuerdo definitivo por medio de una febril política de expansión de los asentamientos. Los palestinos respondieron con terrorismo. Fue esta fatal simetría entre asentamientos y terrorismo la que marcó los años de Oslo.

La expresión «paz de los valientes» empleada *ad nauseam* por Arafat nunca convenció, ni siquiera a Rabin, de que los compromisos asumidos por el palestino fueran en realidad irrevocables. Pese a su promesa de renunciar a la violencia, Arafat nunca acabó de desentenderse de la carta del terror. Fue esa misma carta la que destruyó políticamente a Rabin antes de que lo hiciera físicamente un fanático judío. Fue esa misma carta del terror la que provocaría también la derrota de Shimón Peres y la elección de Benyamín Netanyahu tras el asesinato de Yitsjak Rabin. Arafat fue sin duda un maestro en la destrucción de sus socios de paz y en la mejora directa de las perspectivas de la derecha dura en Israel. Sin embargo, hay que insistir en que las incompatibilidades entre líderes no eran sólo cuestión de diferencias legítimas de carácter. Estaban alimentadas por las importantes falacias e inconsistencias inherentes al proceso de Oslo.

Oslo se construyó para funcionar bajo las condiciones estériles de un laboratorio, no en la vida real, porque asumía que podía desarrollarse una confianza entre los ocupados y los ocupantes. Condicionado por imponderables internos irresistibles, cada nuevo Gobierno israelí pedía una revisión de los acuerdos firmados por el anterior. El acuerdo sobre Hebrón fue la versión de Netanyahu del Oslo B de Rabin, y Sharm el-Sheij la versión de Barak del Memorándum de Wye River. Todo eso, ni que decir tiene, contribuía poco al cultivo de la confianza entre las partes.

A pesar de sus defectos, Oslo fue un brillante ejercicio de diplomacia discreta. Una vez más, una parte israelí y una árabe se escabullían del asfixiante patronazgo del mediador estadounidense, llegaban a un acuerdo a sus espaldas y lo presentaban más tarde como hecho consumado. El que todo se consiguiera en Oslo, de entre todos los lugares, quizá demuestre que en ocasiones una potencia pequeña y modesta como Noruega puede estar mejor situada que una superpotencia para inspirar confianza a las partes de un conflicto espinoso y demostrarse eficaz para mediar en un acuerdo entre ellas. Sin embargo, la ejecución del acuerdo no podía realizarse sin las garantías de la superpotencia y su constante asistencia y cuidados. La mediación estadounidense se hizo necesaria, aunque sólo fuera porque el proceso de Oslo enseguida se demostraría cargado de malentendidos y ambigüedades, que provocaron crisis y encontronazos casi desde el primer día.

Apenas se había secado la tinta de los acuerdos cuando una oposición palestina de radicales islámicos y laicos, algunos de la propia Fatá, empezaron a trabajar contra ellos. En sus prisas por marginar a los dirigentes locales y atajar el auge de Hamás, Arafat, dirían sus críticos, había accedido a convertir la OLP de movimiento nacional en sheriff de un pequeño y mísero gueto gazense. Hamás y Yihad no tardaron en desencadenar una campaña de terror con la esperanza de que eso condujera a la radicalización de la opinión pública israelí y, en consecuencia, a un giro a la derecha que según sus cálculos socavaría y paralizaría la política de paz de Rabin. La víspera misma de la firma del DP, un comando de Hamás asesinó a tres soldados israelíes en Gaza. El terrorismo suicida no fue un invento de la segunda Intifada; había empezado ya en los días eufóricos de Oslo. El día después de que se firmara el DP, el 14 de septiembre de 1993, un terrorista palestino se voló en una comisaría israelí de Gaza.

Sin embargo, los malos augurios para el futuro de Oslo no provenían tan sólo de la oposición islámica. El 11 de mayo de 1994, una semana después de firmar el Acuerdo de El Cairo que establecía las modalidades para el autogobierno palestino en Gaza y Jericó, y pocos días antes de regresar en olor de multitud a Gaza, Arafat convocó, en un discurso a puerta cerrada en Johannesburgo, una *yihad* para recuperar Jerusalén. Llegó al extremo de comparar Oslo al acuerdo táctico de Hudaibiya que el Profeta había suscrito, el año 625, con la tribu Quarish, una paz de conveniencia que podía romperse cuando las circunstancias lo justificaran. Aunque le gustaba presentarse como un Mandela palestino o como líder de un movimiento laico y moderno de liberación nacional, Arafat en el fondo siguió siendo fiel a su juventud como miembro de la Hermandad Musulmana, y como tal su auténtico héroe y modelo era el muftí, Hach Amín el-Husseini, como él mismo reconoció en una entrevista para el diario palestino *Al-Quds* (2 de agosto de 2002).

Como se vería, el discurso de Johannesburgo no fue un incidente aislado en el que Arafat perdiera por un momento los papeles. Enunció ideas parecidas en diferentes ocasiones. Una de ellas fue un discurso en la Universidad al-Azhar de Gaza en la festividad de la ascensión del Profeta al Cielo, donde volvió a hablar de Hudaibiya como de una «paz despreciada». En otro momento, durante una reunión con un público árabe en Estocolmo, como recogió Yedidia Atlas del periódico noruego *Dagen*, Arafat presentó el derecho de regreso y el arma demográfica como su medio para subvertir el espíritu de los Acuerdos de Oslo: «A partir de ahora, desde la OLP concentraremos todos nuestros esfuerzos en partir psicológicamente a Israel en dos bandos [...] Le haremos la vida insoportable a los judíos mediante la guerra psicológica y la explosión de la población.»

Tal iba a ser el modo de comportarse de Arafat a lo largo de los años de Oslo. El suyo fue siempre el lenguaje de la batalla y la *yihad*. «Somos fieles a nuestro juramento de seguir con la batalla», prometió en su discurso de la Universidad Al-Azhar de Gaza, donde también veneró el recuerdo de Izz al-Din al-Qassam, el icono de la lucha de Hamás contra la «entidad sionista». En ningún momento transmitió un mensaje claro de paz y reconciliación al público israelí. Maestro nato del doble lenguaje, siempre prefirió expresarse con ambigüedades. A lo largo de su vida como terrorista y líder guerrillero, Arafat siempre evitó la confrontación abierta con sus rivales dentro del movimiento. Prefería integrarlos. Conservar la unidad del movimiento nacional a toda costa, renunciar a las decisiones claras y conflictivas y buscar siempre el liderazgo a través del consenso aunque eso supusiera no refrenar las actividades terroristas de quienes se había comprometido a disciplinar en los Acuerdos de Oslo: ése fue en todo momento el desastroso y a la larga contraproducente modo de gobernar de Arafat. Autócrata sin el menor interés en un atisbo siquiera de buen gobierno o en las políticas de bienestar y desarrollo económico, fue incapaz de crear la legitimidad popular y democrática necesaria para tomar medidas enérgicas respecto de Hamás.

Sin embargo, en Jerusalén había un primer ministro comprometido con el proceso de paz contra viento y marea. Rabin insistió, y pagaría un elevado precio político y a la larga personal y definitivo, en que la lucha contra el terrorismo no debía interferir con el proceso de paz ni entorpecerlo. Citando la presentación que hizo Ben Gurión de su estrategia relativa a la necesidad de luchar contra el Libro Blanco y a la vez apoyar a Inglaterra en su guerra contra Hitler, Rabin prometió combatir el terrorismo como si no hubiera proceso de paz y perseverar en el proceso de paz como si no existiese terrorismo. Esa estrategia de doble filo a la larga se revelaría políticamente contraproducente. El público israelí era sencillamente incapaz de asimilar una política en la que se enterraba a las víctimas de los atentados por la mañana y se retomaban las negociaciones por la tarde. Rabin, pese a ello, no flaqueó. Pocos días antes de que lo asesinaran a tiros, el 28 de septiembre de 1995, se firmó en Washington Oslo II, un acuerdo que prácticamente terminaba con el control coercitivo de Israel sobre los palestinos.

Pero Arafat era incapaz de ofrecer resultados: siguió sin respetar su firma y sin tener a raya a los terroristas. Con todo, su situación tampoco era sencilla. Concluyó, con acierto, que tomar medidas contra Hamás y Yihad lo pintaría a ojos de su pueblo como «colaborador» de los israelíes quienes, por dispuestos que estuvieran a aplicar un proceso de paz de acuerdo con el enfoque de doble filo de Rabin, reaccionaron con rapidez contra la violencia palestina y, para atajar el surgimiento de grupos terroristas, lanzaron una política preventiva de arrestos en masa, toques de queda y cierres.

Se creó un trágico y fatal círculo vicioso que ni israelíes ni palestinos fueron capaces de romper. El desencanto no cesó de cundir entre las masas palestinas, que padecieron cierres israelíes de los territorios, castigos colectivos, paro, decadencia económica, una humillante dependencia del enemigo y la expansión de los asentamientos existentes, cuya población aumentó bajo el Gobierno laborista (1992-1996) en un 48% en Cisjordania y un 62% en la franja de Gaza, es decir, más que bajo cualquier Gobierno anterior del Likud. Más que como un Estado moderno observante y respetuoso de la legalidad internacional, Israel se comportaba en los territorios poseído por una irresistible codicia agraria que pisoteaba los derechos naturales de la población ocupada. Colonizaba los territorios con el mismo celo revolucionario del *yishuv*, y seguía los mismos modos de comportamiento respecto de la población palestina que había demostrado el *yishuv* al combatir al ocupante británico e imponerse a la población indígena.

Las políticas anexionistas de Israel socavaron más aún la legitimidad de Arafat para hacer concesiones y lo reafirmaron en su instinto de que no podía vérsele colaborando abiertamente con los israelíes en la lucha contra el terrorismo. Eso, a su vez, limitaba la capacidad de Rabin para adelantar en el proceso. Atrapado entre el terror de los fundamentalistas, la pasividad de Arafat y el auge inevitable de los escépticos con la paz y la extrema derecha israelí, Rabin avanzaba con paso trágico hacia su defunción política. El frívolo oxímoron acuñado por Peres de que los israelíes muertos en atentados terroristas —entre 1993 y 1996 los comandos suicidas asesinaron a unos 300— eran las «víctimas de la paz», fue rechazado en redondo por la opinión pública. El terrorismo socavaba la legitimidad y los cimientos morales mismos del proceso de paz. Ni Arafat ni Rabin estaban ya en condiciones de ofrecer al otro el mínimo necesario para mantener Oslo con vida. Cuando un fanático judío asesinó a Rabin por considerarlo el traidor que había vendido Eretz Israel, el primer ministro ya estaba severamente mermado en lo político por una serie de atentados terroristas devastadores, sobre todo en Tel Aviv y Beit Lid, y por el fracaso de Arafat a la hora de plantar cara a los enemigos de la paz en su propio bando.

Los siguientes ocho meses con Shimón Peres como primer ministro fueron un absoluto desastre y una calamidad política. En su empeño, o más bien obsesión, por competir con el recuerdo de Rabin, intentó hacer la paz y la guerra en todos los frentes y a la vez: combatir el terrorismo, eliminar la amenaza de Hezbolá por medio de una campaña encarnizada y costosa —las Uvas de la Ira— en el sur de Líbano, hacer la paz con los sirios y los palestinos y adelantar en su sueño descabellado de un Nuevo Oriente Próximo. El resultado fue un clamoroso fracaso. Una campaña de terrorismo suicida de Hamás de proporciones desconocidas bañó las calles de las principales ciudades de Israel en la sangre de docenas de víctimas inocentes. Era evidente que Hamás quería una victoria del Likud en las inminentes elecciones, una victoria que esperaban que acarreara la inmediata interrupción del proceso de paz. Consiguió las dos cosas: el Likud y la subversión del proceso. Arafat hizo poco menos que nada por entorpecer esa estrategia, y cuando por fin decidió actuar ya era demasiado tarde. Los israelíes no pensaban tragarse el mantra del Partido Laborista de que no sólo la guerra sino también la paz necesitaba cobrarse sus víctimas. Peres perdió las elecciones frente a Benyamín Netanyahu sin haber podido cumplir siquiera su compromiso de sacar a la FDI de Hebrón.

La victoria de Netanyahu era una mala noticia para el proceso de paz que, hay que reconocerlo, ya gozaba de muy mala salud cuando lo heredó. Sin embargo, llama la atención que dos dirigentes árabes, Mubarak y Hussein, no lloraran exactamente la derrota del Sr. Peres. El persistente empeño del ex primer ministro por una paz cordial y un «Nuevo Oriente Próximo» de integración económica —llegó a lanzar la estrafalaria idea de que Israel se uniera a la Liga Árabe— era anatema para Mubarak, que prefería una paz con Israel más controlada, lenta, tal vez incluso tensa dentro de lo razonable. Eso encajaba mejor con sus preocupaciones internas y sus aspiraciones regionales. En cuanto al rey Hussein, las ganas de Peres de cerrar un acuerdo rápido con Siria lo espeluznaban tanto, y tanto lo preocupaba el que bajo su liderazgo Oslo pudiera originar un Estado palestino que no respetara las inquietudes internas y regionales de Jordania, que se aventuró incluso a hacer pública su preferencia por Netanyahu.

No pasaría mucho tiempo, sin embargo, antes de que Mubarak y Hussein se dieran cuenta de lo peligroso para sus intereses que podía ser un primer ministro israelí que en lugar de refrenar el ritmo del proceso de paz se desentendiera de él por completo. La destrucción total del proceso de paz con los palestinos era tan peligrosa y amenazadora para la estabilidad de sus regímenes respectivos como la política supuestamente frenética del Sr. Peres y su equipo. Netanyahu no era un hombre del *juste milieux*. El nuevo primer ministro no sólo era inexperto e impredecible —él mismo confesaría más adelante que durante sus primeros dieciocho meses en el cargo estuvo completamente desorientado— sino que además se basaba en una coalición de radicales de la derecha y la extrema derecha. Con Netanyahu, el retorno a la política de la confrontación y la guerra volvía a convertirse de repente en una posibilidad verosímil, algo que no satisfacía ni a Mubarak ni a Hussein. Un acuerdo sobre Hebrón iba a ser la única contribución de Netanyahu a la paz con los palestinos, e incluso eso se produjo sólo después de los sangrientos encontronazos en el Monte del Templo y sus alrededores en septiembre de 1996, que costaron la vida a dieciséis soldados israelíes y ochenta palestinos. Tampoco la OLP hizo mucho por recuperar la credibilidad del proceso de paz. No logró idear una nueva Alianza Nacional, como se había comprometido a hacer, e hizo poco menos que nada por erradicar el terrorismo que había surgido en las ciudades bajo su control.

La macabra complicidad entre Arafat y Netanyahu para provocar el derrumbe total de la confianza mutua y la disolución de los instrumentos del diálogo y la pacificación iba a ocasionar un cambio trascendental en el patrón de las negociaciones. Los estadounidenses entraron en juego por primera vez como mediadores activos. Oslo fue único por ser un canal estrictamente bilateral basado en la confianza y la buena fe. La mediación americana evidenció que desde ese momento habría que arrancar a las partes cada paso y cada pedacito de progreso por medio de presiones y pulsos de fuerza. Y fue precisamente el brazo de los estadounidenses el que produjo el Memorándum de Wye River, por el que Israel accedió a retirarse de otro 13% de tierra palestina.

En un asunto clave Netanyahu no difería de sus predecesores. Optó por un acuerdo palestino sólo después de haber agotado la posibilidad de llegar a un arreglo a través de negociaciones secretas con Hafiz al-Assad. También él se comprometió entonces con la «teoría de la cápsula», que en esencia reflejaba una desgana de tratar con los palestinos y una falta de fe en las posibilidades de llegar a un arreglo viable con ellos. Cuando el Gobierno de Barak llegó al poder en el verano de 1999, descubrió que Netanyahu había negociado en secreto con Assad la devolución de los Altos del Golán hasta las fronteras de 1967, por medio de los buenos oficios de Ron Lauder, un empresario estadounidense judío que en el pasado había servido de embajador de su país en Austria. Sin embargo, como sucedió con todos los intentos de llegar a un acuerdo con Assad, una de las partes o las dos se echaron atrás en el último momento y las conversaciones no llegaron a nada.

Netanyahu fue incapaz de obtener resultados de su acuerdo palestino. El acuerdo de Wye siguió siendo, a todos los efectos prácticos, papel mojado. Su Gobierno religioso-nacionalista era un vehículo totalmente inadecuado para la pacificación. Los planes de Netanyahu para un acuerdo definitivo, un Estado palestino en el 40% de la tierra, y su desenfrenada política de expansión de asentamientos destruyeron cualquier posibilidad de un diálogo constructivo con los palestinos. El legado de Netanyahu al Gobierno de Barak fue un proceso de paz encallado y una trágica pérdida de confianza en sus socios tanto por parte de los palestinos como de los israelíes.

Los palestinos, sin embargo, salieron de los años de Netanyahu con un importante activo en sus manos: una intimidad casi estratégica con una Administración estadounidense recelosa de las tácticas dilatorias del primer ministro israelí. La visita del presidente Clinton a Gaza el 14 de diciembre de 1998 y su discurso al Consejo Nacional Palestino fueron la expresión de una fase nueva por completo en las relaciones palestino-americanas. Bill Clinton adoptó en Gaza el papel de Balfour de la causa palestina. Cinco años después, con Arafat bajo asedio entre los escombros de su cuartel general en la Mukata, descartado por la Administración Bush como interlocutor válido, el líder palestino debería haber reflexionado sobre su parte de responsabilidad en la pérdida del activo que eran esas relaciones íntimas con Estados Unidos, tan vitales para el futuro de su pueblo, que le legó Benyamín Netanyahu por incomparecencia.

Sin embargo, los errores de cálculo de Arafat y las pifias y falsos prejuicios de Israel no deberían eclipsar el significado de Oslo como representación de un cambio muy fundamental en la estructura de la estrategia de pacificación israelí. Los acuerdos afirmaron de manera inequívoca la centralidad del problema palestino en la búsqueda de una solución para el más amplio conflicto árabe-israelí, que los Gobiernos de Israel se habían negado con denuedo a reconocer. La teoría de la «cápsula», por la que la paz con los estados árabes ayudaría a que los palestinos cedieran, no había funcionado. De hecho, el propio Rabin la había probado antes de optar por un acuerdo con Arafat. Dedicó casi en exclusiva su primer año en el cargo a la vía siria, pues en el régimen Baaz de Damasco veía la principal amenaza estratégica para Israel. Confiaba en que una paz con Siria redujera la centralidad del problema palestino y le permitiría llegar a un acuerdo no demasiado caro con los dirigentes palestinos locales.

Paradójicamente, Assad fue responsable indirecto del Acuerdo de Oslo. Fue el fracaso en la empresa siria lo que condujo a Rabin al jardín de la Casa Blanca de Washington para su histórica encajada de manos con Arafat. Precisamente cuando el Acuerdo de Oslo estaba casi preparado, a principios de agosto de 1993, Rabin realizó su último y más dramático intento de ser fiel a la «teoría de la cápsula» y cerrar un trato con Assad. Le transmitió una hipotética disposición a aceptar las reclamaciones territoriales de Siria si ésta aceptaba las exigencias israelíes sobre seguridad y normalización. La descorazonadora respuesta de Assad —rechazó de manera categórica el concepto israelí de «normalización» e insistió en unos acuerdos de seguridad simétricos y recíprocos que también afectaran al lado israelí de la nueva frontera— llevó a Rabin a dar luz verde definitiva al cierre de los Acuerdos de Oslo en una fecha posterior de ese mismo mes. El principal negociador de Israel con los hombres de Assad, Itamar Rabinovich, recordó más tarde el modo en que Rabin expuso su razonamiento al secretario de Estado Warren Christopher: «Si Assad diera un paso adelante y se realizara un acuerdo israelí-sirio, entonces eso se complementaría con un pequeño acuerdo palestino. Si la respuesta de Assad es decepcionante, no habrá avance sirio-israelí, de modo que buscaremos un importante acuerdo israelí-palestino.»

Ahora era de los palestinos de quienes se esperaba que llevaran al mundo árabe a una paz con Israel, y no a la inversa. Oslo reivindicó de una vez por todas la reclamación árabe sobre la centralidad del problema palestino en el conflicto árabe-israelí.

Rabin tuvo menos de arquitecto de paz de lo que le atribuyen algunos comentaristas; su estrategia pacificadora se desarrolló casi *malgré-lui*. Su intención era permanecer fiel a la teoría de la «cápsula». Nunca tuvo en mente negociar con la OLP ni pensó que acompañaría a los palestinos más allá de la fase de autonomía.

A decir verdad, ni Rabin ni, sobre todo, Peres querían que la autonomía diera paso a un Estado palestino. Tan tarde como en 1997, o sea pasados cuatro años del proceso de Oslo, cuando, como presidente del Comité de Asuntos Exteriores del Partido Laborista, propuse por primera vez que el partido refrendase la idea de un Estado palestino, fue Shimón Peres quien se opuso con mayor vehemencia a la idea. Todavía creía en un condominio jordano-israelí-palestino en los territorios. El Estado palestino tampoco era desde luego una de las prioridades de Rabin. Sin embargo, el fracaso de su empresa siria lo condujo a Oslo y eso, a pesar de la letra del acuerdo, sólo podía llevar tarde o temprano a una autodeterminación y un Estado palestinos.

Oslo, además, creó para sorpresa de Rabin un pánico tal en Jordania que el rey Hussein por fin «salió del armario» y se apresuró a hacer las paces con Israel. Cundió tal histeria en Jordania al conocerse el Acuerdo de Oslo que el rey ordenó el cierre de los puentes que conectaban la orilla este y la oeste del río por miedo a un éxodo masivo de palestinos que acabara por subvertir el Estado jordano. El acuerdo económico entre Israel y la OLP de mayo de 1994 fue una amenaza añadida para Hussein, que en aquel momento veía en serio peligro los lazos económicos de su reino con Cisjordania. Para el monarca, un espacio económico común israelí-palestino significaba paro e inestabilidad política para su reino.

La fuerza motriz de las relaciones tradicionales entre Israel y Jordania había sido en todo momento su búsqueda común de seguridad en un entorno regional hostil para ambos. También compartían el interés por controlar a su enemigo común, el movimiento nacional palestino. El acuerdo de paz de 1994 entre Jordania e Israel estaba pensado para cristalizar sus intereses comunes por medio de un delicado equilibrio dentro de un nuevo orden de cosas, en el que la entidad política palestina quedaría emparedada entre dos estados, el israelí y el jordano, que vivieran en paz el uno con el otro.

El apretón de manos de Arafat con Rabin fue la coartada y la legitimación que Hussein llevaba buscando desde el momento mismo en que ascendió al trono para proceder de manera abierta con el legado de su abuelo de una política de paz con Israel. No se trataba ya de una opción jordana a expensas de los palestinos, como tanto Israel como la dinastía hachemita habían querido en el pasado, sino de un esfuerzo a la desesperada por salvar los intereses jordanos, y tal vez su existencia misma como reino beduino independiente, en un momento en que Israel enarbolaba la opción palestina. Se había vuelto vital para Hussein hacer las paces con Israel, si quería asegurarse de que su Némesis, Arafat, no llevara la voz cantante en exclusiva en lo relativo al futuro de Jerusalén y Cisjordania.

Una reflexión interesante sobre el proceso de paz tal y como se desarrolló en los años de Rabin es que, a pesar del alto grado de compromiso de la Administración Clinton con el proceso, lo que se consiguió —Oslo y la paz con Jordania— se efectuó de manera bilateral con muy poca o ninguna participación americana. Los estadounidenses eran del todo escépticos respecto de la posibilidad de desviar a Hussein de su tradicional política de nadar y guardar la ropa. No se daban cuenta de hasta qué punto el Acuerdo de Oslo había vuelto irresistible la necesidad jordana de llegar a un arreglo con Israel. Está claro, sin embargo, que el muy necesario alivio de la deuda que la Administración Clinton ofreció como aliciente si el rey firmaba la paz con Israel fue un incentivo de crucial importancia que el monarca no podía permitirse el lujo de pasar por alto.

De todos los socios potenciales de Israel para la paz, Jordania era el más ansioso por emprender una estrecha cooperación económica con él. A diferencia de Egipto, cuya cooperación económica con Israel nunca se fomentaría en especial, «los frutos económicos de la paz» eran en Jordania un importante motor para la búsqueda de un arreglo. Los jordanos no compartían los temores de los egipcios sobre el ascenso de Israel a la hegemonía económica regional. De ahí que el acuerdo de paz entre ambos países incluyera capítulos de especial solidez acerca de cooperación en materias de comercio, transporte, turismo, agua, la explotación conjunta de los minerales del mar Muerto y la construcción de un nuevo aeropuerto internacional compartido en Eilat-Aqaba. Sin embargo, si las expectativas eran altas, también lo fueron las frustraciones. Tras un inicio prometedor dentro de lo razonable durante los años de Rabin, llegó la decadencia bajo el Gobierno de Netanyahu.

El precario equilibrio establecido por la política de paz de Rabin en el triángulo israelí-jordano-palestino significaba que cualquier deterioro en las relaciones de Israel con los palestinos podía ejercer un efecto devastador sobre el grado de legitimidad popular del acuerdo de paz con Israel en Jordania. Netanyahu frenó el proceso de paz con los palestinos, hizo gala de indiferencia hacia las expectativas económicas de Jordania y llegó a humillar de manera irresponsable al rey al tomarse la libertad de permitir una intentona, frustrada, por parte de un agente del Mossad contra la vida de un líder de Hamás, Jaled Mashal, en Ammán y a plena luz del día.

En general, y también es cierto hasta determinado punto para los años de Rabin, Israel no fue lo bastante sensible a los intereses económicos de Jordania en Cisjordania; su empeño por controlar el mercado palestino no dejó mucho sitio para los demás. Para cuando llegó al poder el Gobierno de Barak, y sobre todo a la muerte del rey Hussein, el hombre que personificaba el compromiso de Jordania con la paz, la oposición popular a la paz con Israel era abrumadora. Un sondeo realizado en 1998 por el *Jordan Times* demostró que en ese momento un 80% de los jordanos veía a Israel como un enemigo, y no como un socio de paz.

Siria fue un hueso especialmente duro de roer para los dirigentes israelíes. Se había resistido a la iniciativa de paz de Sadat y, a renglón seguido de la cumbre de Camp David, adoptó una estrategia destinada a evitar que la paz israelí-egipcia se extendiera al resto de los estados de la región. El régimen baazista de Damasco veía una paz israelí con Líbano o Jordania como una amenaza estratégica, una maniobra siniestra hacia el cerco y aislamiento de Siria. El concepto sirio de paz era tan sencillo como inflexible: tan sólo se plantearían las conversaciones de paz si el resultado final, es decir, la retirada completa de Israel a las líneas de 1967, estaba garantizado de antemano y no se exigía una reconciliación y una normalización genuinas de las relaciones como precio de la paz. Sin embargo, el frente de firmeza que Hafiz al-Assad forjó con países radicales pero marginales como Libia, Argelia y el Yemen tras el Acuerdo de Camp David no hizo sino subrayar el aislamiento de Siria. Y fue precisamente esa sensación de aislamiento estratégico la que en la década de 1980 llevó a Damasco a una alianza con Irán y en contra de Irak. Con el desmembramiento del frente árabe unido contra Israel que siguió a la iniciativa de paz de Sadat, Assad se convirtió en un líder embarcado en un intento desesperado por recuperar la profundidad estratégica que había perdido con la «traición» de Egipto a la causa panárabe.

Sin embargo, las ventajas estratégicas que hubiera asegurado para Siria a través de su alianza con Irán no podían compensar en realidad lo que Assad había perdido en otros frentes. Ponerse del lado de Irán contra Irak significaba ser miembro de una alianza antiárabe, y eso sólo podía aumentar su aislamiento en la región. Los estados del Golfo no le perdonarían con facilidad su alianza con Teherán, percibida entonces como la principal amenaza para Irak, que era a la sazón su paladín árabe. La furia antisiria de las dinastías del Golfo y la dramática caída de los precios del petróleo en la década de 1980 significaron que Siria, al igual que la OLP tras la guerra del Golfo de 1990-1991, ya no podía esperar gran cosa por lo tocante a ayuda financiera de las monarquías petroleras.

Las opciones de Assad disminuían a ojos vista, y parecía cada vez más un líder que variaba frenéticamente de estrategia en búsqueda desesperada de un equilibrio de disuasión con Israel que le permitiera dictar sus propios términos para un acuerdo. Cuando quedó de manifiesto la debilidad inmanente a su conexión iraní, Assad pasó a abrazar una nueva y del todo irrealista política de «paridad estratégica» con Israel. Sin embargo, esa nueva estrategia murió antes de nacer. Ya desde mediados de los 80 y sobre todo, por supuesto, con el acercamiento al fin de la guerra fría, la Unión Soviética no estaba en condiciones ni con ganas de ayudar al aislado régimen baazista en su búsqueda de «paridad». Siria se convirtió en la Cuba de Oriente Próximo, un estado cuyo principal valedor entró en bancarrota y tuvo por tanto que adaptarse a la nueva estructura del sistema internacional o caer en un estado de completa irrelevancia.

Es cierto que la astuta táctica de «divide y vencerás» de Assad había logrado frustrar los grandes planes de Israel para Líbano, donde se las ingenió para mantener intacta su hegemonía a lo largo de la década de 1990, pero Líbano no bastaba para cambiar la gravedad de la situación de Assad. Para cuando cayó el Muro de Berlín, Siria se hallaba en un estado de decadencia económica y estratégica, Saddam Hussein había derrotado a sus aliados iraníes por lo que era ahora libre para subvertir los intereses de Siria en la región y la Unión Soviética la había prácticamente abandonado. En la dolorosa transición de Unión Soviética a Rusia, Gorvachov no estaba de humor para dejarse arrastrar por la política siria de confrontación en Oriente Próximo. Su mensaje a Assad fue que la tesis de que la fuerza militar arreglaría el conflicto árabe-israelí «ha perdido su credibilidad».

Como ya le sucediera a Arafat cuando decidió acudir a Oslo, Assad se vio impelido a unirse a la Conferencia de Paz de Madrid, es decir, al proceso de paz árabe-israelí auspiciado por Estados Unidos, por su aislamiento, su decadencia económica y la defunción de la Unión Soviética. El proceso de paz fue una opción adoptada después de que todos los demás caminos para recuperar los Altos del Golán y preservar el papel regional de Siria hubieran fracasado o se hubiesen agotado. La opción estratégica que se le planteaba en ese momento era atenuar sus relaciones con Irán sin cortarlas por completo, porque la conexión Irán-Hezbolá era vital para la posición de Siria en Líbano. Para reconciliar las contradicciones de su posición regional tenía que guardar las apariencias de un desafío militar a Israel a la vez que mejoraba sus relaciones con los estados del Golfo —se había sumado a la coalición encabezada por Estados Unidos contra Irak— y se incorporaba al proceso de paz.

Eso no quiere decir que Assad siguiera exactamente los pasos de Egipto o la OLP. Para él no era aceptable ninguno de los modelos de pacificación. Es cierto que, al entablar conversaciones con Israel, Afez al-Assad renunció a su premisa básica de que para defenderse los árabes debían insistir en una paz completa en todos los frentes o renunciar por completo al proceso pacificador. Sin embargo, no dejó de mostrarse inflexible en lo relativo tanto a sus reclamaciones territoriales de las fronteras de 1967 como en contra de la insistencia israelí en la frontera internacional y su escasa voluntad de conceder gran cosa en lo tocante a la normalización de las relaciones con el Estado judío. Assad estaba decidido a enseñarle a los egipcios cómo era de verdad una paz fría con Israel. Ni siquiera a cambio de un «depósito» que Rabin dejó a los americanos, en virtud del cual los sirios podrían haber deducido que no descartaba por completo un regreso a las fronteras de 1967, la Esfinge de Damasco se mostró dispuesta a hacer demasiadas concesiones en materias de normalización y disposiciones de seguridad. Tampoco Shimón Peres, sucesor de Rabin, cosechó más éxitos en su intento de alcanzar un progreso rápido con Siria desplazando el foco de las negociaciones a los componentes económicos de la paz. Siria no se dejó impresionar por el acercamiento novedoso de Peres, cuyo razonamiento era que Rabin había exagerado la importancia estratégica de los Altos del Golán en una época en que la amenaza real era la de los misiles balísticos y el terrorismo fundamentalista.

Las preocupaciones internas durante la pacificación no son, por supuesto, monopolio de los líderes democráticos. La resistencia de Assad a ofrecer a Israel los componentes de normalización que tanto necesitaba, aunque fuera sólo para legitimar a ojos de la opinión pública su retirada de los mitológicos Altos, respondía a una preocupación que era más vital para él que el futuro del Golán: la estabilidad de su régimen. La paz plena que Israel reclamaba era un precio inaceptable para un régimen, el Baaz, cuya doctrina central era el conflicto ideológico con el sionismo. La cuestión de si Assad estaba preparado o no para la paz dependía pues en gran medida de un interrogante mucho más fundamental para él: ¿estaba preparado para ver su régimen dictatorial e ideológico erosionado y quizás incluso arrastrado a una dinámica democrática bajo el impacto de unas fronteras abiertas con Israel y el final de la política de conflicto? Más que nada, Assad temía el afán de «normalización» de Israel. De modo parecido a lo que sucedía con la derecha fundamentalista israelí, que cuestionaba la paz de fronteras abiertas predicada por la izquierda como una amenaza para la identidad judía de Israel, Assad rechazaba la normalización como un desafío al «arabismo». A fin de cuentas, al sirio no le impresionó mucho la disposición de los israelíes a retirarse del Golán. El futuro de su régimen y la cohesión del Oriente Próximo árabe eran cuestiones mucho más acuciantes para él.

Hafez al-Assad quería que el arreglo con Israel fuera una paz armada entre dos socios en igualdad de condiciones. A través de su acuerdo con Israel esperaba obtener tres importantes activos estratégicos y políticos: la consolidación de su posición de privilegio en Líbano, la plena restitución de los Altos del Golán y unas relaciones estrechas con Estados Unidos, de los que esperaba recibir generosa asistencia económica y es posible que incluso militar. Como para subrayar el significado de Líbano en su estrategia global, Assad insistió en una táctica negociadora al estilo de Vietnam, consistente en hablar y disparar al mismo tiempo, para lo que, con gran furia de Rabin, no paró de animar a sus clientes en Líbano, las milicias de Hezbolá, para que hostigaran la frontera norte de Israel durante el transcurso de las negociaciones de paz. Sin embargo, el problema con Assad no radicaba tanto en lo que exigía de Israel y Estados Unidos como en lo que estaba dispuesto a ceder: muy poco por lo tocante a una normalización y no lo bastante para el gusto de Israel en cuestiones de seguridad.

Pese a ser un país cuyo peso en la política de Oriente Próximo derivaba más de su papel de motor del conflicto árabe-israelí que de su poder militar o económico objetivo, Siria esperaba que la paz con Israel no obrara en detrimento de la posición regional que había alcanzado gracias al conflicto. Para que eso fuera así, la paz debía ser tensa y armada, una paz que se fundamentara en un nuevo equilibrio de poder entre los dos países y lo institucionalizara. Los motivos de Assad en la paz no diferían en esencia de sus motivaciones en la guerra. En ambos casos se trataba de la disuasión, una cuestión de equilibrio de poder, la búsqueda de un papel regional. Según Assad, el régimen sirio tampoco debía desarmarse con tanta rapidez y facilidad de los instrumentos de confrontación ideológica y política con el Estado sionista. Por eso, a sus ojos, si Rabin era demasiado rígido y obstinado en sus condiciones para la retirada, el ansia de Peres por un acuerdo rápido no resultaba menos amenazadora. El sucesor de Rabin quería «volar alto y rápido», en sus palabras. Sin embargo, su estrategia de paz relámpago horrorizaba a la enigmática Esfinge de Damasco tanto como el rígido enfoque gradualista de Rabin, y la rechazó categóricamente porque sabía que el régimen baazista no podía de ninguna manera digerirla y a la vez sobrevivir como tal.

La puesta en práctica de Oslo ya presentaba bastantes problemas para que su principal arquitecto, Shimón Peres, aportara sus propios errores de cálculo a un proceso ya frágil de por sí. Su extravagante idea de un Nuevo Oriente Próximo era una de esas falacias. Israel apenas había acabado de entregar Gaza y Jericó, el grueso del pueblo palestino seguía bajo ocupación militar, Israel perseveraba en su descabellada política de asentamientos y Arafat no daba indicios de una determinación de luchar contra el terrorismo islámico, y aun así Peres ya alucinaba con el advenimiento del Mesías.

En efecto, John Maynard Keynes tenía razón en 1919 cuando, en su *Consecuencias económicas de la paz* enseñó a los estadistas de la Europa posterior a la Primera Guerra Mundial que los problemas más graves no eran los políticos o territoriales, sino los financieros y económicos, y que los peligros del futuro no acechaban en las fronteras o soberanías sino en los alimentos, el carbón y el transporte. El moralismo, la demagogia y el patriotismo vengativo se le antojaban irrelevantes y contraproducentes en el proceso de construcción de un futuro de paz basado en la cooperación y la prosperidad. Los mitos políticos son en verdad malos consejeros para una era de paz, como Keynes había advertido.

Sin embargo, Keynes acertaba sólo a largo plazo, la perspectiva que precisamente menos le interesaba («a la larga estaremos todos muertos», fue su manera de desdeñar la fe en los procesos económicos de largo alcance). El Sr. Peres tendría que haber sabido que los europeos no escucharon a Keynes y que hizo falta otra guerra mundial para convertir su profecía en un plan de Comunidad Europea que funcionara. La carrera en el vacío de Peres hacia el futuro presentaba una doble falacia. Una era su premisa de que el desarrollo económico convencería a los palestinos de reducir sus expectativas políticas. En una fecha tan tardía como 1997, cabe reiterar, Peres todavía se oponía a un Estado palestino. La segunda era la presuposición de que los árabes acogerían con los brazos abiertos la versión neocolonialista israelí de la Carga del Hombre Blanco. Fue Zeev Jabotinski, nada menos, quien ya en 1924 escribió en contra de un enfoque tan falaz:

[rebato] la inocente presunción de que la aspiración de los árabes a conservar Palestina como su tierra será acallada con medios tales como subsidios, ventajas económicas o sobornos. El desprecio por los árabes de Palestina inherente a tales planes está del todo injustificado. Es posible que el árabe sea atrasado en el sentido cultural, pero su patriotismo natural es puro y noble como el nuestro, y no se puede comprar.

El Sr. Peres debería haber sabido que incluso en el caso de Europa, los sistemas cuasifederales del tipo de la Unión Europea no pudieron plantearse en serio hasta haber satisfecho las aspiraciones nacionales de los pueblos oprimidos del continente y resuelto los principales conflictos políticos y fronterizos. A pesar de Oslo y de la paz de Israel con Egipto y Jordania, los aspectos políticos del conflicto árabe-israelí todavía estaban pendientes de una solución completa.

Además, cabe señalar también que unos espacios económicos de cooperación real, por no hablar ya de integración, sólo son posibles mediante la existencia de unos valores comunes, unas instituciones democráticas similares, unas estructuras sociales homogéneas y en ocasiones incluso una religión común. Tal es sin duda el caso de la Unión Europea. Esas vitales afinidades no existían aún entre Israel y el mundo árabe. Además, como era el caso sin duda de los palestinos, la cooperación económica ocupaba un lugar absolutamente secundario respecto de las aspiraciones nacionales y religiosas. Tuve la oportunidad de visitar al Sr. Arafat en muchas ocasiones, pero nunca vi en su escritorio la foto de Jean Monnet. Lo que vi por todas partes eran enormes imágenes de la mezquita de Al-Aqsa...

La verdad es que el mundo árabe no era lo que se dice un terreno fértil para la inquieta comunidad empresarial israelí. No había un gran filón que explotar. La región estaba a la cola en casi todos los indicadores económicos. Tampoco presentaba una especial importancia el comercio entre los propios países árabes, ni el Oriente Próximo árabe era receptor de muchas inversiones extranjeras de capital. El flujo de capital corría, en todo caso, en la dirección opuesta, de los ricos barones del petróleo de la región hacia el mundo capitalista. Para que el concepto del «Nuevo Oriente Próximo» tuviera alguna oportunidad, antes el mundo árabe tenía que atravesar una revolución económica y cultural internas. También necesitaba, por supuesto, ver que el conflicto con Israel se había resuelto de verdad. Los árabes no percibían un marco vago como el del Acuerdo de Oslo, que dejaba abiertos todos los temas centrales, como la señal del final del conflicto y por tanto una invitación a la integración económica con Israel.

La respuesta árabe al Nuevo Oriente Próximo del Sr. Peres, es decir, a que Israel adoptara una posición de liderazgo en un futuro espacio económico regional, fue tibia y recelosa hasta el punto de hacer que la idea misma resultara contraproducente. Los dirigentes árabes —y en especial los de Egipto— rechazaron lo que percibían como una búsqueda israelí de hegemonía económica y un intento de introducir cuñas entre los países del Golfo, que en principio debían estar más abiertos a la cooperación económica con Israel, y los estados más cercanos al núcleo del conflicto, que se resistían al afán económico del Estado judío.

Israel dio a los egipcios motivos de sobra para justificar su paz fría con él. Tales fueron la guerra de Líbano, el empeño colonizador de Israel en los territorios y la aplicación de la legislación israelí en los Altos del Golán. La falta de progresos en la vía israelí-palestina fue para Egipto el pretexto más socorrido para mantener su paz «bajo cero». Sin embargo, la verdad es que a Egipto, estratégicamente, le interesaron en todo momento unas relaciones con Israel que no pasaran de discretas. El estado de no beligerancia, y no el de una paz con todas las de la ley, que era lo que en realidad se planteaba en ese momento, se adecuaba a la perfección a las necesidades de Egipto. Es más, inmediatamente después de los Acuerdos de paz de Camp David, la propia Administración estadounidense no ardía en deseos de fomentar una paz «cálida» entre israelíes y egipcios. Apoyaba más bien la política egipcia de la «paz fría» como medio para evitar su aislamiento en el mundo árabe. La confianza estadounidense en Egipto como importante aliado estratégico en la región exigía que el país recuperara y mantuviera su posición de liderazgo en el mundo árabe. La paz fría y su oposición a los efectos potencialmente desestabilizadores del proyecto israelí del Nuevo Oriente Próximo eran a ojos de los americanos una respuesta razonable a la necesidad de alcanzar un delicado equilibrio entre el mantenimiento de su paz con Israel y su simultáneo liderazgo del mundo árabe.

Los egipcios criticaron el empeño económico de Israel reduciéndolo a un afán de «intercambiar tierra por un mercado en Oriente Próximo», como Mohammed Sid Ahmed, el mismo que en 1975 había reclamado la paz con Israel en su revolucionario libro *When the Guns Fall Silent*, escribió en ese momento en *Al-Ahram*. En su libro había instado a los árabes a darse cuenta de que en la guerra de octubre habían conseguido neutralizar la superioridad tecnológica de Israel y de que por tanto deberían exponer, sin complejos, sus condiciones para un fin del conflicto. Llegó a proponer cierto grado de cooperación económica con el Estado judío. Como muchos otros a lo largo y ancho del mundo árabe, Sid Ahmed esperaba y creía que la integración de Israel en Oriente Próximo acabaría por cambiar la naturaleza del Estado sionista hasta el punto de dejarlo cultural y sociológicamente irreconocible. Israel como tal cesaría de existir a todos los efectos prácticos. Unos años después, sin embargo, Sid Ahmed se mostraba mucho menos entusiasta. Era uno de entre los muchos intelectuales egipcios que se oponían a la paz con Israel, en la que criticaban tanto la mediación de Estados Unidos como el desdén a los derechos de los palestinos.

Israel era la medida del fracaso de los árabes, y su nuevo empeño de afirmar su supremacía tecnológica resultaba, sobre todo a ojos de una frustrada elite árabe, inadmisible. «Dígale al Sr. Peres que aquí en Jordania también tenemos ordenadores», me dijo con sarcasmo el príncipe Hassan cuando lo visité en 1995 con el escritor israelí Amos Oz. Antes, durante las negociaciones de paz entre los dos países, el príncipe había arremetido contra Peres en una conversación privada con otro autor israelí, Amos Eylon, por hablar de «proyectos» económicos en lugar de negociar fronteras. «No hemos venido aquí a comentar proyectos sin un concepto», protestó. En cuanto a Egipto, no pensaba permitir que Israel dictara la agenda del Oriente Próximo árabe, y el condescendiente discurso del Sr. Peres sobre Israel como agente de modernización de los árabes no hacía sino exacerbar sus temores. Sin pelos en la lengua, los intelectuales y articulistas egipcios veían Israel como un Estado cruzado de alta tecnología, un enclave extranjero en pleno mundo árabe. Lo pintaban por medio de metáforas antisemitas como avaricioso y étnica y mentalmente insular. El director de *Octubre*, Anis Mansur, que no había sido exactamente enemigo de la iniciativa de paz de Sadat, llegó a escribir en su revista que el Talmud insta a los judíos a matar a todos los gentiles. Ni que decir tiene, los egipcios dejaron claro que la paz exigiría que Israel quedara reducido a su «tamaño natural», no sólo en el sentido territorial sino también en lo cualitativo. Debería empezar por renunciar a su opción nuclear, que creaba un desequilibrio insoportable. No deja de ser interesante el que nunca antes de su paz con Israel los egipcios se mostraran activos en la lucha contra el estatus nuclear de Israel en los foros internacionales. Era ese «peligroso desequilibrio estratégico», por usar la expresión de Usama el-Baz, lo que más preocupaba a los egipcios, y no el futuro de Gaza y Jericó. El-Baz veía mal la ansiedad de Israel por una plena normalización de sus relaciones con el mundo árabe, por suponer una amenaza al existente equilibrio entre las partes. Expresó a las claras su miedo a que la «normalización» permitiera a Israel desencadenar sus potencialidades, dictar la agenda de la región y alcanzar la hegemonía, ya no necesariamente por medio de conquistas territoriales.

En su conjunto, la década de 1990 no fue una temporada muy buena para Egipto. Oslo y sus consecuencias no alegraron en especial a los líderes de El Cairo. El auge de Israel como potencia económica regional, la apertura de los países árabes del Magreb y el Golfo al establecimiento de lazos económicos e incluso diplomáticos con el Estado judío —se inauguraron delegaciones diplomáticas israelíes en Rabat, Túnez, Qatar, Bahrein y Omán— y la pronunciada mejora de la posición internacional de Israel menoscabaron el peso de Egipto como potencia regional y su relevancia como mediador de paz.

A pesar de la paz de Sadat, la naturaleza misma del régimen egipcio y sus pretensiones regionales hacían vital para El Cairo que los árabes no aceptaran plenamente a Israel como vecino natural, como miembro de pleno derecho de la familia regional. Egipto creía que sus intereses estratégicos precisaban que se mantuviera un cierto grado de tensión con Israel que siempre permitiera a Egipto afianzar su posición como potencia que define y controla la naturaleza del equilibrio regional de poder. Antes incluso de que el proceso de Oslo empezara a dar muestras de enfermedad terminal, los egipcios ya forjaban un frente egipcio-sirio-saudí contra las pretensiones económicas regionales de Israel. Eso a su vez reforzó a los escépticos israelíes en su creencia de que no era la paz lo que los árabes querían, sino la tierra necesaria para reducir a Israel a su tamaño natural y disminuir sus potencialidades estratégicas y económicas.

Cuando el Gobierno de Barak llegó al poder en verano de 1999, la confianza entre Israel y la Autoridad Palestina se hallaba en sus horas más bajas. A esas alturas los palestinos estaban ya convencidos de que Oslo no era un proceso capaz de conducir al fin de la ocupación, sino en el mejor de los casos a la redistribución de las fuerzas de Israel en una Cisjordania sembrada de asentamientos judíos.

Oslo II, pensado para aclarar las vagas premisas establecidas en el primer acuerdo, provocó la retirada de Israel de las principales ciudades palestinas, pero a la vez creó una Autoridad Palestina impotente, confinada en esencia a gobernar una serie de enclaves palestinos inconexos y rodeados de fuerzas militares israelíes, carreteras de circunvalación y una red de asentamientos en constante expansión. Oslo II legitimó la transformación de Cisjordania en lo que se ha venido a llamar una «tabla de quesos cartográfica». Para cuando Barak asumió el cargo había unos 250.000 judíos viviendo en más de 120 asentamientos por toda Cisjordania, y otros 150.000 en los nuevos barrios modernos judíos de Jerusalén Este. Era cierto, como siempre se afanaban en explicar los israelíes, que los asentamientos ocupaban en realidad menos de un 2% de Cisjordania. Sin embargo, el espacio habitado era sólo una parte de la historia. Los límites municipales de los asentamientos, es decir, su potencial de crecimiento y ampliación reconocido (por Israel, por supuesto) ascendía a un 7% aproximado de Cisjordania. Además, para proteger sus intereses estratégicos y defender los asentamientos de sus desposeídos vecinos palestinos, Israel construyó a lo largo y ancho de Cisjordania una impresionante red de carreteras de circunvalación, de exclusivo uso israelí, que se convirtió para los palestinos en otro triste reflejo de un sistema colonialista de dominación y arrebatamiento de tierra cada vez más insoportable.

Por si todo eso fuera poco, en el acuerdo de Oslo II los palestinos en su incompetencia habían accedido a un principio que en la práctica equiparaba o poco menos las reclamaciones israelíes de tierra y activos en Cisjordania a las de los palestinos. El acuerdo de Oslo II notificaba a los negociadores israelíes del acuerdo final bajo el Gobierno de Barak que ningún bando, palestino o israelí, había «renunciado a ninguno de sus derechos, reclamaciones o posiciones existentes». Para los israelíes eso significaba que la naturaleza precisa del acuerdo final estaba abierta a negociaciones sobre todos los temas centrales pendientes: fronteras, asentamientos, Jerusalén y refugiados. La percepción palestina era, por supuesto, completamente distinta. Para ellos, el margen para las negociaciones y el compromiso era mínimo, si es que existía.

El balance de Oslo no mejora a favor de los palestinos cuando se incorpora a la ecuación la economía y el estado de la sociedad de los territorios. Para Israel, Oslo fue el preludio de una de las eras de crecimiento económico y apertura de mercados más extraordinarias de su historia. Al coincidir como hizo con la caída del Muro de Berlín y la retirada de las barreras de hostilidad hacia el Estado judío en Rusia y Europa del Este, el periodo que siguió al lanzamiento del proceso de paz en la Conferencia de Madrid de 1991 presenció la aceleración de la inmigración en masa de judíos soviéticos altamente cualificados. La población israelí aumentó casi un 20% en los años 90, es decir, en menos de diez años. Además, para cuando los Acuerdos de Oslo entraron en vigor, Israel también podía constatar la pronunciada mejora de su estatus internacional. Con el establecimiento de relaciones diplomáticas con países como China e India, los dinámicos mercados de Asia se añadieron a los horizontes en expansión de la vibrante economía israelí. Durante los años de Rabin (1992-1995) la economía de Israel creció a una media del 7% al año.

El principal beneficio económico que Israel cosechó de los años de Oslo no procedía de los mercados árabes circundantes, sino de la normalización de sus relaciones internacionales y la concomitante integración en la economía global. Los nuevos mercados, la mejora de las condiciones mundiales, la atmósfera psicológica creada por los procesos de paz, la mano de obra israelí cualificada y la mano de obra barata palestina —los palestinos se convirtieron en los leñadores y aguateros de la economía israelí (hacia 1993 cerca de un tercio de la población activa palestina estaba empleada en Israel)— formaban el cóctel de condiciones que convirtió los años de Oslo en ese vertiginoso éxito económico para Israel.

Sin embargo, los palestinos no podían jactarse de un éxito parecido ni mucho menos. Los años de Oslo presentaron para ellos, en el mejor de los casos, un balance desigual. Su renta per cápita (en la media, por supuesto) aumentó, como no podía ser de otra manera, gracias a los lazos con la dinámica economía de Israel. En 1996 estaba en

650 dólares y para cuando el Gobierno de Barak llegó al poder se encontraba en los 1.500. Sin embargo, para muchos se trató de años de declive económico y paralizadora dependencia de la superior economía israelí. Hacia el final de los años de Rabin, el 20% de la población palestina vivía por debajo del umbral de la pobreza, cifra que representaba un aumento del 33% en el número de pobres respecto de 1993. El Protocolo de París programaba la economía palestina de tal modo que, en esencia, la hacía dependiente de Israel y supeditada a sus necesidades. Con un PIB de 120.000 millones de dólares y una renta per cápita de 19.000 dólares, la economía israelí dominaba el mercado palestino y dictaba sus prioridades. El potencial para un desarrollo económico palestino independiente permaneció latente en todo momento. Sólo los palestinos que vivían más cerca de los centros industriales de Israel pudieron beneficiarse en realidad de un aumento de renta, lo que explica por qué el nivel de pobreza era superior entre quienes no tenían acceso al mercado laboral israelí. No sólo la balanza comercial de la Autoridad Palestina con Israel presentaba un déficit del 50% cuando Barak llegó al cargo, sino que los gobiernos israelíes disfrutaban además de la prerrogativa de recaudar por los palestinos los impuestos indirectos y los aranceles cargados a los artículos de importación. Eso no era de por sí algo malo, por supuesto, pero fijaba el patrón por el que, en respuesta a los atentados terroristas o las violaciones palestinas de los acuerdos, los gobiernos de Israel retendrían de forma unilateral las enormes sumas de dinero que habían recaudado en representación de la AP, con lo que en la práctica menoscababan la capacidad de esta última para ofrecer los servicios necesarios a sus ciudadanos.

Arafat, sus ministros y sus acólitos no estuvieron libres de culpa en lo tocante a las decadentes condiciones económicas de los territorios durante los años de Oslo. Un ejército de burócratas incompetentes y corruptos se extendió por los territorios e implantó, en su propio beneficio, todo tipo de negocios siniestros y monopolios como el del cemento, el tabaco y otros artículos de primera necesidad. Bajo el Gobierno de Arafat era práctica habitual la malversación de los fondos de los países donantes por parte de los ministros y sus subalternos. Para Arafat, corromper a sus asociados fue siempre una herramienta de dominio y control, un instrumento clave de poder. Con la proporción de policía per cápita más alta del mundo y cerca de quince aparatos de seguridad bajo su mando directo, todos generosamente financiados con dinero público y salarios en metálico, y con un ejército de informadores y una burocracia hinchada (en total la AP tenía en nómina a más de 130.000 personas), Arafat gobernaba una de las maquinarias de poder más caras del mundo, desde luego absolutamente desproporcionada para las ridículas parcelas de territorio que se suponía que administraba.

¿Selló la muerte de Oslo el asesinato de Rabin? Suele considerarse que el día en que un fanático judío mató a tiros a Yitsjak Rabin fue también el día en que murió la paz. Se dio por sentado, y así es aún a día de hoy, que sólo Rabin podría haber llevado a buen puerto el proceso de paz.

El que Rabin fue un líder formidable en una lucha cuesta arriba por la paz tuve ocasión de comprobarlo en persona más de una vez. Seis meses después de su llegada al poder lo acompañé en una visita al kibbutz Ortal. Bastión de los colonos en los Altos del Golán, Ortal era el lugar donde Rabin había declarado durante la campaña electoral de 1992 que bajo ninguna circunstancia, aunque los sirios le ofrecieran una paz plena, accedería a retirarse de la zona y evacuar sus asentamientos. «El líder que diese la orden de retirarse de los Altos del Golán, incluso a cambio de la paz, estaría mal de la cabeza», dijo entre los vítores del público. Luego, seis meses más tarde, y con las negociaciones con los sirios ya avanzadas, Rabin no vaciló en regresar a Ortal, un kibbutz afiliado a Hakibbutz Hameuhad, el movimiento del que Rabin obtenía su principal apoyo político dentro del Partido Laborista, para decirle a los colonos, sin medias tintas, que si las conversaciones con los sirios prosperaban ellos tendrían que pagar el precio y ser evacuados, separados de los hogares que habitaban desde hacía veinticinco años. No recuerdo a ningún primer ministro anterior a él que tuviera el valor de ser tan franco a la cara de los colonos. Presencié sobrecogido cómo el primer ministro aguantaba sólido como una roca mientras la muchedumbre enfervorizada estaba a punto de agredirlo físicamente y, oponiéndose al consejo de sus nerviosos guardaespaldas, se negaba a moverse antes de haber terminado de decir lo que pensaba.

De todas formas, es algo extremadamente dudoso, pura quimera, pensar que Rabin hubiese llegado con los palestinos a los límites inimaginables de concesiones que tal vez, siempre sólo tal vez, le hubieran permitido alcanzar un acuerdo. Todos los líderes políticos hablaban de la necesidad de hacer «concesiones dolorosas» por la paz, pero ningún dirigente israelí, entre ellos Rabin, se imaginaba de verdad lo dolorosas y trascendentales que tendrían que ser para acercarse a satisfacer las expectativas de los interlocutores palestinos. Rabin, que en su discurso de apertura de la Cumbre Económica de Casablanca arremetió contra Arafat en los términos más duros y acerbos por atreverse a poner en duda el monopolio de Israel sobre Jerusalén, jamás habría llegado, como en verdad constataría su viuda cuando más tarde criticó las excesivas concesiones de Camp David, al tipo de compromisos sobre Jerusalén y el resto de los temas centrales del conflicto que el Gobierno de Barak estuvo dispuesto a realizar.

El que en 1993 se dieran las condiciones suficientes para la iniciación de un proceso de paz no significa que existieran también para los sacrificios necesarios para su conclusión. Una cosa es iniciar un proceso y otra aceptar las formidables concesiones necesarias para un arreglo definitivo. Con ello no se pretende infravalorar el sentido de Estado de Rabin como líder que rompió tabúes eternos, reconoció la OLP y emprendió un proceso de paz con ella. La existencia de dirigentes capaces de tomar decisiones atrevidas y encabezar la transición a una nueva era es siempre vital para convertir la madurez de las condiciones en un acuerdo. Es muy probable, por ejemplo, que Yitsjak Shamir hubiera aprovechado la debilidad de la OLP como una oportunidad que explotar en su lucha por destruirla. Rabin la utilizó como vehículo para un acuerdo posible y pragmático. Por éxito que tenga un gobierno a la hora de acumular apoyo social y político para su programa de paz, en el momento de la verdad la prueba real será siempre de talla política y liderazgo. Rabin se comportó sin duda como un líder con valor y visión, y cuando firmó el Acuerdo de Oslo era del todo consciente de que el camino a un arreglo final era todavía largo, arduo e incierto. Sin embargo, nunca imaginó el alcance de las concesiones que se necesitarían para semejante acuerdo. Y aunque hubiera conseguido obligarse a asumir el precio tremendo de la paz, ¿poseía la capacidad para unir a una sociedad dividida en torno a un arreglo como ése? Porque la pregunta también era ésa: hasta qué punto podía alcanzarse la paz por medio de un consenso nacional razonable; pues los términos de la paz exigían tantos compromisos y concesiones dolorosos que el consenso tal vez no fuera posible en absoluto.

El caso de la paz de Israel con Egipto fue diferente. Beguin disfrutaba entonces de un amplio apoyo popular para su maniobra; además, el Sinaí nunca fue una sensible cuestión nacional como lo son Judea, Samaria y los estratégicos Altos del Golán. Además, a finales de los 80 el Likud de Beguin era casi la extrema derecha en el panorama político israelí; Beguin no tenía a Beguin a su derecha. Rabin todavía tenía mucho camino que recorrer para romper el frágil equilibrio interno israelí si quería llegar a un acuerdo definitivo con los palestinos. Todavía tenía que poner en entredicho la santidad de mitos políticos y nacionales como los asentamientos, el tabú de un Estado palestino, la reclamación de que el río Jordán era la frontera militar de Israel, la insistencia en la propiedad exclusiva de Jerusalén, etc. Probablemente, una de las deficiencias del Acuerdo de Oslo —que a la vez fue el motivo de su éxito inicial— fuera que empezó siendo un pacto basado en el mínimo denominador común posible en la sociedad israelí: la idea de librarse de Gaza no suponía ningún trauma nacional. También la derecha podía vivir con ello. A partir de ese momento, cada decisión iba a ser más dura que la precedente. Tanto Arafat como los dirigentes israelíes aún tenían que romper de un modo más profundo y dramático el consenso interno de sus respectivas sociedades. Arafat tendría que luchar contra las organizaciones extremistas de una forma más frontal y decidida, y tendría que hacer concesiones sobre refugiados y otros temas sensibles que a todas luces no estaba dispuesto a plantearse. En cuanto a Israel, iba a tener que concebir soluciones sobre los asentamientos y Jerusalén que ningún líder israelí relevante, ni siquiera Rabin, hubiera soñado sopesar jamás.

El día en que asesinaron a Rabin el conflicto palestino-israelí todavía se encontraba muy lejos de una solución. La madurez que había sido tan vital para facilitar el primer paso seguía siendo insuficiente para procurar una solución más permanente al conflicto. ¿Estaban los israelíes de verdad «maduros», por decirlo así, para un acercamiento más atrevido y pragmático a cuestiones como el futuro de Jerusalén, los asentamientos o los refugiados? ¿Estaba de verdad madura aquella generación de palestinos para apartarse de los principios más fundamentales y constituyentes de su causa nacional y pasar de la guerra a la paz al ritmo que a los israelíes, tan ansiosos por ver unos frutos inmediatos, les hubiese gustado? ¿Comprendía la cúpula israelí que ningún talento negociador, por perfecto que fuera, podía llevar a los palestinos a aceptar algo que no fuera un Estado palestino con todas las de la ley, la división de Jerusalén y algún grado de repatriación de refugiados? Quizá las fuerzas impersonales de la historia sean más potentes que las habilidades que pueden ejercer las fuerzas personales; y esas fuerzas impersonales contenían una lógica que no estaba nada claro que los israelíes pudieran asumir. En otras palabras: Israel estaba maduro para el paso adelante de Oslo, un punto de partida doloroso pero a la vez excesivamente bajo; no podía estar maduro para la solución, la solución permanente.

La verdad era, además, que para cuando Rabin fue asesinado, el proceso de paz se hallaba, a todos los efectos prácticos, en un estado de coma político. La oleada de terrorismo palestino, una expansión ininterrumpida de los asentamientos y la práctica israelí de las represalias en forma de cierres y castigos colectivos ya habían llevado «el proceso» a un punto muerto. Atrapado en el círculo vicioso creado por la fatal simetría entre asentamientos y terrorismo, Rabin avanzaba de manera casi inexorable hacia su defunción política. Para cuando le dispararon, ya estaba gravemente mermado por la alarmante pérdida de legitimidad del proceso de paz entre sectores cada vez más amplios de la opinión pública. Reverenciado general con la hoja de servicios de quien no ha vacilado en emplear la fuerza bruta para reprimir la Intifada, Rabin pese a ello no tuvo éxito en su principal cometido político, el de integrar a la derecha y el centro israelíes en su política de paz. Al final, fue asesinado como portavoz de la izquierda israelí, momentos después de cantar en un mitin masivo la «canción de la paz», el himno, por así decirlo, de «Paz Ahora», una organización cuyos miembros eran despreciados y aborrecidos por las clases populares como una panda de «traidores».

A su muerte, Rabin se convirtió en mártir para una generación de israelíes, el Mesías de una religión laica de paz y crecimiento económico cuya misión se vio trágicamente atajada. Nadie reflejó tanto como él en su vida lo que los israelíes consideraban su biografía colectiva. Nadie expresó como él el dilema de los israelíes en la transición de la guerra a la paz. Sus vacilaciones y ambigüedades eran las de ellos, su escepticismo y sus dudas eran los de ellos, y como él temían los riesgos implícitos en ese salto hacia al futuro tanto como los emocionaban las oportunidades que abría.

Sin embargo, el significado real del asesinato de Rabin residió más en su relevancia para la vida interna de Israel, por el desafío que suponía para la democracia israelí y su cultura política, que en su importancia de cara al proceso de paz ya agonizante. Para cuando asesinaron a Rabin, la confianza de los israelíes en el proceso político ya estaba gravemente debilitada. Con su fallecimiento, lo que los israelíes temían que hubiera recibido un golpe mortal era la fe en que el debate democrático se impondría a la violencia, más que el proceso de paz en sí. El asesinato de su primer ministro fue para los israelíes ante todo un motivo de introspección colectiva en cuestiones relacionadas con su identidad como nación. Más que la muerte del proceso de paz, que al fin y al cabo quedaba ahora en manos de su motor, el premio Nobel de la

Paz Shimón Peres, lloraron la muerte del Israel de sus sueños, sometido en ese momento al asalto de una alianza de «bárbaros», que iban desde las clases populares orientales de la periferia de Israel a los colonos fanáticos religiosos, cuyos mentores espirituales habían promulgado dictámenes haláquicos que autorizaban el asesinato del primer ministro. La sensación de pérdida no concernía tan sólo a Rabin, el admirado líder. El *ethos* sionista laico, tal y como lo ejemplificaba la biografía del difunto primer ministro, el hijo más emblemático de los padres fundadores, se veía bajo ataque, cuestionado con violencia y a punto de ser políticamente derrotado por el *ethos* religioso y teocrático de los colonos y la revuelta de las masas populares contra «la paz de las elites asquenazíes». La imagen que existía de la base social de Rabin era la de unas elites formadas por hombres de negocios que se beneficiaban del ya vilipendiado proceso de paz e intelectuales indiferentes a los «valores judíos».

El desafío a la legitimidad democrática de la política de paz de Rabin no procedía tan sólo de los márgenes lunáticos de la comunidad de los colonos, el núcleo oscuro de una variedad religiosa de fanatismo, aquellos que se habían nombrado intérpretes del «interés eterno» de la nación, sino también del corazón mismo del *establishment* político. La derecha parlamentaria no se demostró menos activa en la tarea de incitar y crispar. Los políticos de la derecha, con Benyamín Netanyahu y Ariel Sharón a la cabeza, pasaron por alto con cinismo una lección elemental de la historia: el asesino político siempre extrae del discurso y de lo que ve como el apoyo implícito de las «clases respetables» la necesaria sanción a su impulso de subvertir el proceso político.

Atrapado en sus falacias integrales, anulado por el terrorismo palestino y la corrupta incompetencia de la AP, socavado por la irresponsable política de asentamientos de Israel y consumido por el terremoto político y cultural que golpeó a la sociedad israelí en la traumática y abrupta transición de la efímera y peregrina asociación de Rabin y Peres a la destructiva estrategia de confrontación de Netanyahu, Oslo daba claras muestras de estar tocando a su fin cuando el Gobierno de Barak llegó al poder. Netanyahu fue el celoso enterrador de un paciente que había recibido en avanzado estado de enfermedad. Si alguna vez hubo una posibilidad de que el proceso de Oslo sobreviviera a los reveses que había recibido, el periodo de Benyamín Netanyahu como primer ministro despejó cualquier duda y le asestó el golpe de gracia. Israel no tiene política exterior, como decía Henry Kissinger, sólo limitaciones políticas internas. Y fue en verdad la división interna, las profundas brechas sociales y culturales, que tan dramático reflejo tuvieron en el ascenso al poder de Netanyahu, las que a la larga condenaron Oslo al fracaso.

La llegada al Gobierno de Netanyahu fue la culminación de una lucha interna social y cultural más profunda, cuyo origen reside en las viejas divisiones sociales de Israel, que la controvertida política de paz de Rabin había acentuado aún más. Netanyahu cabalgó hasta el despacho del primer ministro en Jerusalén a lomos de una *Kulturkampf*, una revolución sociocultural, una revuelta de masas desencadenada como respuesta a las políticas de paz que propugnaba la elite laica y de izquierdas que Yitsjak Rabin encarnaba de manera tan genuina.

El Israel que izó a Netanyahu al poder era la imagen inversa del que había apoyado a Rabin en su política de paz. Con la última generación Israel se había desarrollado hasta comprender más de una sola nación. El sueño de los padres fundadores de una sociedad laica, un crisol con los *sabra* nativos, nacidos en Israel, como epítome de la nueva nación, había tomado la forma de un caleidoscopio esencialmente judío de identidades multiétnicas y multiculturales. El *sabra*, versión sionista del Hombre Nuevo soviético y la Bestia Rubia aria, era la orgullosa respuesta autóctona al judío galútico desarraigado, enclenque, cosmopolita y a veces intelectual hasta el punto de la charlatanería. Judío casi gentil, mitad desafiantemente laico y mitad pagano, el *sabra* veía la Diáspora como una enfermedad judía, y a los judíos que habían sobrevivido a ella tras el Holocausto como, en palabras del profeta y arquitecto de la «nueva nación» David Ben Gurión, «polvo humano». El poeta Haim Guri, *sabra* de la generación de Rabin, escribió que los *sabras* «asombraron a las comadronas que los vieron nacer con una llave inglesa y una pistola en la mano». A diferencia del judío de la Diáspora, el *sabra* no buscaba puntos bellos en su alma; prefería hacer gala con orgullo de los callos de constructor de estados y soldado que tenía en las manos.

Sin embargo, en las elecciones de 1996, cincuenta años después de la fundación del Estado de Israel, el mito pagano y casi cananita del *sabra* fue derrotado por las fuerzas tradicionales de la historia judía. El «judío», rehén de sus propios miedos, autorrecluido en un gueto mental y físico y todavía enfrentado a los *goyim*, había vencido frente al «israelí».

Metafóricamente, los israelíes se hallaban ahora divididos entre «Tel Aviv» y «Jerusalén», y sin duda esta última reflejaba de manera más genuina la psique nacional. «Tel Aviv» era la base de poder cultural y político de la izquierda y de Rabin. «Jerusalén» era el caladero de Netanyahu. «Tel Aviv» era la evolución moderna de la «israelidad» que, a diferencia de los días de la hegemonía del mítico *sabra*, ya no empuñaba un subfusil Uzi ni seguía los surcos de la cosechadora, sino que abrazaba la cultura del laicismo, el hedonismo y el «crecimiento económico». «Tel Aviv» creía en el Estado de Israel como entidad legal, en contraposición al concepto jerosolimitano de «Eretz Israel», peligrosamente amorfo y dictado por la fe. «Tel Aviv» había sustituido el *ethos* pionero de los primeros años y los rasgos de una sociedad movilizada por las tentaciones de la modernidad, el liberalismo y la «normalidad». «Tel Aviv» aspiraba a formar parte integrante de la «aldea global» y dejar de ser una «aldea judía» provinciana y aislada como pretendía «Jerusalén». Se trataba de un Israel que anhelaba la paz, por la que estaba dispuesto a pagar un elevado precio y llegar hasta los límites más lejanos de su capacidad para el compromiso. El afán de «Tel Aviv» por la «normalidad» a cualquier precio era visto por el otro Israel, el de «Jerusalén», como una banalidad, una muestra de indiferencia casi criminal hacia la profundidad de la memoria judía y las lecciones de su historia.

El Israel de «Jerusalén» era el del anhelo de las raíces judías; se trataba del epítome de un miedo profundamente arraigado a «los árabes» y una desconfianza a ultranza en los *goyim*, la «comunidad internacional». La paz que la izquierda de «Tel Aviv» se afanaba por conseguir era para los «jerosolimitanos» no sólo un ejercicio pueril de extravagancia política, sino un imperdonable intento de traicionar la identidad judía. La paz de «Tel Aviv» era un ataque directo a las raíces y la tradición, una palabra en clave para definir la asimilación y la traición a la espiritualidad judía, un sinónimo de libertinaje y de la cultura del *happening* que presidía el sumo sacerdote de la música pop hebrea, Aviv Gefen, un hombre cuyo otro crimen era que no se lo considerara ni siquiera apto para servir en el Ejército. Paradójicamente, el asesinato del primer ministro Rabin, ídolo de la paz de «Tel Aviv», fue también la expresión del anhelo de asesinar a ese sumo sacerdote de la depravación del comportamiento «no judío», Aviv Gefen, del que Rabin, héroe de la guerra de los Seis Días, sólo pudo hacerse amigo gracias a su común compromiso con el vilipendiado «proceso de paz».

Benyamín Netanyahu fue aupado al poder tras el asesinato de Rabin por la coalición de «Jerusalén», que se había convertido en un imán para los miedos y complejos de un amplio espectro «judío» de minorías formado por la periferia social de Israel: la comunidad oriental, el electorado ruso nacionalista, los judíos ortodoxos, amplios sectores de israelíes tradicionalistas y los colonos religiosos. Todos ellos veían el «proceso de paz» y sus frutos económicos, con sus concomitantes festivales internacionales, como patrimonio exclusivo de la elite izquierdista de «Tel Aviv». Los dividendos económicos de la paz no habían calado hasta las clases populares; seguían confinados a las «elites» mientras la brecha entre ricos y pobres no paraba de ampliarse. Bajo Rabin Israel había conocido en verdad índices de crecimiento espectaculares, pero al mismo tiempo había pasado al segundo lugar, detrás sólo de Estados Unidos entre las economías occidentales, en cuanto a disparidades sociales.

Fuese por agravios económicos o por un rechazo ideológico del proceso de paz, o bien por un distanciamiento cultural, toda persona alienada —en un sentido étnico, cultural o social— de la elite «pacifista» convergió en las elecciones de 1996 en una batalla contra aquellos que habían usurpado la historia judía y traicionado a Eretz Israel.

El incompetente haber de los tres años de Netanyahu como primer ministro, sin embargo, acabó por enajenarle a sus partidarios y disolver la alianza social y política que lo había llevado al poder. La fórmula para mantener unida una alianza sociopolítica tan dispar requería no refrendar Oslo y no emprender negociaciones de paz con el poco fiable interlocutor palestino que había abandonado su papel de socio para desempeñar de nuevo el de enemigo. Ni que decir tiene, las concesiones realizadas a un interlocutor tan vilipendiado eran una maniobra política casi prohibitiva. Al firmar el Tratado de Wye que concedía a los palestinos terrenos adicionales en Judea y Samaria (un 13% del total), Netanyahu selló su destino político y presenció la rápida disolución de su coalición. En el movimiento pendular del poder entre izquierda y derecha que había caracterizado la política israelí desde 1992, llegaba de nuevo el turno de que el centro-izquierda explotara los errores del deficiente liderazgo de Netanyahu. Con Oslo patas arriba, la filosofía de los acuerdos de ínterin en punto muerto y la confianza sobre la que israelíes y palestinos en teoría debían erigir el acuerdo final en sus horas más bajas desde 1993, Ehud Barak, que se postuló como heredero del legado de paz con seguridad de Rabin, surgía como la nueva esperanza.

10

LA ETAPA BARAK

Sobre la libertad y la inocencia

Ustedes siempre negocian la paz como si se prepararan para la próxima guerra [...].

ABÚ ALÁ al autor,
Harpsund,
mayo de 2000

En Camp David pretendíamos hacer que los israelíes afrontaran el tribunal de la historia, que afrontaran a las víctimas de su crimen y pecado.

AKRAM HANIA,
miembro de la delegación
palestina en Camp David

Se engaña quien piense que es posible resolver temas como el de los refugiados, Jerusalén, los asentamientos y las fronteras por medio de negociaciones.

MARWAN BARGUTI,
4 de marzo de 2000

La opción no es entre lucha armada o negociaciones. Podemos luchar y negociar al mismo tiempo, tal y como han hecho los argelinos y los vietnamitas.

NABIL SHAATH,
7 de octubre del 2000

Tenemos que poner fin a nuestro dominio sobre otro pueblo. Todos recordamos cómo fue posible mantener un Estado de Israel pequeño (antes de 1967) pero con mucha más cohesión interna.

EHUD BARAK,
consultas internacionales
en Camp David

De aquí partimos hacia una catástrofe [...] No se equivoque: esto supone la derrota del bando de la paz en Israel por muchos años.

El autor a SAAB ERAKAT
en la última noche de Camp David

Puede que las luces se estén apagando. Nadie puede prever cuándo volverán a encenderse. Es posible que a Arafat le interese una crisis.

SAAB ERAKAT dirigiéndose
al equipo israelí en Camp David

La autopsia del proceso de paz tal y como se desarrolló bajo el Gobierno de Barak y la mediación del presidente Clinton se ha convertido a estas alturas en materia de un encendido debate y una importante polémica en cuanto a las razones y la responsabilidad del fallecimiento del proceso. El debate en Israel, por supuesto, no es un mero ejercicio intelectual; se trata en esencia de una batalla por la identidad política tanto de la izquierda como de la derecha. La izquierda debe culpar a Barak y el equipo negociador de «no ofrecer suficiente a los palestinos», y por sus «torpes» e «insensibles» tácticas de negociación. La culpa achacada a Barak y su equipo se convierte pues en el salvavidas último de la extrema izquierda de Israel; sólo a través de la culpabilidad de los pacificadores rescata su visión del mundo de los escombros del edificio entero de Oslo, ahora en ruinas. La cuestión es más sencilla por lo tocante a la derecha. Al fin y al cabo, ellos nunca creyeron en un acuerdo, y el fracaso del proceso de paz no es sino la enésima justificación de su visión del mundo. Ellos, como por cierto hicieron también algunos en el centro-izquierda, el premio Nobel Shimón Peres por ejemplo, acusaron a los negociadores israelíes de hacer demasiadas concesiones, de ir demasiado lejos...

Eso no quiere decir en absoluto que el Gobierno de Barak estuviera libre de culpa por el triste resultado de la empresa. Abundaron las equivocaciones y los errores de cálculo. Se dio, por ejemplo, que la insistencia de Barak en una estrategia de «Primero, Siria» tuvo consecuencias extremadamente adversas para el proceso en general. Barak sólo adoptó la vía palestina después de agotar el canal sirio. Suscribía claramente la «teoría de la cápsula», tradicional estructura israelí de pacificación que consistía en tratar primero con los estados árabes y relegar el problema palestino a una posición secundaria. Barak, en contra del consejo de la mayoría de sus ministros, optó por una estrategia de prioridad para Siria que humilló al líder palestino hasta volverlo inquieto, distante y hostil. Piedra angular del conflicto árabe-israelí, desde luego a ojos de Arafat, la cuestión palestina fue en principio relegada por Barak a la condición de cascote rechazado por los constructores, en lo que se antojaba un desaire hacia el dirigente palestino.

Sin embargo, la prioridad que Barak atribuía a Siria no era del todo ilógica. Una de las principales justificaciones de su énfasis sirio era el deseo de cumplir su promesa electoral de salir de Líbano dentro del contexto más amplio de un acuerdo con Siria, que según la mayoría de nosotros era la clave para la estabilidad a lo largo de la frontera con Líbano una vez que Israel hubiera retirado sus fuerzas. Tampoco la sorprendente ansiedad de Assad por emprender negociaciones con Israel era ajena a lo que percibía con acierto como la amenaza israelí de retirarse de Líbano y negar a Siria el vital trampolín que con tanta eficacia había utilizado para hostigarlo y presionarlo a través de sus clientes de Hezbolá.

Como ya sucediera con Rabin, Barak era un militar y como tal se entendía mejor y prefería tratar con un interlocutor como Assad, que era como él un soldado al timón de un Estado ordenado, antes que con un combatiente terrorista y guerrillero a la cabeza de un movimiento revolucionario como Arafat. Assad era un negociador duro, pero cuyas condiciones para un acuerdo eran claras y conocidas. Con Siria se trataba en esencia de una disputa territorial, una cuestión de «propiedad inmobiliaria». En el caso de Arafat y los palestinos, ni las condiciones para un acuerdo llegaron a enunciarse nunca con claridad ni la disputa era de índole exclusivamente territorial, pues concernía también, quizás incluso sobre todo, a certificados históricos y religiosos de propiedad, lugares santos, refugiados y una discusión cargada de emociones sobre Jerusalén. Barak también compartía con Rabin el engañoso argumento de que Siria, y no el problema palestino, era el principal desafío estratégico que debía neutralizarse. Percibían las amenazas a Israel en términos de brigadas blindadas, divisiones de infantería y baterías de misiles, y no podían asumir que el reto planteado por un movimiento nacional y un pueblo oprimido y ocupado no era sólo una cuestión de orden público, ni siquiera de terrorismo, sino que podía convertirse también en una amenaza estratégica no menos formidable que las capacidades convencionales de Siria.

El que tuviera o no razón al optar por una estrategia de «Primero,

Siria» ya no era relevante, una vez emprendió ese camino. Lo que importaba era que tendría que haber conocido el precio de la paz y estar dispuesto a pagarlo. Porque más que el hecho de las negociaciones en sí, fue su fracaso el que estaba condenado a ejercer un efecto devastador sobre la posibilidad de llegar a un acuerdo con los palestinos.

Sin embargo, el primer ministro emprendió su travesía siria armado de premisas erróneas. Él, y en un principio también el presidente Clinton, aceptaron a pies juntillas la versión, que más tarde se demostraría equivocada por completo, de Ron Lauder, el empresario judeoamericano que Netanyahu había utilizado como intermediario en sus conversaciones secretas con los sirios, según el cual Assad estaba preparado para un acuerdo basado en la frontera internacional de 1923 y había aceptado también la presencia militar israelí en una estación de vigilancia en el monte Hermón. Sin embargo, la verdad era que Assad jamás había accedido a semejantes condiciones; no pensaba conformarse con nada que no fuera la confirmación del «depósito de Rabin»: una retirada israelí a las fronteras de 1967 que se vincularía a disposiciones de seguridad ya acordadas. Barak probó diversas fórmulas para sortear la necesidad de refrendar el «depósito», como «no podemos borrar el registro de la historia». También aceptó una propuesta conciliadora estadounidense según la cual las líneas de 1967 «guiarían» la delineación de la frontera definitiva, pero sin resultados. Assad no pensaba contentarse con ningún atenuante del compromiso israelí explícito de respetar las fronteras del 4 de junio de 1967. Es cierto que sus delegados en las negociaciones, entre ellos su ministro de Exteriores Faruk al-Shara, se mostraron dispuestos a realizar arreglos flexibles sobre el terreno, como el de permitir a Israel el derecho de uso de una estrecha franja a lo largo de las orillas nororientales del mar de Galilea, siempre que eso no infringiera la soberanía siria en la zona. Pero Assad jamás aprobó semejantes concesiones.

Barak, sin embargo, perdió una oportunidad única de llegar a un acuerdo con Damasco, aunque hay que reconocer que fue en condiciones muy difíciles. Durante un margen muy estrecho de tiempo, se observaron claras indicaciones de que el líder sirio quería un acuerdo aunque fuera sólo para permitir que su hijo Bashar lo sucediera libre de la carga de tener que pelear a su vez por la recuperación del Golán. Una prueba de la sorprendente determinación de la Esfinge de Damasco de llegar a un acuerdo con Israel fue el teatral gesto, que jamás había concedido a Rabin, de enviar a su ministro de Exteriores a negociar directamente con Barak aun antes de recibir un compromiso inequívoco con el «depósito» de Rabin. Pero en lugar de aprovechar la oportunidad y asumir el precio inevitable de la paz, Barak se arriesgó a perder un activo vital, la confianza de Assad, y evitó suscribir el necesario compromiso sobre la frontera. Transmitió a los estadounidenses y los sirios una sensación de urgencia, pero en el momento de la verdad y la decisión, se echó atrás y se perdió en maniobras tácticas con la esperanza de arrancarle a Assad un trato más favorable.

Assad se mostró razonable no sólo porque durante un breve espacio de tiempo conviniera a sus preocupaciones domésticas, sino también porque respetaba a Barak como líder fuerte y decidido capaz de ofrecer resultados. Sin embargo, el primer ministro elevó las expectativas de los sirios con su inicial atrevimiento y sensación de urgencia, para luego pasar a una actitud vacilante y entregarse a dilaciones tácticas evidentes. En la Conferencia de paz de Shepardstown con el presidente Clinton y el ministro de Exteriores Shara, respondió a la inusitada flexibilidad de los sirios (estaban dispuestos a delinear la frontera final 10 metros al este del lago) perseverando en su obstinada negativa a comprometerse con las líneas de 1967. En lugar de eso prefirió concentrar las conversaciones en las cuestiones de seguridad, y se opuso a cualquier referencia nítida al «depósito de Rabin». Las tácticas de Barak terminaron por humillar al presidente sirio y erosionaron sin remedio su confianza en el liderazgo del primer ministro.

Tampoco debería exagerarse la flexibilidad siria, sin embargo; hay que situarla en su adecuada perspectiva. Es cierto que se apreciaba un distanciamiento de las posiciones inamovibles de Damasco durante las negociaciones con Rabin, pero los sirios seguían mostrándose tan intransigentes como siempre en lo relativo a Líbano, a las disposiciones de seguridad y a su reclamación de la plena soberanía sobre la franja de tierra que bordea las orillas nororientales del lago. También se negaron a permitir un canal de negociaciones israelí-libanés separado, que Barak necesitaba para ablandar la creciente resistencia en Israel a lo que todos sabían que iba a ser un acuerdo extremadamente costoso con Siria.

Como sucedería después en el caso de las negociaciones con los palestinos, las vacilaciones de Barak fueron en gran medida el resultado de sus preocupaciones en el frente interno. La mayor parte de los sondeos que no paraba de realizar para tomar el pulso de la opinión pública mostraban a las claras que el público israelí no confiaba en los sirios y no estaba especialmente deseoso de llegar a un acuerdo con ellos a cambio de una retirada completa de los mitológicos Altos del Golán, que además acercaría a los vecinos a las orillas del único, y no menos mitológico, lago de Israel. Barak no sólo estaba aislado en su propio Gabinete al respecto de Siria, sino que tampoco se encontraba en sintonía con el estado de ánimo del país en torno a lo que la mayoría consideraba un precio abusivo por una paz mezquina y poco convencida. Tampoco el Ejército y la cúpula de seguridad compartían el celo sirio del primer ministro. Tanto el jefe del Estado Mayor Mofaz como el director del Servicio de Seguridad General (Shabak) Ami Ayalon pusieron en duda la preferencia del Gabinete de Barak por el acuerdo sirio y le aconsejaron, como la mayoría de sus ministros, que se centrara en los palestinos.

Barak esperaba que Assad lo ayudara a legitimar dentro de Israel su empresa de paz, que hiciera más digeribles las inevitables concesiones que el país tendría que realizar cambiando su tradicional actitud de indiferencia hacia las sensibilidades de la opinión pública israelí y accediendo a realizar gestos públicos de buena voluntad, además de dando su consentimiento a medidas que incrementaran la confianza. También solicitó a los sirios que permitieran a sus clientes libaneses prepararse para la inminente retirada israelí de ese país e iniciar las correspondientes negociaciones de paz. Assad, que nunca se había demostrado demasiado amigo de la cooperación económica, recibía ahora del primer ministro la petición de consentir, aun antes de la firma de un acuerdo de paz, la creación de una Zona de Libre Comercio en los Altos del Golán. Eso era absolutamente intolerable para el presidente sirio. La paz significaba para él el fin de la guerra, no la cooperación. Barak también esperaba que los estadounidenses, además de poner a disposición de Israel un astronómico paquete económico y acceder a una mejora estratégica de sus relaciones con él, convencieran a uno o más países árabes para que tendieran lazos diplomáticos plenos con el Estado judío. Tal era el extravagante paquete de medidas para fomentar la confianza y de pagos adelantados por los frutos de la paz que Barak creía necesitar para convencer de la empresa siria a sus escépticos compatriotas.

Assad no se mostró del todo contrario, pero tampoco fue una gran ayuda. Además, aunque el presidente Clinton demostró muy buena voluntad, en realidad no sucedió nada sustancial que convenciera al público israelí de los frutos inmediatos de la paz. Líbano era el patio de atrás de Assad y no permitiría fácilmente que los israelíes hicieran ningún progreso con los libaneses antes de saber que habían suscrito un compromiso irrevocable con el precio territorial completo de la paz en el Golán.

Es posible que en diciembre de 1999 y enero de 2000 existiera una posibilidad de paz con Assad en unos términos que no eran en absoluto fáciles de asimilar para el público israelí. Sin embargo, cuando a principios de febrero Barak dio por fin a entender, en un Consejo de Ministros, su visto bueno a un acuerdo basado en las líneas del 4 de junio de 1967, ya era demasiado tarde. Para entonces Assad había perdido el interés. Su nueva prioridad era gestionar la sucesión de su hijo, y no las angustiosas complejidades de un acuerdo de paz con Israel.

La Cumbre Clinton-Assad de Ginebra que puso punto final a ese último intento de pacificación entre Israel y Siria fue una de las experiencias más estrafalarias y humillantes que el presidente Clinton tuvo que atravesar en su diplomacia internacional. Barak prácticamente obligó al presidente a presionar a un Assad claramente reacio para que acudiera a una cumbre y oyera las últimas propuestas de Israel. Pero saltaba a la vista que el sirio ya no estaba interesado, con independencia del posible contenido de las últimas iniciativas israelíes. En un encuentro embarazosamente corto y precipitado Assad rechazó en redondo, y sin permitir siquiera que el presidente Clinton entrara en mayores detalles, todos y cada uno de los atisbos de una nueva concesión israelí. Llegó a reprender a su ministro de Exteriores delante del equipo americano por prometer supuestamente, sin su autorización, que Israel podría controlar la franja nororiental del lago de Galilea. Para no dejar lugar a posteriores conversaciones, Assad añadió incluso que Siria poseía reclamaciones sobre el lago en sí. «El lago siempre ha sido nuestro lago», dijo.

Una vez más, la paz se mostraba esquiva a israelíes y árabes. Los sirios, como todos los demás países árabes que nunca habían preparado de verdad a sus pueblos para la paz y la reconciliación con Israel, seguían tan inalterables como siempre en lo relativo a la sustancia de la paz y el grado de normalización de sus relaciones con el Estado judío que estaban dispuestos a contemplar. Para Assad, la paz consistía en la mera transición de una estrategia de guerra y conflicto a una de competencia y paz armada. En cuanto al bando israelí, actuaba en un vacío político como frente sin retaguardia, sin legitimidad popular, entre otros motivos porque durante años los gobiernos y dirigentes habían evitado en todo momento explicar al pueblo el auténtico y elevado precio de la paz. Como pronto sucedería con la vía palestina, Barak fue más allá en el frente sirio que cualquier líder israelí precedente, pero a la larga lo derrotaron sus propios miedos sobre la fragilidad del frente interno y la falta de iniciativas que en su opinión debería haber recibido desde el otro bando para legitimar su empresa de paz.

La vía siria terminó sin acuerdo, pero con un legado doble que Arafat recogió de mil amores. Assad le enseñó que era perfectamente posible decirle «no» a Estados Unidos e incluso humillar públicamente a su presidente sin pagar un precio y que, a pesar de las ambigüedades del Acuerdo de Oslo, las fronteras de 1967 eran sacrosantas y por tanto debían suponer un requisito categórico en cualquier futura negociación con Israel. La paz, enseñó Assad a los palestinos que estaban a punto de emprender negociaciones con Israel para un acuerdo final, debe basarse en una condición inamovible, la retirada completa e inequívoca de los territorios ocupados.

Analizar la Cumbre de Camp David, como hacen algunos comentaristas, de manera independiente al proceso completo de negociación, es decir, al margen de las negociaciones que durante muchos meses posteriores se llevaron a cabo en Tel Aviv, Jerusalén, la base aérea de Bolling a las afueras de la capital estadounidense, donde el 23 de diciembre de 2000 el presidente Clinton presentó sus parámetros finales para un acuerdo, y por último Taba, distorsiona sin lugar a dudas la comprensión de las propuestas exactas que Arafat se negó a aceptar. Hasta el último día de su vida, el líder palestino fue reacio a reconocer la naturaleza real del trato que se le ofreció, y no cesó de repetir obstinadamente que no había tenido otra opción que rechazar el ridículo mapa de enclaves y «bantustanes» que le presentó la conspiración americano-israelí.

Pero eso es adelantarse a los acontecimientos. El proceso de negociación fue víctima de las expectativas contradictorias de las partes y de sus divergentes interpretaciones acerca del significado del proceso y la naturaleza exacta de las premisas sobre las que se construía. Los israelíes acudieron a las negociaciones con la convicción, heredada de los Acuerdos de Oslo e inherente a ellos, de que aquello era un proceso de final abierto en el que no existían soluciones preconcebidas. Para ellos, no todos «los territorios» estaban abiertos a debate, sino sólo «territorios» sin determinar, pues no sólo Oslo dejaba pendiente de unas negociaciones libres la naturaleza de la frontera definitiva, sino que además sólo una resolución de la ONU era relevante para las negociaciones, la 242, que en verdad era la plataforma exclusiva de la que nació todo el proceso de Madrid. Para los palestinos se trataba de un simple y nítido proceso de descolonización basado en la «legitimidad internacional» y las «resoluciones de la ONU relevantes» que obligaban a Israel a retirarse a las fronteras de 1967, dividir Jerusalén, desmantelar los asentamientos por ser ilegales y asumir el derecho de regreso de los refugiados. Ni Rabin ni Peres pensaron que Oslo hubiera desencadenado un proceso que pudiera y debiera culminar en una retirada completa a las líneas de 1967, la clara e inequívoca división de Jerusalén en dos capitales y una aplicación sustancial del derecho de regreso de los refugiados palestinos. La ambigüedad de construcción facilitó un acuerdo en Oslo, al precio de crear potenciales diferencias de percepción que resultarían irreconciliables al abordar un acuerdo final. Además, los negociadores israelíes acudieron a resolver los problemas creados por la guerra de 1967, y les sorprendió descubrir que los temas intratables de 1948, en primer lugar el del derecho de regreso de los refugiados, ocupaban ahora un lugar destacado en el orden del día palestino.

En el transcurso de los años de Oslo Israel llegó a asimilar que era inevitable un Estado palestino. Ese reconocimiento no era patrimonio exclusivo de la izquierda; en la derecha muchos se vieron obligados a hacerse a la idea. Netanyahu, por ejemplo, hablaba a regañadientes de un Estado palestino a lo «Puerto Rico» o «Andorra». Tanto la derecha como la izquierda daban por sentado, sin embargo, que las fronteras y los grados de soberanía de ese futuro Estado serían objeto de debate, un concepto que creían implícito en los Acuerdos de Oslo. El apoyo de los laboristas a la creación de un Estado palestino en su congreso de mayo de 1997 se veía en consecuencia matizado por la necesidad de limitar la soberanía de dicho Estado de modo satisfactorio para las inquietudes vitales de Israel. La resolución del partido estipulaba que, aunque el Estado palestino se quedaría la mayor parte de Cisjordania y la práctica totalidad de la franja de Gaza, no debía abarcar los principales bloques de asentamientos ni parte alguna de Jerusalén, aunque fuera sólo porque, como entonces se creía, ningún Gobierno que desmantelara los asentamientos y dividiera Jerusalén tendría muchas oportunidades de sobrevivir. Al fin y al cabo, el Partido Laborista acababa de perder las elecciones de 1996 ante el Likud debido en parte a la astuta campaña de Netanyahu con el lema de «Peres dividirá Jerusalén».

«En vez de hacer las paces siempre dan más la impresión de estar preparándose para la próxima guerra»; esta queja, que me formuló Abú Alá durante nuestras negociaciones secretas de mayo de 2000 en Harpsund, la residencia veraniega del primer ministro sueco al sur de Estocolmo, no carecía del todo de fundamento. La paz, al igual que la guerra, siempre ha sido un asunto militar o militarizado en Israel. A lo largo de todo el proceso de Oslo, si bien en menor medida durante las negociaciones para el acuerdo final bajo el Gobierno de Barak, la cúpula de seguridad tuvo una implicación profunda, y en ocasiones abrumadora, en las negociaciones, y desde luego inyectó una fuerte lógica militar y de seguridad en las posiciones israelíes.

Israel aspiraba a un acuerdo que le permitiera responder de manera eficaz al riesgo de un potencial revisionismo palestino y una subsiguiente escalada de beligerancia por parte del futuro Estado, ya fuera recurriendo una vez más al terrorismo o fomentando la inestabilidad a escala regional. Israel también contemplaba el peligro de que en el futuro la beligerancia palestina se expresara como parte de una confrontación general por parte de una coalición árabe o islámica contra el Estado judío. La desmilitarización del futuro Estado palestino había sido por tanto, en todo momento, un requisito israelí estándar, de primer orden. El axioma ya establecido en el capítulo palestino de los Acuerdos de Camp David de 1979 era que las fuerzas de seguridad palestinas («un fuerte cuerpo policial») deberían encargarse tan sólo de cometidos de seguridad interna. En consecuencia, en Israel apenas nadie concebía el Estado palestino como una amenaza militar convencional. Sin embargo, en el contexto más amplio de una guerra árabe contra Israel, ya fuera resultado de agitaciones nacionales —que los fundamentalistas se hicieran con el poder en uno o más estados vecinos— o consecuencia del intento de un país árabe de afirmar sus ambiciones regionales, el uso de territorio palestino por parte de una coalición árabe podía suponer una grave amenaza y mermar la capacidad israelí para reaccionar de forma eficaz y desplegar sus fuerzas de acuerdo con la naturaleza del peligro. Ésa era la lógica que sustentaba la tradicional reclamación israelí sobre el valle del Jordán como línea de defensa avanzada, una reclamación que no exigía necesariamente la soberanía de Israel sobre el valle; también podían explorarse acuerdos de arrendamiento a largo plazo.

Sin embargo, es evidente que si Camp David fracasó no fue por culpa del territorio. Y en cuanto a los aspectos relativos a la seguridad, durante el proceso negociador, hasta las mismas conversaciones de Taba, en todo momento se antojaron manejables y solubles. Es más, a medida que el proceso evolucionaba Israel se vio obligado a recortar sus ambiciones territoriales hasta tal punto que, a finales de diciembre de 2000, accedió a retirarse del 97% de Cisjordania y la totalidad de la franja de Gaza. Además, para hacérselas lo más apetecibles posible a los palestinos, Israel redujo sus exigencias de seguridad al núcleo más esencial, muy lejos de las ambiciosas expectativas iniciales de la cúpula militar israelí. Por lo tocante a la actitud del líder palestino acerca de la cuestión territorial, quizá valga la pena recordar que, bajo la presión de una propuesta israelí sobre Jerusalén, de la que fui personalmente responsable en Camp David —tanto el presidente Clinton como su enviado a Oriente Próximo, Dennis Ross, se refieren a ese momento en sus respectivas memorias como al potencial presagio de un avance—, el propio Arafat, a pesar de sus frecuentes quejas sobre las humillantes propuestas israelíes de un Estado formado por bantustanes fragmentados, situó la cuestión territorial en su justa perspectiva. Confió al presidente Clinton su consentimiento a unas modificaciones de fronteras de entre el 8% al 10%, sin insistir siquiera en unos trueques equivalentes. «En cuanto a los trueques —le dijo al presidente—, confío en usted y acepto su criterio. Usted decide.» Arafat modificó más adelante su posición, pero ese momento de la cumbre evidenció con claridad su visión del proceso de paz como algo distinto a un simple regateo mundano sobre «propiedades inmobiliarias». La tierra le importaba mucho menos que valores emocionales, mitológicos e islámicos como Jerusalén, el monte del Templo (Haram al-Sharif para los musulmanes) y el núcleo del *ethos* nacional palestino, es decir, los refugiados.

La paz con los estados árabes es una empresa estrictamente política basada en la restitución de territorio. La paz con los palestinos, en cambio, es casi un intento de descomponer el código genético del conflicto árabe-israelí y tal vez incluso la disputa judeo-musulmana, tocando certificados religiosos e históricos de propiedad. Arafat se negó claramente a ser el primer y único líder árabe en reconocer las raíces históricas y religiosas únicas del vínculo de los judíos con su patria milenaria y sus lugares sagrados. La cuestión de los refugiados y los valores islámicos fueron los obstáculos insuperables que evitaron un acuerdo en Camp David y después en Taba, y no la tierra y la propiedad inmobiliaria.

Arafat se percibía en todo momento como un guerrero entregado a una campaña mitológica de decisión moral contra un Estado nacido en el pecado, al que había que obligar a reconocer la justicia palestina abriendo una amplia ventana para la puesta en práctica del derecho de regreso de los refugiados. «¿De cuántos refugiados piensan solicitar el regreso?», le preguntó el presidente a Nabil Shaath durante las negociaciones al respecto en Camp David. «Entre el 10 y el 20% de la cifra total», fue su respuesta. «¿De verdad esperan que Israel acepte entre 400.000 y 800.000 refugiados? ¿Es ése el acuerdo que esperan que suscriba?» «Insistimos en el derecho a regresar a su hogar de todos los refugiados», fue la réplica de Akram Hania. Más tarde publicó una serie de artículos en *El-Ayam*, el periódico oficial de la Autoridad Palestina, en la que profundizaba en la argumentación palestina sobre los refugiados en Camp David y en el motivo por el que Israel se negó a aceptarla. Akram Hania, uno de los colaboradores más cercanos a Arafat en Camp David, lo expresaba así:

En Camp David pretendíamos hacer que los israelíes afrontaran el tribunal de la historia, que afrontaran a las víctimas de su crimen y pecado. Israel quería silenciar para siempre la voz de los testigos del crimen y borrar las pruebas de la Naqba.

Puede sostenerse, y muchos serán de esa opinión, que la actitud de Akram Hania quizá fuera legítima e incluso encomiable. Sin embargo, lo que está claro es que no propiciaba la elaboración de un acuerdo que Israel pudiera aceptar. No hizo sino acentuar la percepción de los israelíes de que Arafat no tenía capacidad o voluntad de refrendar la solución de los dos estados ni de asumir la legitimidad moral de la existencia de un Estado judío, como Rob Malley, consejero del presidente sobre la cuestión israelí-palestina, y Hussein Aga admitieron razonablemente en una crónica conjunta sobre Camp David en *The New York Review of Books* que no era precisamente favorable a la interpretación israelí de la cumbre.

En cuanto a Jerusalén, Arafat nunca dejó de cuidar su imagen de «conquistador», como un moderno Saladino o Umar el-Kutab que liberaría Jerusalén de los infieles y redimiría los lugares sagrados del islam. En un largo encuentro que celebré con él en Nablús a lo largo de la noche del 25 de junio de 2000, es decir, dos semanas antes de Camp David, no olvidó recordarme, cuando nuestra conversación fue a dar en el tema de Jerusalén, el Tratado de Umar de 638 d. C., firmado entre el califa Umar, conquistador de Jerusalén, y el patriarca bizantino Sofronio, en el cual, como me reveló, las condiciones de capitulación de los cristianos incluían la prohibición de que los judíos vivieran en Jerusalén. La ambición de Arafat de emular a Umar el-Kutab no era una simple anécdota. Era algo tan importante para él que en una ocasión, como recogió Edward Said en uno de sus artículos, incluso ordenó el arresto de un periodista palestino de *al-Quds*, Maher al-Alami, por atreverse a relegar a la tercera página del periódico un artículo que lo comparaba con aquel legendario conquistador musulmán de Jerusalén y libertador de sus lugares santos en el siglo VII.

«En lugar de rechazar una y otra vez las propuestas de los israelíes, presenten contrapropuestas», les diría Clinton a los palestinos en Camp David. El asesor del presidente, Rob Malley, en el análisis de la cumbre que escribió en colaboración con Hussein Aga, repitió el comentario («En verdad, el principal fallo de los palestinos es que desde el principio de la Cumbre de Camp David en adelante fueron incapaces tanto de decir que sí a las ideas estadounidenses como de presentar una propuesta convincente y específica propia»).

Las carencias tácticas no fueron, por supuesto, monopolio de los palestinos. Barak y su equipo ofrecieron un muestrario de ellas. Por ejemplo, el primer ministro tardó demasiado en comprender la importancia del tema de Jerusalén en esa conferencia, y de ahí que no estuviera preparado para las trascendentales concesiones que hacían falta. Tampoco las posiciones de negociación de Barak sobre la cuestión territorial eran lo bastante razonables para que los palestinos las vieran como creíbles. Empezar, como hizo, con la propuesta de un Estado palestino sobre el 60% de Cisjordania, para después ofrecer en Camp David el 87% y no rechazar de entrada la propuesta de Clinton del 91%, fue señal para los palestinos de que el primer ministro en realidad no tenía líneas rojas. Las tácticas negociadoras de Barak fueron una invitación permanente a que los palestinos mantuvieran la presión sobre los israelíes y nunca dijeran «sí» a lo que Barak gustaba de llamar sus «generosas propuestas».

La cuestión del irrazonable punto de partida de Israel para las negociaciones con potenciales interlocutores árabes, fueran palestinos, sirios o egipcios, es de capital importancia. Las inverosímiles posiciones de regateo de Israel nunca convencieron a los árabes de la seriedad del afán de paz que profesaba, y no hicieron sino invitarlos a no aceptar nunca una postura israelí como definitiva. El debate interno israelí sobre el precio de la paz, en consecuencia, siempre ha sido un ejercicio de voluntarismo y autoengaño, ante todo en lo relativo a la cuestión palestina. No puedo por menos de rememorar un revelador comentario que me hizo Ahmed Abul Gueit, embajador egipcio en la ONU y actual ministro de Exteriores del país, cuando terminé de leer mi discurso en la Asamblea General de Nueva York el 25 de septiembre de 2000. A mi comentario en la alocución de que Israel había llegado a los límites de su capacidad de compromiso con los palestinos, el embajador me replicó con acierto y astucia: «¿Por qué tendríamos que creerles cuando todos recuerdan que emprendieron su travesía hacia la cuestión palestina con Golda Meir negando que existiera en absoluto un pueblo palestino y luego en Camp David accedieron a entregar el grueso de Cisjordania para un Estado palestino independiente y a dividir Jerusalén? Está claro que ésos no pueden ser los límites últimos de sus concesiones.»

Por supuesto, como afirmaron los críticos, podría haberse preparado mejor la conferencia de Camp David, aunque no esté nada claro qué es lo que se entiende por eso. Cierto es que realizamos enormes progresos en el canal secreto de Estocolmo entre Abú Alá y Hassan Asfur por parte de los palestinos y Guilead Sher y yo en representación de los israelíes, pero el hecho de que los propios palestinos destaparan el canal —como parte de una lucha política interna dentro del bando palestino, la gente de Abú Mazen filtró las conversaciones a *Al-Hayat*— destruyó cualquier posibilidad de mayores progresos. El canal se interrumpió porque ya no producía nada. Denunciado por sus rivales políticos en casa, que filtraron detalles imaginarios sobre sus «irresponsables» concesiones, Abú Alá corrió a refugiarse al amparo de las viejas posiciones inflexibles. La dinámica de toma y daca de un entorno aislado se vio cortada de raíz y no pudo prosperar. Y por si eso fuera poco, el 15 de mayo, día de la Naqba, los palestinos, con la connivencia de Arafat (desoyó los avisos previos tanto de los israelíes como de la secretaria de Estado Madeleine Albright) desencadenaron en todos los territorios unas jornadas de disturbios violentos que terminaron en los inevitables enfrentamientos con las fuerzas de seguridad israelíes. Le llegaba el turno a Barak de quedar ante su pueblo como el que hacía concesiones a un socio que seguía comportándose como un enemigo.

Como también demostraría la Intifada de Al-Aqsa, Arafat jamás pudo resistirse a la tentación de la vía revolucionaria de combatir y conversar a la vez, para obligar a su interlocutor a ablandar y cambiar sus posiciones bajo la amenaza constante de la guerra y el terror. Para cuando acudimos a negociar en el bucólico entorno de la residencia veraniega del primer ministro sueco, los servicios de inteligencia ya nos habían advertido que el aparato de seguridad de Arafat, y no sólo «las masas», ya andaba enfrascado en nuevos preparativos para una guerra de terror. La vía revolucionaria de Arafat terminaría por ejercer efectos devastadores sobre las posibilidades de paz con un bando israelí cuya opinión pública no podía por menos de perder la confianza en un «proceso de paz» acompañado en todo momento de guerra y terror. El efecto político más visible del proceso de paz fue la constante deriva hacia la derecha del electorado israelí. Arafat era el pecado,

Ariel Sharón es el castigo. Las víctimas son tanto el pueblo palestino, cuya Intifada sumada a las represalias de Israel terminaría por devastar su sociedad y desmantelar sus instituciones en lo que equivaldría en la práctica a una segunda Naqba, y los israelíes que, presa del miedo al terrorismo, decidirían encerrarse tras los muros protectores de un nuevo gueto para ellos y para sus vecinos. Desde el momento en que se disolvió el canal sueco, quedó claro que la insistencia de Arafat en que la cumbre estuviera «mejor preparada» era sólo un eufemismo que significaba que Israel debía acercarse a sus posiciones, bajo la amenaza de la guerra, sin que él tuviera que apartarse de las suyas.

Debo reconocer, pese a todo, que Abú Alá acudió a mí en vísperas de Camp David con una iniciativa para renovar el canal secreto, esta vez en El Cairo. Llegó a adelantar ciertas flexibilizaciones que antes no había estado dispuesto a ofrecer para que el señuelo fuera más interesante, pero no logré convencer a Barak, que temía una erosión de sus posiciones antes de la cumbre. Sin embargo, más tarde quedaría claro que Abú Alá no estaba autorizado a realizar aquellas concesiones —accedió por ejemplo a unas modificaciones fronterizas del 4% de Cisjordania— y que la iniciativa era su modo de recuperar el terreno político que había perdido ante gran parte de la familia política palestina. «Necesitamos más tiempo para prepararnos» para la cumbre tal vez fuera un argumento palestino legítimo, pero lo cierto es que no se hacía nada por facilitar el proceso de «preparación».

También es verdad que la falta de confianza entre Barak y Arafat no fue especialmente propicia. En realidad Barak nunca fue capaz de comunicarse o de ser franco con Arafat. El líder palestino, curiosa combinación de megalómano poseído a la vez por un complejo de inferioridad, se sentía humillado y abrumado por su arrogante interlocutor, más inclinado siempre a dictar sus posiciones que a negociarlas. «Me trata como a un esclavo», le gritó Arafat a Madeleine Albright en un momento de tensión durante la Cumbre de Camp David. Cuesta imaginarse una mayor incompatibilidad que la existente entre el primer ministro israelí, un general intelectualmente arrogante e innegablemente brillante, ciego y sordo por completo a las menudencias culturales y convencido siempre de poseer la poderosa lógica cartesiana que a buen seguro convencería a su interlocutor de la invalidez de sus argumentos, por un lado, y Arafat, un líder mitológico que hasta su último aliento encarnó siempre la voluntad general de su pueblo, pero que al mismo tiempo estaba cargado de complejos personales y era incapaz, o fingía serlo, de conducir un diálogo fluido. Hablaba sólo mediante consignas, eslóganes o metáforas islámicas, y siempre dejaba a su interlocutor con la frustrante sensación de que, por muchas concesiones que estuviera dispuesto a realizar, todavía debía muchas más. Huidizo, evasivo, maestro del doble lenguaje, Arafat convertía las negociaciones con él, por utilizar la descripción que hizo Lloyd George de una negociación con De Valera, en un fútil ejercicio de «intentar recoger mercurio con un tenedor». En ningún momento de todo el proceso de paz tal y como se desarrolló desde Oslo, ni siquiera en los mejores tiempos que más tarde Arafat afirmaría echar de menos, los que compartió con Rabin, del que le gustaba decir que fue su amigo, el líder palestino transmitió en privado o en público un mensaje positivo de esperanza o una promesa de amistad y cooperación con aquellos con quienes había firmado los Acuerdos de Oslo, como tampoco nunca intentó de verdad postular un *ethos* positivo para la Autoridad Palestina en las áreas del desarrollo, la educación y la imagen del futuro Estado palestino.

En una reunión en Lisboa previa a la Cumbre de Camp David, Clinton advirtió a Barak que si la cumbre fracasaba, «esto matará Oslo». El presidente no andaba bien informado, porque lo cierto era que israelíes y palestinos ya habían enterrado conjuntamente el acuerdo. Sin embargo, en cualquier caso también tendría que haber mandado su advertencia a la dirección de Arafat. Es verdad que el líder palestino había solicitado a los estadounidenses más tiempo para preparar la cumbre, pero aun así la quería. De hecho, no había parado de presionar a los americanos para que resolvieran todas las cuestiones. «Se acabaron los acuerdos limitados», «nada de acuerdos de ínterin», decía una y otra vez al presidente, y como recuerda un confidente cercano de Arafat, Akram Hania, en sus artículos en *El-Ayam*, cuando le sugerí en persona que pospusiera las negociaciones sobre Jerusalén durante dos años y llegara primero a un acuerdo sobre el resto de los puntos fundamentales, su respuesta fue que no pospondría Jerusalén «ni siquiera durante dos horas».

A Arafat y a sus hombres les gustaba insistir en que los arrastraron a la Cumbre de Camp David en contra de su voluntad. Es una verdad, si lo es, a medias. La táctica de Arafat siempre fue fingir que lo arrastraban a la fuerza a las conferencias y negociaciones para que la responsabilidad recayera sobre sus interlocutores, que tendrían que realizar las concesiones necesarias para justificar su insistencia. Fui testigo directo de otro caso típico, cuando «arrastraron contra su voluntad» a Arafat a la Cumbre internacional de Sharm el-Sheij de mediados de octubre de 2000, cuyo propósito era alcanzar un alto el fuego en la Intifada. Pero Arafat, que acababa de embarcarse en una guerra de desgaste contra Israel que según él estaba dando frutos para la causa palestina, no tenía el menor interés en una tregua. Maestro en el arte de escabullirse de las situaciones desesperadas, cedió ante la presión internacional, acudió a Sharm el-Sheij, suscribió un acuerdo de alto el fuego y lo convirtió de inmediato en papel mojado desentendiéndose de sus provisiones. Arafat percibía Camp David como una trampa, y al igual que en el caso de Sharm el-Sheij, su principal preocupación a lo largo de toda la cumbre fue cómo escabullirse de la emboscada que le habían tendido americanos e israelíes.

Otra crítica que suele hacerse a Camp David es que, conocidas de sobra las inflexibles posiciones de Arafat en lo relativo a los parámetros de un acuerdo final, la premisa entera sobre la que americanos e israelíes basaban su fe en la posibilidad de llegar a un arreglo en la cumbre era falsa por completo. Es cierto, por supuesto, que existía un abismo entre las posiciones profesadas por las partes en vísperas de la cumbre. Sin embargo, ése también había sido el caso en las conversaciones de Camp David de 1979. Uno siempre presupone que en el momento de la verdad, cuando se requiere una decisión histórica, los líderes pueden cambiar su posición, a veces incluso de manera radical. Tal fue sin duda el caso de Menájem Beguin en 1979. No era del todo descabellado esperar que, como dijo una vez Charles De Gaulle, «un auténtico líder siempre se guarda un elemento sorpresa en la manga que los demás no pueden prever». Era ese «elemento sorpresa» que constituye la esencia del liderazgo en tiempos de cambio histórico lo que todos esperaban que saliera a relucir en los momentos cruciales de la cumbre.

En consecuencia, es del todo injusto afirmar, como hicieron Rob Malley y Hussein Aga en su artículo del *New York Review of Books*, que el enfoque «todo o nada» de Barak fue un pasillo que conducía o a un acuerdo o a la confrontación. Si eso es cierto, Arafat debería cargar sin duda con parte de la culpa. Sin embargo, lo cierto es que en los momentos clave de Camp David, cuando quedó claro que era imposible llegar a un acuerdo definitivo, tanto los israelíes como los estadounidenses probaron planes alternativos para arreglos de ínterin o parciales que los palestinos rechazaron de buenas a primeras.

El primer ministro Barak llegó a insistir, entre críticas tanto de la izquierda como de la derecha que lo acusaban de propasarse y de actuar con precipitación, en un enfoque exhaustivo que resolviera cada una de las cuestiones centrales y posibilitara el «fin del conflicto». Su lógica no era del todo descabellada. Sabía por el análisis de los servicios de inteligencia que los palestinos eran como un volcán a punto de entrar en erupción, por la pobreza de los frutos que hasta la fecha había ofrecido el interminable «proceso de paz». Solía advertir a sus ministros que Israel era como el *Titanic* a punto de chocar contra el iceberg, y que tenía que cambiar de rumbo con urgencia poniendo fin al conflicto con los palestinos antes de que fuera demasiado tarde.

Existía además una consideración política. La fragilidad y disfunción del sistema político israelí era tal que, como la historia del proceso de paz ha demostrado más de una vez desde Oslo, resultaba sencillamente incapaz de resistir a los trastornos ocasionados por los redespliegues y retiradas efectuados dentro del marco de los acuerdos de ínterin. Unos redespliegues de escasa importancia habían bastado para derribar gobiernos e incluso provocar el trágico asesinato de un primer ministro, entre la histérica movilización de masas de los colonos y los partidarios de la derecha. En la actualidad, le ha llegado a Ariel Sharón el turno de descubrir la triste verdad sobre la inoperatividad del sistema político israelí, cuando su plan de retirada unilateral de Gaza está siendo constantemente torpedeado y desvirtuado por el sistema, de hecho por su propio partido. Barak dedujo con buen criterio que el precio político de un arreglo definitivo quizá no fuera superior al que tendría que pagar por otro acuerdo interino cargado de crisis. De hecho, se dedujo que quizá fuera incluso menor, pues a diferencia de los acuerdos provisionales en los que Israel concedía porciones de Cisjordania sin garantía alguna de que eso asegurara el cumplimiento y la estabilidad palestinas, el acuerdo definitivo no dejaría cuestiones sin resolver. La promesa de una paz completa, supuso Barak, induciría a los israelíes a asumir las «dolorosas concesiones» de un modo que quizás incluso salvara al sistema político de un trastorno incontrolado.

Por retomar el hilo de Camp David, podría decirse que fue su incapacidad para apreciar la relación única entre Estados Unidos e Israel lo que Arafat pagó muy caro. Estados Unidos no estaba allí, como tal vez pensaran algunos palestinos, para entregar Israel a un bando árabe pasivo y enrocado que no estaba dispuesto a emprender un proceso negociador serio, ni tampoco Israel se iba a prestar con tanta facilidad a que lo entregaran sin condiciones. Al no realizar propuestas y contrapropuestas claras, es decir, al negarse a adoptar una verdadera dinámica negociadora, los palestinos despojaron a los estadounidenses de los instrumentos vitales que necesitaban para poder presionar a los israelíes. El presidente y su equipo jamás pudieron dilucidar si los palestinos estaban siendo serios y sinceros en su compromiso por llegar a un acuerdo. Como le dijo en repetidas ocasiones Clinton a Arafat, no esperaba de él que accediera a las propuestas de Estados Unidos o Israel, pero contaba con que le ofreciera algo, con que diera voz a cualquier idea nueva que le pudiera llevar a Barak para convencerlo de que realizara más concesiones. «Necesito algo que decirle —imploraba—. Hasta ahora no tengo nada.»

«¿Quiere asistir a mi funeral?», era una frecuente advertencia que Arafat manipuló a lo largo de la cumbre para rechazar la presión que el presidente ejercía sobre él. Sabía de sobra que en el Oriente Próximo árabe el dirigente que realiza compromisos por el bien de la paz —Sadat, el rey Abdulá— termina como profeta sin honra y se arriesga a que lo asesinen. El héroe al que se recuerda y reverencia es el que planta cara a la potencia extranjera, aun cuando al final salga derrotado como Nasser. Arafat prefería morir como héroe derrotado que no había cedido, al igual que Nasser, a que lo asesinaran como hombre de paz como a Sadat.

El gran error táctico de Barak fue, sin embargo, que al no ser capaz de decidirse a propósito de sus líneas rojas —pues éstas no paraban de cambiar— no hizo sino animar a Arafat a perseverar en su negativa a la negociación. El dirigente palestino siempre podía confiar en que Barak presentara una nueva concesión para romper el punto muerto. Eso fue cierto hasta el momento en que la negativa a ceder un ápice de Arafat, sobre todo acerca de Jerusalén, llevó a la cumbre a su triste final.

En la última sesión de trabajo de Camp David en la residencia del presidente, Aspen, Clinton efectuó un último intento desesperado de superar el formidable obstáculo que representaba Jerusalén para la cumbre. Sin éxito. Arafat no quiso moverse de su posición ni acceder a una soberanía palestina matizada sobre el Monte del Templo —se le ofreció una «tutela soberana» sobre el enclave, libre de cualquier interferencia israelí— o a cualquier cosa que no fuera la partición inequívoca de la ciudad. En Camp David se le ofreció a Arafat una capital en la Jerusalén árabe (no sólo Abu-Dis, como habían sugerido en el pasado todo tipo de contactos extraoficiales) que incluiría varios barrios palestinos bajo plena soberanía palestina y los demás bajo una autoridad más condicionada. Arafat exigió también poseer la soberanía de tres cuartos de la Ciudad Vieja y rechazó de antemano cualquier idea intermedia como la de un régimen especial, que yo tuve la oportunidad de defender a lo largo de la cumbre, o la propuesta del presidente, que fue aceptada por los israelíes, de dividir la cuenca sagrada en dos partes iguales, los barrios cristianos y musulmanes para los palestinos y los judíos y armenios para los israelíes.

Los miembros de la delegación palestina en Camp David solían comentar a sus homólogos israelíes que Jerusalén y el Monte del Templo, las cuestiones que más que ninguna otra dieron al traste con la cumbre e impidieron el acuerdo, eran «la obsesión personal de Arafat», que ellos no compartían necesariamente.

Es difícil saber lo sinceras que eran sus críticas a su líder, pues al estar como estaban libres de la carga de la responsabilidad de tomar una decisión histórica sobre Jerusalén, podían permitirse el lujo de dárselas de «racionales» y conciliadores. Lo cierto es, sin embargo, que Arafat no actuó en un vacío político y cultural. Jerusalén y el Monte del Templo eran componentes centrales de la formación del nacionalismo y la identidad palestinos. Es posible que Jerusalén no fuera la ciudad más sagrada para el islam y que durante largos periodos de la historia musulmana hubiese sido relegada prácticamente al olvido. Sin embargo, el surgimiento en la era moderna de los nuevos cruzados, los imperialistas occidentales y los infieles sionistas, y su afán por hacerse fuertes de nuevo en Jerusalén, contribuyó a revigorizar de punta a punta del mundo musulmán el recuerdo y el espíritu de Saladino, el héroe que redimió la ciudad en 1187. Jerusalén adquirió su peso contemporáneo en la mentalidad árabe precisamente como reacción al afán de los judíos por regresar a ella durante los años del *yishuv* y a la afirmación del dominio de Israel sobre la ciudad de resultas de la guerra de 1967. El liderazgo del muftí y el modo en que configuró el nacionalismo palestino durante la década de 1930 fueron en esencia religiosos, pues él entendía que las clases bajas palestinas no podían identificarse con una variedad exclusivamente moderna de nacionalismo laico. Fue en este contexto en el que convirtió Al-Quds y Haram al-Sharif en los símbolos definitorios de la causa palestina. Proteger el carácter musulmán de Jerusalén frente a los siniestros designios sionistas en la ciudad, sobre todo la supuesta demolición de la mezquita de Al-Aqsa y la construcción del Templo sobre sus ruinas, se convirtió en un práctico programa para la movilización de las masas palestinas, un recurso que demostró su eficacia con los disturbios de 1929 desencadenados precisamente por encontronazos árabejudíos en torno al Monte del Templo. La ascensión del profeta al Cielo desde Jerusalén (el «día de Al-Isra») se convertiría desde ese instante en una importantísima festividad del nacionalismo palestino; se la llegó a llamar «el Día de Palestina».

Desde los años 30 la centralidad de Jerusalén en la reacción árabe ante la agresiva presencia del sionismo en Palestina se convirtió también en parte de la mitología panárabe, y no sólo palestina. «Yihad» y «Al-Quds» se emplearían casi como sinónimos. En verdad, los batallones de la «Hermandad Musulmana» que lucharon en Jerusalén en 1948 y en los que sirvió de miliciano el joven Yasser Arafat llevaban el nombre de «Al-Yihad Al Muqades».

La guerra de 1967 sin duda fomentó el papel de Jerusalén en el *ethos* nacional y religioso árabe y palestino, hasta el extremo de que en un libro de reflexión autocrítica que siguió a la guerra de los Seis Días, un joven intelectual sirio, Tsadeq Jilal el-Azzam, ponía en duda esa repentina centralidad que había adquirido Jerusalén en las prioridades panárabes. Creía que se trataba de un regreso muy desafortunado a una mitología religiosa inútil y anacrónica. «La lucha por la liberación de Palestina no debería tener su mayor exponente en la recuperación de iglesias y mezquitas que sólo sirven de atracción para turistas», escribió (*Autocrítica en la estela de la derrota*, según el análisis de Emmanuel Sivan, *Mitos políticos árabes* (hebreo); Tel Aviv, 1988, pp. 85-86). Es posible que la cuestión de Jerusalén fuera desafortunada, como dice el-Azzam, pero aun así se trataba de un punto fundamental del *ethos* árabe y palestino que Israel debía abordar si quería alcanzar una solución con los palestinos y a través de ellos con la totalidad del mundo árabe y musulmán.

Tampoco la obsesión de Arafat con Saladino era algo que se hubiera sacado de la manga. Estaba infusa en la cultura política y religiosa de la que el líder palestino obtenía su inspiración. Saladino, como redentor de las tierras árabes y los santuarios sagrados musulmanes de Palestina, había sido en todo momento un ingrediente vital del espíritu nacional palestino. Cuando en los años 30 la imparable expansión del *yishuv* judío provocó que los árabes entablaran una resistencia violenta, fue al recuerdo de Saladino al que se encomendaron sus dirigentes como mito de movilización. Fue entonces cuando se estableció «el Día de Hittin» (la batalla de 1187 en la que Saladino derrotó a los ejércitos de Ricardo Corazón de León y los expulsó de Palestina) como importante festividad en toda la comunidad palestina.

Es posible que Arafat no estuviera especialmente versado en la historia del islam o la doctrina religiosa islámica pero, como suele suceder con los líderes musulmanes, era muy consciente de la historia árabe y los símbolos religiosos del islam, que siempre estaba dispuesto a instrumentalizar. Correr hacia el pasado es una característica destacada del discurso político árabe. Como ya observara Edward Said, se trata de un intento de hallar refugio en las glorias del pasado en lugar de afrontar desde la racionalidad las dificultades del presente y los desafíos del futuro.

Líder de un movimiento nacional supuestamente laico configurado según el patrón de los movimientos tercermundistas de liberación nacional de los años 60, como el FLN argelino por ejemplo, Arafat permaneció pese a todo sumido por completo en la imaginería religiosa de sus años mozos como miembro de la Hermandad Musulmana en El Cairo. El carrusel de símbolos islámicos era continuo en sus discursos, desde Johannesburgo a Gaza. Tampoco era ni mucho menos casual que los regimientos de su Ejército Palestino de Liberación llevaran nombres con claras connotaciones religiosas, como «Al-Aqsa», «Hittin» o «Ein Jalut» (la victoria sobre la invasión mogola). Era humanamente imposible que Arafat se desprendiera de la imagen que tenía de sí mismo como líder religioso, y no sólo laico, en su búsqueda de un Estado palestino. Como musulmán devoto, Arafat sabía que el islam es fundamentalmente una religión política que no admite una separación real de las cuestiones temporales. Al fin y al cabo, fue ni más ni menos que el ayatolá Jomeini quien reconoció que «el islam es política o no es nada». De ahí que Arafat no aceptara una solución al problema palestino que fuera estrictamente «temporal» y exclusivamente política. Tenía que incluir, por ejemplo, la soberanía completa e incondicional sobre los lugares sagrados, y ante todo el Haram Al-Sharif, donde la Cúpula de la Roca es la expresión arquitectónica del islam como religión que desbanca al resto de las religiones y se revela superior a ellas. La reclamación judía de una soberanía en pleno Monte del Templo sobre la base de unos lazos históricos y religiosos con el enclave era, por lo tocante a Arafat, del todo inconcebible.

Lo que irritó al presidente y sus asesores no fueron necesariamente las posiciones de Arafat a lo largo de la cumbre, sino su actitud entera hacia las negociaciones, la mentalidad de búnker con la que él y su equipo acudieron a la conferencia. En Camp David Arafat destruyó con sus propias manos la relación particular e incluso íntima que había desarrollado con la Administración estadounidense en los últimos años. Tuve la oportunidad de advertirle en persona, en el transcurso de una reunión en su residencia de Camp David, a la que acudí junto al general Amnon Shahak para compensar la obstinada negativa de Barak a encontrarse con el líder palestino. «Sus relaciones con Estados Unidos —le dije en presencia de su equipo al completo— son buenas,

pero superficiales. No sobrevivirán al fracaso de Camp David.» Fue
en verdad en esa coyuntura cuando empezó el desencanto de Estados
Unidos con Arafat como líder capaz de realizar un compromiso histórico y poner fin al conflicto. En Camp David, por primera vez desde
Oslo, los americanos comenzaron a albergar serias dudas sobre si
Arafat era un socio para la paz. Ese divorcio entre el liderazgo palestino y Estados Unidos iba a tener efectos devastadores para el futuro
del proceso.

Las propuestas de Camp David —un Estado palestino en la totalidad de la franja de Gaza y el 91% de Cisjordania a cambio de un trueque de tierra del 1% sumado a un corredor seguro que uniría Gaza
con Cisjordania, una división de Jerusalén que quizá no fuera nítida
pero incluía pese a ello una partición de la Ciudad Vieja en dos partes
iguales, una «tutela soberana» palestina sobre el Monte del Templo y
la negación del derecho de regreso para los refugiados pero compen-
sada por la activación de un esfuerzo global masivo que proporciona-
ra compensaciones económicas a los refugiados y facilitara su reasentamiento en el Estado palestino— quizá no fueran el trato ideal que
los palestinos esperaban, pero tampoco se trataba de la humillante
oferta de «bantustanes» y «enclaves» que no paraban de decir que era.
¿Cómo puede calificarse de «bantustán» un Estado palestino que in-
cluye la franja de Gaza entera, el 92% de Cisjordania y un corredor
seguro, bajo control palestino completo e incondicional, para unirlas a
las dos? Para algunos de entre los palestinos, la intransigencia de Arafat recordaba a un patrón de comportamiento tristemente familiar del
liderazgo palestino desde el momento en que se enfrentó con el movimiento sionista. Nabil Amr, un ministro del gabinete de Arafat, tuvo
el valor de hacer pública su crítica en un artículo en *El-Hayat El-Jadida*, un órgano de la Autoridad Palestina, cuando la Intifada de Al-
Aqsa llevaba ya dos años activa, es decir, cuando estaba quedando trágicamente claro que el abandono de la vía política por parte de Arafat
había provocado la destrucción del espinazo mismo de la sociedad palestina:

¿Acaso no bailamos cuando nos enteramos del fracaso de las
conversaciones de Camp David? ¿Acaso no destruimos las fotos
del presidente Clinton que con tanto atrevimiento nos presentaba
propuestas para un Estado palestino con modificaciones fronterizas? No somos sinceros, pues hoy, después de dos años de derramamiento de sangre, pedimos exactamente lo que entonces recha-

zamos [...] ¿Cuántas veces accedimos a compromisos, que más adelante rechazamos para después añorarlos? Y nunca estuvimos dispuestos a extraer lecciones de nuestro comportamiento [...] Y entonces, cuando la solución ya no estaba disponible, recorrimos el mundo para suplicar a la comunidad internacional lo que acabábamos de rechazar. Pero entonces descubrimos a las malas que en el intervalo de tiempo entre nuestro rechazo y nuestra aceptación el mundo ha cambiado y nos ha dejado atrás [...] Está claro que no hemos logrado estar a la altura del desafío de la historia.

Para una mejor comprensión de la Cumbre frustrada de Camp David de 2000 quizá sea interesante compararla con la exitosa Cumbre de paz de Camp David de 1979. Desde ese punto de vista, no habría que conceder excesiva importancia a la cuestión de la falta de confianza entre los dirigentes. En ambos casos existían recelos entre los líderes. Como en el caso de Barak y Arafat, a lo largo de los primeros diez días de la Cumbre de 1979 Sadat y Beguin apenas coincidieron o se hablaron. El grado de mutuo rencor, en ocasiones incluso aborrecimiento, entre los dos dirigentes casi no podía disimularse. No deja de ser interesante que en Camp David I Beguin se viera acorralado en la posición de Arafat en Camp David II: era él quien temía una trampa egipcio-americana (en 2000, Arafat sospechaba una conspiración israelí-americana y le hacía frente con una mentalidad de búnker). En verdad, los estadounidenses aplicaron la mayor parte de la presión sobre Beguin y, como en el caso de Arafat, fue sobre él sobre quien los americanos advirtieron que recaería la culpa si la cumbre fracasaba. Y fue a él a quien se avisó de que pagaría el precio en términos de un deterioramiento de las relaciones israelíes con Estados Unidos.

La presión americana fue sin duda un factor que influyó en las decisiones de Beguin en Camp David, pero no bastó para apartar a Arafat de sus inflexibles posiciones. Tanto Arafat como Beguin se comportaron como si estuvieran atrincherados, confinados en un búnker, resistiendo a ultranza una ofensiva enemiga. Ni Arafat ni Beguin plantearon ideas o pusieron propuestas sobre la mesa en busca de un avance. Pese a todo, el líder israelí partió de la cumbre como un hombre distinto, con el valor para apartarse de sus viejas creencias arcaicas. Arafat, sin embargo, se limitó a rechazar las propuestas americanas e israelíes sin plantear en ningún momento contrapropuestas propias. A diferencia de Beguin y Sadat, Arafat actuó a lo largo de toda la cumbre más como un político que como un estadista decidido a buscar una solución y realizar un avance histórico. Sadat en Camp David I y Barak en Camp David II fueron más inquietos, mucho más creativos. Los dos compartían también una problemática política similar. Ambos actuaban como avanzada sin una retaguardia política sólida en casa. En el caso de Israel, el autor de estas líneas tuvo el privilegio de estar presente para asumir las funciones prácticas de ministro de Exteriores. El caso de Arafat y Beguin fue diferente. Los dos contaban con el firme apoyo de su pueblo y su frente político nacional.

Cierto es que Beguin, como Arafat, quizá no fuera el más creativo o flexible de los negociadores, pero estaba rodeado de un excelente equipo de personas que no cesó de generar ideas y buscar un avance. Moshé Dayan, Ezer Weizmann y Aharon Barak siempre buscaban nuevas propuestas y posibles compromisos. Y cuando llegó el momento de la verdad y se exigió de Beguin que tomara una angustiosa decisión sobre los asentamientos del norte del Sinaí, recibió una llamada de crucial importancia del más «halcón» de sus ministros en casa, Ariel Sharón, que lo animó a desmantelarlos. Las únicas llamadas que recibió Ehud Barak de Israel durante la cumbre fueron las que le transmitieron la descorazonadora noticia de la desintegración de su coalición y el derrumbe de su frente nacional.

Hay que reconocer que las condiciones de la vía israelí-palestina y los temas sobre la mesa eran distintos a los de Camp David I, y el espacio de maniobra de los palestinos al negociar el futuro de Cisjordania era a todas luces mucho más limitado que el de Sadat. Sin embargo, se dio la circunstancia de que los palestinos renunciaron a emplear incluso el poco espacio para el compromiso que pudieran haber poseído. Allí donde Beguin estaba rodeado de hombres comprometidos y generadores de ideas, el inmóvil Arafat se veía flanqueado por plañideras incapaces de producir una sola idea nueva, lanzar una iniciativa que rompiera el punto muerto o desafiar a su líder por su inmovilismo intransigente. «Ni siquiera sé cuál es exactamente mi cometido en estas negociaciones», les confesó una vez a los israelíes Saab Erakat, el negociador jefe de los palestinos en la cumbre. La dimisión del ministro de Exteriores Ibrahim Kamel en plena cumbre, en señal de protesta por lo que entendía como una maniobra de Sadat hacia un acuerdo de paz por separado con Israel, fue una prueba tanto de las tensiones existentes en la delegación egipcia como del valor del que hizo gala el presidente Sadat al explorar ideas nuevas y atrevidas para un avance. A pesar de diversas diferencias obvias de actitud entre la vieja generación y la nueva dentro del equipo palestino, en lo relativo a los temas fundamentales su delegación en Camp David II no conoció discrepancias ni presentó desafío alguno a las posiciones inamovibles de Arafat, por lo que en consecuencia no existieron motivos para dimisiones o protestas de ningún tipo.

Una diferencia fundamental entre las dos cumbres fue la relativa a la posición y la actuación del presidente de Estados Unidos. Clinton, con la reputación emborronada por los escándalos personales, acudió a Camp David para dejar una buena impresión de su presidencia cuando ya no disponía de mucho tiempo político cualitativo y en consecuencia tampoco de mucha influencia sobre las partes. Carter se hallaba todavía en mitad de su presidencia y estaba decidido a sacrificar un segundo mandato en aras de la paz, si tal era el precio. También tenía a su disposición toda la influencia que quisiera ejercer para presionar a las partes. Y existía además una diferencia de carácter y de actuación. Bill Clinton era lo que Moshé Dayan habría llamado con cinismo «un buen tipo en el peor sentido de la palabra». A pesar de sus explosiones de ira, dirigidas por lo general a Arafat, en ningún momento de la cumbre los palestinos o los israelíes vieron que se acumulara una irresistible presión americana. Brillante y trabajador, proverbialmente paciente, tolerante y afable, reacio siempre a la confrontación, y con sus días en la Casa Blanca contados, Clinton no era un presidente capaz de intimidar a las partes. Carter tenía un aire de persistencia a lo bulldog que en la actuación de Clinton brillaba por su ausencia. Carecía del celo mesiánico de Carter, y ni él ni su equipo fueron capaces de emplear el tipo de tácticas brutales de manipulación que el tándem Nixon-Kissinger había utilizado para lanzar el proceso de paz tras la guerra de 1973 o las que usó la pareja Bush-Baker en el pulso diplomático que conduciría a la Conferencia de Madrid de 1991.

Los temas de Camp David I eran, en efecto, difíciles y peliagudos, pero siempre más claros y sencillos que los de Camp David II, lo que tal vez ayude a explicar por qué el presidente Carter pudo detectar con facilidad, en una fase bastante temprana de la cumbre, los mimbres de un posible acuerdo, el marco para un quid pro quo entre las partes, y dirigirse hacia él con persistencia y determinación. En ningún momento de Camp David II Clinton pudo atisbar los contornos precisos de un acuerdo o las ideas que sortearían las simas y rescatarían la cumbre del colapso. Carter también podía apreciar con nitidez las líneas rojas de Sadat y de Beguin. Clinton no tenía unos topes israelíes claros sobre los que trabajar, pues no paraban de cambiar, para gran embarazo del presidente, que nunca podía plantear ante Arafat una posición israelí definitiva.

El equipo de Clinton no sostuvo las riendas de la cumbre con autoridad. Más que tenerla bajo su mando, cambiaban continuamente los patrones de negociación para adaptarlos a los caprichos y limitaciones de las partes. Ya en el primer día del cónclave, e intimidado por la violenta reacción tanto de Barak como de Arafat, el equipo estadounidense retiró su documento de trabajo en el que se establecían premisas y directrices para las negociaciones, y abandonaron la cumbre para que avanzara a su aire, sin dirección, sin brújula, sin liderazgo. Una reciente crónica desde dentro —Clayton, Swisher, *The Truth About Camp David: The Untold Story about the Collapse of the Middle East Peace Process*, Nueva York, 2004— ofrece múltiples pruebas del modo errático en que el mediador americano manejó la cumbre.

Aunque con el tiempo desembocara en un intento de obligar a Israel a proponer una mejor oferta que la formulada en Camp David, la Intifada de Al-Aqsa no empezó como una mera maniobra táctica. La detonó la rabia y la frustración acumuladas por las masas palestinas ante la clamorosa incapacidad del proceso de paz desde los primeros días de Oslo para ofrecerles una vida de dignidad y bienestar, y ante la incompetencia y corrupción de sus dirigentes de la Autoridad Palestina. La Intifada fue asimismo la consecuencia casi inevitable de un crucial malentendido de Oslo, consistente en la noción de que en septiembre de 1993 se inauguró una especie de fase post-Westfalia gracias a la cual las partes ya habían superado las limitaciones impuestas por sus respectivas mitologías, conflictos religiosos y memorias discordantes. Se adoptó la falacia de que a partir de aquel momento aquello iba a ser un proceso banal y mundano de «tierra por paz» que se solventaría de una forma civilizada, con arreglo a un código de comportamiento internacional aceptado y por medio de un «compromiso razonable» entre dos entidades políticas, ambas interesadas de manera inherente en la estabilidad bilateral y regional.

Sin embargo, la creación de la Autoridad Palestina no eliminó ni diluyó la esencia del movimiento nacional palestino en cuanto empresa revolucionaria que, en caso de que la vía política no lograra satisfacer sus aspiraciones, recurriría de nuevo a la lucha armada y a una estrategia de guerra e inestabilidad regional.

Desde el momento en que el papa Juan Pablo II dejó Israel en marzo de 2000, es decir, antes incluso de que yo acudiera a Suecia para entablar un canal discreto de negociaciones con Abú Alá, los palestinos comenzaron sus preparativos para desencadenar una vez más el arma del terror y la violencia. A fecha tan temprana como el 4 de marzo del 2000, Marwan Barguti, cabecilla de las milicias de Fatá («Tanzim») en Ramala y futuro líder de la Intifada, no podía mostrarse más explícito cuando dejó claro a un periódico palestino, *Ajbar el-Jalil*, lo siguiente:

> Se engaña quien piense que es posible resolver temas como el de los refugiados, Jerusalén, los asentamientos y las fronteras por medio de negociaciones. En lo relativo a esas cuestiones, tenemos que librar una campaña sobre el terreno paralela a las negociaciones. Me refiero a una confrontación armada. Necesitamos docenas de campañas como la del Túnel de Al-Aqsa.

Sin embargo, fue la retirada israelí de Líbano en junio de 2000 lo que actuó de principal incentivo de la Intifada palestina. Desde luego dejó una profunda huella en la mentalidad de Arafat. Lo humillaba y avergonzaba tener que negociar modificaciones fronterizas con Israel cuando quinientos guerrilleros de Hezbolá lo habían obligado a retirarse a la frontera internacional en Líbano. «Ésos son nuestros discípulos, nosotros los formamos y financiamos»; en esos términos se refirió Arafat a Hezbolá en una conversación conmigo en Nablús el 25 de junio de 2000, durante la que me criticó duramente por nuestra precipitada salida de Líbano. No pude por menos de apreciar un deje de admiración y envidia en la voz del viejo guerrero, un hombre todavía uniformado que despreciaba de manera visceral la idea de que la liberación nacional de un pueblo fuera algo que negociar con el ocupante en lugar de conseguirse por medio de la fuerza militar y un levantamiento popular. La lucha armada era su elemento. Esa misma noche y en la misma ciudad, Nablús, llevado por la inspiración del ejemplo de Hezbolá, Arafat diría ante un nutrido público de jóvenes de Fatá: «Combatimos por nuestra tierra y estamos dispuestos a borrar el proceso de paz y retomar la lucha armada.» «Soy un general que jamás ha perdido una batalla», me dijo en aquel mismo encuentro, donde traté de convencerle de la necesidad de acudir a una cumbre de negociación en Camp David. Rechazó la posibilidad de que nadie, ni siquiera el presidente de Estados Unidos, pretendiera que emprendiese negociaciones. «Mi cometido es tomar decisiones, no negociar», me dijo. En retrospectiva, no estoy seguro de que tampoco se le diera muy bien lo primero.

Arafat se llevó a cuestas a Camp David su envidia del modelo de Hezbolá. La retirada israelí de Líbano bajo presión militar y guerrillera lo obsesionaba. En otra reunión que tuve con él en la base aérea de Andrews en Washington una semana después, mencionó una vez más el ejemplo de Hezbolá y me explicó que nuestra salida de Líbano lo había expuesto a críticas internas por no seguir los pasos de sus antiguos discípulos. En Camp David, o es probable que antes, Arafat tomó la decisión de que, si la cumbre no satisfacía sus aspiraciones, emularía los métodos de Hezbolá. La libanización de la lucha contra Israel, según él, quebrantaría la capacidad de resistencia de los israelíes. La lección que extrajo de la derrota libanesa fue que el pueblo israelí estaba desgastado y plagado de dudas respecto a su capacidad para afrontar bajas en un conflicto de baja intensidad. Visto desde la perspectiva de los últimos cuatro años de Intifada y de la clamorosa derrota de los palestinos, se diría que Arafat se equivocó una vez más.

Arafat nunca actuó como un mariscal de campo que planeara al detalle operaciones militares y después dictara órdenes específicas para su ejecución. En lugar de eso ofrecía la inspiración, ayudaba a crear las condiciones y tenía una gran pericia para desviar las iras populares de su persona y su régimen incompetente y corrupto hacia la ocupación y el ocupante. Lo que es más importante, en vez de controlar o atajar la marea de un levantamiento espontáneo, prefería dejarse llevar por él y así convertirlo prácticamente en su política oficial. Fue él quien fomentó el estallido de violencia en el Día de la Naqba de mayo de 2000, con lo que torpedeó el canal sueco secreto de negociaciones, y luego dio a entender más de una vez que vería con buenos ojos un retorno a la lucha armada si Camp David fracasaba. Mamduh Nufal, un asesor, citó unas declaraciones suyas en ese sentido en el *Nouvel Observateur* (1 de marzo de 2001). Su ministro de Correos y Comunicaciones, Imad Faluji, declaró en un discurso en un campamento de refugiados del sur de Líbano que la Intifada contra Israel había sido planificada con esmero tras el fracaso de las conversaciones de Camp David en julio de 2000 «a petición del presidente Yasser Arafat, que predijo el estallido de la Intifada como etapa complementaria a la firmeza palestina en las negociaciones, y no como una protesta específica contra la visita de Sharón a Al-Haram Al-Quds [...] La Autoridad Palestina dio instrucciones a las fuerzas y facciones políticas de que aportaran todos los materiales para la Intifada». (A Imad Faluji lo citan diversas fuentes, entre otras: Jaled Abú Toameh, «How the War Began», *Jerusalem Post*, 20 de septiembre, 2002.) En una conversación telefónica con Marwan Barguti, cabecilla de la milicia «Tanzim» de Ramala, a principios de agosto, se me advirtió en persona de que si no se alcanzaba un acuerdo para el 13 de septiembre, día en que supuestamente se esperaba una declaración unilateral de independencia palestina, los palestinos retomarían la lucha armada. Como diría más adelante Nabil Shaath en una entrevista para la televisión en Londres el 7 de octubre de 2000, lo que los palestinos tenían en mente era un modelo vietnamita o argelino de guerra revolucionaria y negociaciones al mismo tiempo:

> La opción no es entre lucha armada o negociaciones. Podemos luchar y negociar al mismo tiempo, tal y como han hecho los argelinos y los vietnamitas. Ése es el motivo que hay detrás de la guerra del pueblo palestino con armas, con la yihad, con la Intifada y con operaciones suicidas [...] Nuestro pueblo está destinado a luchar y negociar al mismo tiempo.

Como era de esperar, Arafat aprovechó de mil amores el estallido fortuito de la Intifada tras la visita de Ariel Sharón al Monte del Templo el 28 de septiembre de 2000 para salir de un brete que era incapaz de resolver. Dio una implícita luz verde al levantamiento haciendo lo que más le gustaba en esas situaciones: dejó el país en los primeros días de la Intifada para no tener que asumir la responsabilidad. Sólo gracias a la Intifada podía restablecer su posición internacional y la de los palestinos, después del grave quebranto padecido ante la percepción mundial tras la cumbre de Camp David, una impresión que reforzó en gran medida el dedo acusador de Clinton que señalaba a Arafat como principal responsable del derrumbe de la cumbre, donde un Gobierno israelí dispuesto a un profundo compromiso afrontó el obstinado rechazo de sus vecinos. Arafat sabía que las bajas palestinas obraban a su favor ante la opinión mundial y contribuirían a aumentar la presión internacional sobre Israel. En consecuencia, dominó con cinismo y puso a su servicio la cruda aritmética de la muerte. La Intifada y el recuento diario de víctimas palestinas no sólo le permitieron movilizar el siempre vociferante apoyo de todo el mundo árabe y dar la vuelta a la tortilla de la política internacional en perjuicio de Israel, sino que también le ayudaron a conjurar lo que entonces era un inminente paquete de paz que el presidente Clinton pensaba dar a conocer a finales de septiembre. Ideado por el equipo de paz americano en el transcurso de las negociaciones que israelíes y palestinos siguieron manteniendo durante los meses posteriores a la Cumbre de Camp David, el paquete estaba preparado según unas líneas parecidas a los futuros parámetros de Clinton del 23 de diciembre de 2000. El inminente paquete de paz contrariaba a Arafat precisamente porque podría acercarlo al momento de la decisión y el compromiso para el que era absolutamente incapaz de mostrarse a la altura. Tras la Cumbre de Camp David Clinton había retratado a Arafat como negador de la paz. En ese momento se adelantó a la posibilidad de que un segundo paquete de paz socavara sin remedio su legitimidad internacional adoptando el cómodo papel de víctima y desamparado que le garantizaba la Intifada.

El recurso de la Intifada a la lucha armada y el terrorismo suicida iba a tener consecuencias fatales para el proceso de paz. Incapaz de definir unos objetivos factibles o de ofrecer a los israelíes la tentación de un horizonte político al que no pudieran resistirse, la estrategia desesperantemente vaga y ambigua de Arafat no hizo sino fomentar el giro hacia la derecha e incluso la extrema derecha de la opinión pública israelí. Los objetivos de Hezbolá en Líbano —la retirada de Israel a la frontera internacional— eran factibles aunque sólo fuera porque estaban en sintonía con el deseo de la práctica totalidad de la sociedad israelí. Sin embargo, «el fin de la ocupación», grito de guerra de la Intifada de Al-Aqsa, que en el contexto libanés poseía un significado claro, no suponía en el marco palestino una estrategia política precisa con una posibilidad verosímil de éxito. Como dijo el Dr. Yezid Sayig en una brillante crítica de la Intifada —«Arafat y la anatomía de una revuelta»—, los palestinos no lograron fijar unas exigencias concretas y factibles que el público israelí pudiera asumir, como había hecho con las de Hezbolá en Líbano. Se dejó que los israelíes pensaran lo peor de las intenciones palestinas, como que en realidad nunca habían querido llegar a un acuerdo y que Oslo no había sido para ellos más que una treta estratégica destinada a eliminar por completo el Estado de Israel. Por eso tras dos años de Intifada las encuestas revelaban que sólo el 20% de los israelíes creía que un acuerdo de paz firmado con los palestinos traería consigo el fin de la violencia y del conflicto.

Sin embargo, Arafat se negó a darse por enterado del impacto que la Intifada ejercía sobre la opinión pública y la política israelíes. A lo largo de todas mis conversaciones con él me sorprendió, una y otra vez, hasta qué punto era incapaz de apreciar el cambio en la política y la opinión pública de mi país. En un encuentro en El Cairo cuatro semanas antes de las elecciones que provocaron la caída de nuestro Gobierno y con ella la defunción del proceso de paz, todavía desdeñaba mis advertencias de que unas elecciones generales bajo el fuego y el terrorismo suicida acabarían por llevar al poder a Sharón y a la extrema derecha, por considerarlas meras estratagemas de negociación. También se mostró del todo sordo a las sensibilidades de Israel, por ejemplo en lo tocante al rechazo incondicional del sistema político a sus exigencias sobre refugiados. Cuando le dije en otra reunión, esa vez en Gaza, que su insistencia en el derecho de retorno en una fase tan avanzada de las negociaciones no sólo condenaría al fracaso nuestro intento de llegar a un acuerdo sino que era imposible que bajo ningún concepto la encajaran ni siquiera los partidos a la izquierda del Gobierno, respondió sacándose del bolsillo un viejo recorte de la edición inglesa del *Haaretz* en el que se decía que un 50% de quienes emigraron de Rusia a Israel en realidad no eran judíos en absoluto. «Si pueden admitirlos a ellos, estoy seguro de que no les supondrá ningún problema admitir también a nuestros refugiados. Su pueblo entenderá que [...]», me dijo con aire de certidumbre y convicción.

Como se demostró, la Intifada no podía provocar un acuerdo negociado precisamente porque, al carecer de objetivos factibles, elevaba las expectativas de los palestinos a cotas inverosímiles. No fue un negociador israelí, sino Hani al-Hassan, que fuera socio de Arafat, quien se vio obligado a reconocer que la Intifada no sólo carecía de objetivos estratégicos claros, sino que había elevado las expectativas de las masas palestinas a tales niveles que se había vuelto imposible que sus propios líderes los alcanzaran. La Intifada, escribió, «obliga a nuestros negociadores a aumentar el nivel de las exigencias en las negociaciones» de un modo que hace inconcebible que Israel las acepte.

Es posible que Arafat no fuera un gran pensador estratégico, y sus errores de cálculo a la larga provocaron que pasara a la historia por su fracaso como fundador de un Estado palestino independiente, pero su comportamiento no era necesariamente irracional. Más político que estadista, Arafat en todo momento antepuso a la causa palestina los intereses de la OLP y de su poder personal. Puede sostenerse que, como siempre identificó la causa de su pueblo con su propia persona en cuanto encarnación de la voluntad nacional colectiva, creía que salvaguardar los intereses de la OLP y su poder personal equivalía a defender la causa nacional.

La mejor ejemplificación de este fenómeno tal vez sea la actitud de Arafat en las dos Intifadas. En la primera lo dejó anonadado descubrir que en los territorios estallaba un levantamiento de bases y democrático sin iniciativa o dirección algunas de la OLP. En consecuencia, vio la Intifada como una amenaza no sólo para el dominio de Israel sino para la supremacía política de la OLP. Más que una maniobra de paz de Arafat y sus hombres en Túnez, Oslo fue un intento desesperado por parte del líder palestino de recuperar el control de la causa y la agenda palestinas y, de paso, dejar al margen a los dirigentes locales y atajar lo que era a todas luces una lucha democrática por la independencia nacional. Alcanzar esos objetivos era tan urgente y vital para Arafat que sus delegados en Oslo fueron sin sombra de duda mucho más flexibles, hasta el punto de resultar incluso negligentes, que los líderes locales que representaron a los palestinos en las conversaciones oficiales de Washington.

La misma lógica dominó la actitud de Arafat hacia la segunda Intifada. Aunque abundaban los indicios de que llevaba tiempo presionando por un paso de la estrategia de las negociaciones a la de la violencia, lo más probable es que no iniciara el levantamiento con órdenes específicas. Sin embargo, como gran parte de la ira popular tenía por blanco la incompetencia de la Autoridad Palestina, y de retruque al propio Arafat, prefirió dejarse arrastrar por ella que convertirse en su víctima. La OLP, o mejor dicho su última encarnación, la AP, se hallaba en ese momento en un estado de bancarrota política en el que el «proceso de paz», que era la razón de ser misma de la AP, ya no inspiraba ninguna confianza. Encaramarse a las olas de un levantamiento popular contra los israelíes fue el mejor modo que se le ocurrió a Arafat y a sus acólitos para salvar su poder de la ruina. De nuevo, como en la primera Intifada, encabezar el levantamiento era para él una maniobra de supervivencia política, no la visión de un estadista con un claro objetivo estratégico.

La irresistible propensión de Arafat a la política al límite y su tendencia a subirse al carro de los acontecimientos en lugar de dirigirlo, aunque a menudo fuese desbocado, le salieron muy caras a su pueblo y su causa nacional. El error de cálculo de Arafat en otoño de 2000 y sus pifias estratégicas fueron de auténticas proporciones históricas, puesto que amenazaron con hacer retroceder a su pueblo por el túnel de la historia, más lejos que nunca de un Estado propio y una vida de libertad y dignidad.

Hay que reconocer, pese a todo, que Camp David tal vez no fuera un acuerdo que los palestinos podían aceptar. Las auténticas oportunidades perdidas llegaron más tarde. Las negociaciones prosiguieron después de Camp David. A lo largo del verano y el otoño de 2000 se celebraron más de cincuenta reuniones entre las partes y los mediadores estadounidense, tanto en Israel como en Estados Unidos. Fue una secuencia de mesas redondas que culminaron el 23 de diciembre en un encuentro en la Sala del Gabinete contigua al Despacho Oval, donde el presidente Clinton presentó a una delegación israelí presidida por el autor de estas líneas y un equipo palestino encabezado por Yassir Abd Rabbo sus parámetros finales para un tratado de paz entre las partes. Los parámetros no eran el capricho arbitrario y repentino de un presidente que no iba a ser reelegido. Representaban un punto de equilibrio de brillante factura entre las posiciones de las partes tal y como se encontraban en ese momento concreto de las negociaciones. El paquete de paz consistía en los siguientes principios:

- Un Estado palestino soberano en el 97% de Cisjordania y un corredor seguro, en cuya gestión Israel no debía interferir, que la comunicara con la franja de Gaza, la totalidad de la cual, limpia de asentamientos judíos, formaría también parte del Estado palestino. Los palestinos podrían utilizar activos adicionales dentro de Israel —como muelles en los puertos de Ashdod y Haifa— para rematar un acuerdo que a todos los efectos prácticos podía equivaler a un 100% del territorio. Ni que decir tiene, el valle del Jordán, ese mitológico activo estratégico santificado por generaciones de generales israelíes, sería entregado gradualmente a una plena soberanía palestina.

- Jerusalén se dividiría para crear dos capitales, Jerusalén y Al-Quds, a lo largo de unas líneas étnicas. Lo que era judío sería israelí y lo que era árabe, palestino.

- Los palestinos tendrían soberanía plena e incondicional sobre el Monte del Templo, es decir, Haram al-Sharif. Israel conservaría su soberanía sobre el Muro Occidental y una comunicación simbólica con el Sanctasanctórum de las profanidades del monte.

- Por lo tocante a los refugiados, se afirmaba que los palestinos tendrían el derecho «a regresar a la Palestina histórica» pero sin «derecho explícito de retorno al Estado de Israel». Podrían ser admitidos en Israel en cantidades limitadas y de acuerdo a consideraciones humanitarias, pero Israel conservaría su derecho soberano de admisión. Los refugiados podrían asentarse en cantidades ilimitadas, por supuesto, no sólo en el Estado palestino sino también en aquellas zonas del interior de Israel que se entregaran a los palestinos dentro del marco del trueque de tierras (los palestinos debían recibir el equivalente en territorio israelí a un 3% de Cisjordania). Además, se organizaría un fondo multimillonario de dólares para financiar un esfuerzo internacional exhaustivo de compensación y reasentamiento.

– En cuestiones de seguridad, el presidente refrendaba el rechazo palestino al concepto de un «Estado desmilitarizado» por completo, en lugar del cual proponía el de un «Estado no militarizado» cuyo armamento habría que negociar con Israel. Se desplegaría una fuerza multinacional a lo largo del valle del Jordán para sustituir a la FDI. (El presidente reconocía la necesidad de que las fuerzas aéreas israelíes coordinaran con los palestinos el uso de su espacio aéreo, así como la de que la FDI dispusiera de tres puestos avanzados de vigilancia durante un periodo de tiempo.)

Clinton planteó sus parámetros como un acuerdo de «lo tomas o lo dejas». Era no ya el techo, explicó su enviado a la región, Denis Ross, sino el tejado. No estaba pensado para ser la base de posteriores negociaciones sino un conjunto de principios que las partes debían traducir en un tratado de paz. El presidente también presentó a las delegaciones una fecha tope. Quería un «sí» o un «no» para el 27 de diciembre.

El Gobierno israelí cumplió el plazo. Nuestra decisión, en el auge de la Intifada palestina, rodeados de la avasalladora oposición de parte del Ejército —fue casi equivalente a un golpe de Estado el que el jefe del Estado Mayor, el general Mofaz, criticara en público el apoyo del Gobierno a los parámetros como una «amenaza existencial para Israel»— y fuertes reservas de la oposición y la opinión pública, fue la osada decisión de un Gobierno de paz (ya entonces en minoría) que se tensaba hasta los últimos límites de su legitimidad para refrendar unas posiciones que sus opositores tachaban de suicidas y de afrenta a los valores y la historia judíos.

Pero Arafat daba largas. Se negaba a responder. Como de costumbre, retomó sus viajes por el mundo como si fuera el emperador viajero Adriano, con la esperanza de esquivar cualquier decisión. Otra reunión con Mubarak, un encuentro más con Ben-Alí, otra visita a Jordania, otra reunión de los ministros árabes de Exteriores, docenas de llamadas de líderes mundiales, desde el presidente de China al gran duque de Luxemburgo, instando al dirigente palestino a que aprovechara aquella última oportunidad, que aferrara el momento histórico. Pasan los días. La presidencia de Clinton agoniza. La Intifada prosigue desenfrenada. Los días del Gobierno Barak están contados. Y Arafat da largas. Sigue llegando un aluvión de llamadas de todos los rincones del mundo, y diez días después de la fecha límite, todavía no responde. En lugar de eso, solicita acudir a Washington para ver al presidente. Allí, en la Casa Blanca, con una típica estratagema de Arafat, le dice al presidente «Acepto sus ideas», y después procede a repasar una lista de reservas,

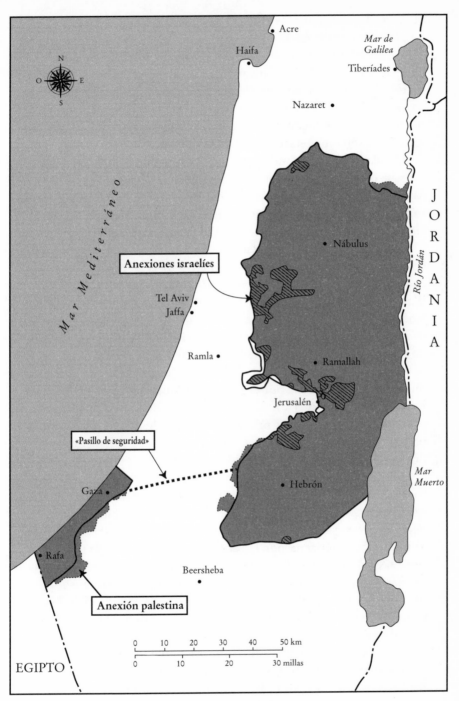

Acre

Haifa

Mar de
Galilea

Tiberíades

Nazaret

Mar Mediterráneo

J
O
R
D
A
N
I
A

Río Jordán

Nábulus

Anexiones israelíes

Tel Aviv
Jaffa

Ramla

Ramallah

Jerusalén

«Pasillo de seguridad»

Mar
Muerto

Gaza

Hebrón

Rafa

Anexión palestina

Beersheba

| 0 | 10 | 20 | 30 | 40 | 50 km |

| 0 | | 10 | | 20 | 30 millas |

EGIPTO

Plan de paz de Clinton, 2000

cada una de las cuales desvirtúa por completo los conceptos presentados. Nunca dijo que no de manera formal, pero su «sí» era un «no». Los embajadores saudí y egipcio en Washington, Bandar ben-Sultán y Nabil Fahmi, que acudieron para animar a Arafat en nombre de sus respectivos gobiernos a que aceptara los parámetros del presidente como última oportunidad para la paz que no cabía perder, quedaron ambos consternados por el comportamiento del líder palestino. Y lo mismo sucedió con el príncipe saudí Abdulá. Se dijo que estaba anonadado por que Arafat hubiera perdido semejante oportunidad y hubiese mentido sobre la oferta del presidente en Jerusalén. El rechazo de Arafat a los parámetros de paz era un «crimen» no sólo contra los palestinos sino contra toda la región, concluyó el embajador saudí en una larga entrevista publicada en *The New Yorker* el 24 de marzo de 2002.

Mientras acompañaba a su invitado a la puerta, Clinton veía desde las ventanas del Despacho Oval el estrado para el juramento del presidente entrante Bush en la avenida Wisconsin, enfrente de la Casa Blanca. Ya era una estampa bastante melancólica para un presidente fanático de su trabajo, pero aun así tenía que escuchar cómo Arafat le contaba con impudencia que estaba comprometido a llegar a un acuerdo bajo los últimos días de su presidencia...

Una semana después, tuve la ocasión de dejarle claro a Arafat, en una reunión organizada por el presidente Mubarak en El Cairo, que Israel estaba dispuesto a negociar, incluso en una fase tan avanzada, pero sólo para traducir los principios del presidente en un acuerdo, y no para cambiar los parámetros. Eso es lo que debería haber entendido cuando accedió a enviar su delegación a Taba.

Las conversaciones de Taba en las que tuve el privilegio de encabezar la delegación israelí fueron en verdad muy prácticas y detalladas. Las dos partes intercambiaron mapas y realizaron un intento serio de negociar. Frente al palmario desinterés e indiferencia de la nueva Administración americana por las conversaciones, las partes se vieron privadas del señuelo y los incentivos que podía ofrecer una sólida intervención estadounidense, pero también libres de los farragosos pormenores de negociar a través de un tercero. Fue la resurrección del espíritu pragmático de las conversaciones de Estocolmo. En Taba hubo momentos en los que todos creíamos que tal vez fuera posible un acuerdo, que quizá fuera posible sortear las diferencias.

Las exigencias políticas y las preocupaciones electorales harían que más tarde Barak desdeñara Taba como un insignificante ejercicio destinado a aplacar a la izquierda israelí. Pero la verdad es que, en su momento, hizo todo lo posible por animar al equipo israelí a que llegara a un acuerdo. Me sorprendió personalmente recibir las bendiciones del primer ministro cuando, en la víspera de mi partida hacia Taba, llamó para expresarme su apoyo a lo que había declarado en una entrevista para el *Yedioth Aharonoth*. Entre otras reflexiones que planteaba en esa entrevista, estaba la siguiente:

> Se supone que un Estado normal no debe extenderse más allá de sus fronteras legítimas. Nosotros hemos creado un Estado, hemos sido admitidos en la ONU, nos afanamos por mantener unas relaciones cabales con la comunidad internacional, y aun así seguimos comportándonos como si fuéramos un *yishuv*. Toda la empresa de paz de este Gobierno está apuntada a conducir a la nación a optar de una vez por todas entre ser un Estado o un *yishuv*.

Barak expresó su genuina actitud hacia Taba en dos ocasiones. Una fue cuando me permitió abrir un canal secreto con Abú Alá para explorar con libertad la posibilidad de limar asperezas y llegar a un avance de última hora. La segunda fue cuando dio un vuelco radical a su posición y concedió su virtual visto bueno al concepto de trueques equitativos de tierras. Siempre había pensado que Israel no podía dar cabida a los bloques de asentamientos dentro de las limitaciones de los parámetros de Clinton de entre el 3 y el 6% de Cisjordania; el país necesitaba, insistía siempre, el 8%. Sin embargo, en ese momento se mostró dispuesto por primera vez a pagar con un trueque del 8% arrendando a los palestinos la cantidad necesaria de tierra dentro de Israel. Los palestinos, no obstante, rechazaron las ideas de Barak cuando las puse sobre la mesa, y el canal secreto con Abú Alá no dio fruto.

El motivo por el que los palestinos rechazaron la propuesta de un trueque del 8%, si bien es cierto que basado en parte en el principio de arrendamiento, reside en su rechazo de la lógica misma del concepto de los trueques de tierras. Un principio rector de las propuestas territoriales de Israel a lo largo de las negociaciones, y de los parámetros de paz finales de Clinton, era que las modificaciones fronterizas estaban destinadas a recoger algunas, desde luego no la totalidad, de las nuevas realidades demográficas creadas desde 1967. En Taba Israel propuso desmantelar físicamente o entregar a los palestinos para uso de los refugiados regresados más de cien asentamientos. Sin embargo, los que formaban bloques coherentes contiguos a la línea de 1967 debían permanecer como tal bajo soberanía israelí. Pero como demostraron los mapas que los palestinos llevaron a Taba, nuestros interlocutores rechazaban de plano el concepto mismo de los bloques, y hablaban de los asentamientos más bien como de avanzadas aisladas que habría que comunicar por separado con Israel. Israel no podía aceptar un enfoque así porque se contradecía con toda su estrategia de paz, y los palestinos no sólo lo sabían, sino que siempre lo han aceptado. Todos los contactos preliminares, fueran oficiales u oficiosos, que han tenido lugar entre israelíes y palestinos antes y después de Taba, hasta hoy mismo, se han basado en la aceptación por parte de los palestinos del principio de los bloques de asentamientos.

Otro mito sobre Taba lo engendró Yossi Beilin, a la sazón ministro de Justicia y miembro de la delegación israelí. Animado por sus informes sobre los progresos que afirmaba haber realizado en los grupos de trabajo sobre refugiados con su homólogo Nabil Shaath, llegué a permitirle, contra el consejo de mi primer ministro, que continuara las negociaciones de su equipo con los palestinos aun cuando la delegación israelí entera tuvo que interrumpir las conversaciones después de un atentado terrorista palestino que horrorizó al país. Se suponía que el grupo de trabajo sobre refugiados había realizado algunos progresos, ante todo en forma de un «preámbulo» que describiría una exposición consensuada de los orígenes del problema de los refugiados, un componente de compensación moral que siempre se había considerado vital para un posible acuerdo. Sin embargo, ni se alcanzó un acuerdo sobre la exposición de los hechos ni se llegó a nada en lo relativo a otras dos cuestiones vitales. «Sólo» quedaban dos materias sujetas a ulterior debate, informó Beilin más tarde. Se trataba del número de refugiados que se admitiría en Israel y de si Israel refrendaría «el principio» del derecho de retorno. Esas dos cuestiones «secundarias» eran exactamente las mismas que estaban pendientes desde la vía sueca secreta y que seguirían así también después de Taba.

La falta de interés de los palestinos por llegar a un arreglo en Taba quedó de manifiesto cuando Yossi Sarid, que probablemente era la «paloma» más emblemática de la política israelí y en ese momento formaba parte de la delegación, propuso una solución salomónica a las diferencias sobre Jerusalén que seguían pendientes entre las partes: el Monte del Templo, el Muro Occidental, la Ciudad Vieja y el cinturón sagrado que llevaba de la Ciudad Vieja al monte de los Olivos. Si los palestinos hubiesen accedido a ser fieles al espíritu y la letra de los parámetros de Clinton, no tendría que haber existido motivo para disensiones, pero el Sr. Sarid pensó que pese a todo debía intentarse llegar a un compromiso dando otro paso más para satisfacer las reservas de los palestinos. «Repartámonos la carga —sugirió—: resolveremos dos de las cuestiones pendientes según su posición, y dos de acuerdo con la nuestra, que como saben respeta los parámetros de Clinton.» Pero no sirvió de nada. Los palestinos permanecieron inamovibles.

Mitologías aparte, Taba no permitió un acuerdo no porque el tiempo político cualitativo de los israelíes fuese un activo en desesperada disminución, sino porque los palestinos trataban los parámetros como algo no vinculante e insistían en cambiarlos y contravenirlos en todos y cada uno de los puntos. Para nosotros los parámetros representaban el límite extremo de nuestra capacidad para el compromiso como israelíes y judíos; para los palestinos se trataba de una plataforma no vinculante, «una prisión», como me hizo saber Abú Alá, dentro de la cual no podían actuar. «El jefe no quiere un acuerdo», fue el comentario de Alá a mi colega Guilead Sher cuando los palestinos se negaron a utilizar los helicópteros que los israelíes habían puesto a su disposición para que viajaran a Gaza y consultaran a Arafat si debían rubricar un acuerdo o una Declaración de Principios basada en un resumen de nuestras conversaciones. Fue un ejemplo más dentro de la larga y desdichada serie de muestras de la incapacidad casi integral de Arafat para tomar decisiones.

Es posible que sencillamente el dirigente palestino no quisiera cerrar un acuerdo con lo que se le antojaba un Gobierno israelí moribundo que en verdad estaba a punto de sufrir una clamorosa debacle electoral. Puede que también sintiera la necesidad de conocer mejor a la Administración Bush antes de dar un salto histórico de tales proporciones. La opinión más extendida a lo largo y ancho del mundo árabe era por aquel entonces que la de George W. Bush sería una Casa Blanca más favorable a la causa árabe que la de Clinton. Quizás Arafat pensara que una Administración Bush le permitiría disponer de unas condiciones mejores si cabe que los parámetros existentes.

Si ése fue el razonamiento de Arafat, quizá tuviera algo de razón en lo relativo al Gobierno israelí, pero se equivocaba de medio a medio respecto de la Administración Bush. George W. Bush ha roto todos los récords de amistad y apoyo estadounidenses hacia Israel. Desde que Jimmy Carter abogara por una «patria para los palestinos» e inaugurara así la implicación activa de Estados Unidos en la pacificación del frente palestino, nunca como durante la Administración Bush la cuestión palestina había sido tan marginal para la política exterior americana y la cúpula palestina se había visto tan marginada y humillada.

Sin embargo, incluso en el caso del Gobierno israelí Arafat se demostró miope. Un acuerdo rubricado con Barak hubiese establecido los cimientos legales y políticos de un acuerdo de paz que ni la Administración estadounidense ni la comunidad internacional podrían haber pasado por alto. Y asumiendo que aun con un acuerdo de paz como ése en las manos el Partido Laborista hubiese perdido las elecciones, el nuevo Gobierno israelí no habría sido tan libre para desentenderse de un arreglo histórico entre israelíes y palestinos sobre todos los temas básicos del conflicto. Hay que recordar en este contexto que Benyamín Netanyahu llegó al poder en 1996 entre una virulenta campaña contra la «ilegitimidad» de los acuerdos «suicidas» de Oslo, pero que a la larga se vio obligado a respetarlos cuando llegó al cargo.

La debilidad del Gobierno Barak se debía por supuesto en gran medida a sus propios errores políticos; pero Arafat también tendría que haberse preguntado si alguna vez iba a ser capaz de llegar a un acuerdo con un Gobierno israelí «fuerte» después de demostrar sus excelentes dotes para debilitar y a la larga destruir a sus socios de paz. Yitsjak Rabin pagó con su vida el haber optado por un avance dramático mientras el terrorismo palestino seguía campando a sus anchas, lo que le expuso a los extremistas judíos. Y aun antes de su asesinato ya estaba gravemente mermado en su capacidad política. En 1996, Shimón Peres fue derrotado entre una oleada sin precedentes de terrorismo suicida palestino. Y Ehud Barak padeció la mayor debacle electoral de la historia política de Israel porque los votantes vieron la Intifada como la contrapropuesta de Arafat a la iniciativa de paz de su primer ministro. Debilitar y socavar los gobiernos israelíes de izquierdas como hizo siempre Arafat y luego negarse a llegar a un acuerdo con ellos porque son «débiles» es un patrón de comportamiento que puede mantener a los palestinos en un punto muerto perpetuo. La política de tierra quemada de Ariel Sharón en los territorios quizá fuera para Arafat la prueba de que quien siembra vientos acaba por recoger tempestades.

Arafat fue víctima de sus propias ilusiones. Tenía tendencia a atribuirse características de brillante estratega y distinguido militar, «un general que jamás perdió una guerra», como gustaba de presentarse. Sin embargo, la verdad es que como estratega, él en concreto, no cosechó sino fracasos una y otra vez. Siempre forzaba su suerte hasta el punto en que perdía todo lo logrado y lo que parecía la posibilidad de una victoria razonable al final se convertía en una vergonzosa derrota. Con Arafat, el juego al límite no tenía frenos; era el arte de llevar tanto a su pueblo como a los israelíes al borde del abismo y más allá.

Nunca podré borrar de mi memoria mis sensaciones en Taba. Aquí, escribí en mi diario, tenemos sobre la mesa el esquema de un acuerdo razonable. Habría que haber estado ciego para no comprender que aquéllos eran también los últimos días de la izquierda israelí en el poder, quizá por muchos años. Un equipo israelí formado por Yossi Sarid, Yossi Beilin, Amnon Shahak y, con perdón, yo mismo al frente de la delegación, no podría repetirse en muchos años. En otras palabras, si no se llegaba entonces a un acuerdo, no habría acuerdo en absoluto, y tanto israelíes como palestinos se verían abocados a un desierto de sangre, desesperación y decadencia económica. Aun así, no logré discernir sensación alguna de urgencia o de oportunidad perdida entre mis amigos palestinos.

El sionismo, sobre todo —hay que reconocerlo— desde 1948, jamás habría actuado así contra lo que es siempre e inevitablemente un arreglo imperfecto. El sionismo siempre actuó con la espalda contra la pared, y por eso siempre estuvo bendecido con la capacidad para la toma de decisiones pragmáticas.

Existen dos razones esenciales capaces de explicar la sensatez pragmática del sionismo en las encrucijadas decisivas. Una es el hecho de que, desmintiendo el cliché antisemita sobre el «poder judío», el sionismo fue siempre el movimiento nacional de un pueblo judío débil y carente de apoyos, un pueblo perseguido y diezmado por el holocausto y el genocidio, un pueblo que en caso de fracaso en el momento de tomar una decisión quizá fuera aniquilado. Los palestinos, bando supuestamente débil del conflicto, jamás actuaron por falta de alternativas como el sionismo. Hasta 1948, los sionistas desde luego se distinguieron por su capacidad para movilizar apoyo internacional y «vender» su causa. Los palestinos, sin embargo, chocaron contra todos los escollos, no se ahorraron ningún error y carecieron de todo *savoir-faire* en el campo de la diplomacia y las relaciones públicas. Siempre parecían optar por la opción equivocada. Después de la guerra de los Seis Días, no obstante, el equilibrio de fuerzas de la guerra por la opinión pública cambió a ojos vista. Rara vez —si es que alguna— la historia ha conocido un caso parecido de disparidad entre el alto grado de apoyo internacional del que disfruta un movimiento nacional y los pobres resultados obtenidos con ese soporte. En realidad, tras la guerra de los Seis Días, el abrumador apoyo internacional a la causa palestina se convirtió casi en un *handicap*, hasta el punto de que podría decirse que los palestinos casi «padecían» un exceso de apoyo. En cada encrucijada en la que hubiera que tomar una decisión histórica, la comunidad internacional les daba —y eso vale desde luego para el mundo árabe—la sensación de que tenían derecho a esperar más y por tanto podían evitar una decisión. El trato de favor internacional dispensado al movimiento palestino no tiene parangón en la historia moderna y, lo que es aún más importante, fue un obstáculo para la consecución de un arreglo en momentos trascendentales, pues la cúpula palestina con frecuencia lo interpretaba como un espaldarazo implícito para que persistiera en su incapacidad casi congénita para tomar decisiones y en lugar de eso se recreara en la caída de Israel a la posición de un estado sentado en el banquillo del tribunal de la opinión internacional.

La segunda diferencia entre el sionismo y el movimiento palestino tiene que ver con el *ethos*. El sionismo era una revolución social, un intento de cambiar los patrones de existencia del pueblo judío, en la misma medida en que era una travesía al suelo de la Tierra de Israel. Aunque hay que reconocer que jamás abandonó unos sueños territoriales más amplios, a Ben Gurión nunca se le hubiese ocurrido retrasar la fundación del Estado judío porque no iba a tener acceso al Muro Occidental o el Monte del Templo. El *ethos* positivo de construir una nueva sociedad compensó en un principio la pobreza de la solución territorial. La cúpula palestina le falló a su pueblo ante todo por su falta de voluntad o incapacidad para procesar un *ethos* fundador positivo que les permitiera asumir un compromiso razonable. La cúpula palestina regida por Arafat no demostró que estuviera preparada para descartar, de una vez por todas, el paralizador discurso del desamparado y la víctima.

Se trata de una cuestión de táctica y de una cuestión de *ethos*. La cúpula sionista previa a 1948 buscaba soluciones, no justicia, es decir, un arreglo que respondiera a lo que ella entendía por justicia. El movimiento nacional palestino siempre se ha basado más en la reivindicación y la justicia que en la búsqueda de una solución. En consecuencia, nunca ha tenido capacidad para tomar una decisión positiva. Visto desde la perspectiva de la tragedia palestina de los refugiados, la pérdida de una patria, los largos años de desposeimiento, expulsión y exilio y la privación de derechos personales y nacionales, el *ethos* palestino reivindicativo es absolutamente comprensible. Sin embargo, la paz suele tener más que ver con la estabilidad que con la justicia. La tragedia del conflicto árabe-israelí deriva de unos ritmos históricos discrepantes. La historia del moderno movimiento nacional de los judíos, de nuevo ante todo hasta la fundación del Estado de Israel en 1948, se había caracterizado por unas respuestas realistas a las condiciones históricas objetivas. Los palestinos han luchado en todo momento por las soluciones de ayer, las que habían rechazado una o dos generaciones antes. Este persistente intento de dar marcha atrás al reloj de la historia se encuentra en las raíces de muchas de las desgracias acaecidas a los pueblos de la región.

¿Es posible que Arafat fuera alguien capaz de lanzar un proceso pero incapaz de concluirlo? ¿Es posible que todo lo que intentara hacer en Taba fuese enganchar a la nueva Administración estadounidense —otro fatal error de cálculo, porque en el mundo árabe todos pensaban que Bush hijo era una réplica de Bush padre; resultó que es un Reagan actualizado, paladín de su propia visión maniquea de las relaciones internacionales— y crear una sensación de continuidad con las ideas de Clinton? ¿Es posible que Arafat, que afirmaba soñar con la superación de todos aquellos acuerdos de ínterin, a la vez poseyera una simple incapacidad psicológica para acabar con el conflicto? Él, cuya vida entera se había caracterizado por las ambigüedades, el doble lenguaje y el cierre de una puerta pero siempre dejándola entreabierta, era sencillamente incapaz de cerrar de una vez por todas las puertas de este conflicto eterno. ¿Es posible que la vieja guardia del movimiento palestino que se ha pasado la vida pregonando en los foros internacionales la tragedia palestina, de un modo que consiguió construir la imagen del malvado ocupante israelí en el tribunal de la opinión internacional y sentar a Israel en el banquillo, sea sencillamente incapaz de producir la transición a la creación de un Estado y unas instituciones, que es exactamente la acusación que realiza Nabil Amr en su artículo de *Al-Hayat el-Jadida* y está implícita en el brillante ensayo de Yazid Sayig «Arafat y la anatomía de una revuelta»?

Por supuesto, no habría que subestimar el dilema de Arafat. Porque, pese a todas nuestras dificultades y el derrumbe en la práctica de nuestro frente político nacional en el transcurso de las negociaciones, nosotros, los israelíes, jamás perdimos la confianza en nuestra capacidad para resolver por medios democráticos y a través de las instituciones establecidas el terremoto interno que habría seguido inevitablemente a un acuerdo de paz profundamente polémico. Arafat carecía de esas herramientas, y tampoco intentó nunca desarrollarlas. Un motivo de peso para la incapacidad de Arafat de cara a alcanzar un compromiso razonable con Israel fue precisamente el que la Autoridad Palestina a su mando no se mostrara dispuesta a desarrollar un *ethos* positivo de democracia, sociedad civil, desarrollo económico y educación. En lugar de eso se creó una autocracia a la vieja usanza, basada en un *ethos* negativo de confrontación. La cohesión nacional se construyó en torno a valores constituyentes de «palestinismo», «refugianismo» e islam radicales que no dejaban lugar para el compromiso. El de Arafat era un régimen, como lo describiera con tanta elocuencia Edward Said, basado en el miedo y en un aparato de gobierno represor, un régimen desprovisto de la más mínima concepción de responsabilidad democrática o libertad de debate. Los rivales de Arafat estaban fuera de la OLP —Hamás, Yihad y un sinfín de grupos izquierdistas escindidos—, no dentro de ella. Para Arafat, una paz que respondiera a los requisitos vitales de los israelíes podía significar automáticamente una guerra civil. De hecho, Al-Fatá se demostró perfectamente consciente de ese particular dilema al reconocer de forma explícita que ése era exactamente el motivo por el que habían rechazado los parámetros de Clinton. Para ellos, como expusieron al intentar explicar su rechazo en la página web de la organización, «los parámetros [eran] el mayor de los trucos», uno que significaría transformar el conflicto de una disputa palestina-israelí en «un conflicto palestino-palestino interno que destruiría la Intifada».

Tanto para los israelíes como para los palestinos, la guerra es una empresa de cohesión, y la paz está condenada a dividir el país. Los israelíes creían poder resolver las fracturas internas por medios democráticos, lo que nos permitió a los miembros del Gobierno Barak optar por la decisión —inevitablemente divisoria— en lugar de buscar un amplio consenso nacional paralizador. Los palestinos sabían perfectamente que carecían de tales instrumentos de decisión democrática, de ahí que Arafat se empeñara en un arreglo imposible, cuyos parámetros exactos nunca tuvo claros tampoco él, que le permitiera conservar un consenso nacional lo más amplio posible, la unidad de la familia palestina al completo. Sin embargo, un acuerdo aceptable para Hamás no era algo que Israel pudiera aceptar, al igual que un acuerdo suscrito por la extrema derecha israelí no sería el tipo de paz que cabría esperar que los palestinos refrendasen.

Con todo, la mayor debilidad de nuestra tentativa de paz fue política e interna. El nuestro era el caso de un frente sin retaguardia en casa. De camino a Camp David, escribí en mi diario:

> Domingo, 9 de julio, en el vuelo nocturno de Tel Aviv a Nueva York. Estoy inquieto, y ojalá el motivo fuera sólo la enormidad de la tarea que tenemos por delante. El Gobierno se desmorona, y me pregunto durante este tenso vuelo a quién representamos exactamente en esta ardua empresa política [...] Nos acercamos a nuestro momento de la verdad como una línea del frente sin retaguardia [...] Los últimos rumores han sido que además del ministro Nathan Sharansky del partido ruso «Israel Ba'alia» y Yitsjak Levy del

Partido Religioso Nacional, quienes ya han anunciado su dimisión del Gobierno, el partido «Shas» de tradicionalistas sefardíes también piensa seguir su ejemplo. Al aterrizar en Estados Unidos, me entero de que David Levy, el ministro de Exteriores, ha anunciado que no asistirá a la cumbre [...] El rumor sobre el «Shas», entretanto, se ha hecho realidad. Han anunciado su dimisión. El Gobierno que empezó como gobierno para «todos» se ha encogido hasta su cimiento más básico, la izquierda tradicional.

La lección de la experiencia de Barak —en cierto sentido también vale para Rabin— es que, por grandiosa e iluminada que sea la visión de paz de un dirigente, estará condenado al fracaso si no lo sostiene una cuidadosa organización política en casa. Por supuesto, el pacificador israelí siempre estará condenado a romper la unidad nacional y dividir el país si quiere concluir un acuerdo difícil. El consenso a veces puede ser la negación del liderazgo. El caso de Israel, y en verdad es también el problema palestino, demuestra que, por desgracia, la guerra une y la paz divide. Así pues, mucho dependerá siempre del calibre del liderazgo. Un dirigente no debería ser una mente trivial, un rehén del aparato estatal y la burocracia, pero tampoco debería desentenderse de ellos. La mera inspiración no basta para una atrevida empresa de paz. Siempre hace falta un equilibrio razonable entre la inspiración y la maniobra política. Una política exterior requiere tener cimientos en casa. Barak hizo gala de una torpeza tremenda al ensamblar esos vitales cimientos para la paz. La inspiración en el liderazgo no significa desentenderse de la *Realpolitik*. Un líder inspirado no tiene que ser un aventurero político. Es evidente que Barak no consiguió legitimar su política ante la opinión pública y, lo que no es menos importante, dentro de la clase política y el aparato de gobierno, incluido el Ejército. El de Barak fue a todas luces el caso de un líder con una base electoral en constante disminución. Hacia el triste final de nuestro viaje pacificador a los límites del proceso, Barak era un auténtico ejemplo de lo que Bernard Baruch, el financiero estadounidense y asesor del presidente, describió como líder sin seguimiento: «Un líder político debe siempre echar vistazos hacia atrás para ver si los muchachos siguen allí. Si no están, ya no es un líder político.» La fila de «muchachos» que seguían a Barak menguaba desesperadamente con cada día que pasaba.

Héroe militar legendario, sorprendió más si cabe que Barak fuera tan absolutamente incapaz de incorporar a la burocracia castrense a su tentativa de paz. Aquello iba a tener efectos devastadores en las primeras fases de la Intifada, cuando el Ejército hizo una interpretación ciertamente libre de las instrucciones del Gobierno y respondió con fuerza excesiva a los ataques palestinos, con lo que alimentó el ciclo de violencia. Está claro que el Ejército libró su propia guerra independiente como si intentara superar las frustraciones que había acumulado durante la primera Intifada. El laxo control de los políticos sobre el Ejército es una debilidad y una inconsistencia congénita del sistema político israelí.

Tampoco los palestinos eran inmunes a graves problemas en su frente nacional. Durante años habían anhelado un Estado palestino, y cuando llegó el momento de la verdad los encontró en un estado de profunda división y rivalidad interna que les dificultó más aún tomar una decisión. Estalló una crisis intrapalestina, que derivaba de una batalla por la sucesión de Arafat, entre el grupo de Gaza de la generación más joven (Mohamed Dahlan, Mohamed Rashid, Hassan Assfur) y la vieja guardia representada por Abú Mazen y Abú Alá. A los palestinos les impresionaron mucho más las propuestas israelíes de lo que gustaban de admitir en público o de lo que algunos comentaristas posteriores estuvieron dispuestos a reconocer. Porque todos intuían que se estaban acercando al acuerdo definitivo y creían que quienquiera que lo trajera se convertiría en el sucesor de Arafat. Esta dramática batalla interna dentro de las filas palestinas estalló ya durante las conversaciones suecas secretas de mayo de 2000. Los palestinos se dieron cuenta de que los israelíes estaban realizando propuestas y concesiones ambiciosas, pero fueron incapaces de recogerlas precisamente por sus disputas internas. Abú Mazen, que había iniciado la vía sueca en un principio, tenía la impresión de que lo estaban puenteando en las conversaciones, de modo que su gente las filtró al periódico *Al-Hayat* de tal modo que generó en los territorios una resistencia a las presuntas concesiones que la delegación palestina estaba realizando en Harpsund. Nosotros, los israelíes, éramos conscientes de este vuelco desastroso de los acontecimientos, e hicimos un esfuerzo por incorporar a Abú Mazen y convencerlo de que no torpedeara el proceso. Su respuesta fue que necesitaba tiempo «para estabilizar las cosas». Pero entonces llegó la idea de acudir a una cumbre en Camp David y Abú Mazen, encolerizado, declaró en ese momento que debía seguir oponiéndose al proceso. Y en verdad, a lo largo de la cumbre hizo gala de una mezcla de hostil indiferencia y actitud ideológica fundamentalista que fue de escasa ayuda para la creación de una atmósfera negociadora razonable.

Meses después, durante la cumbre internacional de Sharm el-Sheij de principios de octubre, en la que el presidente Clinton, el secretario general Kofi Annan, el presidente Mubarak y el representante de la UE Javier Solana realizaron un intento concertado de convencer a Arafat de que detuviera la Intifada y permitiera un reinicio de las conversaciones de paz, le pregunté directamente a Abú Mazen por su actitud de rechazo. Su respuesta fue que los israelíes estábamos negociando «con la gente equivocada», como si fuera responsabilidad nuestra seleccionar a la delegación palestina para las conversaciones. En el momento de la verdad de aquel proceso negociador desesperadamente largo y errático, cuando un Gobierno israelí estaba preparado para un arreglo histórico, los palestinos, y en cierto sentido también los estadounidenses y los israelíes, no lograron afrontar lo que sin duda era un importante obstáculo: las riñas internas palestinas y la prematura pero no por ello menos enconada lucha por la sucesión:

De aquí partimos hacia una catástrofe. Ustedes forjarán una alianza con Hamás y nosotros caeremos en un paralizador Gobierno de unidad nacional con la derecha israelí. Cuando volvamos a encontrarnos será con Cisjordania repleta de asentamientos. No se equivoque: esto supone la derrota del bando de la paz en Israel por muchos años.

Así es como me dirigí a mi homólogo palestino Saab Erakat la última noche de Camp David, en presencia del presidente Clinton y todo su equipo reunido en Aspen, la residencia presidencial, cuando quedó claro para todos que no íbamos a llegar a un acuerdo. Porque Arafat seguía oponiéndose categóricamente a todas las propuestas del presidente sobre Jerusalén como base para prolongar la cumbre y seguir adelante con las negociaciones.

Por desgracia, mi predicción no se demostró errónea. La paz que nos eludió se convirtió en el preludio de la confrontación más larga y sangrienta entre israelíes y palestinos desde la guerra de 1948. Todos los instrumentos de pacificación fueron pasto de las llamas, y en la actualidad, cuatro años después del último intento desesperado de salvar la Cumbre de Camp David, las partes se hallan una vez más frente a los escombros del proceso de paz en un intento poco convincente de inyectarle un nuevo soplo de vida. Un plan de paz más, otra iniciativa, otra hoja de ruta... ¿Tendrán éxito ahora donde tantos han fracasado en el pasado? ¿O la Hoja de Ruta del Cuarteto seguirá los pasos de todos los planes anteriores hasta ese cementerio de iniciativas de paz que es la tragedia israelí-palestina?

11

LA POLÍTICA DEL APOCALIPSIS

Habéis desarrollado entre vosotros un peligroso espíritu mesiánico [...] He aprendido de mi propia experiencia que la espada por sí sola no ofrece la solución [...] Israel no sobrevivirá como Estado democrático si sigue siendo una sociedad que ocupa otra nación.

ARIEL SHARÓN, al presentar su plan
de Gaza ante la Knésset

[...] se observaba una peligrosa erosión en nuestra posición nacional e internacional. En Israel todo se venía abajo.

DOV WEISSGLASS, asesor de Sharón,
sobre los efectos de la Intifada

[Necesitamos] una autoridad, una ley y una decisión democrática y nacional que valga para todos nosotros.

ABÚ MAZEN al asumir
el cargo de primer ministro

Hemos eliminado a todos los comandos terroristas menos uno. El problema es que ese uno está formado por 3,5 millones de palestinos.

Un oficial de alto rango israelí,
enero de 2004

El encuentro entre Arafat y Sharón fue un ejercicio de ironía histórica, un viaje hacia atrás en la máquina del tiempo hasta el núcleo del conflicto. A diferencia de lo que podía esperarse, no fue una coincidencia entre dos líderes fuertes capaces de estar a la altura del desafío de arrancar a sus naciones de las garras del conflicto y en consecuencia obrar un avance histórico. Sharón y Arafat eran la triste encarnación de una arcaica ortodoxia política carente de visión de futuro.

Las sociedades y los pueblos se condenan a la ruina cuando no logran construir una cultura de justo compromiso a la hora de resolver conflictos. La pérdida de un terreno propicio, la falta de una cultura del compromiso y la ausencia de unos patrones acordados para solventar diferencias han sido el invariable preludio de la guerra. Por lo tocante al conflicto israelí-palestino, el principio del compromiso había ya desaparecido, el terreno propicio estaba herido de muerte y el llamado bando de la paz de Israel se había visto gravemente reducido y moralmente socavado por el rechazo de Arafat a su programa. Tanto el discurso como los instrumentos de pacificación ardieron en los fuegos de la confrontación entre israelíes y palestinos más sangrienta desde 1948. Las dos naciones regresaron a las raíces fundamentalistas del conflicto y a la completa demonización de la otra. Regresaron a una lucha primordial, a la creencia de que la salvación de una pasaba necesariamente por la destrucción de la otra. Para los palestinos, la Intifada había evolucionado hasta ser una lucha destinada a terminar con la ocupación mediante la creación de un mito constituyente de independencia nacional e islámica.

El flagrante error de la derecha israelí reside en su suposición de que podía «resolver» la cuestión palestina y domesticar un movimiento nacional por medio de una campaña militar. En realidad, el error no estriba tan sólo en confundir la preponderancia con la omnipotencia, ni en dar por sentado que una potencia de fuego abrumadora basta para ganar una guerra contra un movimiento nacional, ni en la pregunta en apariencia técnica de si puede aplicarse o no una solución militar a un cuerpo amorfo como la Autoridad Palestina, sino más bien en una cuestión más fundamental. El problema es si, aun después de una «victoria», Israel podría dictar el arreglo político que le pareciera oportuno. Y es allí donde residió el trágico error de Ariel Sharón, por lo menos durante su primer Gobierno. El principal éxito estratégico del sionismo hasta el momento había sido obligar a sus enemigos a acceder a hacer las paces; pero no podía imponerles los términos de la paz. En contra de lo que pensaba Ariel Sharón, una «victoria» militar no ahorrará de ningún modo a Israel el elevado y oneroso precio de un acuerdo.

Los dirigentes de la historia de Israel que han conseguido crear un amplio consenso nacional en torno a ellos lo han hecho sobre todo encabezando a la nación a través de logros históricos. Tal fue el caso del fundador del Estado de Israel David Ben Gurión, de Menájem Beguin, arquitecto de la paz con Egipto, y de Yitsjak Rabin, el héroe de la guerra de los Seis Días que después allanó el camino para el reconocimiento mutuo entre Israel y la OLP e hizo las paces con Jordania.

El caso de Ariel Sharón ilustra un fenómeno completamente distinto. El amplio apoyo nacional que consiguió suscitar en diferentes momentos clave de su polémica carrera de militar y de político fue fruto de su habilidad para maniobrar a través de unas condiciones desesperadas que él mismo había sido decisivo para generar en un principio. El suyo es un talento único para producir callejones sin salida políticos a resultas de los cuales sus maniobras erróneas y con frecuencia destructivas se ven como el «mal menor», la «única opción disponible» en una situación por lo demás desesperada. El apoyo a Sharón es siempre resultado de la desesperación que él mismo ha generado y a la que ha conducido. De algún modo el consenso nacional en torno a Ariel Sharón siempre parece un viaje colectivo hacia el abismo. Su carrera siempre ha puesto en entredicho la definición de Napoleón del líder como «tratante de esperanza». Él siempre trata con la desesperación y el miedo.

Tal fue el caso de la invasión de Líbano en 1982, cuando una nación entera lo siguió a una aventura que a todos indujeron a ver como «inevitable», «el último recurso». Su apuesta terminó por hundir a Israel en un pantano de sangre, dolor y destrucción durante más de dieciocho años. Y tal es la situación ahora, cuando se ha embarcado en una iniciativa para desmantelar los asentamientos de la franja de Gaza que él mismo había creado en un principio. Fue directamente responsable, el arquitecto por así decirlo, de la calamitosa red de asentamientos desperdigados a lo largo y ancho de los territorios y en el seno de la desposeída población palestina. En la primavera de 2001 fue elevado a hombros de un abrumador consenso nacional a la posición de primer ministro de Israel como reacción al macabro flirteo de Arafat con el terrorismo suicida, y dirigió la guerra más sucia de la historia del país. El pueblo apoyó la guerra de asesinatos selectivos de Sharón y la reocupación en la práctica de los territorios como una legítima campaña de autodefensa. Pero él, Sharón, tenía un objetivo estratégico que iba mucho más allá de la legítima protección de sus compatriotas israelíes de la variedad palestina de terrorismo patológico. Descompuso y pulverizó la Autoridad Palestina, producto de los vilipendiados Acuerdos de Oslo, con el fin de cambiar por medios militares lo que muchos siguen viendo como inalterable, es decir, la necesidad imperiosa de crear un Estado palestino a lo largo de las fronteras de 1967 y desmantelar el grueso de los asentamientos que él mismo había creado. Esta brecha entre la percepción popular de los objetivos de las guerras de Sharón y sus auténticas intenciones ya estuvo presente durante la guerra de Líbano, en la que indujo a la gente a percibir la guerra como una legítima maniobra de autodefensa, cuando él tenía en mente un objetivo estratégico más amplio: redibujar el mapa político entero de la región, cambiar el liderazgo libanés y eliminar por completo el desafío político que suponía el nacionalismo palestino.

La popularidad de Ariel Sharón es siempre la del príncipe de la opacidad y la niebla, el maestro en la táctica del engaño político y militar. Además, en ambos casos —Líbano en los años 80 y ahora en los territorios palestinos— Sharón tiende a crear un laberinto tan intratable que la «salvación» llega a lomos de un creciente clamor popular a favor de una retirada unilateral, una huida precipitada, una salida sin acuerdo. En pocas palabras, una política de tierra quemada. Sharón es el único primer ministro desde Oslo que no aspira a resolver el conflicto de Israel con los palestinos, algo que a su manera retorcida y tortuosa intentó incluso Netanyahu con Hebrón y los Acuerdos de Wye. Sharón no busca acuerdos por escrito con los palestinos. De algún modo cree que la violencia «resuelve» las contradicciones haciéndolas desaparecer, pues ya no hace falta negociarlas. La suya es una estrategia de gestión de conflictos, no de resolución de conflictos.

En general, y en casi cualquier situación, a los israelíes les encantan los gobiernos de Unidad Nacional. Les permiten, y más que nadie a sus líderes, evitar el cisma y el tormento que conlleva afrontar las decisiones insoportablemente duras y divisorias que el país debe tomar.

Fue un comportamiento típico del Partido Laborista sucumbir a las ansias de poder de Shimón Peres y correr a sumarse al Gobierno de Unidad Nacional de Ariel Sharón en marzo de 2001. Ese Gobierno poseía tan sólo una estrategia militar, sin programa político alguno. En lugar de servir de oposición en lucha por una política de paz alternativa, el partido rechazó la moción que presenté en persona al Comité Central para que fuéramos fieles a la política de paz del Gobierno Barak y nos resistiéramos a la tentación del poder cosmético que se ofrecía en el Gabinete de Sharón. Sin embargo el laborismo prefirió pasar, sin ninguna introspección, de formar parte del viaje político más atrevido desde Oslo —el viaje que emprendimos como Gobierno— a pelearse por unas carteras en el Gobierno de Sharón, lo cual daba por sentado de antemano que el equipo de Barak, como el propio Peres había afirmado, «había ido demasiado lejos con sus concesiones». El Partido Laborista había dado la espalda a su propia audacia política mientras estaba en el Gobierno, y ahora hacía suya la infundada asunción política de Ariel Sharón de que la erupción volcánica de ira entre los palestinos podía aplacarse mediante otro acuerdo de ínterin.

Desde el momento en que los palestinos vieron la Tierra Prometida ante sus ojos durante la última fase de las negociaciones bajo el Gobierno de Barak, y a la luz de la explosiva atmósfera nacionalista que se respiraba en el bando palestino a lo largo de la Intifada de Al-Aqsa, para ellos se había vuelto del todo inconcebible plantearse un regreso al marco de los acuerdos provisionales. La asunción de Sharón, compartida ahora por su nuevo socio Shimón Peres, de que las mitológicas aspiraciones islámicas y nacionalistas que había desencadenado esa Guerra Palestina de Independencia podían aplacarse por medio de otro acuerdo de ínterin, era del todo insostenible. Era absolutamente descabellado esperar que los palestinos aceptaran un arreglo en el que Israel cediera un pedacito de tierra a cambio de seguridad, una seguridad que Arafat sólo podía proporcionar tomando medidas enérgicas contra sus aliados de Hamás y Yihad, algo que se había negado a hacer incluso cuando se le ofrecieron los parámetros de Clinton para un acuerdo final.

Del todo insostenibles eran las políticas Sharón-Peres también por el estilo de liderazgo de Arafat. La reveladora afirmación de Alexandre Ledru-Rollin durante la revolución de 1848 en París de que «Tengo que seguir [a las masas], [porque] soy su líder» puede tomarse prestada como auténtica expresión del estilo de liderazgo propio de Arafat. Él jamás se expuso a una guerra civil, siempre evitó la confrontación con sus rivales; su intuición política siempre lo llevó a estar en sintonía con el estado de ánimo nacional, nunca en contra. La violencia, incluida la de Hamás, era a sus ojos una expresión legítima de la voluntad nacional, de la que se veía a sí mismo como principal intérprete y encarnación exclusiva. Y en cualquier caso, la violencia de Hamás era para él una herramienta estratégica clave de la causa palestina a la que jamás renunciaría, siempre y cuando no supusiera un desafío directo a su poder personal.

Arafat no era ningún Ben Gurión que hubiera transformado en políticos a los militantes fanáticos del Irgun e incluso el Lehi. No era el constructor de un Estado que hubiese trazado la línea y disciplinado a una oposición revoltosa como hizo Ben Gurión al ordenar el bombardeo del *Altalena*, el barco que importaba armas y combatientes de Francia para el Irgun, con Beguin a bordo. Pero por supuesto, a pesar de la actitud de Ben Gurión hacia los extremistas a los que tachaba de «nazis judíos», los revisionistas estaban en esencia comprometidos con un Estado judío democrático, y nunca creyeron de verdad que pudieran establecer una sociedad judía alternativa en Palestina, a diferencia de Hamás que sueña con una Palestina islámica y teocrática.

Abú Mazen, que la comunidad internacional impuso a Arafat como primer ministro de la Autoridad Palestina, no tardó en comprender y compartir la difícil situación de Ben Gurión. Sin embargo, al igual que Arafat, él también evitó el enfrentamiento con los extremistas que Ben Gurión no vaciló en provocar. Abú Mazen reconoció que, para que un movimiento nacional palestino cabal inspirara la vital confianza internacional, debía existir, como explicó en un discurso al Parlamento palestino al asumir el cargo de primer ministro, «una autoridad, una ley y una decisión democrática y nacional que valga para todos nosotros». Pero o bien era demasiado débil para desviarse de la vía de Arafat, o bien, sencillamente, él tampoco quería arriesgarse a un conflicto civil para imponer su visión nacional.

Fue un reflejo de la maltrecha situación del proceso de paz y de la fatalista pérdida de confianza pública en cualquier tipo de arreglo con los palestinos el que las segundas elecciones de la era Sharón, el 28 de enero de 2003, hablaran de todo menos de planes de paz. En lo que vino a ser una abrumadora moción de confianza sobre la respuesta militar de línea dura de Sharón al terrorismo palestino, las elecciones terminaron con una victoria aplastante del primer ministro. El proceso de paz fue sencillamente irrelevante en la campaña electoral. Los israelíes han permitido que sus líderes reduzcan su programa de política exterior al castigo y represalia contra quienes, por parafrasear la definición que hizo Ernest Bevin de su política exterior en 1951, no les permitían comprar un billete en la Estación Central de Autobuses de Tel Aviv (Bevin hablaba de la Estación Victoria de trenes) e ir a cualquier parte «que les saliera de los mismísimos» sin saltar por los aires por el camino. Eran ya muy pocos quienes creían en una paz negociada. Y el laborismo, que en los últimos dos años había actuado de quinta rueda del carro de Ariel Sharón, no resultó de lo más creíble cuando se postuló como abanderado del proceso de paz.

Sin embargo, también es evidente que el sistema electoral absurdamente proporcional de Israel ya no es capaz de producir mayorías viables y gobiernos eficientes. Lo único que hace es fotocopiar la constitución caleidoscópica de una sociedad fragmentada. La tarea siempre ardua de construir una coalición en tales condiciones produce de manera casi invariable unos Gobiernos paralizados por los equilibrios políticos internos. El segundo gobierno de Sharón es un magnífico ejemplo. En lugar de actuar de vehículo para la resolución del conflicto palestino, o de cualquier otro conflicto interno ya que estamos, el sistema político es tan inoperante que se convierte en el principal obstáculo en el camino hacia la solución. El Gobierno es sencillamente incapaz de responder a los anhelos populares de paz. Porque, al margen de las lealtades de partido, y según la mayoría de los estudios, la abrumadora mayoría de los israelíes apoyaría un acuerdo de paz que se basara en los parámetros de Clinton —dos estados, retirada de los territorios, desmantelamiento masivo de asentamientos, dos capitales en Jerusalén— pero no confían en que ni su sistema político ni por supuesto la cúpula palestina sean capaces de alcanzar un arreglo sobre esa base. Eso tal vez explique los resultados de un sondeo efectuado en 2002 por el Centro Steinmetz por la Paz en la Universidad de Tel Aviv, según el cual, convencidos de la incapacidad de su sistema político para producir soluciones, un 67% de los judíos de Israel apoyarían una tentativa estadounidense de forjar una alianza nacional que persuadiera a las partes para que refrendaran un arreglo de ese tipo.

Sin embargo, ¿estaba dispuesto Estados Unidos presidido por el presidente George W. Bush a asumir semejante responsabilidad? De ningún modo.

La izquierda de Israel ha sido derrotada dos veces, una en las urnas y otra cuando el presidente Bush defendió la visión estratégica de la derecha. La izquierda israelí ha sostenido tradicionalmente que sólo mediante un acuerdo con los palestinos Israel alcanzará una reconciliación viable con el mundo árabe y establecerá un sistema razonable de paz y seguridad en Oriente Próximo. La derecha aplazaba convenientemente el dilema palestino. Prometía «dolorosas concesiones», pero sólo cuando estuvieran neutralizadas las amenazas estratégicas que suponían los estados «canallas» de la región, Irán e Irak. Sharón y su coalición de derechas sin duda vieron la preferencia que ha dado el presidente Bush a la situación iraquí, relegando la cuestión palestina a una evidente posición secundaria, como una derrota de la tesis árabe y una justificación de sus políticas.

ABC —«*Anything But Clinton*», «Todo menos Clinton»—: ésa parece haber sido la actitud del presidente Bush con el legado de la Administración Clinton relativo a la mayoría de las cuestiones nacionales e internacionales. Fue especialmente cierto en el caso de la vía israelí-palestina. Es probable que nada exprese mejor este cambio de actitud que la instrucción de Colin Powell a los funcionarios del Departamento de Estado, en cuanto la nueva Administración asumió el cargo en enero de 2001, de que no utilizaran más el término «proceso de paz». Aquella jerga clintoniana e inocente sobre Oriente Próximo, ya tan vilipendiada, tenía que ser reemplazada por un lenguaje diferente por completo y un enfoque distintivo.

El presidente George W. Bush emprendió una presuntuosa gran estrategia, una empresa titánica destinada a desmantelar la tiranía iraquí, reestructurar Oriente Próximo, derrotar a Al-Qaeda y contribuir a que la democracia echara raíces en todo el mundo árabe. Es en el contexto de esta empresa ambiciosa, global y en muchos sentidos falaz que el presidente Bush esperaba ver el surgimiento de una solución al conflicto israelí-palestino. Se suponía que Bagdad y Jerusalén eran vasos comunicantes. Se suponía que una paz árabe-israelí surgiría como efecto secundario casi inevitable de una victoria americana en Irak.

Es un desafío al sentido común vincular una paz israelí-palestina, por no hablar ya de una solución a los problemas más fundamentales del mundo árabe y musulmán, a un cambio de régimen en Irak. La «victoria» en las guerras culturales y las guerras contra el terror es siempre un asunto esquivo. El Sr. Bush debería haber sabido que no se debe permitir que una paz israelí-palestina espere a que se declare la «victoria», porque es posible que no se produzca tal victoria en absoluto.

El plan de Estados Unidos de llevar la democracia al mundo árabe sobre las alas de escuadrones de F-16 y las colas de misiles Tomahawk fue desde el principio un flagrante y peligroso error de cálculo. Oriente Próximo ha pasado en la posguerra de Irak de la estabilidad a la incertidumbre, y el mundo árabe sigue tan alejado como siempre de las normas democráticas de gobierno. El equilibrio regional ha sido alterado, pero sin imponer ninguna arquitectura alternativa de paz y estabilidad regional. La credibilidad de Estados Unidos como mediador de paz honesto ha recibido una herida mortal en toda la región. Tampoco su plan alternativo para la democratización pacífica de Oriente Próximo —la estrategia de Oriente Próximo más amplia— ha cosechado más éxitos o recibido una acogida más calurosa en el mundo árabe que el proyecto de democracia por medio de la guerra. La democracia no es un proyecto que uno idee y ponga en práctica con horarios rígidos; la democracia es un proceso, y el mundo árabe tendrá que atravesarlo y sin muchos atajos.

Porque es posible que los atajos conduzcan a abruptas transiciones desde las dictaduras laicas que en la actualidad dominan el mundo árabe a unas democracias islámicas. El caso de Argelia a principios de los años 90 quizá sea un recordatorio relevante. Las elecciones libres que entonces permitió el Ejército desembocaron en una sonada victoria del Frente Islámico (FIS) y de ahí, en una invitación para que los militares volvieran a tomar el poder, revirtieran el veredicto de las urnas e instalaran un régimen militar. El poderoso surgimiento de las opciones islámicas en Irak tras la caída de la dictadura laica de Saddam Hussein es una lección que no deberían pasar por alto los regímenes de todo el mundo árabe.

Ninguno de los principales problemas endémicos del mundo árabe y musulmán tiene una solución militar. Tampoco la tragedia israelí-palestina, por supuesto, es susceptible a una solución que no sea diplomática y política. La lección de Irak y de la guerra de Israel con los palestinos es que el ejercicio de habilidades políticas y diplomáticas y la forja de alianzas internacionales y regionales en torno a un objetivo legítimo es más vital que la pura capacidad militar para afrontar situaciones políticas complejas. Sería peligrosamente cándido creer que el ejercicio del poder y la capacidad para intimidar son innecesarios, pero siempre deben ir respaldados por compromisos razonables, a los que se llega por medio de diplomacia y negociaciones.

En muchos sentidos, Irak se ha convertido en el campo de batalla para el futuro de todo Oriente Próximo. Porque la principal cuestión ha pasado a ser si el presidente Bush es sólo un líder para la guerra o el arquitecto de un nuevo sistema regional de paz y estabilidad. Es insoslayable la conclusión de que ese nuevo orden pasa necesariamente por una solución del conflicto árabe-israelí. No hace falta secundar el discurso cínico de los Bin Laden y los Saddam Hussein, y de muchas otras figuras mucho más benignas de toda la región, según los cuales todos los males del mundo árabe derivan de la ocupación israelí de Cisjordania y del apoyo estadounidense a las políticas represoras de Sharón, para aceptar que el problema palestino es una importante causa de inestabilidad regional y un cómodo trampolín para la histeria de masas en toda la zona. Desde luego a los dirigentes árabes les sirve de oportuno pretexto para distraer la atención y las energías de las cuestiones internas vitales.

A diferencia de lo que la derecha israelí y los neoconservadores que rodean al presidente Bush querrían que creyéramos, la vitalidad, si no la centralidad, de la cuestión palestina para la solución de los problemas más amplios de Oriente Próximo sigue siendo incuestionable. La auténtica prueba para el liderazgo de Estados Unidos, en consecuencia, una vez terminada la guerra de Irak, después de haber supuestamente «disciplinado» a Siria y desplegado una formidable maquinaria militar americana en la frontera iraní, residía en si el presidente Bush tenía la voluntad o la capacidad de llevar a Sharón y a la derecha israelí a su momento de la verdad en lo relativo al problema palestino. En otras palabras: ¿estaba el presidente Bush dispuesto a dejar clara al Sr. Sharón la necesidad de pasar a la puesta en práctica de las «dolorosas concesiones» que había prometido realizar y, en caso de que fuera un farol, denunciarlo como tal?

Al fin y al cabo, el efecto inmediato de la guerra de Irak debería haber creado unas mejores condiciones para la reactivación del proceso de paz israelí-palestino. La inquietud de los regímenes árabes por su estabilidad en la posguerra de Irak y su miedo al terrorismo islámico combinado con la presión estadounidense generaron unas mejores condiciones regionales para cualquier intento de crear un entorno panárabe de apoyo activo para una paz israelí-palestina que las existentes cuando Bill Clinton invitó a las partes a Camp David. Sin duda, la iniciativa de paz saudí y su posterior aprobación por parte de la Liga

Árabe en la Cumbre de Beirut de la primavera de 2000 estuvieron estrechamente relacionadas con los efectos sobre los regímenes árabes del 11 de Septiembre y la guerra de Irak.

El lanzamiento por parte de Estados Unidos y el resto de los miembros del «Cuarteto de Madrid» de la Hoja de Ruta para una paz israelí-palestina creó, por un momento, la ilusión de que Oriente Próximo tal vez estuviera presenciando una repetición de la lógica de la primera guerra del Golfo. En aquel momento, la misma coalición que había hecho la guerra acudió a Madrid, bajo un decidido liderazgo americano, para una Conferencia de Paz internacional sobre Oriente Próximo. Sin embargo, el presidente Bush en realidad no parecía seguir los pasos de su padre quien, precisamente porque sabía cómo construir una coalición de guerra, también fue capaz de forjar después de ella una sólida alianza internacional para la paz. Ni constructor de coaliciones ni arquitecto político, George W. Bush demostró tanta torpeza en su estrategia de posguerra como impericia diplomática en la preparación de la invasión.

¿Significa eso que el presidente abandonó la Hoja de Ruta y dejó de lado la cuestión palestina en su totalidad? No necesariamente. Se ha comprometido en público a defender su «visión» de una solución de dos estados al conflicto, y ha obligado a sus aliados europeos a trabajar en el proceso. Sin embargo, por el momento lo ha hecho al estilo de la Casa Blanca y no al del Departamento de Estado. Eso significa trabajar en la Hoja de Ruta con Sharón, no contra él. Semejante actitud mantuvo con vida la Hoja de Ruta por un tiempo, como marco para la paz amplio, aunque no estrictamente vinculante, dentro del cual sucedían «cosas»: se dieron algunos pasos cimentadores de confianza, llegaron a celebrarse cumbres y se creó una semblanza de progreso. Pero todo eso no llegaba ni mucho menos al nivel de resolución, compromiso y presión que hacía falta para hacer de esa Hoja de Ruta —cuyas inconsistencias, vagas premisas y falacias congénitas la convertían en cualquier caso en un camino poco realista— una plataforma vinculante para la paz.

La verdad es que ninguna de las partes estaba políticamente preparada para proporcionar una oportunidad real a la Hoja de Ruta. Con cuatro años de Intifada y Arafat tan ambiguo como siempre en su actitud hacia el terror, o hacia la pacificación para ser sinceros, se estaba volviendo evidente que no quedaba ninguna fuerza política palestina fiable con la que hacer las paces. Las instituciones palestinas capaces de garantizar un regreso ordenado a las negociaciones de paz y la estabilidad estaban hechas pedazos, prácticamente desmanteladas por la guerra. La escalada de violencia en los territorios degeneró, a resultas de la guerra de Irak y la formación del segundo Gobierno de Sharón, en una guerra sucia y total entre Israel y Hamás que les venía bien a los dos. Ni Hamás ni el recién formado Gobierno de derechas de Jerusalén ardían en deseos de ver un renacer creíble del proceso de paz. Las diarias incursiones israelíes en los reductos de Hamás en Gaza, con sus atroces recuentos de bajas civiles, los asesinatos selectivos de líderes de la organización, desde el jeque Yassin a su sucesor a la cabeza del movimiento Abd el-Aziz Rantisi, y los atentados terroristas suicidas palestinos contra la población civil de Israel eran todos reflejo de una macabra alianza entre dos bandos para quienes un alto el fuego habría significado afrontar unas decisiones políticas que no tenían capacidad o voluntad de tomar.

A pesar del nombramiento de un primer ministro palestino —primero el infortunado Abú Mazen y después el astuto superviviente político Abú Alá—, una reforma más concienzuda de la Autoridad Palestina estaba condenada a fracasar ante la continua violencia y la inquebrantable resistencia de Arafat a cualquier intento de recortar su poder y transferir porciones de él a sus ministros. Ni Ariel Sharón ni Yasser Arafat se deshicieron en lágrimas por el fracaso de la reforma. Para el primer ministro israelí, la exigencia de una reforma de la Autoridad Palestina ha sido un cómodo pretexto para evitar la toma de decisiones duras sobre la retirada de los territorios y el derribo de asentamientos. En el caso del presidente de la Autoridad, la «ocupación» fue su excusa última para no haber logrado emprender reformas. Cuando Arafat accedía «en principio» a una iniciativa —la necesidad de reformas es un buen ejemplo— no significaba otra cosa sino que no tenía la menor intención de ponerla en práctica.

Tampoco Hamás estaba especialmente interesada en permitir que las reformas prosperaran, porque estaban vinculadas a una «Hoja de Ruta» para la paz que la organización despreciaba y rechazaba. En lugar de permitir que la maltrecha Autoridad Palestina recobrara la confianza del público y su credibilidad internacional, la ambición de Hamás era acelerar su defunción y a la larga ocupar su puesto.

El caso palestino es un recordatorio más de una importante falacia que el presidente Bush ha suscrito. La genuina, y desde luego la inmediata, elección que afronta el mundo árabe no es entre la dictadura y la democracia sino entre la dictadura laica y la democracia islámica. Con el desplome de la Autoridad Palestina en la ilegalidad y el bandidaje, y el destrozo por parte de Israel del aparato laico de gobierno de Arafat, era la opción islámica la que ganaba terreno y llenaba el vacío en los territorios palestinos. La Autoridad Palestina y la égida personal de Arafat iban siendo a todas luces sustituidas en los corazones y las mentes de las masas palestinas por la fundamentalista Hamás. Las instituciones de la Autoridad Palestina, que nunca habían sido especialmente competentes, se habían venido abajo, y su aparato de seguridad estaba gravemente maltrecho, si no desmantelado a todos los efectos; desde luego no podía confiarse en ella para atajar de manera eficaz el terrorismo de Hamás y la Yihad Islámica, que han ganado popularidad entre las masas palestinas no sólo por demostrarse, a diferencia de la AP, incorruptibles, sino también por ser las principales damnificadas de los ataques de Israel y por encabezar la guerra terrorista de desgaste contra su población civil.

Ni siquiera dentro de Fatá, el partido de Arafat, se había mantenido una cadena jerárquica de mando tolerable a lo largo de la Intifada. Milicias de Fatá como los Mártires de Al-Aqsa y Tanzim libraban su propia guerra independiente contra Israel del único modo que conocían, para disputar la supremacía política en las calles palestinas a Hamás. En tales condiciones, unas elecciones libres en los territorios palestinos podrían dar como resultado o bien una victoria de Hamás o bien un considerable aumento de su poder político, capaz de plantear un gran desafío al dominio personal de Arafat.

Demasiado susceptible a los rodeos y evasivas de ambos bandos, la Hoja de Ruta para una paz en Oriente Próximo nació muerta. Ni palestinos ni israelíes le hicieron caso más que de cara a la galería y con un solo objetivo en mente: que Estados Unidos no los viera como la parte responsable de su subversión. Después de haber recibido de Estados Unidos el mejor de los mundos posibles —la eliminación, aunque fuera temporal, de las principales amenazas militares que habían obsesionado a Israel durante años, la destrucción del régimen «canalla» de Saddam Hussein, el sometimiento de Siria, la acumulación de presión sobre Irán, licencia para confinar a Arafat en su sede y descartarlo como interlocutor y luz verde para enterrar sin mayor ceremonia lo que quedara del espíritu y la letra de Oslo—, Sharón no tenía ningún motivo en particular para correr el riesgo de enajenarse a uno de los presidentes más propicios que jamás se sentaran en la Casa Blanca. En cuanto a los palestinos, desde luego no podían jactarse de que su causa hubiese recibido un especial espaldarazo de la Administración Bush, pero sabían de sobra que, en cualquier caso, enfrentarse a Estados Unidos —la única potencia capaz de convencer a Israel o al menos aplicarle una presión eficaz— rechazando otro plan de paz presidencial no habría servido para nada.

Sin embargo, ni israelíes ni palestinos empezaron jamás a poner en práctica las provisiones más primarias de la Hoja de Ruta. Los palestinos no estrecharon el cerco en torno al terrorismo y los israelíes se hicieron de rogar incluso en lo relativo a los puestos avanzados llamados «ilegales», por no hablar de cuando tocó atender a la necesidad de detener la expansión de los asentamientos «legales». La fatal simetría entre terrorismo y asentamientos que nació con los Acuerdos de Oslo y a la larga daría al traste con ellos fue la misma que subvirtió la Hoja de Ruta desde el primer momento.

La Hoja de Ruta comparte con el difunto proceso de Oslo varias de sus principales falacias. Los dos asumen que la paz entre una nación desposeída y desesperada en estado de revuelta y una fuerza ocupante motivada por la reclamación de derechos históricos y un anhelo de seguridad total puede construirse sobre el activo en inevitable disminución de la confianza mutua. Los dos planes de paz, en consecuencia, no contenían mecanismos vinculantes de terceras partes para la supervisión y la puesta en práctica. Asimismo, es del todo irrealista esperar que las partes, en especial los palestinos, emprendan con ilusión un nuevo proceso que deja abiertos de par en par los contornos precisos del acuerdo definitivo. La Hoja de Ruta, al igual que Oslo, se convirtió por tanto en una invitación permanente a que las partes dictaran la naturaleza del arreglo final por medio de actos unilaterales y hechos consumados, como la expansión de asentamientos por parte de los israelíes y la salvaje campaña de terrorismo suicida y levantamiento armado de los palestinos. Está claro que rescatar las posibilidades de paz requería una asistencia internacional e incluso presiones mucho más enérgicas que las previstas por la Hoja de Ruta o las que el presidente Bush estaba dispuesto a ejercer. La vía estadounidense, o sea, la supervisión del proceso por control remoto y sin un contingente sobre el terreno, era a todas luces inadecuada.

No ha sido infrecuente a lo largo de la historia que los movimientos nacionales se dividieran para poder alcanzar una solución pragmática a sus aspiraciones. El sionismo ofrece sin duda un buen ejemplo. Los palestinos tarde o temprano tendrán que pasar por lo mismo. La cuestión es cuándo y a cambio de qué. Está claro, sin embargo, que el premio de la primera fase de la Hoja de Ruta —la eliminación de unos pocos puestos avanzados desperdigados y una retirada israelí a las posiciones que ocupaba antes del comienzo de la Intifada— no era bastante para justificar una guerra civil a ojos de los palestinos.

Ni siquiera la estrambótica idea reservada para la segunda fase de un Estado palestino con «fronteras temporales» podía antojárseles demasiado atractiva. Ya tenían un «Estado» así en forma de la Autoridad Palestina. Era inconcebible que los palestinos accedieran a repetir la experiencia si los parámetros del acuerdo final no se acordaban por adelantado. Las «fronteras temporales» les parecían una trampa, y sospechaban con todo el derecho del mundo que la intención de Sharón era interrumpir el proceso en cuanto se hubieran decidido las fronteras provisionales y nunca ir más allá de esa fase. Un «Estado temporal» no podía ofrecer, en cualquier caso, la legitimidad popular necesaria para una guerra a ultranza contra Hamás y la Yihad Islámica. Esa legitimidad sólo puede surgir si los palestinos están convencidos de que el terrorismo islámico ya no es una respuesta a la estrategia de ocupación de Israel sino un obstáculo que hay que eliminar en el camino a un acuerdo final con dignidad.

Perogrulladas políticas aparte, tanto Sharón como Arafat tenían sus objetivos particulares, y no coincidían con la Hoja de Ruta. Los planes ocultos de Sharón, que lleva años albergando, siguen inalterados. La esterilización del movimiento nacional palestino, que siempre ha visto como una grave amenaza estratégica e incluso existencial para Israel, y el confinamiento de la patria palestina a unos enclaves desperdigados y rodeados de asentamientos israelíes, zonas militares estratégicas y una red de carreteras de circunvalación para uso exclusivo del ocupante sigue siendo, a grandes rasgos, su plan maestro. Sharón no busca la anexión de los territorios a Israel, porque eso conduciría inevitablemente a un estado de apartheid en el que se perdería para siempre la naturaleza de Israel como Estado judío. Preferiría más bien un Estado palestino independiente, siempre y cuando, por supuesto, estuviera reducido en su tamaño y cercado militarmente, que arriesgarse a poner en peligro el judaísmo de Israel.

Ariel Sharón se equivoca, por supuesto, si cree que puede trivializar el problema palestino convirtiendo un grave conflicto nacional en una banal disputa fronteriza sin resolver. Porque aunque se llegara a crear un Estado palestino con «fronteras temporales» como el previsto en la Hoja de Ruta, seguiría los pasos de la Autoridad Palestina y recurriría a una estrategia revolucionaria en cuanto descubriese que no se cumplen sus requisitos mínimos para un acuerdo final.

Arafat, al igual que su azote Sharón, tampoco creía en la Hoja de

Ruta, como por supuesto tampoco compartía sus provisiones acerca de la necesidad de introducir reformas democráticas en la Autoridad Palestina. Sucumbió a la presión internacional y accedió a nombrar un primer ministro, pero siguió tan inflexible como siempre en la negativa a transferir al ministro de Interior cualquier autoridad o control sobre las fuerzas de seguridad. Incluso cuando estaba confinado a los cascotes de su cuartel general sitiado en la Mukata de Ramala, Arafat siguió siendo el centro del poder, la autoridad superior y prácticamente incontrovertida, la encarnación casi mitológica de Palestina. La Hoja de Ruta era algo trivial para él, que había visto derretirse tantos planes de paz en el pasado cuando se enfrentaban a los derechos inalienables de los palestinos y los objetivos discrepantes que él mismo había establecido para su pueblo desheredado. Lo importante, por lo que a Arafat respectaba, era resistir, hacer gala de determinación y aguante, permanecer fiel contra viento y marea a sus posiciones, aquellas que formaban el núcleo duro del *ethos* palestino que con tanta firmeza creía encarnar, y esperar el momento en que las condiciones volvieran a obrar en su favor. No era ciego al elevado precio que su pueblo estaba pagando por su negativa a cambiar de estilo, conformarse con un compromiso y adoptar un *ethos* positivo de reforma, democracia y desarrollo humano y económico. Pero la de Arafat era el alma del feday, no la de un estadista o el constructor de un Estado. Se veía a la cabeza de una guerra de desgaste, no de un proceso político. Gran parte del precio pagado por el pueblo palestino durante la Intifada fue responsabilidad del propio Arafat. El *rais* consintió que la «calle» y las organizaciones de base crearan un estado de ilegalidad, anarquía y puro bandidaje. Hasta los líderes locales de la Intifada, gente como Marwan Barguti y Hussein el-Sheij, perdieron el control a manos de bandas criminales. El grado del derrumbe de la Autoridad Palestina era tal que en Gaza, donde a todos los efectos prácticos surgió una entidad independiente, Dahlan y sus hombres desafiaron con atrevimiento el dominio de Arafat. Amos Harel y Avi Isacharoff hablaron en su exhaustivo estudio sobre la Intifada de un «Dahlanistán» en Gaza. Pero Arafat no desesperó. Lo consolaba el terrible calvario por el que pasaban los israelíes, y no pensó ni por un momento que estaba perdiendo la guerra. La economía de Israel estaba en recesión —tanto es así que un informe del Banco de Israel publicado en marzo de 2004 calculaba las pérdidas de la economía israelí durante la Intifada en unos 40.000 millones de shekel, sin contar el gasto de Defensa—, el aislamiento internacional del país no hacía sino aumentar y la inmigración judía había prácticamente cesado. No sólo la comunidad mundial entera estaba ya convencida de la necesidad de que Israel se retirara a las fronteras de 1967, sino que también la abrumadora mayoría de israelíes se había resignado a esas condiciones para un arreglo. Arafat sabía que eso era debido ante todo al impacto de la Intifada sobre los israelíes y a la derrota del sionismo en la batalla más importante de todas, la carrera demográfica. También creía que la idea, tan anhelada por él, de una solución internacional al conflicto iba ganando terreno. El tiempo, según Arafat, estaba sin duda del lado de los palestinos.

El distanciamiento de George W. Bush de la estrategia para Oriente Próximo de Clinton y de su compromiso personal con la solución del conflicto árabe-israelí afectó también a la vía siria. Hizo falta algo de tiempo y no pocas vacilaciones para que Siria se adaptara, aunque como siempre lo hiciera a su manera oblicua y ambivalente, a las nuevas condiciones creadas por la guerra de Irak. Israel y Estados Unidos, sin embargo, no respondieron.

La actitud desafiante de Siria ante las acusaciones estadounidenses, una vez terminada la guerra, de que había acogido a líderes iraquíes fugados después de haberlos apoyado de forma activa durante la guerra y la provocadora respuesta de Damasco a las tácitas amenazas americanas de que Siria tal vez fuera la próxima en sentir el peso de la ira de Estados Unidos fueron actos de locura o un calculado ejercicio de política de alto riesgo. Probablemente se tratara de esto último.

Las acusaciones estadounidenses eran cualquier cosa menos infundadas. Ya antes del estallido en Irak, Siria figuraba en la lista estadounidense de estados que apoyaban al terrorismo. Durante muchos años Damasco había dado cobijo a una plétora de organizaciones terroristas, desde Hamás y la Yihad Islámica a Hezbolá. Y durante la guerra existieron muchos indicios de que los sirios no sólo facilitaron el paso de voluntarios árabes a Irak, sino que además transfirieron equipo militar desde su territorio a las fuerzas de Saddam Hussein. En un deliberado desaire a la petición americana, Damasco se negó a sellar su frontera con Irak. Y por si eso fuera poco, *Tishrin*, órgano oficial del régimen sirio, solicitó que el Tribunal Penal Internacional juzgara a los dirigentes estadounidenses «como criminales de guerra, equivalentes en rango a los criminales de guerra nazis». El comportamiento sirio ha inducido a varios miembros de la Administración estadounidense a adoptar la perspectiva de que la estrategia de Damasco era la de contribuir a convertir Irak en un nuevo Líbano, donde los atentados terroristas y las tácticas guerrilleras socavaran la ocupación estadounidense.

La actitud siria, por supuesto, no se contradice con la naturaleza de línea dura del régimen baazista, probablemente el último sistema ideológico laico del mundo árabe. Siria siempre se ha visto como la abanderada de la causa árabe contra «el imperialismo occidental y la conspiración sionista». Bajo Hafiz al-Assad, Siria se fue convirtiendo en una especie de versión mediooriental de Corea del Norte: una economía y una sociedad inamovibles gobernadas por un sistema político cerrado y disciplinado que descansa sobre dos pilares centrales: el partido y el Ejército. Sin embargo, Hafiz al-Assad, precisamente porque su experiencia formativa había sido la desastrosa y humillante derrota de la guerra de los Seis Días, tendía a ser cauto y calculador. No se prestaba con facilidad a aventuras políticas o estratégicas. Los israelíes y los americanos sabían en todo momento que apoyaba de forma activa los ataques de Hezbolá contra Israel, pero Assad jamás lo reconoció en público.

Bashar al-Assad heredó las actitudes paranoicas, la visión estrecha y las estrategias de confrontación de su padre, pero sin la prudencia y la astucia que lo caracterizaban. El joven presidente se ha demostrado hasta la fecha una decepción para quienes esperaban que emprendiera una doble estrategia de reformas internas y una política exterior de paz y estabilidad regional. En lugar de eso, en ocasiones parecía y sonaba como el ideólogo declarado de las filosofías de confrontación y el vulgar antisemitismo. Así fue su discurso en presencia del papa Juan Pablo II en Damasco. Tampoco hizo un secreto de su apoyo activo a Hezbolá como «legítimo movimiento de liberación». Más que ser el líder de una nueva Siria, miembro del club de jóvenes dirigentes árabes prometedores como el rey Abdulá de Jordania, el rey Mohamed VI de Marruecos y el gobernante de Bahrein, Issa Bin Salman el-Halifa, Bashar se ha comportado por el momento como el rehén de la Vieja Guardia heredada de su padre.

Con todo, es posible que la realidad sea más matizada y menos monolítica. Hasta hace muy poco, el régimen sirio parecía enfrascado en una doble estrategia que no hacía ascos a un arreglo con Washington. Si Bashar hacía todo lo posible por irritar a los estadounidenses, al mismo tiempo mostraba ramalazos de cooperación que les daban a entender que podía ser un valioso aliado en la región. Después del 11-S, los sirios ayudaron a localizar e incluso arrestar a figuras clave de Al-

Qaeda. Fueron los sirios quienes detuvieron a Mohammed Haydar Zammar, el ciudadano alemán de ascendencia siria que había reclutado a Mohammed Atta, cabecilla de los secuestradores del 11-S. Los sirios cooperaron de más maneras en la guerra estadounidense contra el terror, y al parecer incluso ayudaron a frustrar un atentado contra las fuerzas estadounidenses en el Golfo planeado por Al-Qaeda. Y estaba, por supuesto, el vital voto de Siria a favor de la Resolución 1441 del Consejo de Seguridad que permitió a Estados Unidos un logro diplomático muy necesario en el camino a su ofensiva contra el régimen iraquí.

Siria no pedía a gritos, por supuesto, una invasión estadounidense, ni dicha invasión parecía muy probable. La cuestión era más bien que los sirios, cuyas aspiraciones siempre han sido actuar de desafiantes paladines del panarabismo, intentaban ocupar el vacío de liderazgo existente en el mundo árabe, que pasaba por uno de los momentos más lúgubres de su historia reciente. Muchos vieron la fácil derrota de Saddam Hussein combinada con el comportamiento complaciente de los líderes árabes como un «Naqba» («desastre»), comparable tan sólo al de 1948, que dio como resultado la creación del Estado de Israel. En aquellas horas de humillación, Siria aspiraba a aparecer como la única que intentaba redimir, por ambivalentes que fueran sus esfuerzos, el honor árabe.

Como en el caso de la desafiante política nuclear de Corea del Norte, Siria está invitando a los americanos a un diálogo, no a una invasión. Esperarían que ese diálogo condujera a la restitución de los Altos del Golán a la soberanía siria y a la legitimación de su estatus especial en Líbano. Los sirios creían que valía la pena correr el riesgo de no inclinarse de manera incondicional a los dictados de Washington porque ni siquiera una superpotencia victoriosa como Estados Unidos puede permitirse el lujo de invadir países árabes uno tras otro. También sabían que, a pesar de la fractura en la comunidad internacional, Irak era un objetivo legítimo. Ni la opinión internacional ni la americana verían ahora un ataque contra Siria como justificado. Para una campaña como ésa, los estadounidenses no tendrían ni la semblanza de una coalición internacional.

Así pues, no cabe descartar una conversión damascena. Los sirios quieren sin lugar a dudas un diálogo tanto con Estados Unidos como con Israel; para ellos son dos caras de la misma moneda. La guerra de Irak, afirman los sirios, debería ir seguida de una hoja de ruta para la paz no sólo en la vía palestina, sino también entre Siria e Israel. Los sirios quedaron a todas luces desconcertados por el modo en que tanto el primer ministro Sharón como el presidente Bush se desentendieron de su llamada a retomar las negociaciones para un arreglo con Israel. Parecen existir incluso indicaciones, como el general Yaalon, jefe del Estado Mayor militar de Israel, ha dado a entender hace poco, de su disposición a un acuerdo basado en la frontera internacional y no en las líneas de 1967 en las que con tanta obstinación insistió Hafiz al-Assad, hasta el punto de hacer imposible un acuerdo.

Es posible que tanto Sharón como Bush estén cometiendo en este caso el típico error de unos líderes carentes del sentido de los tiempos y la capacidad de decisión de un estadista. La debilidad de un rival es un motivo para llegar a un acuerdo con él, no un detonante para humillarlo más aún. La tensión a la que se halló sometido el régimen de Siria tras la guerra global de Estados Unidos contra el terror y la invasión de Irak lo impulsó a intentar mejorar sus relaciones con Estados Unidos y la comunidad internacional en general. Es en este contexto en el que, aunque fuera por puras consideraciones tácticas, los sirios lanzaron su iniciativa para una paz siria-israelí. El general Yaalon estaba en lo cierto al verlo como una oportunidad de oro que, en caso de aprovecharse, podía contribuir enormemente a la paz y la estabilidad regionales.

El desdeñoso rechazo a la tentativa siria puso de manifiesto la debilidad, y en verdad la falacia, de la filosofía de la derecha israelí y su equivalente neoconservador en Estados Unidos. Los dos mantenían que la neutralización de amenazas estratégicas en el círculo externo de Oriente Próximo crearía las condiciones ideales para, y vendría seguida por, la paz entre Israel y sus vecinos árabes inmediatos. Sin embargo, esta filosofía no se estaba demostrando justificada ni en el frente palestino ni en la vía siria. Saltaba a la vista que tanto Israel como Estados Unidos vacilaban a la hora de aprovechar la oportunidad creada por la neutralización, por temporal y todavía precaria que fuera, de las amenazas estratégicas en el Oriente Próximo externo para pacificar el Oriente Próximo interno. Al contrario, parecían pasarlas por alto. En el frente palestino, el argumento israelí, secundado por la Administración estadounidense, era que el caos y la ausencia de un liderazgo creíble hacían imposible que Israel utilizara su posición estratégica mejorada para cerrar un acuerdo de paz, con lo que les quedaba una sola alternativa para salir del punto muerto: la «desconexión» unilateral. En cuanto a Siria, la política del presidente Bush de demasiados palos y apenas alguna zanahoria es un claro impedimento en el camino a incorporar ese país a un sistema regional de paz y seguridad. El rechazo de Ariel Sharón a la iniciativa siria obedece a su conocimiento del inevitable precio territorial —una plena retirada de los Altos del Golán— que a todas luces no está dispuesto a pagar. Tampoco su dilema es fácil, sin embargo. Sabe que no puede afrontar y absorber dos grandes terremotos políticos a la vez, el que derivaría de su plan de retirada de Gaza y el que surgiría de manera inevitable de una salida del Golán. Una coalición de colonos del Golán con los de Gaza y Cisjordania es una alianza políticamente letal que ya contribuyó a condenar al fracaso los esfuerzos de paz de Rabin. Siempre más táctico que estadista atrevido y visionario, Ariel Sharón prefiere no tentar a la suerte, no coquetear con el desastre político.

Fue una ironía de la historia que, precisamente cuando se redujo la gravedad de la mayoría de las amenazas estratégicas que durante años habían pendido sobre el Estado judío gracias a la guerra de Estados Unidos en Irak, Israel se viera atrapado en un rompecabezas mortífero que él mismo había creado y con el Apocalipsis como único horizonte. Aunque Israel podía jactarse de haber ganado la guerra de la Intifada desde un punto de vista táctico, de ningún modo podía reclamar una victoria estratégica, porque fue incapaz de convertir su superioridad militar en un avance estratégico. Además, sin solución política a la vista, el espectro de un Estado binacional y de apartheid con características sudafricanas pero sin solución «sudafricana» concebible de repente ya no parecía una amenaza hueca. Visto que Israel era incapaz de contener la cancerosa expansión de asentamientos y eliminar el grueso de colonias y que los palestinos bajo el liderazgo de Arafat persistían en su impotencia para atajar la oleada de violencia y seguían vacilando sobre si respetaban el carácter judío de Israel, la solución de los dos estados, que había sido el programa de todos y cada uno de los planes de paz hasta la fecha, empezaba a parecer algo que ya no era posible.

Al borrar la Línea Verde, Israel ha ganado en territorio pero perdido una batalla más esencial del sionismo, la de la demografía. Los árabes palestinos e israelíes, uno de los pueblos más fértiles de la tierra, juntos han alcanzado ya la paridad demográfica con los judíos. Sólo el 50% de los 10 millones de personas que viven entre el río Jordán y el mar Mediterráneo son judíos. Para el año 2020 se verán reducidos al 42%, sin posibilidad alguna de invertir la tendencia. Desde una perspectiva sionista, eso supone ni más ni menos que el Apocalipsis demográfico. El nuevo temor era que, si bien la solución de los dos estados seguía mostrándose esquiva a las partes, tampoco era de ningún modo inconcebible que la OLP cancelara su adhesión de 1988 al principio de los dos estados y retomara su antigua posición en pro de un solo Estado judeoárabe.

Fue precisamente para impedir esa posibilidad que Ariel Sharón y la derecha israelí «civilizada», por diferenciarla de los colonos mesiánicos y sus partidarios de la extrema derecha, adoptaron el concepto de la desconexión unilateral. La separación entre las dos comunidades de Palestina, un concepto que era inherente a la empresa sionista desde sus primeros tiempos y que más tarde fue institucionalizado mediante todos los mecanismos de gobernación establecidos por el Mandato británico, siempre contó con la férrea oposición de los revisionistas que lo consideraban una traición a Eretz Israel. Jabotinski nunca tuvo en mente un «muro de hierro» físico que atravesara el corazón de Judea y Samaria. El suyo era un muro metafórico, un concepto de disuasión, una llamada a no ceder nunca a la intimidación árabe. Pero sus discípulos cedieron. En la década de 1990, Yitsjak Rabin fue el primero en poner en marcha planes para una valla que separase físicamente Israel de los territorios. El mismo político que en ese momento dirigió una ensañada campaña contra Rabin por ceder ante el terror, Ariel Sharón, corría ahora a hacer suyo el mismo concepto de separación de la izquierda israelí, con la salvedad de que en su caso se trataba de un faraónico proyecto de hormigón, una muralla china de centenares de kilómetros que mantuviera a raya a los nuevos bárbaros. Importantes sectores de la derecha israelí se vieron obligados, contra sus más caras creencias ideológicas, a erigir un muro en Judea y Samaria, que rompía la unidad histórica de las tierras bíblicas de Eretz Israel.

El muro de Sharón, aunque desde luego no es una contribución a la confianza mutua, se concibió como un paso claro en contra de la solución del Estado único. Es un reconocimiento de que el sionismo ha perdido la carrera demográfica. Era sencillamente imposible reconciliar la demografía y el sueño del Gran Eretz Israel. El muro es una manifestación desafiante, resuelta y atrevida de que Israel no permitirá que eso conduzca a una solución basada en el Estado único. Sin embargo, también es un reconocimiento por parte de la derecha israelí de que ha perdido la batalla por Eretz Israel. Con todo, a diferencia del caso de Gaza, una zona pequeña y compacta sin demasiados colonos «ideológicos» en la que Sharón planea una retirada total, si alguna vez propone un plan de desconexión para Cisjordania, lo más seguro es que se trate de algo mucho más modesto. Allí, quizás intente retirar tan sólo un número reducido de asentamientos, de tal modo que deje a los palestinos en esencia confinados a unos enclaves autónomos y diseminados rodeados de asentamientos y circundados por una tupida red de carreteras de circunvalación.

No existe, por supuesto, ni la menor posibilidad de que los palestinos den el visto bueno a un plan como ése. No puede descartarse una campaña internacional palestina a favor de la solución del Estado único acompañada por una extendida insurgencia popular si en verdad los palestinos llegan a la conclusión de que no hay perspectivas reales de un Estado independiente y viable para ellos. No es descabellado pensar que, en tales condiciones, la insurgencia palestina podría extenderse incluso a la población árabe de Israel, como tampoco cuesta imaginarse la potencial respuesta de los extremistas israelíes. Sin duda podrían proponerse con violencia todo tipo de planes de traslado contra la población palestina y la comunidad árabe en Israel, y tampoco puede descartarse un resurgir del terrorismo judío contra blancos árabes. Lo que en los años 30 empezó como una guerra civil entre judíos y árabes en la Palestina mandataria y desde 1988 se convirtió en una lucha por la creación de estados separados, volvería así a su condición original de encarnizada guerra civil.

Es posible evitar esta pavorosa hipótesis retomando de inmediato las negociaciones sobre la base de una solución de dos estados que respete las fronteras de 1967 o por medio de una desconexión unilateral en la que Israel se retire del grueso de Cisjordania y permita la existencia de un espacio palestino viable y contiguo. Lo ideal sería, en caso de adoptar la última opción, que Israel al mismo tiempo dejara también la puerta abierta para futuras negociaciones de cara a un arreglo contractual con los palestinos. Por desgracia, ninguna de esas opciones gozaba de muchas posibilidades inmediatas y realistas en la coalición derechista de Sharón, sobre todo mientras Arafat estuviera al mando de la Autoridad Palestina. Sencillamente, no parecían existir condiciones políticas para producir maniobras atrevidas de ese tipo.

La marcha a la locura de Israel en los territorios ocupados representada por su absurda y aventurera política de asentamientos ha creado una realidad sobre el terreno que ya no es posible resolver tan sólo por medios diplomáticos tradicionales. Si la situación se vuelve tan enconada e insoportable y una guerra civil entre judíos y árabes empieza a cobrarse su terrorífico recuento diario, y los estados árabes se ven obligados a dejarse arrastrar de nuevo por el conflicto, es posible que el último recurso sea todavía un acuerdo impuesto por una alianza internacional para la paz en Oriente Próximo, encabezada por Estados Unidos. Por reacios que fuesen los estadounidenses a dirigir esa coalición, es posible que se vieran obligados a hacerlo cuando sopesaran el precio en términos de estabilidad regional y la indignación internacional que podría producir una guerra civil judeo-árabe y lo comparasen con las dificultades de una solución impuesta.

Todas y cada una de las opciones teóricamente disponibles para las partes, incluida la del acuerdo impuesto, desencadenarían de manera inevitable unos terremotos internos de dimensiones sin precedentes dentro de ambas sociedades, la palestina y la israelí. Si las partes no consiguen regresar a la solución de los dos estados, es sencillamente inevitable que estalle una guerra civil entre judíos y árabes dentro del Estado «sudafricano» único. En cada una de las opciones restantes también se abrirían profundas fracturas y se desencadenaría sin duda un conflicto civil, aunque en ese caso sería dentro de cada una de las respectivas sociedades. Sin embargo, eso al menos sería un sacrificio al servicio de una causa moral: una vida digna e independiente para cada nación en su propio Estado. En el conflicto israelí-palestino, la ocasión de una paz sin dolor se perdió hace años. Desde ese momento, nadie puede ahorrarle a las partes el calvario. Las dos, palestinos e israelíes, se lo han ganado de sobra por su miopía política y en ocasiones su mera estupidez humana.

Una solución de Estado único es una pesadilla por la que sólo lucharían la extrema derecha y los colonos más fanáticos, y aun ellos con la esperanza de que el traslado en masa de palestinos la hiciera aceptable. Sin embargo, la solución de dos estados no es necesariamente la alternativa preferida de todos los contrarios al «estado compartido». Una retirada del grueso de los territorios sin permitir la creación de un Estado palestino independiente es una opción con la que fantasearon algunos miembros de la cúpula de seguridad israelí durante los últimos días de Arafat. El jefe del Estado Mayor Moshé Yaalon era sin duda uno de los que creían que el paradigma de los dos estados estaba obsoleto y debía ser reemplazado por unos acuerdos con los estados árabes que bordean Israel, en esencia un retorno a los acuerdos de armisticio de 1949. Según este viejo nuevo paradigma, Israel no puede conseguir la paz de una forma segura con un movimiento nacional revolucionario que es por su esencia incapaz de reformarse y ofrecer estabilidad a cambio de tierra y soberanía. La imposibilidad de alcanzar un acuerdo negociado con un movimiento nacional invertebrado y la guerra sin resolver contra un enemigo anárquico en estado de constante agitación como los palestinos por fin hizo comprender a algunos generales israelíes la lección de que la seguridad depende de la estabilidad política de tu vecino, no de la cantidad de tierra que ocupes. La idea era, pues, resucitar la opción jordana en Cisjordania, animar a Egipto a que regresara a la franja de Gaza y llegar a un arreglo con los sirios respecto de los Altos del Golán. Eso, el afán por regresar a la «doctrina de la cápsula» según la cual los palestinos se verían rodeados y su movimiento nacional esterilizado por un anillo de acuerdos de paz entre Israel y los estados árabes dictatoriales pero estables y ordenados que lo rodean, es lo que subyacía en realidad a las ansias del general Yaalon por emprender conversaciones de paz con Siria.

En eso el general Yaalon dio muestras de cierta inventiva política. Sin embargo, intentar rescatar del olvido un concepto tan anacrónico, y en verdad obsoleto, como la «doctrina de la cápsula», fue una triste demostración de su incapacidad para asumir las lecciones más fundamentales de la historia. Los movimientos nacionales que no pueden suprimirse por medios militares no se eliminarán por el sencillo expediente de no hacerles caso ni tampoco cambiando la identidad del ocupante.

El plan de Ariel Sharón para desconectarse de Gaza de manera unilateral y desmantelar todos los asentamientos de la Franja es una prueba concreta de que el primer ministro ha descartado por completo la opción de unas negociaciones directas sobre la solución de dos estados y ha optado por el enfoque unilateral.

Como no podía ser de otra manera, Sharón no concebía su plan como parte de un gran proyecto estratégico o como componente de una visión de paz más amplia con los vecinos palestinos de Israel. Eterno cazador táctico y casi nunca planificador estratégico, Sharón tomó la decisión de retirarse de Gaza en otoño de 2003 en un intento desesperado de «hacer algo» para suavizar la presión nacional e internacional que tenía encima. Era una temporada peliaguda para el primer ministro. La guerra sucia en los territorios había desencadenado oleadas de protesta entre soldados y reservistas; incluso miembros de unidades de comando de elite y pilotos de caza pusieron en duda con vehemencia la legitimidad moral de la guerra despiadada e indiscriminada en la que les ordenaban participar. Cuatro prestigiosos ex directores del servicio de seguridad israelí [Shabak] advirtieron en una entrevista conjunta de que Sharón estaba conduciendo al país «al abismo»; los planes de paz de vía II como los Acuerdos de Ginebra apuntaban a una potencial salida del sanguinario punto muerto, una salida que Sharón no estaba de ningún modo dispuesto a tomar, y también existía una posibilidad real de que la izquierda pudiera repetir el tipo de campaña masiva anti-sharón que lo había hundido tras la masacre de Sabra y Shatila. Como el asesor de Sharón, Dov Weissglass, explicó más tarde en una reveladora entrevista, «[...] se observaba una peligrosa erosión en nuestra posición nacional e internacional. En Israel todo se venía abajo».

El primer ministro afrontaba en ese momento una serie de opciones, ninguna de las cuales le resultaba muy atractiva. Una era el desmantelamiento total de la Autoridad Palestina y la reocupación de todos los territorios. Otra teórica opción era iniciar unas negociaciones directas en busca de un acuerdo de paz que conllevaría inevitablemente la retirada casi completa de los territorios. El ministro de Exteriores de Sharón, Silvan Shalom, realizó su propia y brillante contribución al parque de ideas presentadas por los asesores del primer ministro. Propuso simular un proceso de paz, fingir unas negociaciones, encontrarse de vez en cuando «con algún Abú» y no hacer nada. Sharón descartó todas aquellas opciones, por ser demasiado arriesgadas o nada prácticas, y en una reunión secreta celebrada en Roma el 18 de noviembre de 2003 con Elliot Abrams, director de la sección de Oriente Próximo de la Casa Blanca, comunicó a los estadounidenses su drástico plan de retirarse unilateralmente de Gaza y desmantelar todos los asentamientos de la Franja.

Como se demostraría, Sharón se las ingenió para matar dos pájaros de un tiro con un capricho fruto de la desesperación. El hombre de guerra de repente se veía en el papel de pacificador, o al menos en el de alguien capaz de afirmar que también tenía un plan para mantener ocupados a sus opositores nacionales e internacionales y a la larga obligarlos a asumir su programa. Cansada de los sinsabores de impulsar la malhadada Hoja de Ruta, la Administración Bush se aferró a la idea de Sharón como si de repente hubiese encontrado petróleo. La recompensa de Sharón fue que, al refrendar el principio de la desconexión unilateral, Estados Unidos reiteraba implícitamente su apoyo a una tesis que era la piedra angular de la política del primer ministro y en verdad la clave de su posición política en casa, o sea, el que no se emprendería negociación alguna con la Autoridad Palestina hasta que no terminara el terror. Y como las posibilidades de que el terror palestino terminara sin ningún horizonte político a la vista eran sencillamente inexistentes, eso significaba que la opción de las negociaciones desaparecía a todos los efectos prácticos del orden del día. Sharón obtuvo beneficios adicionales de su caprichoso plan. Acalló las crecientes protestas en Israel, se las apañó para domesticar al Partido Laborista, que pasó a suplicar que lo admitieran en su coalición, y dejó de lado planes izquierdistas de vía II como el de Ginebra, de los que ya apenas habla nadie; en ese momento pasaron prácticamente al olvido. Y por si eso fuera poco, casi se las ingenia para cortar de raíz una iniciativa americana, que le comunicaron en su reunión de París con Elliot Abrams, para emprender unas negociaciones de paz con los sirios, cuyo único resultado podía ser la devolución del Golán a cambio de que Siria abandonara una opción bélica que Sharón está convencido de que ya no posee de todas formas.

Sin embargo, por cínico, oportunista y desde luego imperfecto en sus detalles que sea el plan de Sharón, ofrece tantas posibilidades como enormes riesgos conlleva. La comunidad internacional puede y debe desempeñar un papel vital incrementando las oportunidades y atajando los riesgos. En otras palabras, no debería permitirse que la desconexión sea completamente unilateral.

Ningún líder israelí se ha planteado antes en serio desmantelar asentamientos. Y a pesar de las enormes dificultades políticas que Sharón ha encontrado en las instituciones embarazosamente disfuncionales de su partido, es razonable afirmar que ningún primer ministro ha disfrutado en el pasado de las condiciones políticas necesarias para ejecutar una maniobra tan polémica. Ni siquiera en el apogeo de su poder político Yitsjak Rabin se atrevió a desmantelar Netzarim, un asentamiento aislado de la franja de Gaza que está protegido por un número de soldados que decuplica al de sus habitantes. Y cuando, tras la masacre perpetrada en 1994 por un fundamentalista judío contra fieles musulmanes en la Tumba de los Patriarcas de Hebrón, surgió una oportunidad única de evacuar el hervidero de extremismo político-religioso que es el barrio judío de esa localidad, Rabin vaciló una vez más y cedió ante los colonos.

Si Sharón no se está tirando un farol y se las ingenia para superar sus limitaciones políticas, lo que todavía está lejos de ser una certeza, estará sentando un precedente de trascendentales consecuencias. Hará cierto una vez más el mantra de que sólo un «halcón» es capaz de retirarse de territorio palestino, plantar cara a los colonos religiosos de línea dura y sobrevivir en la política. Y sea cual sea su retórica, también dará a entender a algunos de los colonos de Judea y Samaria, no todos, que tampoco ellos son inmunes a la evacuación.

Ariel Sharón, como sus predecesores desde 1993, llega a su momento de la verdad con una coalición rota, un Gobierno dividido y un Parlamento invertebrado. Vuelve a ser el dilema de un líder como frente sin retaguardia en casa. A lo que se expone quien intenta retirar a Israel de los territorios, sea mediante un acuerdo como Rabin y Barak o de una forma violenta, la de Sharón, es a sufrir una derrota política, y en el caso de Rabin incluso el asesinato. Los políticos israelíes son la excepción a la regla de que sólo se mantiene la estabilidad y el equilibrio pedaleando en la bicicleta. Es precisamente pedalear, moverse y pasar a la acción lo que hace que un líder allane el camino hacia su defunción política. Rabin, Peres y Barak fueron derrotados porque intentaron interrumpir la vieja y paralizadora inercia de guerra y conflicto. Incluso en el caso de Netanyahu, fue sólo cuando se aventuró, por reticente que fuera, a llegar a un acuerdo con los palestinos, el memorándum de Wye River, cuando perdió su base política y al final el poder. Todavía es posible que Ariel Sharón venza, aunque eso está por ver. Su supervivencia política, ahora que su partido lo ha abandonado, requiere un grado milagroso de suerte y mucha astucia política. Ni siquiera ahora que la Knésset ha aprobado el plan de desconexión y el Partido Laborista se ha sumado a su coalición, la supervivencia política de Sharón o las posibilidades de que su plan llegue a la práctica son algo cantado. Lo que da gusto, no obstante, es que Sharón, el hombre de acción sin escrúpulos ni piedad, haya descubierto por fin los límites de la fuerza. Nadie que conociera su historial personal y político se lo habría imaginando pronunciando un discurso como el del día en que la Knésset aprobó su plan. Hablando para los colonos, aquellos a quienes había mimado y cultivado durante años, dijo:

Habéis desarrollado entre vosotros un peligroso espíritu mesiánico. No tenemos ninguna posibilidad de sobrevivir en esta parte del mundo sin piedad para los débiles si persistimos en esta senda. He aprendido de mi propia experiencia que la espada por sí sola no ofrece la solución. No queremos gobernar sobre millones de palestinos que se multiplican todos los años. Israel no sobrevivirá como Estado democrático si sigue siendo una sociedad que ocupa otra nación. La retirada de Gaza abrirá las puertas de una nueva realidad.

El plan de desconexión de Sharón posee valentía política, pero también un ominoso potencial para el desastre. El principal peligro de la maniobra es la «libanización» de la franja de Gaza una vez que Israel haya retirado sus asentamientos y fuerzas militares. Salir de Gaza sin coordinarlo con un organismo palestino o internacional capaz de contribuir al aseguramiento de la estabilidad, a la vez que se conserva el control de los puntos de entrada y salida de la Franja y se mantiene a fuerzas israelíes a lo largo de la carretera de Filadelfia —la frontera de Gaza con Egipto— de un modo que de ningún modo puede definirse como «el fin de la ocupación», sólo puede ser la introducción de una nueva fase en la guerra israelí-palestina de desgaste. «Filadelfia» se convertiría a ciencia cierta en el centro de gravedad de todos los grupos terroristas autóctonos, y es probable que también regionales, comprometidos en la guerra contra la ocupación israelí. Tampoco es tan descabellado asumir que Hamás desarrollaría o adquiriría en ese momento misiles con un alcance más largo que el de sus caseros Kassams, capaces de alcanzar blancos en el corazón de Israel, una ciudad como Ashkelon, por ejemplo. Además, está un poco traída por los pelos la lógica de que es posible socavar el argumentario de la lucha palestina por la independencia introduciendo una cuña entre los dos componentes orgánicos de la nación, Gaza y Cisjordania. Los gazeños no ofrecerán seguridad a Israel mientras sus hermanos de Cisjordania permanezcan bajo ocupación.

Por incompleta que sea la retirada israelí de Gaza, los palestinos la verán como una espectacular victoria, una deshonrosa capitulación del ocupante israelí. Eso establecería una línea directa en la mentalidad palestina entre lo que ellos perciben como la vergonzosa huida israelí de Líbano y su salida aún más traumática de Gaza, de un modo que caldearía la imaginación de los jóvenes combatientes palestinos y los inspiraría de cara a la siguiente fase de la guerra palestina de independencia. Si a la desconexión de Gaza no la acompaña o la sigue de inmediato un proceso de paz creíble, le llegará a Cisjordania el turno de intentar librarse del ocupante israelí, y no es para nada improbable que la salida de Gaza vaya seguida por un recrudecimiento de la Intifada a lo largo y ancho de Cisjordania.

Es poco menos que indudable que Hamás, el poder dominante en Gaza, afirmaría —tal y como hizo Hezbolá en Líbano— que la salida de Israel supone una victoria de su campaña y una justificación del terrorismo suicida. Si se permite que Hamás se convierta en la autoridad gobernante de la franja de Gaza, podría producirse el establecimiento de un miniestado talibán en guerra permanente contra Israel. Eso transmitiría un terrorífico mensaje a toda la región. También asestaría un golpe adicional a la Autoridad Palestina y a aquellos que dentro de ella todavía confían en un acuerdo negociado.

Los palestinos vieron el apoyo del presidente Bush al plan de desconexión de Gaza de Sharón como un contratiempo. Les preocupa, y con motivo, que Israel desee controlar no sólo el espacio aéreo de la Franja sino también los pasos terrestres. Tampoco debería sorprenderles que Israel pretenda mantener una completa libertad de acción militar por si ellos no logran combatir el terrorismo con eficacia. La insistencia de Sharón en mantener bajo control militar israelí la carretera de Filadelfia también constituiría una fuente continua de fricciones, tal y como sucedió con las granjas de Shabaa en el sur de Líbano. La principal preocupación palestina, sin embargo, es la de que Gaza sea a la vez «primera» y «última», y que Sharón no tenga previstas etapas posteriores de desconexión.

Sin embargo, con todas sus evidentes carencias, el proyecto Sharón-Bush de retirada de Gaza, si se ejecuta en el marco de un plan de paz general —una Hoja de Ruta del Cuarteto reformada, por ejemplo— y un esfuerzo internacional coordinado para evitar un caótico vacío de autoridad en la Franja una vez que Israel haya retirado su presencia militar y civil, todavía puede suponer un programa merecedor del apoyo tanto de los palestinos como de la comunidad internacional.

Es de esperar que la triste experiencia de los estadounidenses en Irak les haya enseñado que la legitimidad internacional puede ser no menos importante que un abrumador poderío militar. Tarde o temprano, Israel deberá llegar a la misma conclusión si pretende disponer de unos acuerdos de paz sólidos con sus vecinos palestinos. Si se empeña en descartar a los palestinos como interlocutores válidos, la maniobra unilateral de Israel necesitará el apoyo y la asistencia activa de la comunidad internacional para adquirir legitimidad.

La falta de legitimidad es también el principal problema del reciente intercambio epistolar entre el primer ministro Sharón y el presidente Bush acerca de los contornos de un arreglo de paz definitivo entre israelíes y palestinos, intercambio que le ofrecieron a Sharón como recompensa estadounidense por su plan de Gaza.

Desde luego, los principios clave suscritos por el presidente Bush —bloques de asentamientos en Cisjordania y la estipulación de que el derecho de retorno sólo debe aplicarse al Estado palestino, no a Israel— no son del todo nuevos. Los parámetros de Clinton de diciembre de 2000 esbozaban unos trazos parecidos para un acuerdo de estatus definitivo. De hecho, Clinton fue mucho más detallado y específico. Su plantilla incorporaba todos los puntos concretos del posible acuerdo final, como por ejemplo porcentajes precisos de tierra para los bloques de asentamientos, la proporción de los trueques, la desestimación del derecho de retorno a Israel y el futuro de Jerusalén y el Monte del Templo.

Existen, sin embargo, cruciales diferencias entre los dos documentos presidenciales. Bush no parecía haber asimilado todavía del todo las lecciones de Irak, y su compromiso con Ariel Sharón era tan unilateral e ilegítimo como la campaña estadounidense contra Saddam Hussein. La carta del presidente Bush recuerda a la Declaración Balfour en un punto vital: las dos fueron intercambios epistolares entre una potencia occidental y los sionistas, que se desentendían por completo de los deseos y posiciones de los árabes. Otra diferencia entre los dos documentos es que los parámetros de Clinton no eran el repentino capricho político de un presidente en búsqueda desesperada de la reelección ni el intento de lanzar un salvavidas a un primer ministro israelí en pleno naufragio político. Los parámetros eran un punto de equilibrio muy logrado entre las posiciones de israelíes y palestinos en el momento de su redacción. Las ideas de Clinton nacieron de las negociaciones entre las partes. No eran una imposición arbitraria.

Lo que está en juego es de nuevo la cuestión de la legitimidad, sin la cual un programa de paz no puede durar ni ser viable. Como eran el resultado de las negociaciones entre israelíes y palestinos para un arreglo general, la comunidad internacional aclamó los parámetros de Clinton. Los líderes de todo el mundo, desde el secretario general Kofi Annan al presidente Putin de Rusia, la práctica totalidad de los dirigentes europeos y los de algunos estados árabes clave, se unieron al esfuerzo estadounidense para convencer a Yasser Arafat de que aprovechara la oportunidad histórica y aprobara los parámetros. No es ése el caso desde luego de la promesa del presidente Bush a Sharón. Es el unilateralismo de la maniobra, quizá más que su contenido, lo que ha alienado a los europeos, los estados árabes y, por supuesto, los palestinos.

Pese a todas sus deficiencias, como el proyecto de Gaza es en este momento lo único que hay, todavía es posible que la cúpula palestina vea en él una oportunidad de recuperar su relevancia y regresar al frente de los esfuerzos de pacificación. Su actuación a la hora de crear una Autoridad Palestina fiable en Gaza que combata el terrorismo, dé lugar a un entorno ordenado en toda la Franja y construya en ella unas instituciones políticas decentes podría convertir esa tierra de desolación y desesperanza en un modelo para el Estado palestino más amplio que en el futuro incluyera también Cisjordania.

El plan de Sharón es un desafío también para la comunidad internacional. Las instituciones palestinas están hechas pedazos y su economía anda por los suelos. Existen indicios de que miembros clave de la comunidad internacional están dispuestos a pasar de las políticas declamatorias y la inercia ya cansina de condenas a las políticas de Ariel Sharón a un enfoque práctico y pragmático. Hay muchos que creen que en este momento sólo una implicación activa y enérgica de la comunidad internacional para ayudar de cerca a los palestinos en su cometido podría garantizar que la desconexión de Israel no empezara y terminase en Gaza, sino que fuera el preludio de un proceso de paz más amplio y creíble. Para eso quizás hubiera que convencer a Sharón de que convirtiese su maniobra en una desconexión con supervisión internacional que condujera a una presencia extranjera activa en la franja de Gaza. Ya que Israel pretende huir, sean cuales sean las consecuencias, sólo la enérgica intervención de la comunidad internacional para asesorar a los palestinos en la reconstrucción de sus fuerzas de seguridad, la implantación de instituciones y el establecimiento de unos cimientos para el crecimiento económico podrá convertir la política del desespero y la devastación en una de paz y esperanza.

12

CONCLUSIONES

Visto desde la perspectiva del conflicto más que centenario y desde la de la política de la guerra y la diplomacia del todo o nada que imperó durante tantos años en la disputa árabe-israelí, el sionismo puede jactarse de haber prevalecido contra todo pronóstico. La gran victoria del sionismo, que empezó, a ojos de los árabes, como una intrusión colonial extranjera, es haber tenido éxito en la tarea de obligar a sus enemigos a aceptarlo, asumir su existencia e incluso contemplar la paz con él. Israel consiguió incluso obligar a todo el mundo árabe, y con él a la comunidad internacional, a aceptar la legitimidad de las fronteras de 1948 aun cuando ésas iban mucho más allá de las que se aprobaron para el Estado judío en 1947. Si Israel acepta recortar sus ambiciones territoriales posteriores a 1967 —y como han demostrado tanto las negociaciones conducidas durante el Gobierno Barak como todos los estudios recientes de opinión pública, Israel está maduro para un acercamiento pragmático y no ideológico a la paz— y asume que la fase territorial del sionismo ha tocado a su fin, todavía es posible sellar de una vez por todas la victoria del sionismo.

Eso exigiría que también los palestinos recortaran sus sueños. La destrucción del Estado y la soberanía judíos por dos veces en la historia de nuestro pueblo fue el resultado de su incapacidad como nación para adoptar el curso político correcto y optar por un acomodamiento con la realidad en lugar de lanzarse a alucinaciones mesiánicas. El castigo fue en verdad muy severo, siglos de exilio y persecuciones. Eso debería servir de lección para los palestinos y sus dirigentes, que a lo largo de su historia han preferido una heroica lealtad a la peligrosa inercia de los mitos nacionales y los sueños irrealistas, en lugar de escoger la opción de un curso político sabio y prudente.

Sin embargo, para que una paz árabe-israelí fuese duradera tendría que ir más allá de los acuerdos escritos y los mecanismos de aplicación; deberían refrendarla y asimilarla también las sociedades. Eso significa, en esencia, que la democratización de Oriente Próximo es la garante última de la paz. Con todas sus imperfecciones, la democracia israelí ha asumido la necesidad de la paz no sólo como un imperativo político y de seguridad, sino también como parte vital del empeño de una sociedad democrática por una mejora de las condiciones humanas, la estabilidad social y el desarrollo económico. La opción por la paz de Israel tiene tanto de elección social como de necesidad estratégica.

Las sociedades árabes todavía no son libres para expresar sus decisiones, de tal modo que el observador pueda afirmar que sus regímenes perciben un acuerdo con Israel como la introducción a una profunda transformación interna social y política, y que no lo consideran un simple mecanismo de supervivencia política, una mera y acuciante necesidad estratégica. Para que la paz sea viable y duradera, la opción estratégica de los líderes árabes por un acuerdo debe convertirse en el preludio de unos cambios sociales y políticos profundos. La paz, por supuesto, no puede esperar a que surja la democracia árabe; tendría inevitablemente que precederla. El final del conflicto y el comienzo de un proceso de desarme ideológico son vitales para la democratización de la región. La paz debería servir de principal agente y detonante para la democracia árabe. Porque, mientras no haya paz, las dictaduras árabes tendrán el argumento perfecto para permanecer en el poder. La democracia es la clave para que los líderes árabes sean capaces de superar el patrón de gobierno históricamente destructivo en virtud del cual se ven obligados en todo momento a aplacar y controlar al mismo tiempo a una «calle árabe» que ellos mismos incitaron con una retórica belicosa contra el Estado judío y sus patrones «imperialistas» estadounidenses. Fueron atrapados en ese enredo irresoluble de su propia cosecha como los líderes árabes se abocaron en contra de sus deseos a la campaña del Sinaí de 1956 y la guerra de los Seis Días de 1967.

Ya desde 1948 los árabes esperaban que Israel se «portara bien» para aceptarlo en su seno como Estado, por pequeño y modesto que fuera. Se demostró que estaban equivocados. Fue el «mal» comportamiento de Israel, como superpotencia regional inflexible e intimidante que amenazaba la integridad territorial y la estabilidad política de sus vecinos árabes y cuya política llegó a condenarla al aislamiento internacional, lo que a la larga forzó a los árabes a desear reconciliarse con el Estado judío. Al final, fue el «mal comportamiento» de Israel, la filosofía del muro de hierro de Jabotinski y la doctrina de defensa ofensiva de Ben Gurión, respaldados por la disuasión nuclear definitiva, los que cambiaron la actitud de los árabes respecto del Estado judío.

Sin embargo, obligar a los enemigos árabes de Israel a que acepten su existencia y hagan las paces con él es una cosa, pero imponerles los términos territoriales de un acuerdo es otra distinta. La demografía y el territorio, los dos pilares de la empresa sionista, no pueden reconciliarse a menos que Israel refrene la tendencia que conduce a lo que podría convertirse en un Apocalipsis demográfico para el Estado judío y abandone sus ambiciones territoriales alejándose del sueño, irrealista y corruptor de la moral, de poseer las tierras bíblicas de Eretz Israel. Un pueblo palestino deseoso de libertad y dignidad vive bajo ocupación. La integridad moral de Israel y unos imperativos políticos vitales exigen que los palestinos recuperen sus derechos y su dignidad como nación. La democracia y el Estado judío no pueden reconciliarse con la ampliación territorial. «Traslado» y «separación» fueron, cabe recordarlo, conceptos importantes propugnados desde los primeros tiempos de la empresa sionista. En la inevitable segunda partición de Palestina es posible que haya que reformar algunas fronteras para dar cabida a las nuevas realidades demográficas, pero no puede permitirse el traslado de poblaciones. El reasentamiento de refugiados en la «Palestina histórica», por tomar prestada la expresión que utilizó el presidente Clinton para definir el Estado palestino en Gaza y Cisjordania, es otro asunto.

El Estado de Israel nació en guerra y ha vivido desde entonces con la espada en la mano. Eso ha conferido a los generales y al modo militar de pensar, al menos desde la revuelta árabe de finales de los años 30, un papel demasiado preponderante en el Estado judío y una función demasiado central a la hora de definir tanto los objetivos bélicos de Israel como sus políticas de paz. El Ejército ha predicado en todo momento el «activismo» y con excesiva frecuencia ha reaccionado de manera desproporcionada ante amenazas reales y a veces imaginarias. Llama la atención que, además, el Ejército se haya opuesto a la mayor parte de avances políticos de la historia de Israel. El general *Motta* Gur, jefe del Estado Mayor, malinterpretó la iniciativa de paz de Sadat y se opuso a ella; su sucesor en 2000, el general Shaul Mofaz, se opuso con vehemencia a la retirada israelí de Líbano y también a los parámetros de paz de Clinton, y en este momento el Ejército critica una vez más la desconexión de Gaza, que el primer ministro ha tenido prácticamente que imponerle.

Es a causa de la preponderancia de la mentalidad militar que los extraordinarios logros del sionismo diplomático en los primeros años del movimiento fueron relegados a un rincón marginal de la memoria colectiva de los israelíes. Tampoco los líderes de Israel más orientados hacia la diplomacia, Moshé Sharett y Abba Eban por ejemplo, obtuvieron el lugar que se merecen en la historia del país. En los años de Ben Gurión, la «seguridad» se elevó a la condición de vaca sagrada, y el concepto de guerra preventiva y de nación en armas, a la de una vital filosofía existencial. Pese a todo, se realizaron intentos de diluir la centralidad del conflicto con los árabes y conferir espacio de maniobra a la diplomacia israelí desviando sus energías a cuestiones regionales e incluso globales más amplias. Fue el caso de la guerra contra el comunismo en la era Reagan y es el de la guerra contra el terror de George W. Bush. En la década de 1950, la distracción fue el intento de ensamblar alianzas regionales, como la Alianza de la Periferia. Sin embargo, ninguno de esos intentos podía resolver el rompecabezas de Israel; la centralidad del conflicto árabe-israelí jamás pudo diluirse. El sionismo diplomático todavía tiene que revitalizarse y vincularse de nuevo a la causa de una paz árabe-israelí, y a la de devolver a Israel al lugar que le corresponde en la familia de naciones. Con frecuencia solitario e impotente en el circuito parlamentario mundial, pero con un poder militar desproporcionado a su disposición, Israel siempre ha generado aprensiones en toda la comunidad internacional, que los árabes tuvieron el buen criterio de cultivar. Porque un gran éxito de los árabes en su guerra contra Israel ha sido el de evitar que evadiera las consecuencias internacionales del conflicto. Fue por el conflicto por lo que sentaron a Israel en el banquillo del tribunal de la opinión mundial. Para el Estado judío sigue siendo una crucial necesidad estratégica zafarse de esa posición.

David Ben Gurión tomó una trascendental decisión estratégica en los años 50: vincular a Israel con el bloque occidental de naciones, buscar una alianza con una superpotencia occidental o más, o incluso sumarse a la OTAN. A pesar de la probada capacidad de Israel para hacer frente a los árabes en el campo de batalla, a «el Viejo» lo atormentó durante toda su vida el miedo a la aniquilación, y siempre desconfió de la capacidad de un pequeño Estado judío para sobrevivir en un Oriente Próximo árabe hostil. El suyo era el espíritu de un profeta de la furia y la fatalidad. Con el tiempo Israel consiguió la alianza que Ben Gurión deseaba, pero primero con Francia y sólo más adelante, cuando él ya no ocupaba el cargo, con Estados Unidos. Las dos fueron alianzas vitales que, sumadas al compromiso de Alemania con el bienestar de los supervivientes al Holocausto, ayudaron a garantizar la superioridad militar israelí y su capacidad para absorber masas de inmigrantes judíos desposeídos de Europa y el mundo árabe.

Aun así, sin la paz y la reconciliación con sus vecinos árabes, ninguna alianza ahorrará a los israelíes la agonía de la guerra, el precio que siguen pagando en forma de vidas humanas y dificultades económicas, por no hablar del atolladero moral en el que están atrapados, y el castigo que reciben de la comunidad internacional, donde Israel está hundiéndose hacia la condición de Estado paria. Los lazos de Israel con Occidente, tal y como Ben Gurión los quería, siguen siendo a día de hoy un legado válido, pero sólo serán sólidos y duraderos si se establece en Oriente Próximo un sistema de paz y seguridad con un acuerdo árabe-israelí como pilar central. No fue por falta de un aliado occidental que Ben Gurión se vio obligado a retirarse del Sinaí en 1957 y poner un abrupto fin a lo que había calificado con entusiasmo de Tercer Reino de Israel. Ni siquiera el aliado occidental más fiel, y desde luego el presidente George W. Bush lo es mucho en la actualidad, se arriesgaría a una confrontación con la comunidad internacional al completo apoyando las ambiciones territoriales de Israel. Una cosa son unas modificaciones fronterizas razonables, y otra legitimar un imperio judío. Si ni en 1948 ni en 1967 se sometió a Israel a una presión internacional irresistible para que renunciara a sus ganancias territoriales, fue gracias a la percepción de que su victoria era fruto de una legítima guerra de autodefensa. Ése no fue a todas luces el caso en 1956. Sin embargo, el visto bueno internacional a la situación creada por la victoria de Israel en 1967 iba a ser extremadamente efímero. Cuando la guerra de salvación y supervivencia se convirtió en una campaña de conquista, ocupación y asentamiento, la comunidad internacional dio marcha atrás e Israel pasó a la defensiva. Allí sigue desde entonces.

En Israel, y en verdad en el movimiento sionista, existían dos escuelas en lo concerniente a la diplomacia de paz y a las condiciones que justifican entrar en guerra. En los años 40, sin embargo, y en la historia de las tentativas de paz tal y como evolucionaron tras la guerra de 1948, la teoría de las dos escuelas no fue más que eso, una teoría. En la vida real sencillamente no existía. Las diferencias entre moderados y activistas, si es que existían, eran entonces microscópicas, cuestión más de estilo que de sustancia. Sin embargo, tanto en los 50, durante la lucha entre la escuela diplomática encabezada por Moshé Sharett y los «activistas» dirigidos e inspirados por Ben Gurión, como en los 60, cuando Levi Eshkol intentó en vano atajar la marea de la guerra y más tarde aumentar, aunque hay que reconocer que sin mucho poder de convicción, las posibilidades de la paz, fueron los activistas y los militantes quienes se impusieron.

Lo que es más importante, sin embargo, es que la historia de la pacificación entre Israel y sus vecinos árabes ha demostrado que fue el cambio de mentalidad de los «halcones» y sus variaciones de posición, no las prédicas de las «palomas», los que permitieron que Israel aprovechara las posibilidades de paz en los momentos decisivos. Los principales avances en la pacificación fueron realizados y legitimados por «halcones». Fue ciertamente el caso de Menájem Beguin y Moshé Dayan en 1979, y el de Yitsjak Rabin en 1993. Se trata de un patrón que sigue vigente a día de hoy. Las «palomas» israelíes, inelegibles en tiempos de conflicto y carentes de la necesaria legitimidad popular para realizar las inevitables concesiones de la paz, han llegado a asumir en la actualidad el papel de una fuerza política dócil y auxiliar al servicio del «halcón» militar más acérrimo que jamás llegara a primer ministro de Israel, Ariel Sharón. Él es su esperanza para el futuro del proceso de paz.

La historia ha demostrado que las apabullantes victorias de Israel y las humillaciones de los ejércitos árabes jamás podían ser propicias para la paz. Es lo que sucedió sin duda tras la guerra de 1948, en la que ningún bando fue capaz de aprovechar la oportunidad de resolver el conflicto antes de que se convirtiera en una disputa intratable. En los años de embriaguez nacionalista y triunfalismo militar que sucedieron a la victoria de 1967 se impuso un patrón parecido. El empate militar de la guerra de 1973, la Intifada de finales de los años 80 y los efectos de la guerra del Golfo sobre el frente interno israelí hicieron más por la paz que las abrumadoras victorias. Y, pese a ser derrotados y reprimidos de manera implacable en su segunda Intifada, los palestinos pueden jactarse de haber asestado algunos reveses muy serios a sus enemigos israelíes sin faltar a la verdad. La retirada unilateral israelí de Gaza y la construcción del muro en Cisjordania vienen a ser un reconocimiento por parte de la derecha de Israel de la derrota de sus sueños del Gran Eretz Israel. Es un reflejo más de cómo Israel se ve obligado a realizar concesiones para la paz sólo bajo el impacto de la presión militar y los graves reveses. La «paz de los valientes» anunciada por Yitsjak Rabin y Yasser Arafat en 1993 está decayendo ahora en una desconexión unilateral por puro cansancio. Ésta no es la paz de los valientes, pero todavía puede ser la paz de los agotados.

Hasta la guerra del Yom Kippur los árabes y los israelíes no fueron realmente capaces de dar el gran salto hacia la paz y, por sorprendente que parezca, hasta la primera Intifada no pudo establecerse una distinción real entre las políticas de los laboristas supuestamente moderados y el radical Likud en lo relativo a Cisjordania y la cuestión palestina. En Camp David, Menájem Beguin validó el concepto benguarioniano de la centralidad de Egipto para cualquier intento de llegar a la paz con el mundo árabe. Al sacar a Egipto del ciclo de la guerra y por tanto eliminar la amenaza de otra campaña panárabe contra Israel, Beguin inauguró una nueva era en la región. A todos los efectos prácticos, Menájem Beguin fue el padre israelí, con Sadat como padre egipcio, de lo que llegaría a conocerse como «el proceso de paz». Tarde o temprano los sirios tuvieron que seguir el ejemplo, siempre a su manera tortuosa y peculiar, eso sí. Con la caída de la Unión Soviética, proveedora de una opción bélica árabe, los líderes de Damasco se quedaron sencillamente sin alternativas. No es que Hafiz al-Assad, como Sadat antes que él, se uniera al movimiento sionista. Se vio obligado a reaccionar, ni más ni menos, ante el cambio de las condiciones globales. Assad no cambió; fue el mundo que lo rodeaba el que se transformó, y por puro instinto de supervivencia tuvo que reaccionar.

No fue por los palestinos por lo que los árabes invadieron Palestina en 1948; cada uno de sus líderes tenía sus propias ambiciones territoriales y políticas que atender. Aun así, paradójicamente, si no fue Palestina la que los arrastró a la guerra, la guerra terminó arrastrándolos inexorablemente a la cuestión palestina. La osadía de la iniciativa de paz de Sadat en 1977 estriba en que fue el primer dirigente árabe que se desprendió de la paralizadora inercia árabe de «Palestina, primero», es decir, de una política que hipotecaba las posibilidades de una paz árabe-israelí a la solución de un problema que parecía cada vez más insoluble. Anwar Sadat redujo el conflicto árabe-israelí a una soluble disputa territorial entre estados soberanos cuyas fronteras internacionalmente legítimas había que respetar, y así proporcionó a los israelíes un espacio vital en pleno Oriente Próximo árabe, un espacio que muy pocos de entre ellos creían que jamás disfrutarían.

Fue Abba Eban quien dijo que los dirigentes palestinos nunca perdían una oportunidad de perder una oportunidad para la paz. En la posguerra de 1967 podría haberse dicho lo mismo de los líderes israelíes que rechazaron una detrás de otra todas las tentativas de paz de Sadat. La guerra del Yom Kippur podría haberse evitado, pero los políticos y militares de Israel no supieron calibrar el significado y el alcance real de la visión y las intenciones del presidente egipcio. El suyo fue un enfoque revolucionario que cambió de manera radical la política de Oriente Próximo, al allanar el camino para el ascenso de Estados Unidos a una posición hegemónica en la región. Sadat también les enseñó a sus homólogos árabes una lección que, una vez digerida y asumida, cambiaría la política del conflicto árabe-israelí, de la guerra a la pacificación. Quince años antes de la Conferencia de Madrid, que sólo fue posible gracias a la decadencia de la Unión Soviética como superpotencia mundial, Sadat comprendió que Moscú era un gran obstáculo para la paz y que sólo por medio de los buenos oficios de Estados Unidos y su extraordinaria influencia sobre el Estado judío los árabes podían esperar con realismo recobrar sus territorios. La Unión Soviética sólo podía ofrecer a los árabes una opción bélica que, como incluso la guerra del Yom Kippur había demostrado, nunca era suficiente para doblegar la rodilla de Israel y sólo conseguía agotar los recursos del mundo árabe. Sadat expuso las verdades fundamentales de cualquier paz árabe-israelí en el futuro: Israel no puede esperar conseguir territorios y paz a la vez; pero tampoco los árabes pueden aspirar a sus territorios, como Nasser esperaba, sin ofrecer una paz completa y el reconocimiento del Estado judío.

Ya desde finales de la década de 1930, entre los líderes del *yishuv* se extendió la noción de que cualquier acuerdo territorial que les propusieran, por modesto e insuficiente que fuera, no debía ser rechazado a las primeras de cambio —fue el caso, por ejemplo, del miniestado judío que propuso en 1937 la Comisión Peel—, sino más bien adoptado tácticamente como un primer paso. Ya surgirían condiciones en el futuro, creían, que les permitieran posteriores logros territoriales. Los líderes sionistas poseían sin duda su propia «estrategia de fases», por tomar prestada esa expresión con tantas connotaciones que más tarde se emplearía para definir la estrategia de la OLP de conformarse primero con un pequeño Estado palestino en Cisjordania y proseguir la lucha por «toda Palestina completa» en una etapa posterior. Las ganancias territoriales de Israel en la guerra de 1948 no archivaron por completo los sueños de una expansión adicional. En la década de 1950, los dirigentes israelíes buscaban una guerra preventiva con Egipto y albergaban fantasías sobre mayores ganancias territoriales.

Parecía que esos sueños habían sido reprimidos y, a todos los efectos prácticos, archivados para siempre, cuando la brutal presión internacional obligó a Israel a renunciar a la península del Sinaí en 1957. Sin embargo, la victoria relámpago de 1967, en una guerra que era de autodefensa a carta cabal, reabrió una vez más el debate sobre los objetivos territoriales del sionismo. La guerra clausewitziana de Sadat en 1973 y su posterior iniciativa de paz obligaron a Israel a afrontar de nuevo el dilema de paz o territorios. En la actualidad, treinta y dos años después, el debate israelí continúa, pero son pocos los que están realmente convencidos de que Israel puede tener con los palestinos tanto paz como territorios. Además, siguiendo la estela de Sadat, ni la familia Assad en Damasco ni los sucesores de Arafat en Ramala esperan ya poder recobrar sus tierras sin ofrecer a Israel un acuerdo de paz con todas las de la ley. «Los rastros de la agresión israelí», como Nasser fue el primero en calificarlos, no se refieren ya a los logros territoriales de los judíos en la guerra de 1948, sino tan sólo a las tierras tomadas en 1967. La guerra de los Seis Días, como tiene claro ya todo el mundo árabe, ha legitimado para siempre las fronteras de 1948.

Menájem Beguin creía haber garantizado para Israel en Camp David el control de Judea y Samaria. Sin embargo, el problema palestino, que desapareció a todos los efectos como desafío político relevante tras la debacle de 1948 y resurgió después de 1967 como poderoso movimiento político que no dudaba en recurrir a las más abominables tácticas de terrorismo de masas, no podía dejarse de lado como si tal cosa. Arafat y su renovada OLP no permitieron que se impusiera la «doctrina de la cápsula», o sea, la estrategia israelí de llegar a acuerdos con los estados árabes circundantes para «encapsular» el problema palestino y evitar que detonara otra guerra árabe-israelí o simplemente creara peligrosas agitaciones regionales. El éxito de Arafat estriba en haber mantenido con vida la centralidad del problema palestino en la política de la región a pesar de la paz separada de Egipto con Israel. El que el acuerdo formal de paz firmado en Camp David fuera en todo momento una paz fría tuvo mucho que ver con la persistencia del conflicto israelí-palestino.

El intento de Menájem Beguin de «encapsular» y esterilizar el desafío palestino y más tarde eliminarlo mediante su guerra en Líbano estaba condenado al fracaso aunque sólo fuera porque, a pesar del declive del panarabismo, el problema palestino seguía siendo una prueba de fuego para los regímenes de la zona, una cuestión de identidad política para el nacionalismo árabe y un trampolín para la histeria masiva en toda la región. Sonar convincentes a ojos de la «calle árabe» como defensores a ultranza de la causa palestina se convirtió en una clave para la estabilidad de los regímenes árabes.

De hecho, el fracaso de Menájem Beguin estaba escrito en el texto mismo de los acuerdos de Camp David. Fue él, al fin y al cabo, quien suscribió unas cláusulas tan revolucionarias como las que hacían referencia al «reconocimiento de los derechos legítimos del pueblo palestino y sus justas exigencias», a «la resolución del problema palestino en todos sus aspectos» y a la estipulación de que «los palestinos participarán en la determinación de su propio futuro». Por mucho que después se desviviera por intentar socavar las posibilidades de una autonomía palestina significativa, y no simbólica, y llenara Cisjordania de asentamientos, Beguin pasará a la historia como quien sentó en Camp David las bases políticas del proceso de Oslo, y en consecuencia estableció las premisas sobre las que tendría que surgir inevitablemente un futuro Estado palestino. Tanto con su aventura libanesa de 1982 como en su anexión de los Altos del Golán un año más tarde, Beguin trató de definir los límites de su vocación como pacificador. Sin embargo, su misterioso retiro de la vida política y su reclusión en su humilde piso de Jerusalén hasta sus últimos días fueron su modo de admitir que no había logrado garantizar el dominio israelí sobre las tierras bíblicas de Judea y Samaria y que en la práctica había allanado el camino para el surgimiento de un Estado palestino independiente en el futuro.

Con todo, para que los palestinos empezaran a ver una posibilidad tangible de que su drama se solucionara, sus líderes tenían que cambiar de estrategia y hacer gala, para variar, de cierta talla de estadistas. Arafat, cuya incapacidad para aprovechar la oportunidad que se le ofreció de conseguir un Estado con dignidad para su pueblo con los parámetros de paz de Clinton de diciembre de 2000 fue un error imperdonable, pasará a la historia pese a todo como el padre de un crucial cambio estratégico en la historia del movimiento palestino. A todos los efectos prácticos, Arafat fue el iniciador del proceso de paz a través de la declaración de la OLP de 1988. En Argel, la OLP abandonó el concepto totalmente irrealista de una solución basada en un Estado árabe-judío en Palestina y adoptó en cambio el concepto de la solución de dos estados, con lo que extendía un tácito reconocimiento a la existencia de un Estado judío en Palestina. Por reacios que fueran los gobiernos israelíes a negociar con la OLP, y a pesar de que la declaración de Argel tenía como fin principal responder a las exigencias de la Administración Reagan para que ésta reconociera a la OLP, la valerosa maniobra de Arafat no dejaba otra opción a Israel que entablar, tarde o temprano, negociaciones con ellos. La aceptación por parte de Arafat de la solución de los dos estados se demostraría también el detonante de un trascendental cambio en el entramado político israelí.

Porque la maniobra de Arafat forzaría, por primera vez desde 1967, un genuino debate político en Israel sobre el futuro de los territorios, y contribuiría a exponer las auténticas diferencias políticas entre izquierda y derecha, laboristas y Likud, en lo relativo a la cuestión palestina.

Nada podía ser lo mismo desde 1988, un año en el que se tomó otra decisión trascendental, en esa ocasión el rey Hussein de Jordania, que enterró sin pompa la llamada «opción jordana» con su anuncio de que desvinculaba a su país de los asuntos de Cisjordania y transfería a la OLP la responsabilidad sobre el futuro de los territorios palestinos. Es la coincidencia entre unos líderes dispuestos a tomar decisiones osadas y unas condiciones históricas adecuadas lo que siempre produce avances cruciales. La Intifada, los efectos de la guerra del Golfo en el frente nacional israelí y el derrumbe de la Unión Soviética crearon la madurez necesaria que hizo posible la respuesta de los líderes —Arafat y Hussein en 1988, Rabin y Arafat en 1993— y allanó el camino hacia la Conferencia de Paz de Madrid y posteriormente el proceso de Oslo.

Nada evidencia más la realidad de los vasos comunicantes entre los estados árabes y la cuestión palestina que el caso de Jordania. A pesar de que era «el mejor de los enemigos» al menos desde 1946, Israel y Jordania no llegaron a un acuerdo de paz hasta 1994, y aun entonces sólo después de que Israel hubiera llegado a un arreglo con los palestinos gracias a los Acuerdos de Oslo. Existe una fuerte dimensión palestina en el perfil del Estado jordano, y su paz con Israel fue concebida como una maniobra vital para la existencia del reino en el contexto del delicado triángulo de las relaciones Israel-Jordania-Palestina.

Israel siempre vio en Líbano y Jordania los eslabones más débiles del frente árabe, y entre sus líderes cundió el error de cálculo de que esos países serían los primeros en llegar a un acuerdo de paz con el Estado judío. Sin embargo, en su calidad de estados frágiles emparedados entre fuertes potencias regionales y aquejados de una seria laguna de legitimidad —Jordania por ser una monarquía hachemita percibida como producto y cliente de Occidente y aliado encubierto de los sionistas, y Líbano por hallarse dividido entre su identidad cristiana y su destino árabe— jamás podían ser libres para encabezar el gran salto. Tampoco Israel les propuso nunca un trato al que no pudieran resistirse. La «opción jordana» existía tan sólo en la imaginación de los israelíes, y su afán por establecer una alianza de minorías con los maronitas libaneses nunca pretendió ser un encuentro entre iguales. Israel, y eso no era invención de Sharón y Beguin, porque ellos lo heredaron de Ben Gurión y Dayan, esperaba reconfigurar a su favor el mapa tanto político como físico de Líbano. El clamoroso fracaso de la aventura israelí de 1982 y el rápido derrumbe de su acuerdo de paz de 1983 con un presidente cristiano en Beirut fueron el resultado inevitable de una estrategia traída por los pelos y mal concebida. Ni siquiera ahora que, aislado y sometido a la presión implacable de la Administración Bush, el régimen baazista de Damasco se ha hundido en la crisis más profunda de su historia, es posible desenmarañar la conexión sirio-libanesa y llegar a un acuerdo por separado entre Israel y Líbano. La paz con Beirut tendrá que ser simultánea, o consecutiva, a la paz con Damasco.

La tragedia del conflicto árabe-israelí derivaba de unos ritmos históricos discrepantes. Impulsado por las funestas lecciones de su historia, el movimiento nacional judío moderno, desde luego hasta 1948, se caracterizó por sus respuestas pragmáticas y realistas a las condiciones históricas objetivas. Los árabes, y es especialmente cierto de los palestinos, han luchado una y otra vez por las soluciones de ayer, aquellas que habían rechazado una o dos generaciones antes. Este intento persistente de dar marcha atrás al reloj de la historia se encuentra en la raíz de muchos de los infortunios acaecidos a los pueblos de la región.

La resistencia compulsiva a aprovechar las oportunidades para un acuerdo no era monopolio árabe, sin embargo. Es cierto que, en la posguerra de 1948, la paz no era todavía una posibilidad realista. Rodeado, asediado, boicoteado pero también enamorado de su recién descubierta capacidad militar, el Israel de finales de los 40 y los 50 no estaba de humor para una paz que conllevara renunciar a las ganancias territoriales de su guerra de la Independencia. Sin embargo, cuando después de 1967, y en especial desde 1971, Egipto empezó a dar muestras de su predisposición a un acuerdo basado en las fronteras internacionales y el discurso árabe sobre «los rastros de la agresión israelí» pasó a hacer referencia clara a los territorios adquiridos en la guerra de los Seis Días, y no los ganados en 1948, Israel no estuvo a la altura del desafío y perdió claras oportunidades para la paz. Fue entonces el bando árabe, y en concreto Egipto, el que se destacó como especialmente activo en la ideación de iniciativas apuntadas a romper el punto muerto y desencadenar un proceso político que podría haber conducido a la paz. La ofensiva egipcia del Yom Kippur sobre la Línea Bar-Lev en 1973 y la Intifada palestina de 1987 fueron las dos en esencia maniobras políticas árabes destinadas a obligar a Israel a sentarse a la mesa de negociación. Sin la guerra del Yom Kippur, la paz de Israel con Egipto no habría sido posible. Tampoco los Acuerdos de Oslo, es decir, el reconocimiento por parte de Israel de que había que afrontar el problema palestino de por sí en vez de «resolverlo» a través de Jordania o desentendiéndose por completo, habrían surgido sin la Intifada y el histórico cambio de estrategia de Arafat en pro de una solución de dos estados.

Sin embargo, con el cambio de Gobierno de 1992, Israel emprendió un curso de acción diferente por completo. La determinación de Yitsjak Rabin de romper tabúes profundamente arraigados en la mentalidad israelí desencadenó esperanzas para la paz que, irónicamente, chocarían con las duras realidades de un régimen sirio incapaz de asumir unas relaciones normales con el Estado judío ni siquiera a cambio de toda la tierra. Las esperanzas de paz también encallaron contra la roca de un sistema palestino disfuncional encabezado por un líder, Arafat, del todo incapaz de no dejarse llevar por las olas del martirio palestino y temeroso de la tarea de dirigir el gran salto hacia el final del conflicto. Esto quedó patente cuando el osado, si bien torpe y errático, empeño por la paz de Ehud Barak, y la predisposición del presidente Clinton a comprometer el legado de toda su presidencia presentando los parámetros más ambiciosos para una paz israelí-palestina fueron rechazados por el dirigente palestino. El rechazo de Arafat a los parámetros de paz de Clinton fue, en palabras de un testigo cercano del proceso, el embajador saudí en Washington Bandar Ben-Sultán, «un crimen contra el pueblo palestino» y los pueblos de la región. Hay que concederle a Arafat el mérito de haber sido el iniciador del proceso político con su Declaración de Argel de 1988, pero allí también fijó unas condiciones para el acuerdo con Israel de las que nunca se desvió. Para él, el «proceso de paz» no debía ser un toma y daca con el final abierto. Él ya había «dado» y ahora sólo le quedaba «tomar»: un Estado palestino en las fronteras de 1967, el derecho de retorno para los refugiados, Jerusalén y el Monte del Templo. Los israelíes, y entre ellos Rabin que había firmado los Acuerdos de Oslo con él, no compartían esa interpretación del «proceso de paz». Arafat creía que en 1988 había efectuado su gran compromiso histórico, y que ahora era cosa de los israelíes realizar las concesiones necesarias. Creía que la responsabilidad había pasado a ellos y ya no pesaba más sobre él.

Los árabes y los israelíes tienden a conceder una gran reverencia al pasado; los dos están saturados de historia. Sin embargo, el pasado con frecuencia es enemigo del futuro, y no hay nada en las imágenes que los árabes derivaban de su pasado que los preparara para la idea de un Estado judío soberano en su seno. Rehenes de su forma tradicional de tratar a los judíos como una simple minoría tolerada, los árabes no hicieron sino alimentar los instintos paranoicos de los israelíes. Tampoco el pasado de Israel y la experiencia histórica judía eran propicios para una conciliación fácil. La historia de Israel como Estado se ha caracterizado en todo momento por una reacción traumática a cualquier iniciativa que ataña a su seguridad física. La crisis de la conciencia judía en la traumática transición del Holocausto al Estado propio quizás ayude también a explicar la rigidez del acercamiento israelí a la pacificación en sus primeros años de existencia soberana. Siempre optó por una interpretación pesimista, cuando no fatalista, de los desafíos regionales. Respuesta territorial al miedo atávico judío, Israel fue durante demasiado tiempo incapaz de echar abajo los muros de su herencia. Su acuciante reto en la actualidad es efectuar un cambio radical de estrategia superando la tendencia tradicional de sus líderes y legisladores a tomar o evitar las decisiones basándose tan sólo en la peor hipótesis. La estrategia preventiva de Israel a lo largo de los años 50, su adopción de la opción nuclear e incluso su tentación de emplearla en 1973, el afán casi irresistible de sus generales por lanzar un ataque preventivo prematuro en mayo de 1967, la invasión de Líbano en una «guerra de elección» en 1982, el rechazo vociferante, casi histérico, del jefe del Estado Mayor el general Mofaz hablando de «una amenaza a la existencia misma del Estado de Israel» e incluso la construcción del muro en Cisjordania son todo consecuencias de un hecho que Levi Eshkol ilustró con su típico humor judío cuando dijo que Israel era una especie de *Shimshon der Nebechdeiker* (Sansón *el Timorato*). Israel nunca podía llegar a decidir si era una temible superpotencia regional o sólo un gueto judío aislado y asustado a la espera del inminente pogromo.

La existencia de Israel como nación y como Estado deriva de las críticas lecciones de la milenaria historia judía. Su tarea a día de hoy es afrontar el mundo que lo rodea no sólo con las tradicionales herramientas defensivas que ha desarrollado y adquirido a lo largo de los años sino también con la misma audacia de pensamiento y la misma imaginación creativa que han sido el sello de las elites judías a lo largo de los siglos. Los líderes de Israel y su sociedad civil tienen la grave responsabilidad de concebir soluciones atrevidas y generosas precisamente por los elevados ideales sobre los que se construyó el Estado judío y por los nobles valores de la civilización judía, que no pueden reconciliarse con la negación del derecho natural a una vida libre y digna de un pueblo ocupado. Fue con una combinación única de razón democrática y utópica como el movimiento sionista permitió a los judíos recuperar su derecho de nacimiento y les otorgó una llave para el futuro. Hay que poner esas mismas herramientas al servicio de la tarea más vital del Estado judío, poner fin al conflicto con el mundo árabe y en particular con los palestinos. Porque los judíos no han sobrevivido a todos los horrores del exterminio sólo para atrincherarse tras los muros de sus propias convicciones y permanecer rectos e inmóviles. Han sobrevivido para idear una solución a lo que durante demasiado tiempo ha parecido un enigma insoluble, el de hacer del Estado judío una realidad legítima a ojos de quienes se consideran sus víctimas.

En este conflicto nadie tiene el monopolio del sufrimiento y el martirio, como tampoco son responsabilidad exclusiva de una de las partes las atrocidades de guerra. En esta trágica disputa tribal, tanto judíos como árabes han cometido actos de imperdonable violencia, y los dos han sucumbido en ocasiones a sus instintos más bestiales. Lo que no es menos grave, los dos han errado con demasiado frecuencia al optar por el curso equivocado y negarse a ver las realidades cambiantes y adaptar sus políticas en consecuencia. Ha llegado por fin el momento de asumir que la aspiración a una total satisfacción de los respectivos sueños o presuntos derechos de las partes sólo las conducirá a las dos a la perdición. Por tanto, de ellas depende idear caminos realistas que sanen sin abrir nuevas heridas, que dignifiquen su existencia como pueblos libres sin poner en peligro la seguridad selectiva y la identidad particular del otro. Ha llegado por fin el momento de poner las energías creativas de las partes de este interminable conflicto, de una vez por todas, al servicio de una paz duradera, porque, como escribió el más sabio de los reyes hace miles de años, existe «un tiempo de matar y un tiempo de curar... un tiempo de guerra y un tiempo de paz».

13

EPÍLOGO

Por el bien de mi negocio tengo que votar a Abú Mazen, pero por la dignidad de nuestra lucha debería haber votado al Dr. Barguti.

Un tendero, Ramala, 11 de enero de 2005

Vemos a Sharón como un socio para las negociaciones de paz [...].

ABÚ MAZEN tras su victoria electoral

Seguiremos con nuestra lucha [...] hasta nuestra última gota de sangre, hasta que nos encontremos, Dios mediante, con el *rais* Arafat en el Cielo [...] hasta que liberemos toda la tierra de Palestina [...] también la ocupada en 1948 [...] Nuestra lucha no se dejará influenciar por los miserables acuerdos sobre los que se entablarán negociaciones.

ABÚ MUSSAB, comandante de los Mártires de Al-Aqsa en el norte de Gaza, en una entrevista a Ynet, 12 de enero de 2005

Lo prioritario son las cuestiones de seguridad y la necesidad palestina de combatir al terrorismo y desmantelar su infraestructura.

Comentario de ARIEL SHARÓN a la elección de Abú Mazen, 12 de enero de 2005

La próxima evacuación terminará en un derramamiento de sangre [...] No me sorprendería que (los colonos) ya hubieran preparado bombas incendiarias para
la próxima confrontación. Se han cruzado todas las líneas rojas [...] Se permiten actuar al borde de la insania
y nadie los detiene.

Un oficial de alto rango sobre la oposición
de los colonos a la evacuación de Gaza

Como ha demostrado el lanzamiento del proceso de paz árabe-israelí en la Conferencia de Paz Internacional de Madrid de 1991, las perspectivas de una paz en Oriente Próximo siempre han dependido de la sincronía entre oportunidades globales y condiciones regionales. Con la elección de George W. Bush para un segundo mandato en la Casa Blanca, las perspectivas de que se solucione el conflicto de 125 años entre árabes e israelíes parecen algo mejores. A pesar de las dificultades americanas en Irak, la brutal determinación del presidente de llevar adelante sus políticas para la región, las amenazas a la estabilidad de los regímenes árabes derivadas del fundamentalismo islámico y su miedo a que la persistencia del problema palestino pueda acabar por disolver su frente nacional y socavar sus regímenes han contribuido a crear unas condiciones más favorables para un arreglo entre todos los árabes e Israel. El apoyo de la Liga Árabe a la iniciativa saudí para la paz con Israel en la primavera de 2002 fue la respuesta árabe a la guerra contra el terror de Estados Unidos.

Hace menos, el aislamiento internacional de Siria y la presión ejercida sobre el régimen baazista por Estados Unidos y sus aliados europeos llevaron a que el presidente Assad rogara públicamente la paz con Israel. Libre del caótico estilo de gobernación de Yasser Arafat y de su macabro flirteo con el terrorismo, la Autoridad Palestina, derrotada y pulverizada por los implacables métodos represores de Ariel Sharón, está más dispuesta a retomar un curso pragmático de acción. Hasta los productores en serie de comandos suicidas, Hamás y la Yihad Islámica, agotados y decapitados por la despiadada campaña de asesinatos selectivos de Israel contra sus líderes históricos, andan ya suplicando una tregua («*hudna*»), y están dispuestos incluso a contemplar un arreglo con Israel, por bien que sea limitado en el tiempo, sobre la base de las fronteras de 1967. En cuanto a Abú Mazen, él sabe mejor que nadie que los palestinos sólo podrán salirse con la suya si transfieren el escenario de la lucha de los mercados y guarderías de Israel a la mesa negociadora. Es allí donde a Sharón le faltan las respuestas, no en el campo militar, y es allí que los palestinos tienen una oportunidad de destapar su farol.

Otra clave de la reactivación del proceso de paz es Egipto. Ariel Sharón que, a diferencia de la mayoría de sus predecesores, sobre todo los laboristas, nunca ha cortejado la amistad del presidente Mubarak y nunca ha pensado en realizar el tradicional peregrinaje de los líderes israelíes a El Cairo para solicitar la mediación de Egipto ante los palestinos, ha conseguido pese a ello endulzar las relaciones de Israel con el *rais*. Éste llegó a avisar hace poco a los palestinos de que «sólo con Sharón tendréis una posibilidad de firmar la paz». La retirada de Gaza planeada por Israel y las alarmantes perspectivas de que eso cree para Egipto una inestable frontera común con una entidad palestina anárquica en la Franja es uno de los principales motivos para el repentino idilio de Mubarak con Sharón. La determinación del primer ministro de emplear la fuerza sin misericordia ni escrúpulos y su éxito al mantener su alianza íntima con un presidente estadounidense que acaba de ser reelegido le hizo comprender a Mubarak un mensaje inequívoco: dulcificar las relaciones con Israel, contribuir a hacer posible su plan de Gaza y presionar a los palestinos en favor de unas políticas más pragmáticas son todos intereses egipcios vitales. La prioridad del presidente Mubarak no es la paz sino la continuidad de su régimen, y eso requiere que adapte sus políticas a las condiciones cambiantes.

No estaría de más un poco de cautela, sin embargo, al evaluar las posibilidades de que esas mejores condiciones vayan a dar lugar necesariamente a un acuerdo árabe-israelí permanente. El proceso de paz árabe-israelí ha conocido más de un momento de euforia en el pasado; tampoco es la primera vez en que las condiciones regionales y globales parecen tan extremadamente favorables para las posibilidades de paz, y en verdad, las partes han estado al borde de la paz en más de una ocasión. Oriente Próximo es un cementerio de oportunidades perdidas y planes de paz prometedores. Hoy en día, las fuerzas que todavía podrían dar al traste con las oportunidades de paz están muy lejos de haber bajado los brazos. Las ambiciones nucleares de Irán y su hostilidad al proceso de paz árabe-israelí son grandes factores de desestabilización. Los clientes iraníes de Hezbolá ya han empezado a echar raíces entre las organizaciones palestinas radicales en los territorios para socavar las posibilidades de un alto el fuego o una ejecución tranquila del plan de Gaza de Sharón.

Por tres veces en la historia se les ofreció el Estado a los palestinos —en 1937, en 1947 y mediante los parámetros de Clinton de 2000— y por tres veces la rechazaron. Arafat era famoso por ser siempre más consciente de lo que le negaban que de lo que había obtenido. ¿Será capaz Abú Mazen de superar la obsesión con lo inasequible y construir un *ethos* positivo de gobernación democrática y desarrollo humano en torno a una paz pragmática con Israel? Abú Mazen está dirigiendo la transición post-Arafat con admirable sensatez y un encomiable despliegue de habilidades diplomáticas. Es una ironía que los únicos árabes del mundo a los que se ha permitido el derecho soberano de elegir a su líder en unas elecciones plenamente democráticas sean los que viven bajo la ocupación israelí. No es menos cierto, por supuesto, que los palestinos han demostrado al mundo un apreciable sentido de madurez democrática. Sin embargo, está todavía por ver cómo el poco carismático Mahmud Abbas llenará el vacío de legitimidad revolucionaria creado por la desaparición de Arafat y consolidará su liderazgo controlando al sinfín de anárquicas milicias de bases que, de no desarmarse, servirán tan sólo de pretexto para que los «duros» de Israel permanezcan fieles a un curso de acción militar.

A pesar de algunos indicios prometedores de Hamás en lo relativo a su voluntad de un alto el fuego y su predisposición a avanzar a una fase política más constructiva, dudo mucho que puedan reconciliar de verdad el deseo de mantener su ideología distintiva con un cambio de estrategia tan radical. Su situación es extremadamente complicada. Para ellos, presentarse a las elecciones y salir derrotados puede suponer un grave bochorno. Sin embargo, tampoco una victoria sería una gran noticia, porque eso los obligaría a decidirse a reconocer a Israel y sumarse al proceso de paz, una decisión que ahora mismo parecen del todo incapaces de tomar. De un modo u otro, Hamás tendría que mantener con vida su opción militar, sus capacidades terroristas y su pureza política si pretende sobrevivir. Es más, una AP bajo Abú Mazen probablemente seguiría el legado de Arafat y evitaría el enfrentamiento directo con Hamás, por no hablar de una guerra civil declarada, siempre y cuando israelíes y estadounidenses no le ofrecieran el señuelo definitivo, es decir, las líneas maestras de un acuerdo final que pudiera resultar aceptable para los palestinos.

Es posible, por supuesto, que ahora todo el mundo busque un espacio diplomático resucitando la Hoja de Ruta. Habría que reformarla, sin embargo. No creo que la estrambótica idea, reservada para la segunda etapa de la Hoja de Ruta, de un Estado palestino con «fronteras temporales» resulte especialmente atractiva para los palestinos. Ya han dispuesto de un «Estado» así en forma de la Autoridad Palestina. Es inconcebible que accedan a repetir la experiencia si no se consensuan por adelantado los parámetros del acuerdo final. Probablemente lo vean como una trampa, o como el preludio a un largo acuerdo de ínterin cuya superación dependería de si al final «se convierten en finlandeses», como comentó con sarcasmo el asesor de Sharón Dov Weissglass en una reciente entrevista. Cualquier intento israelí de trivializar el problema palestino convirtiéndolo en una banal disputa fronteriza fracasará con Abú Mazen tal y como habría fracasado con Arafat. Porque, incluso si se llega a crear un Estado temporal como ése, seguirá los pasos de la Autoridad Palestina y revertirá en una estrategia revolucionaria en cuanto se dé cuenta de que no se cumplen sus requisitos mínimos para un acuerdo final.

Arafat fue en verdad un socio difícil, pero al mismo tiempo era el mejor defensor de la solución de los dos estados. Sin él, la tarea de atajar la amenaza de una caída hacia el paradigma del estado único puede ser una misión mucho más peliaguda. Son muchos quienes en la cúpula palestina están inquietos hoy por la dificultad de seguir el curso de los dos estados sin el respaldo de la autoridad de Arafat y la legitimidad que sólo él podía aportar. Las facciones palestinas contrarias, o sencillamente escépticas, respecto del principio de una segunda partición de Palestina han cobrado mucho poder y terreno moral durante la Intifada. Entre ellas se cuentan ya no sólo Hamás, que es especialmente dominante en la franja de Gaza, sino también milicias de base dentro de la propia Fatá, como las Brigadas de los Mártires de Al-Aqsa. En otras palabras, el fallecimiento de Arafat no elimina necesariamente la amenaza de que muera la idea de dos estados para dos pueblos y la del mutuo reconocimiento entre OLP e Israel. De hecho, saca de escena al mejor legitimador de esos dos cambios históricos en la estrategia palestina. Es posible que sus sucesores sean mucho menos capaces de defender el legado de Oslo en condiciones de un conflicto y una guerra persistente con Israel. Oslo es el término más vilipendiado del discurso político palestino. Escogieron a Abú Mazen como heredero no porque fuera el arquitecto de Oslo, sino a pesar de ello.

Además, aun si se abre de verdad un nuevo y prometedor capítulo en el triángulo Egipto-Israel-Autoridad Palestina y la retirada de Gaza resulta ser la más pacífica y exitosa de las empresas, cuando llegue el momento de la verdad y las partes se sienten para explorar los parámetros de un acuerdo final, porque al final ése y no otro es el objetivo de todo esto, los israelíes descubrirán que los palestinos han cambiado en efecto sus tácticas y sus líderes, pero no el precio de la paz. Entonces el Gobierno israelí se dará cuenta una vez más de que se trata de un precio prohibitivo que no puede o no tiene capacidad política para pagar.

La izquierda israelí está condenada a admitir que su política de combatir el terrorismo y negociar la paz al mismo tiempo fue un clamoroso fracaso y que ha sido la implacable ofensiva de Ariel Sharón contra el terrorismo lo que ha doblegado a los palestinos y obligado incluso a Hamás a solicitar una tregua («*hudna*»). Pero la derecha estaba, y sigue estando, no menos equivocada en sus inverosímiles asunciones sobre el precio de la paz y en su capacidad para imponérselas a los palestinos.

Las condiciones de Abú Mazen para un acuerdo de paz con Israel no difieren en nada de las que impidieron un arreglo con Arafat. De hecho, él ya las había expuesto: un Estado palestino dentro de las fronteras de 1967 con capital en Jerusalén y una solución justa al problema de los refugiados de acuerdo con la Resolución 194 de la ONU. Las posiciones de Arafat no eran fruto de sus caprichos, y lo que hizo Abú Mazen fue sólo reiterar lo que han sido las posiciones palestinas oficiales e inmutables desde 1988. Los palestinos no piensan en absoluto que se trate de unas posturas claramente radicales. Al contrario, para ellos representan el acuerdo más moderado que pueden ofrecer a Israel. Antes de que se lo empezara a conocer como «el ingeniero de la Intifada», Marwan Barguti proclamaba que eran exactamente esas posiciones las que hacían de Fatá el equivalente a un movimiento «Paz Ahora» palestino.

Un cambio de liderazgo entre los palestinos no altera, pues, las condiciones o el precio de la paz. La paz no será más barata por la desaparición de Arafat. La tragedia de este conflicto es que el único hombre cuya firma en un acuerdo de compromiso y reconciliación que incluyera la renuncia a sueños inalcanzables podría haber sido legítima a ojos de su pueblo fue incapaz de reunir el valor para firmar. Se ha llevado a la tumba esa legitimidad y ha dejado a sus herederos anclados en las mismas posiciones y el mismo *ethos,* por lo cual el compromiso estará más allá de su alcance y su capacidad. Se trata de un legado terrible. Y por si fuera poco, también es posible que en las ansias de sus herederos por llenar el vacío de legitimidad revolucionaria que el padre fundador ha dejado a su paso, se sientan obligados no sólo a adherirse a sus posiciones conocidas, sino quizás a ser incluso más radicales, si desean sobrevivir.

El hecho de que las intenciones de Sharón respecto al proceso post-Gaza no sean exactamente las de «Paz Ahora», por emplear la metáfora de Barguti, no mejora en absoluto las posibilidades de un acuerdo israelí-palestino negociado. Por ejemplo, ¿es la predisposición de Sharón a permitir que los palestinos de Jerusalén participen en las elecciones para el sucesor de Arafat un indicio real de que por fin ha asumido que no habrá solución a menos que los palestinos tengan su capital en la Jerusalén árabe? No es del todo inverosímil la posibilidad de que lo que tenga en mente en realidad sea sentar un precedente en virtud del cual una división funcional, y no territorial, de al menos parte de Cisjordania sería la esencia de un futuro acuerdo de paz. «Los palestinos que viven en la capital de Israel tienen derecho a votar en las elecciones palestinas del mismo modo en que los ciudadanos estadounidenses que viven en Israel tienen derecho a votar por el presidente de Estados Unidos», es como el entorno de Sharón explicó su actitud sorprendentemente comprensiva con los derechos electorales de los jerosolimitanos palestinos. Es posible que en un futuro acuerdo final se pida a los árabes de Jerusalén, y quizás incluso a los del Estado de Israel en sí, que voten en el Estado palestino sin que los territorios en los que viven formen parte del Estado de Palestina, del mismo modo en que los colonos de toda Cisjordania podrían permanecer en los asentamientos, ser ciudadanos del Estado de Israel y votar en las elecciones al Parlamento israelí. Sharón, que tan sorprendentemente confiado se muestra al permitir que los palestinos de Jerusalén voten, quizá piense que éste es el mejor modo que tiene para reconciliar sus inquietudes demográficas con sus ambiciones territoriales.

El Estado de Israel nació de una proclama internacional —la Resolución de la Asamblea General de Naciones Unidas del 29 de noviembre de 1947— y sus fronteras fueron decididas en la primavera y el verano de 1949 en los tratados de armisticio que contaron con la mediación de la comunidad internacional representada por el vicesecretario general de la ONU, Ralph Bunche. Lo que empezó como un empeño internacional tendría que completarse ahora, sesenta años después, como tal. Si el todopoderoso Arafat atribuía tanta importancia a disponer de una cobertura internacional que lo acompañara al altar de un acuerdo, ¿parece probable que personajes de menor talla, lastrados por unas condiciones de herencia tan difíciles, sean capaces por sí solos de desembarazarse del *ethos* del derecho de retorno y el Monte del Templo sin el estrecho arropamiento de la comunidad internacional, sobre todo los estados árabes y los aliados de los palestinos en Europa? Los árabes y los israelíes serán sencillamente incapaces de acomodarse a los requisitos mínimos del otro para la paz de forma independiente. A lo largo de los años, se las han ingeniado para alcanzar contra todo pronóstico históricos acuerdos bilaterales —la paz de Israel con Egipto y Jordania y los Acuerdos de Oslo con los palestinos—, pero ninguno de ellos ha bastado para poner un auténtico punto final al conflicto árabe-israelí en todos sus aspectos y dimensiones.

Otro formidable obstáculo en el camino a un acuerdo final es sin duda la cultura política que impera en toda la región. Oriente Próximo sigue siendo una zona en fluctuación, y la legitimidad y estabilidad de sus regímenes políticos permanece tan cuestionable como siempre. Para cualquier líder árabe siempre ha sido más fácil conseguir popularidad ante las masas cuando se ha enfrentado al enemigo en el campo de batalla, aunque lo derrotaran y humillaran, en lugar de acumulando legitimidad por medio de una paz con Israel basada en compromisos y concesiones. Abandonados a su suerte, los países de la región no poseen la necesaria cultura de resolución de conflictos para solventar sus diferencias.

La disfunción del sistema político israelí es un impedimento igual de grande para un acuerdo con los palestinos que las dificultades de Abú Mazen para consolidar un sistema de gobierno ordenado y una jerarquía de toma de decisiones en los territorios. Además, si los palestinos han perdido, como es comprensible, la confianza en los israelíes como socios para la paz, también el efecto devastador de la Intifada sobre el público israelí ha sido cualquier cosa menos propicio para la mejora de la confianza en el socio palestino. Oslo se hizo posible cuando un clamor casi postsionista en pro de la «normalidad» y la paz se apoderó de la asediada sociedad israelí. El afán «televiviano» de los israelíes por una existencia laica y hedonista siempre ha competido por la supremacía en una constante *Kulturkampf* con el otro Israel, un Israel «jerosolimitano» tradicionalista y xenófobo que siempre ha recelado de la modernidad y de la paz con los árabes. La lucha interna jamás se ha librado en una burbuja; su resultado siempre ha dependido de la percepción que los israelíes tuvieran de sus vecinos árabes, en especial de los palestinos. El rechazo de Arafat al acuerdo de paz que se le ofreció en diciembre de 2000 y su apoyo a la Intifada no sólo entregaron a las llamas todos los mecanismos de pacificación, sino que también asestaron un golpe casi mortal al bando de la paz en Israel y permitieron que los «jerosolimitanos» tomaran ventaja una vez más en esa guerra civil político-cultural.

El viejo proceso de paz está muerto. Oslo no puede resucitarse. La actual guerra de desgaste entre israelíes y palestinos quizá no produzca la paz de los valientes que se prometió, pero es posible que cree las condiciones para la paz de los agotados. Israel se está resignando a la idea de que no existe solución militar o táctica para su conflicto con los palestinos. La pretensión del primer ministro Ariel Sharón de que podía aplacar la Intifada, obligar a los palestinos a «rebajar sus expectativas» y dar su consentimiento a un Estado palestino emasculado, a un acuerdo político acorde a su filosofía de la seguridad, ha salido a todas luces derrotada.

Ni bloqueando el paso de los terroristas con sofisticados muros, ni por medio del «asesinato selectivo» de sus líderes, ni a fuerza de alguna renuncia de poca monta en tal o cual punto, como la cesión de un área limitada de tierra o la retirada unilateral de Gaza, ni con cualquier intento torpe de «mejorar la calidad de vida» de los palestinos se resolverá el problema. Tampoco sería útil retomar un curso que se ha demostrado fútil, el de la «gradual construcción de confianza mutua» con miras a erigir algún día, sobre esa base, la paz con la que sueñan ambas partes, mientras en realidad cada una perfila esa paz con arreglo a un curso incompatible.

No puede deshacerse este nudo gordiano; hay que cortarlo. El concepto de los acuerdos de ínterin, un proceso de paz a plazos, se ha vuelto del todo obsoleto. El abismo que separa a israelíes y palestinos ya no puede sortearse mediante botecitos; hace falta un dramático salto adelante. Lo que se quiere es una solución radical, un análisis implacable que toque todos los temas centrales de la disputa. Lo que hace falta es una segunda partición de Palestina bajo supervisión internacional.

El trágico problema de Israel radica en la incapacidad de la derecha para hacer las paces con los palestinos y en que la izquierda sea inelegible, sobre todo mientras el recuerdo israelí de la Intifada, con su *ethos* de terrorismo suicida y martirio, siga socavando la legitimidad moral de lo que se conoce como el «bando de la paz».

Israelíes y palestinos han dado muestras de sobra de su incapacidad para alcanzar un acuerdo negociado en libertad. Sus sistemas políticos —una estructura palestina fragmentada e incompetente en estado de agitación volcánica y un sistema israelí de amplias coaliciones entre partidos discrepantes que se neutralizan entre ellos y bloquean de manera sistemática la posibilidad de asumir decisiones históricas— son siempre propensos a la desintegración cuando afrontan los acuciantes dilemas de la paz. El acuerdo informal que se negoció en Ginebra no puede verse como un desmentido real de esta tendencia. Hasta ahora la paz nos ha sido esquiva no porque los negociadores oficiales hayan sido incapaces de encontrar una fórmula redentora, sino porque cualquier fórmula que hayan ideado habría hecho volar en pedazos sus respectivos sistemas políticos. Ya han pasado por eso más de una vez.

Es innegable que los palestinos han sido las principales víctimas de las guerras árabe-israelíes, y que sus reclamaciones son indudablemente justas. Sin embargo, para que un acuerdo internacional sea viable ambas sociedades deben refrendarlo como un arreglo que puedan asumir y con el que puedan vivir, sin suicidarse ni decaer en un caos político que termine por socavar el acuerdo. Pero como dijo el profesor Yair Hirschfeld, auténtica comadrona de los Acuerdos de Oslo y uno de los intelectuales pacifistas más dotados de Israel, el documento de Ginebra iba demasiado lejos porque ofrecía a los palestinos un horizonte al que aspirar, mientras que negaba a los israelíes una perspectiva parecida, una tentación por la que pudieran luchar con ganas, una alternativa aceptable al agresivo unilateralismo de Sharón.

La paz sólo será posible si se entiende como una búsqueda de estabilidad en la que cada una de las partes obtenga sus objetivos más vitales sin avasallar a la otra de un modo susceptible de malograr el empeño de paz al completo. Al final todo se resume en la necesidad fundamental de mantener un equilibrio razonable, un punto siempre delicado y frágil entre las necesidades vitales y los valores constituyentes de cada una de las partes. Los «parámetros Clinton» son una plataforma para la paz razonable y equitativa, que los arquitectos del documento de Ginebra afirman interpretar con fidelidad, aunque no sea así. Movidos por nobles intenciones, rompieron el precario equilibrio tan laboriosamente diseñado a través del Plan Clinton en prácticamente todas y cada una de las cláusulas de los famosos «parámetros».

Para ilustrar lo que digo convendría mencionar el capítulo referente a los refugiados. El documento de Ginebra escoge como premisa al respecto la Resolución 194 de la Asamblea General. Esa resolución nunca fue una referencia aceptada para el proceso de paz entre los israelíes y los palestinos tal y como se estableció en Madrid, donde sólo se consultaron las resoluciones 242 y 338 del Consejo de Seguridad. No se trata de una simple imposición israelí; también es una cuestión de acuerdos firmados entre las dos partes (y ante todo la Declaración de Principios de septiembre de 1993 y el Acuerdo de Ínterin de septiembre de 1995), de cuya ejecución actuaron como testigos Estados Unidos y Rusia. Los signatarios de Ginebra han concedido al derecho de retorno como principio el estatus de una declaración fundamental de intenciones, que define el patrón de la solución de tal modo que hace imposible que cualquier futuro Gobierno israelí lo acepte.

Oslo fue la quintaesencia del viejo paradigma: negociaciones directas a espaldas del mediador estadounidense y la comunidad internacional. Construido en exclusiva sobre la confianza mutua y la buena fe, nació libre de cualquier concepto de supervisión, control, sanciones o mecanismos de vigilancia internacional de cualquier tipo. Ahora, los mismos arquitectos de Oslo, en su papel de comadronas de los Acuerdos de Ginebra, han llegado por fin a la conclusión de que es indispensable un enérgico papel internacional para que sea posible cualquier acuerdo entre israelíes y palestinos. En lo que disiento del noble trabajo realizado en Ginebra es en dos puntos básicos. Ellos creen que primero habría que llegar a un acuerdo en unas negociaciones libres entre las partes, donde habrá que tratar las reservas palestinas sobre los parámetros de Clinton, y después movilizar la buena voluntad de la comunidad internacional para que ayude a llevar a la práctica el acuerdo. Mi punto de vista es que en el futuro predecible no existirán condiciones políticas para ese tipo de negociaciones directas sobre la naturaleza del acuerdo final, y que por tanto la comunidad internacional debería involucrarse no sólo en la fase de puesta en práctica del acuerdo, sino también en la de su producción. Mi segunda reserva es que el intento de ir más allá de los parámetros de Clinton, hasta el extremo de negar a los israelíes, como acusaba el profesor Yair Hirschfeld, un horizonte por el que valga la pena luchar, no puede prosperar.

Nos encontramos, pues, al final del proceso de paz tal y como lo hemos conocido hasta la fecha. A estas alturas debería estar ya claro que es sencillamente imposible que las partes alcancen un acuerdo final por su cuenta. En adelante, nuestras opciones oscilarán entre una separación o desconexión unilateral y violenta, como la que dirige en este momento Ariel Sharón, y un plan de paz detallado que se adjunte a la Hoja de Ruta y conduzca a su práctica imposición sobre las partes por una coalición de paz internacional encabezada y dirigida por Estados Unidos. Creo que este plan de paz debería seguir el espíritu y la letra del Plan Clinton, y he propuesto que esto quede garantizado en una resolución especial del Consejo de Seguridad que vea el plan como la interpretación internacional autorizada de la Resolución 242 sobre la cuestión palestina.

Mi opinión era y sigue siendo que Israel tiene derecho a remitir su disputa irreconciliable con los palestinos a la comunidad internacional, pero sólo con la condición de que se haga dentro de los protectores muros de contención del Plan Clinton. La alternativa sería infinitamente peor: o una separación violenta que establecería un Estado palestino enemigo en condición continua de guerra con Israel, o una realidad en caída libre que daría como resultado el fallecimiento de la solución de los dos estados en pro de un Estado judeoárabe de apartheid. La panacea de la desconexión unilateral a unas fronteras decididas por Israel de manera arbitraria es un acto de desesperación que creará de forma automática un Estado palestino hostil, en constante estado de guerra contra lo que todos los miembros de la comunidad internacional considerarían unas fronteras ilegítimas. Semejante Estado palestino se convertiría sin duda en el trampolín para un continuo conflicto árabe e islámico con Israel.

El veredicto del Tribunal Internacional de La Haya contra el muro que Israel ha construido en el interior de Cisjordania posee un significado histórico. Los jueces no pusieron en entredicho el derecho de Israel a proteger a sus ciudadanos incluso por medio de un muro, sino el recorrido de ese muro. Un muro que hubiese coincidido con las fronteras de 1948 no habría merecido la condena de la comunidad internacional. A Israel este trascendental veredicto debería consolarlo, en lugar de enfurecerlo. Porque es la primera vez en la historia del conflicto que un organismo internacional de las Naciones Unidas ha concedido una aprobación tan solemne a las líneas de los armisticios de 1949 como fronteras legítimas e internacionalmente reconocidas de Israel. El Tribunal ha erigido un muro de legitimidad internacional contra cualquier futura aspiración irredentista hacia el Oeste de los palestinos. Ha concedido su sello de aprobación a la solución biestatal en la que tanto insiste Israel. En cierto modo, el Tribunal ha prestado su apoyo a quienes luchan por atajar la marea que lleva hacia la solución del estado único.

Aferrarse a unos paradigmas viejos y desgastados puede provocar ceguera. Cualquier análisis sobrio de las opciones conduce a la conclusión de que ha llegado el momento de idear un nuevo paradigma para el proceso de paz. La solución tendrá que ser internacional, o no habrá solución que valga. Los israelíes y los palestinos son incapaces de desviarse del apocalíptico rumbo de colisión que han tomado. Necesitan que los salven de ellos mismos. La comunidad internacional no puede permitirse el lujo de dejar que el suicidio colectivo de estas dos sociedades alimente la explosiva sensación de rabia y desesperación que cunde en la región. La insistencia en ser fieles a los paradigmas existentes mantiene encallado el proceso, y todo esfuerzo en la misma dirección sólo logra que las partes se hundan más aún, o como mucho den vueltas a las ruedas. La pérdida de confianza mutua entre las partes y su total incapacidad para dar siquiera el más mínimo paso en la dirección de la otra, por no hablar de observar sus compromisos sin que un tercero las lleve de la mano, convierten la creación de un marco internacional para la paz en la última y única salida del peligroso punto muerto.

Eso sólo será posible, sin embargo, si un liderazgo estadounidense enérgico construye una alianza internacional para la paz en Oriente Próximo que incluya a la Unión Europea, Rusia y los estados árabes clave. Entonces una conferencia internacional podría supervisar las negociaciones acerca de un acuerdo final detallado basado en los parámetros de Clinton como conjunto vinculante de principios para la paz que las partes deberían adoptar. Habría que implantar una fuerza pacificadora multinacional y unos estrictos mecanismos de aplicación y supervisión. Eso es necesario no sólo por el pobre historial de observancia de los acuerdos de este proceso, sino también como cautela contra revisionismos por ambos lados. El acuerdo entre las partes podría estar en serio peligro en el caso no tan improbable de que el islam radical se hiciera algún día con el poder en Palestina, es posible que incluso por medios democráticos.

La insistencia de Israel, y en verdad de la comunidad internacional, en que se efectúen profundas reformas institucionales en la Autoridad Palestina es comprensible y legítima. Sin embargo, igual de sensata es la respuesta palestina de que las reformas y las elecciones libres son imposibles «mientras continúe la ocupación». Las reformas y el fin de la ocupación están inextricablemente ligados. Eso debería constituir la esencia del proceso de paz desde ahora en adelante. La transición de la anárquica y corrupta Autoridad Palestina a un sistema ordenado y transparente debe ir acompañada de unos pasos claros que conduzcan hacia un acuerdo final entre Israel y los palestinos. La comunidad internacional debe dar forma a la independencia palestina y las reformas democráticas como un solo paquete.

Una falacia crucial de los Acuerdos de Oslo estriba precisamente en que no contenían mecanismos vinculantes que condujeran al pueblo palestino de un estado de lucha revolucionaria a un Estado ordenado y democrático. Para satisfacer las exigencias elementales de seguridad de Israel es esencial un sistema político palestino cabal. Antes de la muerte de Arafat, mi punto de vista era que el sistema palestino no podía reformarse desde dentro, al menos mientras no existiera una Hoja de Ruta para la paz vinculante y un final de la ocupación. La única salida del punto muerto, creía, era el establecimiento de un mandato internacional en los territorios palestinos que acompañara a la AP en su transición hacia la independencia democrática, unas auténticas elecciones libres, el orden económico y un sistema de seguridad vertebrado. Es de esperar que las elecciones palestinas y el admirable logro de Abú Mazen al cambiar la naturaleza del discurso palestino hagan superfluo el concepto del fideicomiso. Una nación que celebra elecciones plenamente democráticas con tal despliegue de espíritu cívico es una nación cuya marcha hacia la independencia será irrefrenable. Aun así, dada la fuerza del desafío islámico a la nueva Autoridad Palestina, todavía está por ver si el liderazgo de Abú Mazen elimina la necesidad de una supervisión internacional tan estrecha sobre la transición palestina hacia la gobernación democrática. El propio Abú Mazen no ha rechazado el concepto de una asistencia internacional a la lucha palestina por la democracia al acceder a participar en la Conferencia Internacional de Londres para las reformas internas palestinas. Si el horizonte político de un tratado de paz definitivo sigue siendo incierto y la nueva estrategia de Abú Mazen no produce un acuerdo aceptable para su pueblo, sobre todo para los grupos más radicales, su legitimidad internacional quedará ciertamente en entredicho, y las organizaciones militantes atacarán de nuevo tanto sus reformas como su estrategia de negociación.

La idea de un protectorado en los territorios palestinos no es del todo ajena para los pacificadores de ambos bandos. Se debatió e incluso estableció como rasgo principal de la Declaración de Principios israelí-palestina (DP) durante la primera tanda de conversaciones en el canal secreto de Oslo, aunque más tarde se descartó a favor de una entrega directa de la franja de Gaza a una Autoridad Palestina electa. A la vista del clamoroso fracaso del camino que se emprendió, y dado el derrumbe total de la confianza entre las partes y el estado de descomposición en el que se sumió la Autoridad Palestina durante los años de Arafat, recuperar el concepto de un protectorado internacional no era un modo irrazonable de extraer a las partes del punto muerto. Todavía está por ver si el Gobierno de Abú Mazen hará superfluo un concepto como ése.

Con o sin mandato internacional, hay que abandonar la noción de un proceso a plazos. Hay que ponerse de acuerdo sobre un marco estricto que conduzca a la paz basado en la retirada, el desmantelamiento de los asentamientos y una solución práctica para el problema de los refugiados que no conlleve su «retorno» al Estado de Israel. Cualquier proceso de paz reformado, incluya un protectorado internacional o no, está condenado al fracaso si lo guía una Hoja de Ruta sobre cuyos parámetros para resolver las cuestiones principales —fronteras, asentamientos, Jerusalén, refugiados— las partes tienen un punto de vista diametralmente opuesto. Los parámetros de paz de Clinton, un punto de equilibrio sensato y juicioso entre las posiciones de las partes tal y como eran en la última fase de las negociaciones de diciembre de 2000, ofrecen el conjunto de principios más avanzado y preciso sobre el que articular un compromiso razonable con abrumadora legitimidad internacional. Los «parámetros» no contradicen ninguno de los principios expuestos por la iniciativa de paz saudí que más tarde refrendó la Liga Árabe al completo. Los dos programas no se excluyen entre sí, sino que son complementarios. Sólo cuando se establezca un programa de paz así de preciso las partes podrán desarrollar un interés sincero en garantizar una transición ordenada hacia el acuerdo final e incluso quizás acceder a la idea de un mandato internacional. El fracaso de Clinton no estribó en la naturaleza de su programa de paz, sino en las deficiencias de su diplomacia internacional. Fue incapaz de incorporar a los gobiernos árabes a su empeño, y no construyó un envoltorio internacional sólido y eficaz que sostuviera y diera legitimidad mundial a su propuesta.

El paradigma de un envoltorio internacional que persuada a las partes del conflicto israelí-palestino de que adopten un plan de paz acordado no funcionará a menos que se salve la sima que se ha abierto en la alianza transatlántica, sobre todo tras la invasión estadounidense de Irak. Visto que las diferencias de su enfoque del conflicto israelí-palestino son un motivo fundamental de la fractura entre Europa y Estados Unidos, se considera vital, sobre todo por parte de los europeos, una plataforma común y un esfuerzo conjunto para su solución, como lazo de unión sin el que la alianza transatlántica no podrá recuperarse del todo. Tarde o temprano, es en Jerusalén donde se decidirá el futuro de la alianza que se ha ido a pique en Bagdad. Con todo, una alianza estadounidense-europea para la paz en Oriente Próximo requiere que Europa e Israel arreglen sus relaciones.

Sería erróneo asumir que el rechazo de Ariel Sharón hacia Europa como facilitadora de una paz israelí-palestina es reflejo tan sólo de su obsesión particular con el continente. En lo relativo a Europa, la actitud del primer ministro es la expresión del estado de ánimo nacional. La prensa de Europa en Israel es por lo menos tan mala como la de Israel en Europa. Tal estado de cosas no es sin duda propicio, sobre todo ahora que, por primera vez en la historia de este prolongado conflicto, se han sentado las bases de una solución internacional en forma de la Hoja de Ruta del Cuarteto, por laxas y precarias que sean. Europa necesita restaurar su credibilidad entre los israelíes, e Israel debe convencerse de que Europa no es un continente decidido a entregar su país a sus enemigos sin el menor escrúpulo. Las relaciones privilegiadas de Israel con Estados Unidos deben complementarse con una reconciliación con Europa. En las relaciones internaciones de Israel existe un desequilibrio moral y estratégico que hay que enmendar.

Las relaciones especiales de Israel con Estados Unidos no pueden explicarse tan sólo en términos materiales o estratégicos, ni por la mera influencia del mitológico «*lobby* judío». Ningún grupo de presión, por poderoso que sea, puede doblegar la voluntad de una nación y desviarla de su curso natural. El sionismo gentil en Estados Unidos ha sido en todo momento al menos tan poderoso y enérgico como el judío. En verdad no existe nada en el sistema internacional que se parezca a la relación única entre Estados Unidos e Israel. A los detractores de esta enigmática alianza les cuesta creer que el significado de Israel para los estadounidenses sea ante todo sentimental, y el compromiso con su supervivencia un voto moral, en ocasiones un acto de caballerosidad. Para muchos estadounidenses, Israel es la recreación de su propia historia. El colono judío que echa raíces en una tierra yerma y un entorno hostil contra todas las adversidades y el espíritu pionero de una nueva nación israelí formada por un pueblo perseguido en busca de la libertad caló en la mentalidad estadounidense y le recordó sus orígenes y juventud. Para muchos, la lucha sionista por Palestina no difería de la que las colonias combatieron tanto contra la población indígena como contra el Imperio británico. Nación de fieles de misa y lectores de la Biblia, los estadounidenses asistieron con admiración al revivir de la nación bíblica en Tierra Santa. Esta conexión bíblica a buen seguro era más fuerte en el caso de los fundamentalistas cristianos, pero nunca fue exclusiva de ellos.

Sin embargo, Israel no debería regodearse de estar tan lejos de Europa. A la larga, el camino de Europa quizá no sea tan descabellado; no puede permitirse que el mundo funcione durante mucho tiempo fuera de un sistema internacional razonable de normas y leyes. Una exclusiva Pax Americana en Oriente Próximo no puede sostenerse. El formidable poderío militar estadounidense quizá pueda ganar la guerra e incluso desmantelar las dictaduras de la región una tras otra, pero difícilmente podrá ganar la paz y reestructurar la región por su cuenta. Las duras realidades obligarán a Estados Unidos a regresar a la vital legitimidad que sólo un empeño multilateral puede garantizar.

Tarde o temprano, es inevitable que la guerra de Irak obligue a Estados Unidos a reconciliarse con las Naciones Unidas y otras instituciones multilaterales. América está condenada a reparar sus relaciones con Europa, y eso afectará al modo en que afronta el conflicto árabe-israelí. Un enérgico esfuerzo internacional para la solución del conflicto israelí-palestino tendrá que ser el pilar central de un Oriente Próximo de posguerra. La unipolaridad no puede imponerse durante mucho tiempo, y Estados Unidos tendrá que llegar a compromisos con los polos que le hacen la competencia, el más importante de los cuales será una Europa ampliada y unida. Tarde o temprano, Estados Unidos evitará el pecado de la soberbia y aprenderá a dirigir sin tener que dominar.

Es igual de importante que los judíos e israelíes eviten recaer en un estado de ánimo paranoico y fatalista. Es vital que continúe el afán de normalidad tanto para los judíos como para Israel, y que se supere la percepción que Israel tiene de sí mismo como la víctima de un mundo árabe intransigente y una Europa antisemita. Los israelíes tienden a creer que es preferible estar equivocado con Estados Unidos que tener la razón con algunos de quienes lo critican, pero es peligroso convertir eso en un patrón permanente y persistente o un modo de vida. Israel, al igual que Estados Unidos, tarde o temprano tendrá que reconciliarse con Europa y hacer frente a aquellos de entre sus líderes y políticos que prefieren verlo como paria del sistema internacional. Lo que a todas luces es una condición circunstancial no debería convertirse en un modo de vida.

Israel todavía no está maduro para adoptar de manera automática la vía europea de la seguridad colectiva. Por tradición, el concepto de seguridad de Israel se ha basado en la centralidad de la «autoayuda» y la disuasión acumulativa, en lugar de en la seguridad colectiva o cooperativa. El desafío a largo plazo de la paz es que Israel explore hasta qué punto puede permitirse el lujo de transformar su doctrina militar de la defensa ofensiva a la defensa defensiva, si es que puede. Una transformación a la europea, como sería ésa, de la filosofía estratégica israelí requiere un cambio drástico y radical del entorno político en el Oriente Próximo árabe.

Sin embargo, Israel debería interesarse en fomentar un papel juicioso y equilibrado de Europa en la construcción de una arquitectura de paz, estabilidad y cooperación en la región. El papel de Europa en la vía de paz multilateral de los años 90 fue la expresión de una encomiable vocación por un concepto enjundioso y novedoso de seguridad que sigue siendo vital también para Oriente Próximo. Se trata de una seguridad a través del desarrollo económico, la cooperación regional, el fomento de la sociedad civil, la cooperación en la lucha contra el narcotráfico y el crimen y el establecimiento de agencias para la protección del medioambiente.

Europa necesita tener, sin embargo, una política exterior más coherente y decidida y, sobre todo, necesita contar con el apoyo de un poderío militar más convincente, del que en la actualidad carece. Tal y como están las cosas hoy en día, Europa ni inspira ni intimida. Los ministros de Exteriores y primeros ministros de Israel han llegado a ver sus reuniones con emisarios europeos como una rutina, una cuestión de formas que difícilmente puede considerarse un instrumento político. Con Europa sólo intentan recortar las pérdidas de Israel, no implicarse en un auténtico esfuerzo conjunto.

Es muy triste que sea así. No tiene por qué serlo. Europa puede enseñar muchísimas lecciones a los países de Oriente Próximo. La Unión Europea no es la prueba de la decadencia del estado-nación. Nos enseña que el nacionalismo, si se respeta, puede convertirse en una fuerza responsable y una base benigna para una cooperación internacional más amplia. Degenera en narcisismo étnico y cultural cuando se le niegan sus derechos fundamentales. Eso es también una lección para Oriente Próximo. La Unión Europea ha demostrado la diferencia entre soberanía voluntariamente limitada y soberanía involuntariamente robada. Para los israelíes, sin embargo, es vital asumir que ningún cambio en el sistema internacional, por radical que sea, les ahorrará las disyuntivas duras y dolorosas. Es de esperar que también extraigan de su intento frustrado de aplacar la Intifada la lección de que no son los primeros de la historia en descubrir que los estados, por fuertes que sean, no poseen un auténtico poder disuasorio contra los levantamientos nacionales. Unas fronteras internacionalmente legitimadas ofrecerán a Israel más poder de disuasión que las incursiones de F-16 sobre blancos terroristas que pueden acabar por matar también a civiles inocentes, sin disuadir en realidad a los culpables. Eso no quiere decir en absoluto que la fuerza y la capacidad para intimidar a los enemigos se hayan vuelto innecesarias, sobre todo en una región cuyo sistema de valores no permite semejante lujo. Sin embargo, como Estados Unidos ha aprendido a las malas en Irak, nos encontramos en una era en la que la fuerza sin legitimidad sólo genera caos, y la supremacía militar sin un consentimiento internacional legítimo para el uso de la fuerza no ofrece seguridad. El respeto de Israel a su frontera internacional con Líbano ha aportado más seguridad a sus poblaciones del norte que los veinte años de ocupación militar de ese país. Sólo cuando un Estado palestino libre e independiente asuma un interés sincero en respetar el orden regional y un sistema civilizado de gobernación, prevalecerá la paz. Tarde o temprano eso habrá que acompañarlo con un acuerdo de paz entre Israel y Siria, cuyos parámetros son de sobra conocidos. Sólo entonces podrán crearse las condiciones para un acomodo entre Israel y el mundo árabe y musulmán, y tal vez sea posible un sistema regional de seguridad. Cualquier intento de desarrollar un sistema de seguridad así antes de haber resuelto el conflicto árabe-israelí está condenado al fracaso.

BIBLIOGRAFÍA

Abbas, Mahmoud (Abú Mazen): *Through Secret Channels*; Reading, 1995.

Aburish, Saïd: *Arafat. From Defender to Dictator*; Bloomsbury Publishing, Londres, 1998.

Ajami, Fouad: *The Arab Predicament: Arab Political Thought and Practice Since 1967*; Cambridge University Press, 1981.

al-Gridly, Hassan: «El estallido de la guerra de 1973 era inevitable» (hebreo); *Maarachot*, 332, 1993.

Albright, Madeleine: *Memorias: la mujer más poderosa de Estados Unidos*; Planeta, Barcelona, 2004.

Ali, Kamal Hassan: *Guerreros y pacificadores* (hebreo); Israel Defense Ministry Press, Tel Aviv, 1993.

Alpher, Joseph: *Morará el lobo con el lobo. Los colonos y los palestinos* (hebreo); Hakibbutz Hameuhad Publishing House, Tel Aviv, 2001.

Antonius, George: *The Arab Awakening. The Story of the Arab National Movement*; Londres, 1938.

Aronson, Geoffrey: *Israel, Palestinians and the Intifada: Creating Facts on the West Bank*; Nueva York, 1990.

Ashrawi, Hanan: *This Side of Peace: A Personal Account*; Simon and Schuster, Nueva York, 1995.

Atlas, Yedidia: «Arafat's Secret Agenda is to Wear Israelis Out»; *Insight on the News*, 1 de abril, 1946,

Avineri, Shlomó: *Variedades de pensamiento sionista* (hebreo); Am-Oved Publishers, Tel Aviv, 1991.

Avneri, Arieh: *The Claim of Dispossession. Jewish Land Settlement and the Arabs, 1878-1948*; Yad Tabenkin, Efal, Herzl Press, Nueva York, 1982.

Baker, James A. III, con Thomas M. DeFrank: *The Politics of Diplo-*

macy: Revolution, War and Peace, 1989-1992; Putnam, Nueva York, 1995.

Bar, Shmuel: *La guerra del Yom Kippur vista por los árabes* (hebreo); Maarachot, Tel Aviv, 1986.

Bar-Joseph, Uri: *The Best of Enemies: Israel and Transjordan in the War of 1948*; Frank Cass, Londres, 1987.

—: *El guardián se quedó dormido: la sorpresa del Yom Kippur y sus fuentes* (hebreo); Zmora-Bitan Publishers, 2001.

Bar-On, Mordejai: *Desafío y disputa: el camino a la campaña del Sinaí – 1956* (hebreo); Ben-Gurion University of the Negev Press, Beer Sheva, 1991.

Bar-Siman Tov, Yaacov: *Israel and the Peace Process, 1972-1982: In Search of Legitimacy and Peace*; SUNY Press, Nueva York, 1994.

—: *The Israeli-Egyptian War of Attrition*, Columbia University Press, Nueva York, 1980.

Bar-Zohar, Michael: *Ben Gurion: una biografía política* (hebreo); Am-Oved Publishers, Tel Aviv, 1975-1977.

Begin, Menachem: *The Revolt*; Nueva York, 1977.

Beilin, Yossi: *Manual para una paloma herida* (hebreo); Miskal-Yedioth Aharonoth Books and Chemed Books, Tel Aviv, 2001.

Beilin, Yossi: *Tocar la paz* (hebreo); Yedioth Aharonoth, Tel Aviv, 1997.

Ben-Ami, Shlomo: *Quel avenir pour Israel?* (Entrevista con Yves Charles Zarka, Jeffrey Andrew Barash et Elhanan Yakira); Presses Universitaires de France, 2001.

—: *Un frente sin retaguardia. Un viaje a los límites del proceso de paz* (hebreo); Miskal-Yedioth Aharonoth Books and Chemed Books, Tel Aviv, 2004.

Ben-Eliezer, Uri: *El surgimiento del militarismo israelí 1936-1956* (hebreo); Dvir Publishing House, Tel Aviv, 1995.

Ben-Elissar, Eliahu: *Que se acabe la guerra* (hebreo); Maariv, Jerusalén, 1995.

Ben-Zvi, Abraham: *Decade of Transition: Eisenhower, Kennedy and the Origins of the American-Israeli Alliance*; Nueva York, 1998.

Benvenisti, Meron: *Conflicts and Contradictions*; Villard Books, Nueva York, 1986.

Bergman, Ronen: *Autoridad concedida. ¿Dónde nos equivocamos? Así es como la Autoridad Palestina se convirtió en un productor en serie de corrupción y terror* (hebreo); Miskal-Yedioth Aharonoth Books and Chemed Books, Tel Aviv, 2002.

Bethell, Nicholas: *The Palestine Triangle. The Struggle Between the British, the Jews and the Arabs 1935-1948*; Londres, 1979.

Bialer, Uri: *Between East and West: Israel's Foreign Policy Orientation 1948-1956*; Cambridge University Press, 1990.

Boutros-Ghali, Boutros: *Egypt's Road to Jerusalem: A Diplomat's Story of the Struggle for Peace in the Middle East*; Random House, Nueva York, 1997.

Braun, Aryeh: *Moshé Dayan y la guerra de los Seis Días* (hebreo); Yedioth Aharonoth, Tel Aviv, 1997.

—: *Moshé Dayan en la guerra del Yom Kippur* (hebreo); Idanim, Tel Aviv, 1993.

Bregman, Ahron y El-Tahri, Jihan: *The Fifty Years' War. Israel and the Arabs*; TV Books, Nueva York, 1999.

Brzezinski, Zbigniew: *Power and Principle: Memoirs of the National Security Adviser 1977-1981*; Weidenfeld and Nicolson, Londres, 1983.

Bullock, John: *The Making of a War. The Middle East from 1967 to 1973*; Londres, 1974.

Carter, Jimmy: *Keeping Faith: Memoirs of a President*; Bantam Books, Toronto, Nueva York, 1982.

Christopher, Warren: *Chances of a Lifetime*; Nueva York, 2001.

Clinton, Bill: *My Life*; Hutchinson. The Random House Group, Londres, 2004.

Cohen, Avner: *Israel and the Bomb*; Nueva York, 1988.

Cohen, Hillel: *Un ejército de sombras. Colaboracionistas palestinos al servicio del sionismo* (hebreo); Ivrit-Hebrew Publishing House, 2004.

Cohen, Michael: *Palestine to Israel, from Mandate to Independence*; Frank Cass, Londres, 1988.

Crosbie, Sylvia: *A Tacit Alliance. France and Israel from Suez to the Six Day War*; Princeton, Nueva Jersey, 1974.

Dallar, Roland: *King Hussein: A Life on the Edge*; Profile, Londres, 1999.

Dayan, Moshé: *Diary of the Sinai Campaign*; Schoken Books, Nueva York, 1967.

—: *Un mapa nuevo, otras relaciones* (hebreo); Maariv, Tel Aviv, 1969.

—: *Breakthrough: A Personal Account of the Egypt-Israel Peace Negotiations*; Weidenfeld and Nicolson, Londres, 1981.

—: *Hitos: una autobiografía* (hebreo); Yedioth Aharonoth, Jerusalén, 1976.

—: *Vivir con la Biblia* (hebreo); Edanim, Jerusalén, 1981.

Eban, Abba: *An Autobiography*; Weidenfeld and Nicolson, Londres, 1977.

Edelist, Ran: *Ehud Barak en lucha con los demonios* (hebreo); Zmora-Bitan Publishers y Miskal-Yedioth Aharonoth and Chemed Books, Tel Aviv, 2003.

Eisenberg, Laura: «Desperate Diplomacy. The Zionist-Maronite Treaty of 1946»; *Studies in Zionism*, 13, n.º 2, 1992.

el-Gamassi, Mohamed Abdel Ghani: *The October War: Memoirs of Field Marshal el-Gamassi of Egypt*; American University Press, El Cairo, 1993.

Elon, Amos: *A Blood-Dimmed Tide. Dispatches from the Middle East*; Penguin Books, Londres, 2000.

Enderlin, Charles: *Le rêve brisé. Histoire de l'échec du processus de paix au Proche-Orient 1995-2004*; Fayard, París, 2002.

Eshed, Haggai: *¿Quién dio la orden? El affaire Lavon* (hebreo); Edanim, Jerusalén, 1979.

Eyal, Yigal: *La primera Intifada* (hebreo); Israel Defense Ministry Press, Tel Aviv, 1998.

Fahmy, Ismail: *Negotiating for Peace in the Middle East*; Johns Hopkins University Press, Baltimore, 1983.

Finkelstein, Norman: *Imagen y realidad del conflicto palestino-israelí*; Ediciones Akal, Tres Cantos, 2003.

Fisk, Robert: *Pity the Nation: The Abduction of Lebanon*; Atheneum, Nueva York, 1990.

Flapan, Simha: *The Birth of Israel: Myths and Realities*; Pantheon, Nueva York, 1987.

Forsythe, David: *U.N. Peacemaking: The Conciliation Commission for Palestine*; Johns Hopkins University Press, Baltimore, 1972.

Freedman, Robert (ed.): *The Middle East Enters the Twenty-first Century*; University Press of Florida, Gainesville, 2002.

Friedman, Thomas: *From Beirut to Jersualem*; Harper Collins Publishers, Londres, 2.ª ed., 1995.

Gabbay, Rony: *A Political Study of the Arab-Jewish Conflict. The Arab Refugee Problem — A Case Study*; Librarie E. Droz & Librarie Minard, Ginebra, París, 1959.

Guelber, Yoav: *Independencia contra Naqba* (hebreo); Dvir Publishing House, Kinnereth, Zmora-Bitan, 2004.

Guilboa, Moshé: *Seis años, seis días: orígenes e historia de la guerra de los Seis Días* (hebreo); Am-Oved Publishers, Tel Aviv, 1969.

Gluska, Ami: *¡Ehskol, da la orden!* (hebreo); Tel Aviv, 2004.

Gorny, Yosef: *Zionism and the Arabs 1882-1948. A Study of Ideology*; Oxford University Press, Nueva York, 1987.

Haber, Eitan: *«Hoy estallará la guerra.» Recuerdos del general de brigada Israel Lior, ayuda de campo de los primeros ministros Levi Eshkol y Golda Meir* (hebreo); Edanim Publishers, Yedioth Aharonoth, Tel Aviv, 1987.

Harel, Amos y Avi Isacharoff: *La séptima guerra. ¿Cómo ganamos y por qué perdimos en nuestra guerra contra los palestinos?* (hebreo); Miskal-Yedioth Aharonoth Books and Chemed Books, Tel Aviv, 2004.

Harkabi, Yehoshafat: *The Bar Kokhba Syndrome: Risk and Realism in International Politics*; Rossel Books, Nueva York, 1983.

Heikal, Muhammed: *Cutting the Lion's Tail. Suez Through Egyptian Eyes*; Londres, 1986.

—: *The Road to Ramadan*; Collins, Londres, 1975.

Helmick, S. J. Raymond: *Negotiating Outside the Law. Why Camp David Failed*; Pluto Press, Londres, Ann Arbor, Mi., 2004.

Herzog, Chaim: *La guerra del Yom Kippur*; Inédita Ediciones, Barcelona, 2004.

Hirschfeld, Yair: *Oslo: la fórmula para la paz* (hebreo); Am-Oved Publishers, Tel Aviv, 2000.

Horovitz, David (ed.): *Yitzhak Rabin: A Soldier for Peace*; Peter Halban, Londres, 1996.

Hourani, Albert: *La historia de los árabes*; Ediciones B, Barcelona, 2003.

Israeli, Raphael: «From Oslo to Bethlehem: Arafat's Islamic Message»; *Journal of Church and State*, vol. 43, verano 2001, pp. 423-445.

Kafkafi, Eyal: *Una guerra de elección: el camino de ida y vuelta al Sinaí, 1956-1957* (hebreo); Yad Tabenkim, Tel Aviv, 1994.

Kamel, Muhammad Ibrahim: *The Camp David Accords: A Testimony*; KPI, Londres, 1986.

Kerr, Malcolm: *The Middle East Conflict*; Headline Series, 1968.

Khalaf, Issa: *Politics in Palestine: Arab Factionalism and Social Disintegration 1939-1948*; SUNY, Nueva York, 1991.

Khalidi, Rashid: *Palestinian Identity. The Construction of Modern National Consciousness*; Columbia University Press, Nueva York, 1997.

Kimche, Shaul, Shmuel Eban y Gerald Fost: *Yasser Arafat: perfil psicológico y análisis estratégico* (hebreo); The International Institute for Counter-Terrorism, The Interdisciplinary Center, Herzlia, septiembre de 2001.

Kissinger, Henry: *The White House Years*; Little Brown, Boston, 1979.

—: *Years of Upheaval*; Weidenfeld and Nicolson, Londres, 1982.

—: *Crisis: The Anatomy of Two Major Foreign Policy Crises: Based on the Record of Henry Kissinger's Hitherto Secret Telephone Conversations*; Simon & Schuster, Nueva York, 2003.

Korn, David: *Stalemate: The War of Attrition and Great Power Diplomacy in the Middle East, 1967-1970*; Westview Press, Boulder, 1992.

Laqueur, Walter: *A History of Zionism*; Schoken Books, Nueva York, 1976.

Laqueur, Walter y Barry Rubin (eds.): *The Israel-Arab Reader. A Documentary History of the Middle East Conflict*; Penguin Books, Londres, 2001.

Laqueur, Walter: *The Road to War: The Origin and Aftermath of the Arab-Israeli Conflict, 1967-1968*; Penguin Books, Londres, 1969.

Lavon, Pinhas: *En los caminos de la reflexión y la lucha* (hebreo); Am-Oved Publishers, Tel Aviv, 1968.

Lewis, Bernard: *¿Qué ha fallado?: el impacto de Occidente y la respuesta de Oriente Próximo*; Siglo XXI, Madrid, 2002.

—: *La crisis del Islam: guerra santa y terrorismo*; Ediciones B, Barcelona, 2003.

Lorch, Netanel: *The Edge of the Sword: Israel's War of Independence, 1947-1949*; Putnam's, Nueva York, 1961.

Louis, Roger y Owen Roger: *Suez 1956, the Crisis and its Consequences*; Clarendon Press, Oxford, 1989.

Makovsky, David: *Making Peace with the PLO*; Westview Press, Boulder, 1996.

Malley, Robert y Agha, Hussein: «Camp David: the Tragedy of Errors»; *The New York Review of Books*, 9 de agosto, Nueva York, 2001.

Mandel, Neville: *The Arabs and Zionism Before World War I*; University of California Press, Berkeley, 1976.

Mansfield, Peter (ed.): *The Middle East. A Political and Economic Survey*; Londres, Nueva York, Toronto, 4.ª ed., 1973.

Marcus, Yoel: *Camp David. La puerta a la paz* (hebreo); Schoken Publishing House, Tel Aviv, 1979.

Masalha, Nur: *Políticas de la negación: Israel y los refugiados palestinos*; Edicions Bellaterra, Barcelona, 2005.

—: *Expulsion of the Palestinians: The Concept of «Transfer» in Zionist Political Thought, 1882-1948*; Institute for Palestine Studies, Washington, D.C., 1992.

Mattar, Philip: *The Mufti of Jerusalem: Al-Hajj Amin al-Husayni and the Palestinian National Movement*; Columbia University Press, 1988.

Meir, Golda: *Mi vida*; Plaza & Janés, Barcelona, 1986.

Meital, Yoram: «The Khartoum Conference and Egyptian Policy after the 1967 War: A Reexamination»; *Middle East Journal*, vol. 54, n.º 1 (invierno 2000), pp. 64-82.

Ménargues, Alain: *Les secrets de la guerre du Liban. Du coup d'État de Bashir Gémayel aux massacres des camps palestiniens*; Albin Michel, París, 2004.

Merari, Ariel y Shlomi Elad: *La dimensión internacional del terrorismo palestino* (hebreo); Hakkibutz Hameuhad, Tel Aviv, 1986.

Mishal, Shaul y Avraham Sela: *The Hamas Wind — Violence and Coexistence*; Miskal-Yedioth Aharonoth Books and Chemed Books, Tel Aviv, 1999.

Mishal, Shaul: *The PLO under Arafat: Between Gun and Olive Branch*; Yale University Press, 1986.

—: y Nadav Morag: «Political Expectations and Cultural Perceptions in the Arab-Israeli Peace Negotiations»; *Political Psychology*, vol. 23, n.º 2, 2002.

Moore, John Norton (ed.): *The Arab-Israeli Conflict: Readings and Documents*; Princeton University Press, 1977.

Morris, Benny: *Righteous Victims. A History of the Zionist-Arab Conflict, 1881-1999*; John Murray, Londres, 2000.

—: *The Birth of the Palestinian Refugee Problem, 1947-1949*; Cambridge University Press, 1988.

—: *The Road to Jerusalem. Glubb Pasha, Palestine and the Jews*; I.B. Tauris, Londres, 2003.

—: *Israel's Border Wars, 1949-1956*; Clarendon Press, Oxford, 1993.

Nasser, Gamal Abdel: *La filosofía de la revolución* (hebreo); Maarachot, Tel Aviv, 1961.

Newman, David: *The Impact of Gush Emunim: Politics and Settlement in the West Bank*; Croom Helm, Londres, 1985.

Oren, Michael: *La Guerra de los Seis Días: junio de 1967 y la formación del Próximo Oriente moderno*; Editorial Ariel, Barcelona, 2003.

Ovendale, Ritchie: *The Origins of the Arab-Israeli Wars*; Longman, Londres y Nueva York, 1999.

Pappe, Ilan: *Britain and the Arab-Israeli Conflict, 1948-1951*; St. Antony's/MacMillan, Londres, 1988.

—: *The Making of the Arab-Israeli Conflict, 1947-1951*; I.B. Tauris, Londres, 1992.

—: *Begin's Foreign Policy, 1977-1983: Israel's Move to the Right*; Greenwood Press, Nueva York, 1987.

Peres, Shimon: *Mi lucha por la paz: memorias*; Prensa Ibérica, Barcelona, 1995.

—: *The New Middle East*; Element, Shaftesbury, 1993.

Peters, Joan: *From Time Immemorial: The Origins of the Arab-Jewish Conflict Over Palestine*; Harper & Row, Nueva York, 1984.

Porath, Yehoshua: *The Palestine-Arab National Movement, 1929-1939: From Riots to Rebellion*; Frank Cass, Londres, 1977.

Quandt, William: *Camp David, Peacemaking and Politics*; Brookings Institution, Washington, D.C., 1986.

Rabin, Yitsjak: *The Rabin Memoirs*; Weidenfeld and Nicolson, Londres, 1979.

Rabinovich, Itamar: *El camino que no se tomó: primeras negociaciones árabe-israelíes* (hebreo); Maxwell-MacMillan-Keter Publishing, Jerusalén, 1991.

—: *Al borde de la paz: Israel y Siria 1992-1996* (hebreo); Yedioth Aharonoth, Tel Aviv, 1998.

—: *The War for Lebanon, 1970-1983*; Cornell University Press, Ithaca y Londres, 1984.

—: *Librar la paz. Israel y los árabes 1948-2003* (hebreo); Dvir, Kinnereth, Zmora-Bitan, 2004.

Reinharz, Jehuda: *Chaim Weizmann. The Making of a Statesman*; Oxford University Press, Nueva York, 1993.

Rivlin, Gershon y Elhanan Oren (eds.): *From Ben-Gurion's Diary. The War of Independence*; Ministry of Defense, Tel Aviv, 1987.

Rogan, Eugene y Avi Shlaim (eds.): *The War for Palestine. Rewriting the History of 1948*; Cambridge University Press, 2001.

Ross, Dennis: *The Missing Peace: The Inside Story of the Fight for Middle East Peace*; Farrar, Straus and Giroux, 2004.

Rubinstein, Amnon: *De Herzl a Rabin. 100 años de sionismo* (hebreo); Schoken Publishing House, Tel Aviv, 1997.

Rubinstein, Danny: *The Mystery of Arafat*; Steerforth Press, South Royalton, 1995.

—: Robert Malley, Hussein Aga, Ehud Barak y Benny Morris: *Camp David Rashomon* (hebreo); Miskal-Yedioth Aharonoth Books and Chemed Books, Tel Aviv, 2003.

Rusk, Dean: *As I Saw It*; Nueva York, 1990.

Sadat, Anwar: *In Search of Identity: An Autobiography*; Harper & Row, Nueva York, 1978.

Safran, Nadav: *Israel — The Embattled Ally*; Harvard University Press, 1978.

Said, Edward: *Peace and Its Discontents: Gaza — Jericho, 1993-1995*; Vintage, Londres, 1995.

—: *The End of the Peace Process. Oslo and After*; Granta Books, Londres, 2002.

Savir, Uri: *El proceso* (hebreo); Yedioth Aharonoth, Tel Aviv, 1998.

Sayigh, Yezid: *Armed Struggle and the Search for State. The Palestinian National Movement, 1949-1993*; Oxford University Press, 1997.

—: «Arafat and the Anatomy of a Revolt»; *Survival*, 2001, vol. 43, pp. 47-60.

Schiff, Zeev y Ekhud Yaari: *Intifada*; Nueva York, 1990.

—: *Israel's Lebanon War*; Unwin, Londres, 1986.

Schoenbaum, David: *The United States and the State of Israel*; Oxford University Press, Nueva York, 1993.

Schultz, George: *Turmoil and Triumph: My Years as Secretary of State*; Simon and Schuster, Nueva York, 1993.

Seale, Patrick: *Assad: The Struggle for the Middle East*; University of California Press, 1990.

Segev, Tom: *One Palestine, Complete. Jews and Arabs Under the British Mandate*; Abacus, Londres, 2002.

Shapira, Anita: *Yigal Allon: primavera de su vida. Una biografía* (hebreo); Hakkibutz Hameuhad, Tel Aviv, 2004.

—: *Land and Power. The Zionist Resort to Force, 1881-1948*; Oxford University Press, Nueva York, 1992.

Shavit, Yaacov: *Las mitologías de la derecha sionista* (hebreo); Emda Library – academia Series, publicado por Beit Berl y el Instituto Moshé Sharett, s. f.

Shepherd, Naomi: *Ploughing Sand. British Rule in Palestine 1917-1948*; John Murray, Londres, 1999.

Sher, Guilead: *Casi al alcance. Las negociaciones de paz israelí-palestinas, 1999-2001* (hebreo); Miskal-Yedioth Aharonoth Books and Chemed Books, Tel Aviv, 2001.

Shipler, David: *Arab and Jew. Wounded Spirits in a Promised Land*; Times Books, Nueva York y Toronto, 1986.

Shlaim, Avi: *Collusion Across the Jordan: King Abdullah, the Zionist Movement and the Partition of Palestine*; Columbia University Press, Nueva York, 1988.

—: *El muro de hierro: Israel y el mundo árabe*; Al-Andaluz y el Mediterráneo, Granada, 2003.

—: «The Debate About 1948»; *The International Journal of Middle East Studies*, Cambridge University Press, 27 (1995), pp. 287-304.

—: «The Protocol of Sèvres, 1956: Anatomy of a War Plot»; *International Affairs*, 73, n.º 3, julio 1997.

—: «Interview with Abba Eban, 11 March 1976»; *Israel Studies*, vol. 8, n.º 1, primavera 2003, pp. 153-177.

—: «Conflicting Approaches to Israel's Relations with the Arabs: Ben Gurion and Sharett, 1953-1956»; *Middle East Journal*, primavera 1983, pp. 180-202.

—: «The Rise and Fall of the Oslo Peace Process», en Louise Fawcett (ed.): *The International Relations of the Middle East*; Oxford University Press, Nueva York, 2003.

—: «His Royal Shyness: King Hussein and Israel»; *The New York Review of Books*, 15 julio, 1990.

Shohamy, Elana y Smadar Donitsa-Schmidt: *Jews vs. Arabs: Language Attitudes and Stereotypes*; Steinmetz Center, Tel Aviv University, 1998.

Sivan, Emmanuel: *Mitos políticos árabes*; Ediciones Bellaterra, Barcelona, 1997.

Snetsinger, John: *Truman, the Jewish Vote and the Creation of Israel*; Stamford, 1974.

Sprinzak, Ehud: *The Ascendance of Israel's Radical Right*; Oxford University Press, Nueva York, 1991.

Stein, Kenneth: *The Land Question in Palestine, 1917-1939*; University of North Carolina Press, Chapel Hill, 1984.

—: *Heroic Diplomacy: Sadat, Kissinger, Carter, Begin and the Quest for the Arab-Israeli Peace*; (ed. en hebreo), Ministerio de Defensa, Maarachot, Tel Aviv, 2003; (ed. original en inglés de Routledge, 1999).

Stephens, Robert: *Nasser: A Political Biography*; Penguin Books, Londres, 1971.

Swisher, Clayton: *The Truth About Camp David: the Untold Story about the Collapse of the Middle East Peace Process*; Nation Books, Nueva York, 2004.

Tal, Uriel: «Los fundamentos de una tendencia política mesiánica en Israel»; en *Mito y razón en el judaísmo contemporáneo* (hebreo), Tel Aviv, 1987, pp. 115-125.

—: «Mesianismo frente a contención política en el sionismo religioso»; en *Mito y razón en el judaísmo contemporáneo* (hebreo), Tel Aviv, 1987, pp. 98-114.

Tamir, Abraham: *A Soldier in Search of Peace. An Inside Look at Israel's Strategy*; Weidenfeld and Nicolson, Londres, 1988.

Teveth, Shabtai: *Ben-Gurion and the Palestinian Arabs. From Peace to War*; Oxford University Press, Nueva York, 1985.

—: *Ben-Gurion: The Burning Ground, 1886-1948*; Houghton Mifflin, Nueva York, 1987.

Twain, Mark: *Inocentes en el extranjero*; Ediciones del Azar, Barcelona, 2001.

Vance, Cyrus: *Hard Choices: Critical Years in America's Foreign Policy*; Simon and Schuster, Nueva York, 1983.

Wallach, Janet y John Wallach: *Arafat. In the Eyes of the Beholder*; A Birch Lane Press Book, Carol Publishing Group, Seacaucus, Nueva Jersey, 1997.

Wasserstein, Bernard: *Israel and Palestine. Why They Fight and Can They Stop?*; Profile Books, Londres, 2003.

—: *Divided Jerusalem. The Struggle for the Holy City*; Yale University Press, New Haven y Londres, 2002.

—: *The British in Palestine: The Mandatory Government and the Arab-Jewish Conflict 1917-1929*; Basil Blackwell, Oxford, 1991.

Weizmann, Ezer: *La batalla por la paz* (hebreo); Edanim Publishers, Jerusalén, 1981.

Wistrich, Robert y David Ohana (eds.): *The Shaping of Israeli Identity. Myth, Memory and Trauma*; Frank Cass, Londres, 1995.

Yakobson, Alexander y Amnon Rubinstein: *Israel y la familia de las naciones. El Estado-nación judío y los derechos humanos* (hebreo); Shocken Publishing House, Tel Aviv, 2003.

Zak, Moshé: *Hussein hace las paces* (hebreo); BESA, Ramat Gan, 1996.

Zasloff, Joseph Jermiah: *Great Britain and Palestine. A Study of the Problem before the United Nations*; Libraries E. Droz, Ginebra, 1952.

Zertal, Idith: *Israel's Holocaust and the Politics of Nationhood*; Cambridge University Press, 2005.

Zuckerman, Moshé: *Shoah in the Sealed Room. The «Holocaust» in the Israeli Press During the Gulf War*; Tel Aviv, 1993.

OTROS TÍTULOS
DE LA COLECCIÓN

23-F: LA HISTORIA NO CONTADA

JOSÉ ONETO

«Hay generaciones educadas en la democracia y la libertad, que no conocen con exactitud lo que pasó aquella noche que cambió en cierto modo la reciente historia de España, y otras, las que vivimos aquellos acontecimientos no podemos olvidarlos porque fue el último intento de terminar con los que eran los primeros pasos de la consolidación democrática bajo una Monarquía parlamentaria.»

Con esta intención José Oneto, autor del primer libro sobre el intento de golpe de Estado en 1981, retoma veinticinco años después la historia no contada, aportando, además de documentos que entonces no se conocían, un análisis lucido y riguroso de un suceso sobre el que no se ha dejado de especular.

Una revisión que no rehúye ninguna posibilidad del por qué y el cómo sucedieron los hechos que se convierte así en un documento histórico imprescindible.

FELIPE GONZÁLEZ
El hombre y el político

ALFONSO S. PALOMARES

Alfonso S. Palomares, afamado periodista, escritor, director de diversos medios de comunicación y durante años presidente de la agencia EFE, aporta, en esta biografía de Felipe González, datos directos e inéditos por contar con material de primera mano, gracias a la proximidad política y a la estrecha vinculación mantenida con González a lo largo de los años.

Felipe González. El hombre y el político, es un libro imprescindible que aporta datos y hechos de capital importancia para conocer la historia de España de las cuatro últimas décadas, y el papel determinante que desempeñaron González y el PSOE.